100 HIGHLIGHTS

NEW YORK

ALLE ZIELE, DIE SIE GESEHEN HABEN SOLLTEN

PIER 17

100 HIGHLIGHTS NEW YORK

Christian Heeb (Fotos)
Margit Brinke & Peter Kränzle (Text)

BRUCKMANN

Inhaltsverzeichnis

Neogotische Architektur bietet die Riverside Church. – Hunden geht es in New York gut. – Ein neuer Trend: Trucks, die Gourmet Food oder Designerkleidung anbieten. – Rund um die Uhr belebt: der Times Square. – Die vielen Gesichter New Yorks. – Moderne und historische Wolkenkratzer nebeneinander (v.l.n.r.).

Moderne und historische Wolkenkratzer gehen an der Südspitze Manhattans eine gelungene Symbiose ein.

MIDTOWN MANHATTAN

UPTOWN MANHATTAN

Inhaltsverzeichnis

Der Hearst Tower, ein wegweisender »grüner« Hochhausbau. – »The Sphere« überstand »9/11« fast unbeschadet. – Buntes Treiben in der Weltstadt. – Grüne Ruheoasen mitten im Trubel. – Grand Central Terminal, berühmter Bahnhof. – Museen locken Kunstfreunde (v.l.n.r.).

Das Tor zum New Yorker Hafen, die Verrazano-Narrows Bridge

QUEENS

THE BRONX

STATEN ISLAND

OUT OF TOWN

NEW YORK
Großraum
Hudson River Valley 100
Bronx
Cross Bronx Expwy.
Deegan Expwy.
Eastchester Bay
Hudson River
Henry Hudson Pkwy.
East River
La Guardia Airport
Central Park
Jersey City 99
Astoria 83
Queens Museum 85
Long Island City 82
Flushing Meadows-Corona Park 84
L.I. Expwy.
81
Queens
Ellis Island 2
Governors Island 12
Statue of Liberty 1
Brooklyn Museum 76
Interborough Pkwy.
Van Wyck Expwy.
J. F. Kennedy Int'l. Airport
Long Island 98
Staten Island Ferry 93
Red Hook 78
Prospect Park 77
Linden Blvd.
Snug Harbour Cultural Center 95
New York Wheel 94
Brooklyn
Queens Expwy.
Central Brooklyn 79
Ocean Pkwy.
Shore Pkwy.
Spring Creek Park
Cross Bay Blvd.
Jamaica Bay
Staten Island
Verrazano-Narrows Bridge 96
U.S. Naval Air Station
Norton Pt.
Hoffman I.
Historic Richmond Town 97
Coney Island & Brighton Beach 80
Rockaway Inlet
Rockaway Beach 86
Rockaway Pt.

General Grant National Memorial 67
Hamilton Heights 68
Morningside Heights 66
HARLEM 64
Mount Morris Park West
Marcus Garvey Memorial Park
Eugene McCabe Way
Morningside Av.
West 116th (Luis Muñoz Marin Blvd.) Street
Saint Nicholas Avenue
Lenox Av.
Cathedral Parkway
Cathedral of St. John the Devine 65
106th (Duke Ellington Boulevard)
Central Park North
Ellington Circle
Fifth
116th St.
Hudson River
Henry Hudson Parkway
Riverside Drive
Riverside Park
West End Avenue
Broadway
Amsterdam Avenue
Columbus Avenue
Manhattan Avenue
Frederick Douglass Playground
The Great Hill
Harlem Meer
The Loch
The Mount Conservatory Garden
North Meadow
Recreation House
East Meadow
Transverse Road No4
El Museo del Barrio
Museum of the City of New York 63
Madison
Park
Third
Second
UPPER WEST SIDE
97th
96th
94th St.
92nd St.
90th St.
88th St.
86th Street
Central Park West
Jacqueline Kennedy Onassis Reservoir
Museum Mile 59
Jewish Museum
Metropolitan Hospital
Franklin Delano Roosevelt Drive (East River Drive)
79th St. Boat Basin
Children's Museum of Manhattan
Cooper-Hewitt Design Museum
Guggenheim Museum 58
Transverse Road No3
Central Park 55
Rose Center of Earth an Space
American Museum of Natural History 54
Shakespeare Garden
The Great Lawn
Turtle Pond
Metropolitan Museum of Art 57
J. H. Holmers Towers
West 72nd St.
New York Historical Society 53
Transverse Road No2
86th St.
Lincoln Towers
Sherman Square
The Ramble
The Lake
Loeb Boathouse
Cedar Hill
Gracie Mansion
Carl Schurz Park
Columbus 52
Strawberry Fields
Bethesda Fountain
Conservatory Water
Bethesda Terrace
79th St.
West Side Hayw. (Joe DiMaggio-Hayw.)
Lincoln Center of the Performing Arts
Metropolitan Opera House 51
Lincoln Square
UPPER EAST SIDE
Yorkville 61
79th Street
Lighthouse Park
Coler Goldwater Specialty Hospital
New Jersey
New York
Sheep Meadow
East Green
Frick Collection 56
72nd St
Hellenic Cathedral
John Jay Park
Damrosch Park
St. Luke's Roosevelt Hospital
94
N.Y. Convention Pier
92
De Witt Clinton Park
Hudson
Heckscher Playground
Transverse Road No1
The Mall
60
Noguchi Garden Museum
Franklin
New York City Passenger Ship Terminal
90
Columbus Circle 50
57th Street
Wollman Memorial Rink
Zoo
Park Avenue 46
72nd
Rayney Park
88
Manhattan Cruise Terminal
River
Central Park South
The Pond
Fifth Avenue 44
Franklin D. Roosevelt Drive
West Channel
St. Catherine Park
Delano
86
Intrepid Sea, Air and Space Museum 38
Twelve Avenue
Pier 83
81
Park Avenue
Eleventh
57th Street
Carnegie Hall 43
Worldwide Plaza
Rockefeller University
Ravenswood
Theater District 36
37
Seventh Avenue
Americas
MoMA 40
East 57th St.
Roosevelt
East Channel
Lincoln Harbor Yacht Club
Penn Central Tunnels
42nd
Tenth
Manhattan Plaza
Ninth
Eighth
34
Times Square
Times Square 42
Radio City Music Hall
Rockefeller Center 41
St. Patrick's Cathedral 45
A. Adam Smith House
Manhattan Arts & Antique Center
Roosevelt Island 62
Queensboro Bridge
Boulevard
Vernon
Weehawken Cove
76
78
Jacob K. Javits Exhibition and Convention Center of New York
Port Authority Bus Terminal
40th
MIDTOWN
of the
Waldorf Astoria Bldg.
Greenacre Park
Island
Goldwater Memorial Hospital
Queensbridge Park
Hudson Yards
Dyer
42nd Street 35
Grand Central
0 500 m
N

NEW YORK
Upper Manhattan
und Bronx
Hudson River
East River
Harlem River
QUEENS
BROOKLYN
DOWNTOWN
Chelsea
Greenwich Village
SoHo
TriBeCa
China Town
Lower Manhattan
Financial District
Battery Park
Lower East Side
East Village
Stuyvesant Town
Williamsburg
Brooklyn Heights
Wallabout Bay
Navy Yard Basin
Washington Heights
31 Square Garden
Macy's
29 Empire State Building
32 The Morgan Library and Museum
44 Fifth Avenue
49 UN-Komplex
26
28 High Line Park
27 Whitney Museum of American Art
24 Flatiron Building
23 Union Square
25 Gramercy
21 Washington Square Park
21
22
20
18 New Museum of Contemporary Art
19
15
17 Little Italy
16
14 City Hall Park
7 Brookfield Place (WTC)
5 One World Observatory
4 National 9/11 Memorial and Museum
6 St. Paul's Chapel
8 Trinity Church
10 Federal Hall NM
9 Wall Street
13 South Street Seaport
3 Battery Park
11 Old Town
71 Brooklyn Bridge
71 Manhattan Bridge
71 Williamsburg Bridge
72 Brooklyn Heights
73 Brooklyn Bridge Park
74 Downtown Brooklyn
75 Williamsburg
78 Brooklyn Navy Yards
91 Wave Hill
69 The Cloisters
70 Washington Heights
89 Bronx Zoo und Botanical Garden
90 Arthur Avenue
92 City Island
88 Yankee Stadium
87
Holland Tunnel
Queens Midtown Tunnel
Penn-Central Tunnel
Franklin D. Roosevelt Drive
F. D. R. Drive
West Side Express Highway
Brooklyn Queens Expressway
Cross Bronx Expressway
Major Deegan Expressway
Henry Hudson Parkway
Harlem River Drive
Grand Concourse
East River State Park
Empire-Fulton Ferry State Park
Tompkins Square
Hamilton Fish Park
Seward Park
Columbus Park
Coleman Square Park
John J. Murphy Park
Staten Island Ferry Terminal
North Cove Yacht Harbor
South Cove
Bellevue Hospital Center
N.Y.U. Medical Center
New York University
Sinatra Drive

Eine Stadt, die niemals schläft: Blick vom Dach der »230 Fifth Rooftop Garden Bar« auf die Skyline von Midtown mit dem Empire State Building (rechts). Kunst am Bau: Isamu Noguchis Red Cube in Lower Manhattan (oben).

Besuch im »Big Apple« – New York

Die Stadt, die niemals schläft

New York ist eine Stadt ohne Maßstäbe, eine Stadt voller Kontraste, deren einzige Konstanten der Wandel und das Extreme sind. New York ist bunt und schrill, vielgestaltig und pulsierend, ein ethnischer Mikrokosmos auf engstem Raum. Und dennoch: New York ist kein »Melting Pot«, kein Schmelztiegel, sondern ein farbenfrohes »Mosaik«, das erst als Ganzes ein harmonisches Bild ergibt.

Mit Worten werde ich New York nie erfassen. Ich denke auch nicht mehr daran, diese Stadt zu erfassen – ich löse mich in ihr auf …« Was Simone de Beauvoir 1950 in ihrem Roman »Amerika Tag und Nacht« gestand, werden bis heute die über 58 Millionen Besucher der pulsierenden Weltmetropole bestätigen: Sie kommen aus dem Staunen nicht mehr heraus und werden schnell vom besonderen Reiz dieser Weltmetropole eingefangen.

Wie die New Yorker selbst eine Art Hassliebe zu ihrer Stadt pflegen, sind auch Gäste hin- und hergerissen: Einerseits stoßen Lärm und Hektik, die konstante Reizüberflutung und die Gegensätze ab, andererseits ziehen gerade diese Kontraste, die Fülle an Eindrücken und die Andersartigkeit eines jeden Stadtviertels magisch an. New York City ist nicht nur ethnisch und kulturell vielgestaltig, hier gehen auch Alt und Neu eine faszinierende Symbiose ein, allein in der Architektur. Detailreich verzierte, repräsentative historische Bauten stehen neben stromlinienförmigen modernen Glaspalästen, hübsch renovierte Brownstone-Häuschen neben monotonen Betonblöcken. Seit über einem Jahrhundert steht New York neben Chicago hoch im Ansehen als »Architekturstadt«, als »Stadt der Wolkenkratzer«, und diese sind zum Synonym der New Yorker Gesellschaft geworden:

New Yorks kulinarische Szene ist ebenso vielseitig wie die hier lebenden Menschen, die unterschiedlichsten Ethnien angehören und ungestört ihre Traditionen und Gebräuche sowie ihre Küche pflegen.

Jeder Bau ist ein Individuum für sich, doch alle zusammen bilden eine homogene und fesselnde Skyline.

»Do your own thing«

Lange Zeit galt das Motto »Do your own thing« als die Lebensphilosophie der New Yorker, frei übersetzt: »Jeder ist sich selbst der Nächste.« Eine radikale Ellbogenmentalität, Unfreundlichkeit, Rücksichtslosigkeit und Arroganz galten als Hauptcharakterzüge der Einwohner. Schon 1774 hatte der spätere zweite US-Präsident John Adams, der aus einem Vorort von Boston stammte, beklagt, dass es besonders den New Yorkern an Manieren fehle. Doch dann hat ein katastrophales Ereignis eine ganz andere Seite im Wesen der New Yorker zum Vorschein gebracht: Als an einem sonnigen Herbsttag im Jahr 2001, dem 11. September, Terroristen zwei entführte Passagierflugzeuge in die beiden Türme des World Trade Center steuerten und damit nicht nur eine weltberühmte Sehenswürdigkeit zerstörten, sondern vor allem Tausende von Menschen töteten, waren Schock und Trauer groß. Es folgte eine unerwartete Verwandlung: Mit eiserner Disziplin, vormals unbekannter Solidarität und selbstloser Hilfsbereitschaft krempelten die New Yorker die Ärmel hoch und packten an. Statt in Apathie und Trauer zu versinken, ging man aufeinander zu und verbrüderte sich in nie dagewesener Weise.
Die Stadt und ihre Bewohner sind an dieser Katastrophe gewachsen, und das Unglück hat die zuvor als narzisstisch bekannten New Yorker und die Stadt im Ganzen zum Positiven verändert. Mögen auch alte Verhaltensmuster inzwischen wieder zu Tage treten und die Sitten wieder rüder geworden sein, werden die New Yorker »9/11« niemals vergessen können.

»New York, New York«

»If I can make it there, I'll make it anywhere«, sang einst »Frankie Boy« Sinatra, doch erst Liza Minelli hat das Lied in dem Film »New York, New York« von Martin Scorsese weltberühmt gemacht. In der Tat vertrauen Menschen seit Generationen darauf, ausgerechnet in New York City ihren Lebenstraum, den Aufstieg »vom Tellerwäscher zum Millionär«, verwirklichen zu können. Aus aller Welt strömten und strömen Menschen nach New York, sodass sich hier eine Vielfalt an Ethnien, Sprachen, Traditionen und Kulturen findet wie sonst nirgendwo auf der Welt. Kulturelle, ethnische und ökonomische Unterschiede prägen die

Stadt am Hudson River seit jeher. In der einzigen Weltmetropole, die diesen Namen wirklich verdient, tummelte sich schon immer ein buntes Völkergemisch, unzählige Ethnien aus aller Welt. Derzeit leben gut 8,5 Millionen Menschen in der Stadt und sprechen etwa 800 Sprachen. Dennoch trifft der Begriff »Melting Pot« nur eingeschränkt zu. David Dinkins, 1990 bis 1993 als New Yorks 106. – und erster afroamerikanischer – Bürgermeister im Amt, verwendete ein Bild, das viel besser passt: »New York ist kein Schmelztiegel, sondern ein prächtiges Mosaik.« Die Stärke der Stadt ist nicht die Verschmelzung, sondern das lebendige Nebeneinander verschiedener Kulturen. Glaubt man sich in der einen Straße mitten ins jüdische Jerusalem – New York beherbergt die größte jüdische Gemeinde außerhalb von Israel – versetzt, taucht man in der nächsten in eine asiatische Metropole ein. Duftet es in dem einen Viertel nach italienischer Pizza, werden nebenan auf Spanisch Waren feilgeboten. Bestaunt man gerade das exotische Angebot auf einem orientalischen Basar, steht man wenige Schritte weiter plötzlich vor einer europäischen Metzgerei mit Bratwürsten oder einer Bäckerei mit Croissants in der Auslage.

Manhattan und mehr

Bei New York City denken die meisten Besucher an einen kleinen Teil der Metropole, nämlich an Manhattan. Das weltweit bekannte Vorzeigeviertel der Stadt ist eigentlich nur eine gut 21 Kilometer lange und maximal 3,7 Kilometer breite Insel, die durch den Hudson River im Westen und durch den East River im Osten vom Festland abgeschnitten wird.
Doch New York City ist nicht nur diese Insel. Zur Metropole gehören neben Manhattan noch vier weitere Stadtbezirke. Manhattan ist dabei sogar der flächenmäßig kleinste dieser sogenannten Boroughs. Nördlich von Manhattan, als einziger der fünf Boroughs auf dem Festland gelegen, erstreckt sich die Bronx. Auf Long Island, einer rund 190 Kilometer langen, dem Festland vorgelagerten Atlantikinsel, befinden sich die beiden flächenmäßig größten und bevölkerungsstärksten Stadtbezirke: Brooklyn und, als größter Teil, Queens. Sie sind durch den East River – eigentlich kein Fluss, sondern eine Meerenge – von Manhattan getrennt. Im Südwesten, jenseits der Mündung des Hudson River in den Atlantik, liegt als letzter Borough die Insel Staten Island. Offiziell hat New York City derzeit gut 8,55

Nicht nur moderne Architektur bestimmt das Bild von Lower Manhattan, viele der öffentlichen Plätze vor den Bauten sind begrünt und auch mit modernen Skulpturen geschmückt.

Einleitung

Millionen Einwohner, über 1,6 Millionen leben alleine in Manhattan. Die knapp 60 Quadratkilometer große Insel besteht aus einer Reihe eigenständiger Stadtteile: Downtown oder Lower Manhattan, der Südteil der Insel, umfasst das gesamte Areal südlich der 14th Street mit dem (Greenwich und East) Village. Als Pufferzone fungieren zwischen 14th und 34th Street Gramercy und Chelsea, ehe sich Midtown (34th bis 59th Street) anschließt, mit dem legendären Theaterdistrikt und dem Times Square. Uptown heißen die Viertel nördlich der 59th Street beidseitig des Central Park, und Upper Manhattan ist schließlich die Region nördlich des Central Park bis hinauf zur Nordspitze der Insel.

Konsum und Kommerz ...

New York ist nicht nur eine der bedeutendsten Wirtschaftsmetropolen, sondern auch eines der wichtigsten Bankenzentren der Welt und, allgemein gefasst, die Zentrale von Konsum und Kommerz. Doch New York hat auch ein anderes Gesicht: Der »Big Apple« ist Mittelpunkt der Kunst- und Kulturszene, eine hypermoderne Großstadt voller Attraktionen einerseits und ein wildes Konglomerat aus ethnischen Enklaven andererseits – und gerade deswegen ein Top-Reiseziel, dessen Besucherzahlen zielsicher die 60-Millionen-Marke ansteuern. Kein Wunder, dass die faszinierende Weltstadt auch bei deutschsprachigen Reisenden seit jeher ganz oben auf der Beliebtheitsskala steht. An die 630 000 deutsche Besucher begrüßt die Stadt im Jahr.

Die Nummer eins der beliebtesten Attraktionen der Stadt ist das Metropolitan Museum of Art, in dem sich jährlich mehrere Millionen Besucher durch die weitläufigen Säle drängeln, gefolgt vom Empire State Building und One World Observatory. Der Central Park soll sogar rund 35 Millionen und der Times Square jährlich knapp 40 Millionen Flaneure anlocken ...

... Kunst und Kultur

New York hat mehr als hundert Museen, an die 70 Historic Districts – denkmalgeschützte Stadtviertel –, fast tausend Landmark Buildings (architektonische Denkmäler) sowie unzählige Kunstgalerien zu bieten. Wer das alles sehen wollte, wäre Jahre damit beschäftigt. Rechnet man die Oper, die vielen Theater, Orchester, Ballett- und Tanzensembles, Bibliotheken und Verlage, über hundert Universitäten und Hoch-

Zu den umtriebigsten und zugleich exotischsten Vierteln New Yorks zählt Chinatown, dessen Hauptachse die Canal Street ist. Außer Lebensmitteln und Souvenirs aller Art gibt es auch Schmuck.

schulen hinzu, versteht man, weshalb New York zu Recht als »kulturelles Zentrum der Welt« gilt. Den Ruf als Kunstmetropole verdankt New York in erster Linie den großen Museen wie dem Metropolitan Museum, dem American Museum of Natural History, dem Guggenheim Museum, dem Whitney Museum oder dem MoMA (Museum of Modern Art), doch auch die kleineren bzw. weniger bekannten Museen wie MoMA PS 1, das Museum of the City of New York oder das Cooper-Hewitt präsentieren oft interessante und sehenswerte Ausstellungen und sind vielfach überschaubarer und weniger überlaufen als die »großen«.

Ein Labyrinth von endlosen Schritten

»New York war ein unerschöpflicher Raum, ein Labyrinth von endlosen Schritten ...« – diese Zeile des New Yorker Autors Paul Auster kann als Leitfaden für die Erkundung der Metropole dienen. New York ist in der Tat ein Labyrinth aus Wolkenkratzerschluchten, die je nach Laune, Wetter und Lichteinfall bedrohlich oder faszinierend wirken. New York bietet aber auch pulsierend-bunte Viertel, stille Ecken und grüne Ruheoasen.

Angesichts der Dimensionen der Stadt ist man mit einer Kombination aus Spaziergängen und Nutzung des öffentlichen Nahverkehrs am besten bedient. Mit der Subway (U-Bahn) – die New Yorker nennen sie kurz »train« – geht es von Viertel zu Viertel. Kaum ist man aus einer Subway-Station aufgetaucht, befindet man sich häufig in einer komplett anderen Welt, ist umgeben von neuen Gerüchen, hört unbekannte Sprachen und sieht andere Architektur. Allmählich versteht man auch, was der amerikanische Schriftsteller John Steinbeck meinte, als er 1954 schrieb: »Ich glaube nicht, dass New York sich mit anderen Städten vergleichen lässt. Es (...) vereinigt im Grunde alles und jedes in sich ...« Steinbeck muss es wissen, denn immerhin hat der in Salinas im Bundesstaat Kalifornien geborene Schriftsteller fast sein halbes Leben in New York verbracht und ist dort im Jahr 1968 auch gestorben.

New York ist eine Stadt der Kontraste: Altes trifft auf Neues – wie dieser »Käfer« auf einen modernen SUV – und bunte Graffiti auf eintönige Wohnblöcke.

Literaturauswahl zu New York

- Auster, Paul: *Mond über Manhattan*, 1989, *Die New-York-Trilogie*, 1988, *Die Brooklyn Revue*, 2006. Der berühmte New Yorker Autor hat mehrere Romane über seine Stadt verfasst.
- Dos Passos, John: *Manhattan Transfer*, 1966. Ein kaleidoskopartiger Querschnitt durch den »Großstadtdschungel» New York von 1925.
- McCann, Colum: *Die große Welt*, 2009. Der Roman handelt u.a. von Philippe Petit, jenem Seiltänzer, der 1974 zwischen den Türmen des World Trade Center balancierte. In dem Roman *This Side of Brightness* (Picador, 2005, dt. Titel *Der Himmel unter der Stadt*) geht es um einen Obdachlosen und den Subway-Bau Anfang des 20. Jh.
- Selby, Hubert: *Letzte Ausfahrt Brooklyn*, 1972. Der Romanklassiker von 1964 handelt vom Niedergang Brooklyns und seiner Bewohner.
- Wolfe, Tom: *Fegefeuer der Eitelkeiten*, 2005. *The Bonfire of the Vanities*, 1987, gibt Einblick in das High-Society-Leben in der Upper East Side.
- Brinke, Margit/Kränzle, Peter: *CityTrip New York* und *CityTrip Plus New York City*. Ständig aktualisierte Reiseführer mit viel Hintergrund und Tipps.
- Hanta, Karin/Heeb, Christian: *New York – Zeit für das Beste*, 2015. Highlights, Geheimtipps, Wohlfühlen.
- Petra Giloy-Hirtz/Stehmann, Ira (Hrsg.): *New York Sleeps – Christopher Thomas*, 2016. Grandiose SW-Fotos vom schlafenden New York.

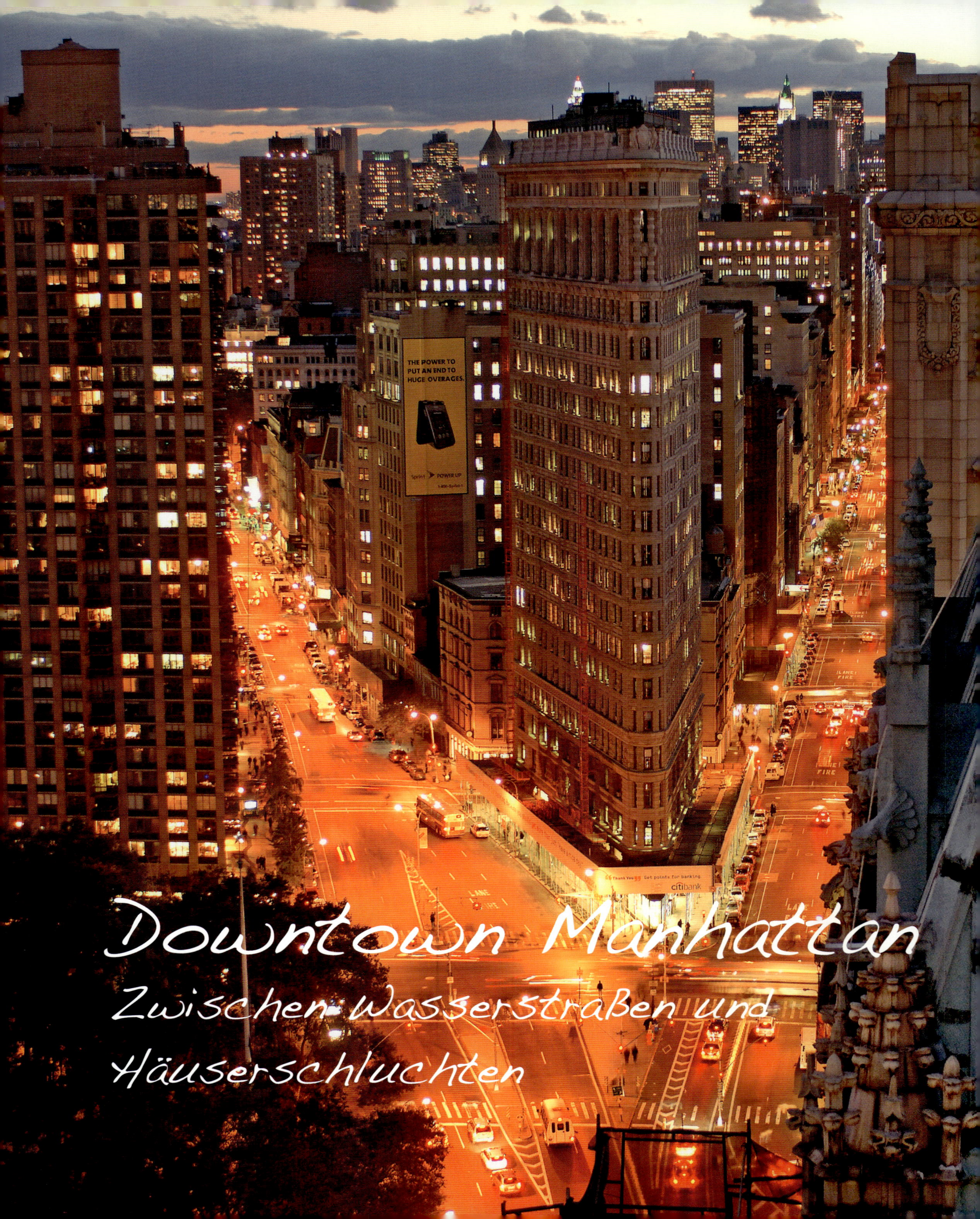

Downtown Manhattan

Zwischen Wasserstraßen und Häuserschluchten

Amerikas Wappentier, der Adler (oben). Buntes Völkergemisch in New York (unten). Das Flatiron Building ist einer der markantesten Wolkenkratzer in Downtown Manhattan (links).

Die Staten Island Ferry passiert die Statue of Liberty. Diese Fähre zwischen Manhattan und Staten Island bietet Fahrgästen faszinierende Ausblicke (oben). Die Statue of Liberty symbolisiert Freiheit und Demokratie und war einst ein Geschenk Frankreichs an die USA (rechts).

1 Willkommen in New York – Statue of Liberty

Symbol für Freiheit und Demokratie

»Gebt mir eure Müden, eure Armen, eure geknechteten Massen, die sich danach sehnen, frei zu atmen.« Die Inschrift am Sockel der Freiheitsstatue belegt die Bedeutung des Monuments als Symbol für Freiheit und Demokratie. Längst ist die fast 34 Meter hohe Statue in New Yorks Hafeneinfahrt zum Wahrzeichen der Stadt geworden und gilt darüber hinaus als »nationales Heiligtum«.

Die eingangs zitierten Zeilen stammen aus einem Sonett der New Yorker Dichterin Emma Lazarus (1849–1887). Sie verfasste es 1883 als Beitrag für eine Kunstaktion, die darauf abzielte, Geld für den Bau des Podestes der Freiheitsstatue zu sammeln. Die Statue of Liberty war zwar ein Geschenk der französischen Nation an die USA in Anerkennung der Vorreiterrolle Amerikas beim Aufbau eines modernen demokratischen Systems, doch für das nötige Fundament mussten erst einmal die Mittel aufgetrieben werden.
Die Idee für den Bau einer Freiheitsstatue stammte von dem französischen Juristen, Publizisten und Politiker Éduard René Lefebvre de Laboulaye (1811–1883), der für das »Modell Amerika« schwärmte. Als Gegner der Sklaverei unterstützte er die Union im amerikanischen Bürgerkrieg. Zugleich war er als Präsident der französisch-amerikanischen Gesellschaft, der Union Franco-Américaine, an der Vertiefung der historischen Beziehungen zwischen beiden Nationen interessiert. So kamen in Kreisen um de Laboulaye nach dem Ende des amerikanischen Bürgerkriegs um 1865 erstmals Pläne für ein solches Monument auf den Tisch. Ziel war von Anfang an, nicht nur die republikanischen Ideale in Frankreich zu stärken, sondern auch die Freundschaft zu den Vereinigten Staaten zu

Abendstimmung über dem New Yorker Hafen mit Blick auf die Statue of Liberty (oben). Einst begrüßte die Freiheitsstatue die per Schiff ankommenden Reisenden (rechts oben). Wird es dunkel, beginnen die modernen Hochhäuser an der Spitze Manhattans selbst hell zu leuchten (rechts unten).

vertiefen. Zum hundertjährigen Jubiläum der amerikanischen Unabhängigkeitserklärung im Sommer 1876 sollte die Statue fertig werden.

Aus Plänen werden Taten

Der französische Bildhauer Frédéric-Auguste Bartholdi (1834–1904) war von dem Vorhaben hellauf begeistert und entwickelte erste Pläne. Er konnte jedoch erst nach dem Deutsch-Französischen Krieg 1870/71 in die USA zu reisen, um nach einem passenden Aufstellungsort Ausschau zu halten und um Persönlichkeiten wie Präsident Ulysses S. Grant um finanzielle Unterstützung zu bitten.
Ein Standort war schnell gefunden: das »Tor in die Neue Welt«, New York, und dort das in der Hafenzufahrt gelegene kleine Bedloe's Island. Die Insel wurde 1956 in »Liberty Island« umbenannt. 1875 präsentierte de Laboulaye in Paris erste Zeichnungen und ein Tonmodell von Bartholdi, doch trotz der Begeisterung und einer ersten Spendenaktion verzögerte Geldmangel die rechtzeitige Fertigstellung der Statue zur Hundertjahrfeier der USA. Zwischen 1875 und 1880 musste zunächst Geld aufgetrieben werden, in Frankreich wie in New York.

Von Paris nach New York

1876 begann Bartholdi mit der Konstruktion, doch bei der Umsetzung des Tonmodells in den ungewohnt großen Maßstab benötigte er technische Hilfe. Ein Trägersystem, das der Ingenieur Maurice Koechlin entwickelte, ermöglichte ihm schließlich, das insgesamt über 200 Tonnen schwere Monument zu bauen. Koechlin war Mitarbeiter im Büro des begabten Tüftlers und Ingenieurs Gustave Eiffel (1832–1923), der 1889 durch den von ihm konstruierten gleichnamigen Turm in Paris berühmt werden sollte.
1878 wurden Kopf und Schultern der Statue zum ersten Mal bei der Weltausstellung in Paris ausgestellt. Im Jahr 1879 wurde Gustave Eiffel selbst hinzugezogen, um das Werk bis 1881 fertigzustellen. Die nach dem Vorbild antiker Monumentalfiguren, wie dem Koloss von Rhodos, aus etwa 300 Kupferplatten geschaffene Freiheitsstatue wurde anschließend wieder zerlegt und in Kisten verpackt mit einem Dampfer Richtung New York verschifft.

Feierliche Einweihung

Unterdessen hatte der Architekt Richard M. Hunt (1827–1895) auf der kleinen Insel in New Yorks Hafeneinfahrt den Sockel – damals der weltweit größte aus einem Stück gegossene Betonblock – in die Fundamente eines ehemaligen Forts eingelassen. Auch in den USA drohte das Projekt wegen finanzieller Probleme immer wieder zu scheitern. Als 1885 das Geld erneut ausging, rief der deutschstämmige Publizist Joseph Pulitzer eine Spendenaktion ins Leben, die das Vorhaben rettete.
Als das Schiff aus Frankreich 1885 den New Yorker Hafen erreichte und Einzelteile in einer

feierlichen Parade durch die Stadt getragen wurden, war das Fundament jedoch immer noch nicht ganz fertig. Erst 1886 konnte der Zusammenbau in der Hafenzufahrt beginnen. Am 28. Oktober 1886 war es dann endlich soweit: Präsident Grover Cleveland weihte die Freiheitsstatue offiziell ein.

Vielbesuchte Attraktion

»Lady Liberty«, wie man die Freiheitstatue liebevoll nennt, feierte 2011 ihren 125. Geburtstag. Zuvor hatte die »alte Dame«, die seit 1933 als National Monument unter Denkmalschutz und damit in Obhut des National Park Service steht, schon zu ihrem 100. Geburtstag ein umfassendes »Facelift« erhalten: Zwischen 1984 und 1986 wurde sie grundlegend renoviert. Damals wurde die vielbesuchte Attraktion während der Arbeiten geschlossen, was eine seltene Ausnahme darstellt. Danach waren Besucher nur zweimal für längere Zeit nicht zugelassen: Nach dem Terrorangriff am 11. September 2001 und nach den Verwüstungen durch Hurrikan Sandy Ende Oktober 2012. Seit Juli 2013 können Besucher sogar wieder in limitierter Zahl den Ausblick von der Krone genießen.
Der Sockel der Figur von Richard Morris Hunt nimmt etwa die halbe Höhe des gesamten Monumentes ein und erlaubt einen guten Ausblick für all jene, die nicht zur Krone hinaufsteigen wollen. In der Basis, im »Pedestal«, informiert das Statue of Liberty Museum über die Entstehung der Statue – von der Idee bis zur Ausführung und Aufstellung –, über all die Widrigkeiten und Schwierigkeiten, die überwunden werden mussten, und über die Bedeutung der Figur. Zu sehen sind unter anderem Modelle von Einzelteilen der Statue in Originalgröße.
Von der Lobby führt eine Wendeltreppe über 377 Stufen hinauf zur Aussichtsplattform in der Krone, deren sieben Strahlen die sieben Meere symbolisieren. Eine gebührenpflichtige Ticketreservierung ist ebenso Voraussetzung wie eine einigermaßen gute Kondition, denn es gibt keinen Aufzug! Ursprünglich waren Besucher sogar in der Fackel, dem einst höchsten begehbaren Punkt, zugelassen.

DIE FREIHEITSSTATUE IN ZAHLEN

Gesamthöhe: 92,99 m
Höhe der Statue (Sockel bis Fackel): 46,05 m
Höhe der Figur: 33,86 m
Kopf: 5,26 m
Höhe der Basis: 19,81 m
Höhe des Granitsockels: 27,13 m
Gesamtgewicht: 204 t

TICKET-KNOW-HOW

Fähren nach Liberty und Ellis Island verkehren ab Castle Clinton/Battery Park je nach Jahreszeit und Andrang unterschiedlich häufig, meist im 30- bis 45-Minuten-Takt und mindestens zwischen 9.30 und 15.30 Uhr. Um lange Wartezeiten am Verkaufsstand in Castle Clinton zu vermeiden, sollte man die Tickets im Internet vorbestellen. Es gibt mehrere Ticketvarianten, wobei der Zugang zu beiden Inseln und zum Ellis Island Museum stets inbegriffen ist. Im Pedestal Reserve Ticket ist zudem der Eintritt in die Basis der Statue mit Museum inbegriffen. Es kostet nicht mehr, wird aber vor Ort nur in limitierter Zahl ausgegeben (»first-come, first-served«). Das Crown Ticket für den Zugang zur Krone kostet Aufpreis und muss vorbestellt werden. Die Basis-Version ist auch im CityPass enthalten.

WEITERE INFORMATIONEN

www.nps.gov/stli
Fähren und Tickets:
www.statuecruises.com

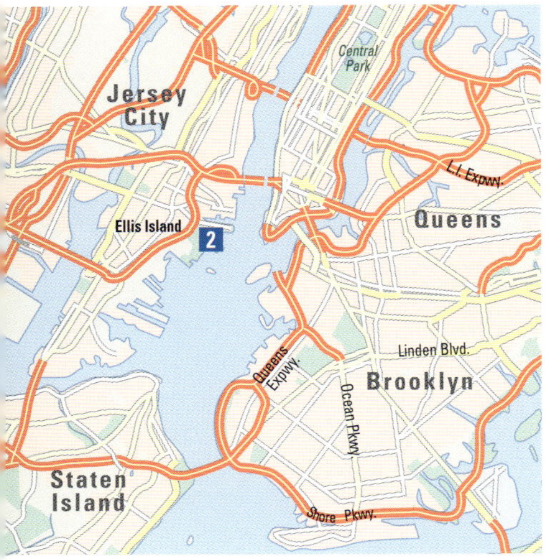

2 Erste Station in der neuen Heimat – Ellis Island

Das Tor zur Neuen Welt

Die Fähre tuckert bedächtig auf Manhattan zu, da rückt nach der Statue of Liberty ein weiteres Wahrzeichen ins Blickfeld: Ellis Island. Zwischen 1892 und 1954 befand sich hier das »Tor zur Neuen Welt«, die wichtigste Einwanderungsstation der USA. Sie hatte Castle Clinton, das von 1855 bis 1889 die Immigranten aufgenommen hatte, abgelöst, nachdem die alte Festung ihrer Funktion nicht mehr gewachsen war.

Rund zwölf Millionen Immigranten aus aller Welt, darunter bekannte Persönlichkeiten wie beispielsweise der Schriftsteller Bert Brecht, betraten nach Eröffnung der Einwanderungsstation auf Ellis Island erstmals amerikanischen Boden. In dem Gebäude wurden die Ankömmlinge registriert, befragt, medizinisch untersucht und anschließend zugelassen – oder abgewiesen. Der ganze Vorgang konnte im schlimmsten Fall mehrere Wochen dauern.

Der Traum vom Glück

Heute strömen statt der hoffnungsvollen Zuwanderer aus aller Welt vor allem US-Bürger nach Ellis Island, um anhand der dortigen Archive zu erforschen, wo ihre Vorfahren einst den Neuanfang wagten, wo ihr Traum vom Glück in der »Neuen Welt« begann. Immerhin sollen während der gut 60 Jahre, die die Station in Betrieb war, fast 70 Prozent aller Amerika-Einwanderer hier angekommen sein. Per Schiff, wohlgemerkt, denn in jenen Jahren waren Schiffe das einzige Transportmittel über den Atlantik. New York galt damals als der größte Hafen im Land.

Nach der Schließung der Einwanderungsstation auf Ellis Island im Jahr 1954 war der Gebäudekomplex vom Verfall bedroht und wurde zum politischen Spielball zwischen den benachbarten Bundesstaaten New York und New Jersey. Schließlich sprach Präsident Lyndon B. Johnson ein Machtwort und unterstellte die Insel 1965 dem National Park Ser-

Zwischen 1892 und 1954 war Ellis Island die wichtigste Einwanderungsstation der USA (unten links). Die Great Hall diente als Eingangshalle und beherbergt heute das Immigration Museum (unten rechts). Ein moderner Zugangsbereich empfängt nun die zahlreichen Besucher (rechte Seite oben). Blick auf die Skyline der Stadt (rechte Seite unten).

vice. Damit bewahrte er Ellis Island und die historischen Bauten vor dem endgültigen Verfall.
Doch erst anlässlich der Hundertjahrfeier 1992 fanden Umbauten für über 170 Millionen Dollar statt, und nach weiteren fünf Jahren wurde die Insel schließlich auf die Liste von »America's 11 Most Endangered Historic Places« gesetzt. Die auf Spendenbasis arbeitende Initiative »Save Ellis Island« renovierte und renoviert nach und nach die mehr als 30 Gebäude der früheren Immigrantenstation. Leider hatte Hurrikan Sandy im Oktober 2012 den Fortschritt gebremst, da schwere Wasserschäden im zentralen Bau, der als Museum dient, erst wieder behoben werden mussten.

Immigrantenschicksale werden lebendig

Der Hauptbau mit der Great Hall, der Ankunftshalle, bildet das sehenswerte »Ellis Island National Museum of Immigration«, in dem vier Jahrhunderte Einwanderungsgeschichte, die Geschichte von Ellis Island und einzelne Immigrantenschicksale lebendig werden. Im ehemaligen Ticket Office geht es um die Anfänge der Zuwanderung vor Ellis Island, in »The Journey« um die Immigration von 1954 bis heute.

Außer der Empfangshalle kann man die Schlafsäle, das Fährbüro, die Anhörungsräume, die Krankenstation und den Speisesaal besichtigen. Erinnerungsstücke, Fotos, Karten, Briefe, Tagebuchaufzeichnungen und Originalinterviews mit Ankömmlingen lassen zahllose Immigrantenschicksale konkret nachvollziehen. Beeindruckend ist vor allem die Abteilung »Treasures from Home« – eine Sammlung von Dingen, die die Immigranten von zu Hause mit in die Neue Welt brachten. In der Abteilung »Peopling of America« zeigen elf grafische Displays über vier Jahrhunderte Einwanderungsgeschichte auf: von vorkolonialer Zeit bis heute, also auch *vor* und *nach* Ellis Island. Filme und Hörproben bieten Informationen, darüber hinaus helfen Computerprogramme im zugehörigen American Family Immigration History Center Besuchern bei der Ahnenforschung. Rund 25 Millionen Menschen erreichten New York von 1892 bis 1957 per Schiff. Auch ein interaktives Lernzentrum für Kinder sowie eine Forschungsbibliothek stehen zur Verfügung. Hinter dem Bau, mit grandiosem Ausblick auf die Skyline, befindet sich schließlich die vielbesuchte Immigrant Wall of Honor. Dort sind die Namen von Einwanderern aus aller Welt zu lesen, die hier erstmals amerikanischen Boden betraten.

BESUCH AUF ELLIS ISLAND

Ab Castle Clinton/Battery Park verkehren je nach Jahreszeit und Andrang unterschiedlich häufig Fähren nach Ellis Island. Die Bootsfahrt ist immer kombiniert mit Liberty Island und kostet derzeit 25 US-Dollar (im New York CityPass enthalten!). Ellis Island wird nach der Statue of Liberty angesteuert. Mit dem »Hard Hat Reserve Ticket« (Aufpreis 35 US-Dollar) kommt man auf Ellis Island zusätzlich in den Genuss einer 90-minütigen Tour mit Schutzhelm durch den bis dato nicht restaurierten Ellis Island Hospital Complex. In dem früheren Krankenhausareal zeigt die Kunstausstellung »Unframed – Ellis Island« Installationen. Abgesehen von den Ausstellungen lohnt der Ausblick von der American Immigrant Wall of Honor auf Manhattans Skyline. Darüber hinaus gibt es ein nettes Café und einen Laden.

WEITERE INRORMATIONEN

www.nps.gov/elis, www.saveellisisland.org, www.libertyellisfoundation.org
Fähren und Tickets:
www.statuecruises.com

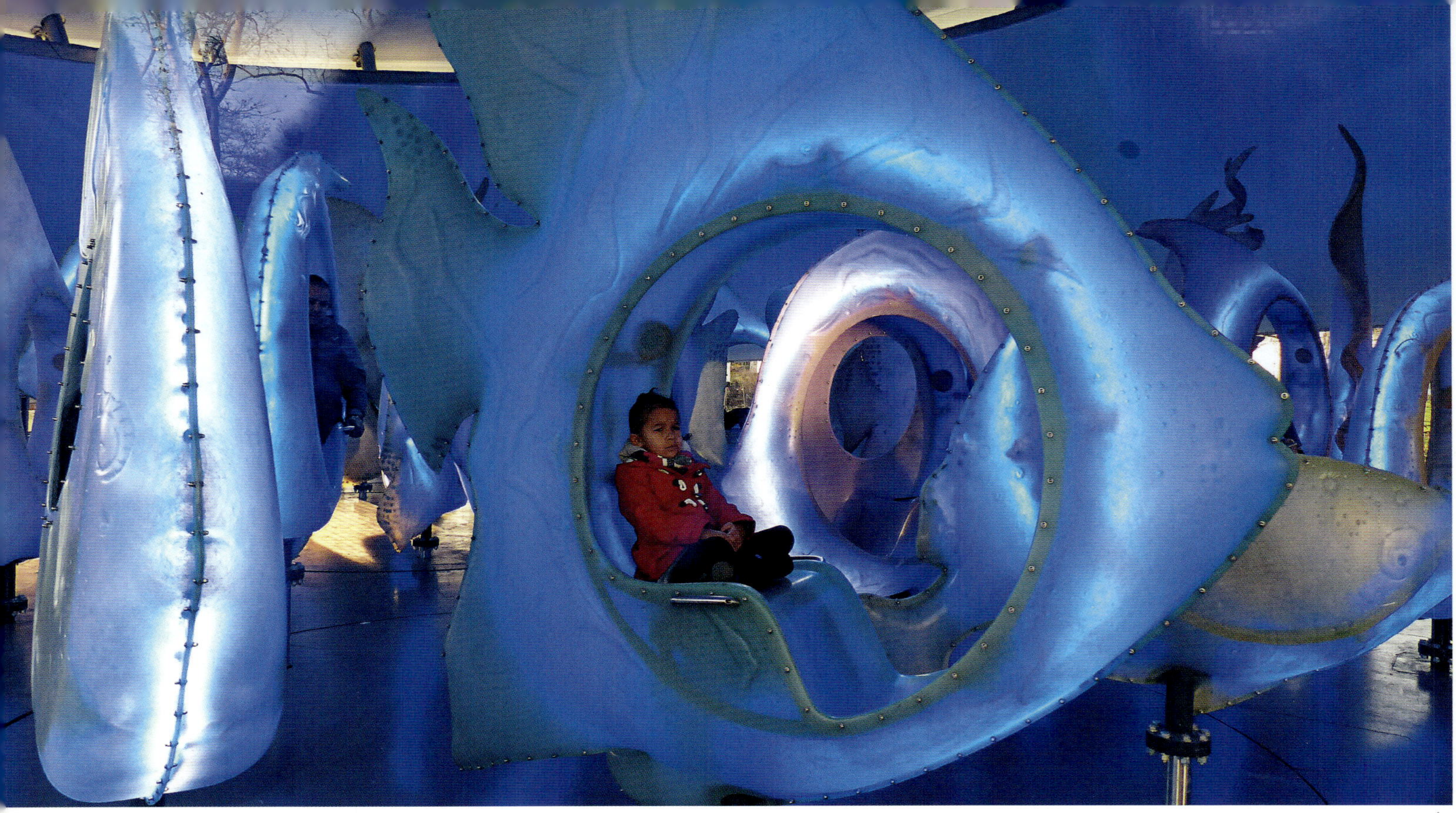

Das neue SeaGlass Carousel im Battery Park (oben). Die Skulptur »The Sphere« des bayerischen Künstlers Fritz Koenig hat die Katastrophe von »9-11« fast unbeschadet überstanden (rechts).

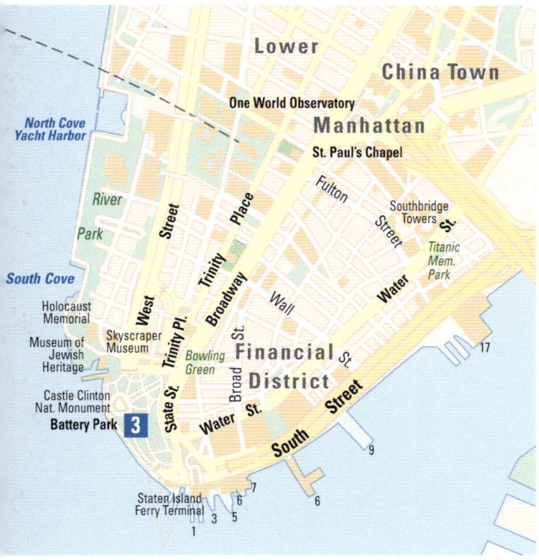

3 Ein Park für alle – Battery Park

Grüne Oase an Manhattans Südspitze

Benannt ist die Grünanlage vor der Hochhauswand an Manhattans Südspitze nach den Geschützen, die einst den Hafen am Zusammenfluss von East und Hudson River sicherten. Heute ist der neu gestaltete Battery Park eine beliebte Ruheoase inmitten des städtischen Trubels – mit Ausblick auf Hudson River, Ellis Island, Statue of Liberty und das New-Jersey-Ufer.

Nicht nur der Name des Battery Park erinnert an die alte New Yorker Hafenbefestigung, sondern auch das hier befindliche Castle Clinton. Die kleine Festung aus dem frühen 19. Jahrhundert schützte zusammen mit vier weiteren, unter anderem auf Governors Island gelegenen Befestigungsanlagen den Hafen. Bei seiner Fertigstellung 1811 und im anschließenden Britisch-Amerikanischen Krieg 1812 lag Castle Clinton noch etwa 60 Meter vom Ufer entfernt mitten im Hudson River und war nur durch eine Zugbrücke mit der Südspitze von Manhattan verbunden.

Im Jahr 1823 hatte die Festung endgültig ausgedient. Der Militärstandort wurde durch Erdaufschüttung mit dem Festland verbunden und in einen Vergnügungspark mit Opernhaus und Theater umgewandelt. Unter anderem trat hier die »schwedische Nachtigall« Jenny Lind auf. Zwischen 1855 und 1890 fungierte Castle Clinton als Vorgänger von Ellis Island als Sammelstelle für Immigranten, durch die mehr als acht Millionen Einwanderer geschleust wurden. Als die alte Festung für diese Aufgabe zu klein wurde, verlegte man die Immigrationsstation nach Ellis Island. Ab 1892 betraten dort die Einwanderer erstmals amerikanischen Boden. Castle Clinton geriet kurz in Vergessenheit, bis 1896 nach Umbauten in den alten Gemäuern ein Aquarium eröffnete. Als dieses 1941 nach

Die vielen Gesichter einer Weltstadt (oben links). Der mächtige Adler des East Coast Memorial vor modernem Hochhaus (oben rechts). Das Skyscraper Museum beschäftigt sich mit moderner Architektur in New York und weltweit (rechts oben). Urban Gardening einmal anders: Aus einem alten Fahrrad wird ein Flecken Grün (rechts unten).

Coney Island umzog, schienen die Tage der alten Festung gezählt, und die Abrissbirnen rückten an. Der drohende Abbruch konnte gerade noch abgewendet werden. 1946 wurde der Bau zum National Monument erklärt und 1975 neu als Castle Clinton National Monument eröffnet. Besucher finden hier heute hilfsbereite Park Rangers und eine kleine historische Ausstellung. Souvenirs und Informationsmaterial bietet ein kleiner Laden. In erster Linie dient die Festung jedoch als Ticketverkaufsstelle für die Ausflugsboote zur Statue of Liberty und nach Ellis Island.

Grüne Oase mit Karussell

Die Grünanlagen um die alte Festung – der Battery Park – bilden einen der ältesten Stadtparks in New York. Sie wurden in den letzten Jahren attraktiv umgestaltet und sind zu einer beliebten grünen Oase inmitten der hektischen Downtown worden. Der Park wurde in verschiedene Abschnitte eingeteilt, so entstanden beispielsweise das Pflanzenlabyrinth Battery Woodland, die Bosque Gardens mit Brunnen und die Gardens of Remembrance. Die Monumente und Skulpturen im Park wurden restauriert, neue Fahrradwege und Spielplätze angelegt. Die vielleicht ungewöhnlichste Neuerung ist die Battery Urban Farm, eine Art Gemeinschaftsnutzgarten. 2015 eröffnete dazu am Südende des Parks das SeaGlass Carousel. Der Entwurf stammt von WXY Architecture + Urban Design und erinnert daran, dass sich hier im Süden einmal das New York Aquarium befand. Das einzigartige Karussell hat die Form einer Meeresschnecke aus Glas und Stahl, in deren Inneren 30 beleuchtete Fische fahren. Die Besucher werden selbst zu Fischen, wenn sie im Inneren Platz nehmen und zu entsprechenden Bildern und Geräuschen durch eine Meereswelt gleiten. Der Zugang zu dem neuen Karussell erfolgt durch die Tiffany & Co. Foundation Woodland Gardens. Sie wurden nach Plänen des Gartendesigners Piet Oudolf gestaltet, der auch an der neuen High Line beteiligt war.

Genuss für Leib und Seele

Abgesehen von Souvenirverkäufern finden sich im Battery Park auch Food Carts, die aus New Yorks Straßenbild nicht wegzudenken sind. Die mobilen Küchen bieten Hotdogs, Pretzels und

Süßigkeiten an, darüber hinaus steht mit dem »Table Green and Table Green Cafe« saisonal ein Lokal und Café mit Freiplätzen zur Verfügung. Nach umfassender Renovierung wurde auch das Gebäude auf dem historischen Pier A von 1886 wiedereröffnet. Im Pier A Harbor House, das einst unter anderem die Hafenpolizei nutzte, trifft man sich jetzt beispielsweise in der »Long Hall« und der »Oyster Bar«, im »Harrison Room« und der »Commisioner's Bar«. Besonders schön sitzt man im Freien.
Zu den Statuen und Monumenten im Park gehören unter anderem das East Coast War Memorial, das Korean War Memorial und das American Merchant Mariners' Memorial. Herausragend ist das Stahl-Bronze-Kunstwerk »The Sphere« des bayerischen Künstlers Fritz Koenig. Die globusförmige Skulptur stand ab 1971 als Symbol für freien Handel und Ideenaustausch zwischen den beiden Türmen des World Trade Center. Wie durch ein Wunder überlebte sie den Einsturz der Gebäude nahezu unbeschadet und wurde hierher versetzt. Unklar ist derzeit noch, ob das Kunstwerk nach Fertigstellung des Liberty Park an seinen ursprünglichen Standort zurückgebracht werden soll.

Stadt in der Stadt

Vom Battery Park führt die Esplanade am Hudson River entlang nordwärts zur Battery Park City. Sie wird von New Yorker Büroangestellten als sportliches Betätigungsfeld und Erholungsort in der Mittagspause geschätzt. Battery Park City ist ein architektonisch wegweisendes Bauprojekt, das in den 1970er-Jahren großteils auf künstlich aufgeschüttetem Gelände entstand. Das Fundament für diese Stadt in der Stadt mit Büros, Wohnungen, Parks und Versorgungseinrichtungen lieferte der Aushub aus der Baugrube für die beiden Türme des World Trade Center. Das etwa 37 Hektar große Neuland wurde jedoch nicht zugebaut, sondern zu rund einem Drittel für eine Promenade am Hudson River und für Parkanlagen genutzt. Einheimische wie Besucher schätzen diesen ruhigen und grünen Teil von Downtown Manhattan.
Am Nordrand des Battery Park duckt sich nahe dem neu renovierten Pier A ein flacher, pyramidenförmiger Bau bescheiden ins Grün der umgebenden Parkanlage. Hinter der fast fensterlosen Fassade verbirgt sich das sehenswerte Museum of Jewish Heritage, dessen sechseckiger Grundriss sich an die Form des Davidsterns anlehnt und an die sechs Millionen ermordeten Juden erinnern soll. Inhaltlich befasst sich dieses ungewöhnliche Museum mit drei Hauptthemen: dem jüdischen Leben im späten 19. Jahrhundert, der Judenverfolgung – insbesondere durch die Nationalsozialisten – und dem Wiederaufblühen des Judentums in letzter Zeit. Dazu gehören ein Laden, das »Heritage Café« und der Garden of Stones.

SEHENSWERTES ARCHITEKTUR-MUSEUM

Gegenüber dem jüdischen Museum steht ein moderner Wolkenkratzer, der neben dem Hotel Ritz-Carlton auch Wohnungen beherbergt. In seinem rückwärtigen Teil befindet sich seit 2004 das nicht allzu große, aber sehenswerte Skyscraper Museum. Die 1996 gegründete Institution zog mehrfach um, ehe sie in die von Skidmore, Owins & Merrill (SOM) geplanten Räumlichkeiten an der Südspitze Manhattans einzog.
Das Museum beschäftigt sich mit dem reichen architektonischen Erbe der Stadt sowie mit den historischen Kräften und Individuen, die dahinterstehen. In einem seiner beiden Galerieräume zeigt die Dauerausstellung »Skyscraper/City« die Entwicklung von New Yorks Skyline. Zu sehen sind hier auch zwei von Mike Chesko geschaffene hölzerne Miniaturmodelle von Downtown und Midtown. Der andere Saal dient Wechselausstellungen. Abgesehen von Ausstellungen zu Architekturthemen aus aller Welt werden verschiedenste Programme und Publikationen geboten.

WEITERE INFORMATIONEN

Battery Park, www.thebattery.org
Pier A Harbor House, www.piera.com
Museum of Jewish Heritage, 36 Battery Place, www.mjhnyc.org
Skyscraper Museum, 39 Battery Place, www.skyscraper.org

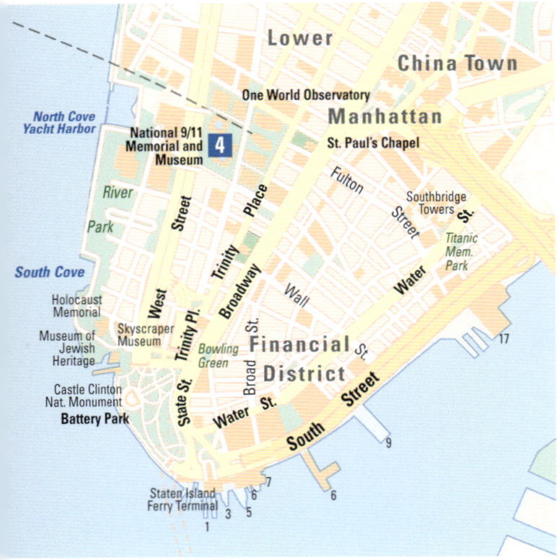

Wo einst die beiden Türme des World Trade Center standen, in den »Footprints«, erinnert heute ein Memorial mit Wasserbecken und Inschriften an das traurige Ereignis (unten). Die Opfer der Katastrophe des 11. September 2001 sind unvergessen (rechts unten). Ein Stück der alten Flutmauer im 9/11 Museum (rechts oben).

4 Unvergessen ... – das National September 11 Memorial and Museum

Eindrucksvolle Gedenkstätte mit ungewöhnlichem Museum

Noch immer scheuen viele New Yorker einen Besuch des 9/11 Memorial und des Museums der Gedenkstätte. Den Schock des 11. September 2001, als das World Trade Center von Terroristen komplett in Schutt und Asche gelegt wurde, haben viele noch immer nicht überwunden. Für Besucher ist dieser eindrucksvolle Ort jedoch ein Must-see – denn nach der Besichtigung versteht man die Stadt und ihre Bewohner besser.

Seit die über 400 Meter hohen markanten Türme des World Trade Center am 11. September 2001 durch einen Terrorangriff zerstört wurden, vermisst jeder, der vor 2001 in New York gewesen war, das ehemalige Wahrzeichen der Stadt in der Skyline. Steht man direkt am Ort des Geschehens, hat sich vieles verändert: Die sogenannte World Trade Center Site wurde mit teils langweiligen, teils spektakulären neuen Gebäuden bebaut. Das Herz bildet jedoch das 9/11 Memorial and Museum.

In den Footprints der Vergangenheit

Der Verkehr braust vorbei, Pendler strömen aus den nahegelegenen unterirdischen Bahnhöfen, Besuchermassen und Souvenirverkäufer drängeln auf den Fußwegen. Und dazwischen stehen immer wieder Menschen, tief in Gedanken versunken, vor den Balustraden der beiden riesigen, schwarz glänzenden Brunnenbecken, die in die »Footprints« – die Grundrisse – der beiden Türme des ehemaligen World Trade Center eingebaut wurden.

2011 eröffnete zum zehnten Jahrestag des Attentats das 9/11 Memorial – ein Gemeinschaftsprojekt von Arad, Walker und Bond mit dem Namen »Reflecting Absence«. Die Memorial Plaza soll zum Nachdenken anregen und hat sich, ungeachtet allen Trubels ringsum, tatsächlich zu einer Ruheoase entwickelt. Es handelt sich um einen Park mit Eichenhain und insgesamt rund 400 Bäumen. Eine chinesische Wildbirne wird »Survivor Tree« genannt: Sie konnte als einziger Baum nach dem Einsturz gerettet und wieder aufgepäppelt werden.
Vom Rand der beiden dunklen Brunnenbecken, dem North und South Pool, strömen die größten künstlich geschaffenen Wasserfälle der USA in die Tiefe. Entlang der Becken sind in die Bronzeumrandung die Namen der fast 3000 Opfer eingraviert: der Opfer aus New York, aus dem Pentagon in der Hauptstadt Washington D.C. und des Absturzes des United-Airlines-Flugs 93 bei Shanksville in Pennsylvania. Verzeichnet sind auch die sechs Opfer des Bombenanschlags auf das World Trade Center am 26. Februar 1993.

Emotionen und Informationen

Das 9/11 Museum erstreckt sich unterirdisch zwischen den beiden Becken und wurde von dem norwegischen Architekturbüro Snøhetta (Craig Dykers) und Davis Brody Bond geplant. Es eröffnete im Mai 2014. Der Zugang erfolgt durch einen sehenswerten Glaspavillon, von dem Rampen nach unten zu der sehr emotionalen, rund 4500 Quadratmeter großen Ausstellung führen.
Zentraler Punkt ist die riesige Foundation Hall zwischen den Fundamenten der Zwillingstürme. Hier steht ein Stück der Flutmauer, die beim Kollaps der Türme dem Wasser des Hudson River standhielt, und ragt mit der über zehn Meter hohen »Last Column« einer der Stahlträger der WTC-Türme auf. Ausgestellt sind ferner ein lädierter Feuerwehrwagen, Relikte und Memorabilien der Opfer sowie die »Survivors' Stairs« genannte Fluchttreppe, die von vielen Flüchtenden benutzt wurde. Unter dem South Pool erinnert die South Tower Gallery mit Fotos, Hörproben und persönlichen Artefakten an die Opfer, ihr Leben und ihre Familien. Besonders eindrucksvoll ist die »Wall of Faces« mit Fotos der Opfer und Informationen zu jeder Person.
In der »September 11, 2001« genannten North Tower Gallery befindet sich eine historische Ausstellung in drei Teilen: The Day of 9/11, Before 9/11 und After 9/11. Mithilfe von Exponaten, Videos, Stimmen und Originaltonaufnahmen wird der Unglückstag im Stundentakt geschildert. Dargestellt werden die Hintergründe, die zu den Ereignissen am 11. September führten, deren unmittelbaren Folgen, die Hilfsaktionen und Auswirkungen.

IN MEMORIAM 9/11

Das 9/11 Memorial ist täglich von 7.30 bis 21 Uhr frei und ohne Ticket zugänglich, das Museum kostet jedoch Eintritt. Es empfiehlt sich, vorab zu reservieren, möglich ist dies bis zu drei Monate vorab. Geöffnet ist das Museum von 9 bis mindestens 20 Uhr, es gibt auch Führungen. Dienstags ist der Eintritt ab 17 Uhr frei, die Tickets sind ab 16 Uhr vor Ort nach dem Prinzip »first-come, first-served« erhältlich.
Das Tribute WTC Visitor Center ist ein auf Privatinitiative eingerichtetes kleines Museum. Im Zentrum der Ausstellung steht der menschliche Aspekt, die Einzelschicksale. Besonders empfehlenswert sind hier die 75-minütigen Walkingtouren um das 9/11 Memorial. Sie werden von Betroffenen ausgeführt, zum Beispiel von Angehörigen, Feuerwehrleuten oder Polizisten.
Im Ground Zero Museum Workshop finden täglich Touren statt. Ausgestellt sind vor allem Fotos von der World Trade Center Site, die der Fotograf und Gründer des Museums, Gary Marlon Suson, schoss.

WEITERE INFORMATIONEN

National September 11 Memorial and Museum, 180 Greenwich St., www.911memorial.org
Tribute WTC Visitor Center, 120 Liberty St., http://tributewtc.org
Ground Zero Museum Workshop, 420 W. 14th St., http://groundzeromuseumworkshop.org

Wo einst die Twin Tower die Skyline Manhattans prägten, ragt heute das mächtige »One World Trade Center« in den Himmel.

Jean Dubuffets »Group of Four Trees« ziert die Chase Manhattan Bank Plaza in Downtown (oben). New Yorks neues Wahrzeichen ist das neue One World Trade Center, mit seinen 1776 Fuß (541 m) Höhe, ein Hinweis auf das Jahr der Unabhängigkeitserklärung (rechts).

5 Atemberaubender Rundumblick – One World Observatory

New Yorks neues Wahrzeichen und die World Trade Center Site

Blickt man von der Brooklyn Bridge oder von einer Fähre auf die Südspitze Manhattans, sieht man eine beeindruckende Skyline, die sich allerdings in den letzten Jahren enorm verändert hat. Von 1973 bis zum 11. September 2001 waren dort die beiden über 400 Meter hohen Zwillingstürme des World Trade Center markante Punkte gewesen. Sie sind verschwunden – und durch einen neuen »Giganten« ersetzt worden.

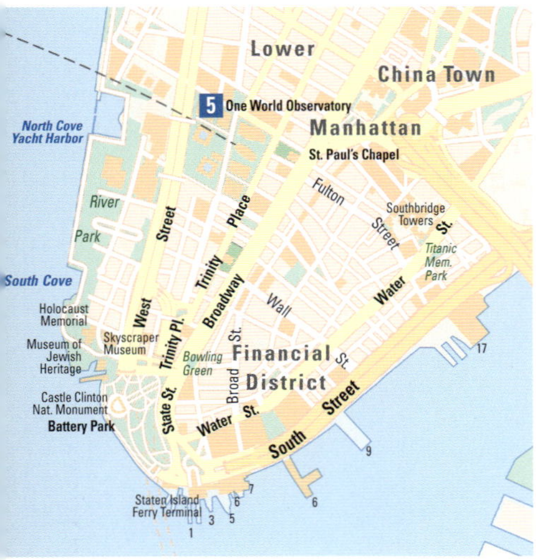

Die Türme des World Trade Center waren zwischen 1966 und 1973 nach Plänen des japanischen Architekten Minoru Yamasaki für 1,5 Milliarden Dollar errichtet worden. Bei seiner Einweihung am 4. April 1973 war das World Trade Center der größte Bürokomplex und mit seinen zwei 417 beziehungsweise 415 Meter hohen Türmen zugleich das höchste Bauwerk der Welt.
Der Terrorangriff am 11. September 2001 hinterließ eine Lücke in der Skyline und das gigantische Trümmerfeld Ground Zero. »9/11« sorgte jedoch auch für ein bis heute kaum bewältigtes Trauma in der Bevölkerung. Sieben Gebäude waren an jenem Tag komplett zerstört, weitere beschädigt worden. Obwohl man die Aufräumarbeiten im Mai 2003 offiziell für beendet erklärte und aus Ground Zero die World Trade Center Site geworden war, schritten die Bauarbeiten nur langsam voran. Kontroversen und Diskussionen, Planungsänderungen und Architektenwechsel führten immer wieder zu Verzögerungen und Unterbrechungen. Bis dato gibt es auf dem Grundstück noch immer Baustellen, doch allmählich entwickelt sich das Areal zum neuen »Herz« der Stadt.

Von der Aussichtsplattform des One World Trade Center, dem One World Observatory (OWO), bietet sich ein atemberaubender Ausblick (unten). Riesige Glaswände erlauben grandiose Ausblicke nach allen Seiten (ganz unten), und es gibt multimediale Präsentationen zur Geschichte der Stadt (rechts).

Bombensicherer Bau mit grandioser Aussicht

Als Resultat eines Architekturwettbewerbs war zunächst ein aufsehenerregender Entwurf von Daniel Libeskind ausgewählt worden, der unter anderem das Jüdische Museum in Berlin erbaut hat. Doch bei diesem Entwurf blieb es nicht: Letztendlich wurde das erst »Freedom Tower«, dann »One World Trade Center« (1 WTC) genannte Hauptgebäude auf dem Areal als ein schlicht-massiver, angeblich »bombensicherer« Bau nach Plänen von David Childs von der Architekturfirma Skidmore, Owings & Merrill (SOM) errichtet. Lediglich die Höhe von 1776 Fuß (541 Meter), die sich auf das Jahr der Unabhängigkeitserklärung bezieht, entstammt noch dem ursprünglichen Plan von Libeskind. Der 104-stöckige, 3,8 Milliarden Dollar teure Bau hatte im April 2012 das Empire State Building an Höhe übertroffen. Er wurde im November 2014 eröffnet und ist unter anderem Sitz der Verlagsgruppe Condé Nast.

Die dreistöckige Aussichtsplattform des Turms, das One World Observatory, steht seit Mai 2015 Besuchern offen. Diese neue Attraktion ist teuer, zudem muss man eine erhebliche Wartezeit wegen der Sicherheitskontrollen und des Besucherandrangs einplanen. Dennoch lohnt der Aufwand wegen der einmaligen Aussicht, die der Turm an der Südspitze Manhattans bietet. Sie unterscheidet sich komplett von dem Blick, der sich weiter nördlich auf den Aussichtsterrassen auf dem Empire State Building und dem Rockefeller Center eröffnet.

Nach den Kontrollen im sogenannten Welcome Center führt ein mit Informationen und Fotos ausgestatteter Gang durch den nachgebildeten felsigen Untergrund des Turms zum Aufzug. Dieser bringt Gäste in weniger als einer Minute zum 102nd Floor. Unterwegs wird mithilfe von LED-Technik New Yorks Stadtentwicklung im Schnelldurchlauf an die Wände projiziert. Oben angekommen, erlebt man nach einem kurzen 3D-Film über die Metropole eine Überraschung: Plötzlich ist der Blick durch die Aussichtsfenster frei, und man sieht auf die Stadt, die einem zu Füßen liegt.

Vom Main Observatory (100th Floor) – komplett verglast und geräumig – kann man den Ausblick in aller Ruhe genießen: auf die Piers entlang des Hudson River nordwärts, auf die New-Jersey-Küste und Richtung Süden hinaus auf die Inseln, die der Spitze Manhattans vorgelagert sind. Informationen zu Sehenswürdig-

keiten, Ausblicken, Geschichte und Bauwerken liefern die interaktiven Videomonitore von »City Pulse«, die von Angestellten bedient werden. Das »Sky Portal« ist eine weitere Besonderheit: eine Art rundes Podium, von dem aus man mittels Kamera auf die Straßen unterhalb des Gebäudes blickt.

Langsamer Baufortschritt

Die ursprünglich großen Pläne für die Wiederbebauung des Areals schritten nur langsam voran. Als erster Bau wurde 7 WTC (ebenfalls von SOM) im Jahr 2006 fertiggestellt, im November 2013 folgte 4 WTC mit lediglich 72 Stockwerken. 2018 soll 3 WTC, ein relativ niedriger, unspektakulärer Bau von Richard Rogers, eröffnet werden, bei 2 WTC an der Nordostecke des Grundstücks wird es hingegen noch länger dauern. Der Bau von BIG – Bjarke Ingels Group aus Kopenhagen soll einmal 408 Meter hoch werden und damit sogar fast an das 1 WTC heranreichen (ohne Antenne 417 m). Die treppenartig gestaltete und mit einer Art grünen Balkonen ausgestattete Fassade ist zum 9/11 Memorial hin ausgerichtet.
Nicht gebaut wird wohl 5 WTC (Kohn Pederson Fox). Das Gebäude sollte am ehemaligen Standort des Deutsche Bank Building errichtet werden, das durch die Angriffe schwer beschädigt und in Folge abgerissen wurde. Hier wurde kürzlich der Liberty Park rund acht Meter über der Liberty Street am Südrand des Areals neu eröffnet. An der Ecke zur Greenwich Street im Osten wird die zerstörte St. Nicholas Greek Orthodox Church nach Plänen von Santiago Calatrava aus weißem pentelischem Marmor mit großer Kuppel neu errichtet. Vom Vorplatz der erhöht gelegenen Kirche, dem Memorial Overlook, wird sich ein guter Blick auf das Memorial bieten.

Haus mit Flügeln und einem Auge

Calatrava zeichnet ebenfalls verantwortlich für den WTC Transportation Hub an der Nordostecke der WTC Site. Das Hauptgebäude, der Oculus, eröffnete nach zahlreichen Verzögerungen und Planänderungen im Frühjahr 2016. Abgesehen von seiner praktischen Funktion als wichtiger Knotenpunkt für elf Subway- und PATH-Pendlerzüge, stellt der Nahverkehrsbahnhof eine technische Meisterleistung dar und ist auch architektonisch sehenswert. Seine mehrstöckige Halle bedeckt ein flügelartiges Dach mit einem Oberlicht (*oculus*), das sich öffnen lässt. Tunnel verbinden den Bahnhof mit World Trade Center Tower 1 bis 4, dem 9/11 Memorial, Brookfield Place und Battery Park City Ferry Terminal.
Das Fulton Center liegt zwar nicht direkt an der World Trade Center Site, wurde jedoch ebenfalls als Nahverkehrsknotenpunkt im November 2014 neu eröffnet. Neun Subway-Linien treffen hier zusammen. Herzstück des umweltbewusst und energietechnisch vorbildlichen Gebäudes ist die Haupthalle mit dem Sky Reflector Net, das als eine Art Dachfenster fungiert. In der Halle befinden sich auch Läden, Imbiss- und Verkaufsstände.

ALLIANCE FOR DOWNTOWN NEW YORK

Seit 1995 setzt sich die Alliance for Downtown New York (ADNY) zum Ziel, die Lebensqualität in Lower Manhattan zu verbessern und das Viertel für Anwohner, Beschäftigte und Besucher sauberer, lebenswerter und vitaler zu gestalten. Die ADNY bietet ein breites Spektrum an Veranstaltungen und Touren sowie Gratis-Internet auf vielen öffentlichen Plätzen an der Water und der Front Street sowie der East River Esplanade, beispielsweise auf der Plaza vor dem 7 WTC oder dem Bowling Green.
Mit dem Downtown Culture Pass erhalten Besucher ermäßigten Eintritt an über zwölf Attraktionen. Mit Broschüren, Karten und anderem Infomaterial gut ausgestattete Visitor Information Kiosken stehen unter anderem am 7 WTC, Bowling Green Park und Pier A. Der Downtown Connection Bus pendelt kostenlos zwischen South Street Seaport und Battery Park City.

WEITERE INFORMATIONEN

www.downtownny.com
www.downtownculturepass.org
www.downtownny.com/programs/downtown-connection-bus
One World Observatory:
https://oneworldobservatory.com – mit Infos zu Tickets
www.panynj.gov/wtcprogress – zur Bebauung der WTC Site
www.wtc.com – zur neuen Downtown

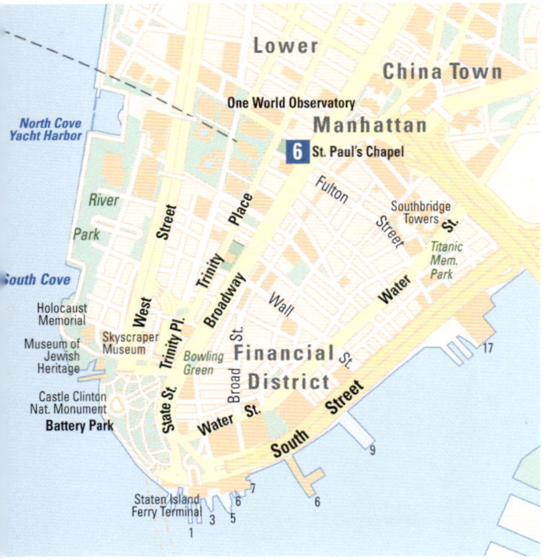

Die St. Paul's Chapel überstand »9/11« fast unbeschadet, und der geräumige Gebetsraum diente damals als Anlauf- und Sammelpunkt für die Helfer (unten). Unter den modernen Hochhäusern wie dem One World Trade Center wirkt die aus dem 18. Jahrhundert stammende Kirche wie ein Museumsstück (rechts oben). Der Friedhof der St. Paul's Chapel ist einer der ältesten der Stadt (rechts unten).

6 Eine kleine Kapelle von hohem Ansehen – St. Paul's Chapel

Wie ein Fels in der Brandung

Nach den Terroranschlägen am Morgen des 11. Septembers 2001 schien in Lower Manhattan die Welt unterzugehen. Doch wie ein Wunder blieb die wenige Schritte von den Twin Towers entfernte St. Paul's Chapel fast unbeschädigt stehen. Während der folgenden Aufräumarbeiten entwickelte sich die Kirche zum Ort der Zuflucht, der Trauer und der Stille und wurde zum Symbol für Hilfsbereitschaft und Zuversicht.

Vor dem 11. September 2001 war die St. Paul's Chapel eine von vielen Kirchen im pulsierenden New York. Zwar historisch bedeutend und alt, doch am brodelnden Broadway befindlich, hetzten die meisten Menschen an der architektonisch wenig auffälligen Kirche vorbei. Erst als das Gotteshaus die Katastrophe am 11. September 2001 fast unversehrt überstand und zum Ort der Zuflucht und der Trauer, zugleich aber zum wichtigen Versorgungspunkt und zur Anlaufstelle für Hilfskräfte, Familienangehörige und Trostsuchende wurde, änderte sich ihre Bedeutung.

The Little Chapel That Stood

Nach dem Einsturz der Twin Towers schien die Welt in Lower Manhattan untergegangen zu sein. Als sich Staub und Asche etwas gelegt hatten, ragte die Kirche wie ein Fels aus der Brandung. Die »Little Chapel That Stood« – die kleine Kapelle, die stehen blieb, – gilt heute als nationales Symbol. Eine riesige Platane im Nordosten des kleinen Friedhofs west-

lich der Kirche hatte einen Großteil der Staub- und Dreckwolke nach dem Einsturz abgefangen und damit den Bau vor der Zerstörung bewahrt. Eine Wurzel des Baumes wurde gerettet und in ein Denkmal des Künstlers Steve Tobin integriert, das heute vor der Trinity Church am Ende der Wall Street steht. Menschen aus aller Welt finden sich nach dem Besuch des 9/11 Memorial in der kleinen Kirche ein und gedenken der Opfer, aber auch der Helfer und Einsatzkräfte. Erinnerungsstücke wurden und werden hinterlassen, und Feuerwehrleute und Polizisten aus aller Welt kommen, um ihren Kollegen ihre Reverenz zu erweisen.

Historisches Gotteshaus

Die St. Paul's Chapel ist New Yorks einzige erhaltene Kirche aus der Zeit vor der Unabhängigkeit. 1766 hatte man mit dem Bau begonnen, der Ostteil sowie der Westturm waren jedoch erst um 1794 fertig errichtet. Den prächtigen Kronleuchter hatte man extra in Irland anfertigen lassen, ansonsten ist die Kirche im Innenraum jedoch eher schlicht, aber hell und luftig in Pastelltönen gehalten und durch korinthische (Holz-)Säulen gegliedert.
Die Viersäulen-Portikus, die der Kirche zum Broadway hin ein repräsentatives Gesicht gibt, erinnert wie viele andere Details an die Kirche St. Martin-in-the-Field in London. Interessant ist der Kirchturm, dessen Spitze dem antikgriechischen Lysicrates-Monument in Athen nachempfunden wurde. Die St. Paul's Chapel hat nicht nur den 11. September 2001 unbeschadet überstanden, sondern auch eine legendäre Feuersbrunst, die in der Nacht des 21. Septembers 1776 fast ein Viertel der Stadt vernichtete. 1960 wurde sie als National Historic Landmark unter Denkmalschutz gestellt.

Hier betete der erste Präsident

Im Nordflügel des Innenraums steht eine »Washington's Pew« genannte Gebetsbank. Hier betete George Washington am Tag seiner Amtseinführung, dem 30. April 1789, nach seiner Vereidigung. Die Kirche diente dem ersten US-Präsidenten während der zwei Jahre, in denen New York als Hauptstadt fungierte, als »Amtskirche«. Im Mittelpunkt des nationalen Interesses stand sie auch im Jahr 1963: Nach dem Attentat auf John F. Kennedy wurde in St. Paul's ein Requiem für den ermordeten Präsidenten abgehalten.
Auf dem St. Paul's Churchyard hinter der Kirche stehen noch Grabsteine von 1704. Rund tausend Bestattungen erfolgten auf diesem Friedhof, unter anderem liegt hier General Richard Montgomery begraben. Der Held des Amerikanischen Unabhängigkeitskrieges kam 1775 in der Schlacht von Québec um. Aber auch andere, weniger bekannte Patrioten fanden hier ihre letzte Ruhe, darunter Washingtons Kriegsarzt und der Schmied, der sein Schlachtschwert anfertigte.

ST. PETER'S CHURCH

Nur einen Steinwurf entfernt ist die unübersehbare St. Peter's Church (www.saintpeters.org) von 1785 (Barclay/Church St.) ein weiterer Ort der Stille im Rummel am Broadway. Sie gilt als die älteste katholische Kirche der Stadt, ihre heutige Gestalt erhielt sie jedoch erst 1836 bis 1840: Damals wurde sie komplett im Greek-Revival-Stil umgebaut, sodass sie mit sechs ionischen Säulen an der Front einem griechischen Tempel ähnelt. Der Innenraum präsentiert sich im Kontrast dazu barockisierend. Beim Attentat am 11. September wurde zwar das Dach der Kirche beschädigt, sie diente aber trotzdem als Sammelpunkt für Rettungs- und Bergungsteams und zur Zwischenlagerung von Werkzeugen und Zubehör.

WEITERE INFORMATIONEN

St. Paul's Chapel & Churchyard, Broadway/Fulton St., www.trinitywallstreet.org, Mo–Sa 10–18, So 7–18 Uhr; in der Kirche finden kostenlose klassische Konzerte (z.B. »Bach at One«) statt, und von Januar bis Juli werden jeweils am vierten Freitag im Monat bei den »Neighborhood Movie Nights« Filme vorgeführt.

Blick vom Brookfield Place auf Calatravas neuen PATH-Bahnhof (oben). Im World Financial Center, mit einer unterirdischen Passage mit dem One World Trade Center verbunden, ist mit Brookfield Place eine neue Einkaufsmeile und ein kulinarischer Treff entstanden (rechts).

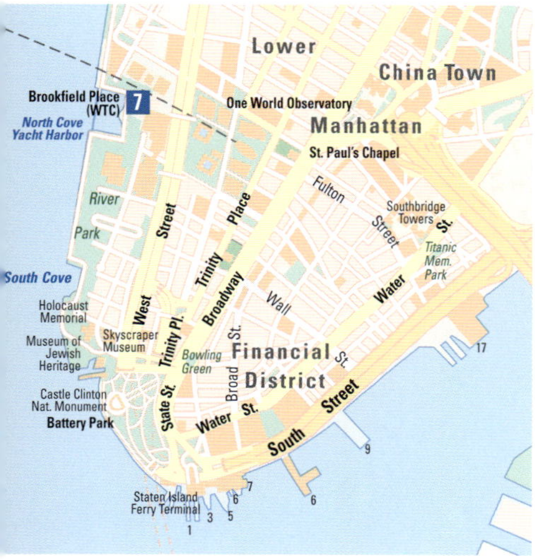

7 Neuer Treff im Finanzzentrum – Brookfield Place

Ein Palmengarten und kulinarische Spezialitäten

Das 1988 fertiggestellte World Financial Center am Hudson River stammt vom Reißbrett des Architekten César Pelli. Der Komplex besteht aus mehreren Gebäuden und gilt als das Meisterwerk des Argentiniers. In direkter Nachbarschaft zum World Trade Center steht er wie die angrenzende Battery Park City auf dem Gelände, das durch den aufgeschütteten Aushub der WTC-Türme entstand.

Das World Financial Center besteht aus fünf unterschiedlich hohen Bürotürmen aus Granit und Glas, die sich um ein großes Glas-Atrium gruppieren. Die Gebäude tragen jeweils ein anderes Dach und weisen in den oberen Etagen einen höheren Glasanteil in den Fassaden auf, um auf diese Weise den Eindruck von Leichtigkeit zu erwecken. Der Komplex wird wegen seiner Gestaltung, aber auch wegen seiner perfekten Infrastruktur gerühmt. So wurde beispielsweise der Verkehr in den Untergrund verlegt, und Fußgängerbrücken verbinden die einzelnen Gebäude.

Mehrteiliger Komplex mit Glaspavillon

Am besten überblickt man den Komplex vom Hudson River aus. Ganz im Süden steht der 176 Meter hohe Turm 200 Liberty Street, der früher One World Financial Center (1 WFC) hieß. Er wurde 1986 mit trapezförmigem Dach errichtet. Damit verbunden ist der 197 Meter hohe Wolkenkratzer 225 Liberty Street (2 WFC) von 1987, der ein halbkugelförmiges Dach besitzt. Zwei weitere Gebäude stehen an der nördlich parallel verlaufenden Vesey Street: Der mit 225 Metern höchste der Türme, 200 Vesey Street (3 WFC), wurde 1985 mit pyramidenförmigem Dach er-

baut. Nach Nordwesten, zum Fluss hin, bildet 250 Vesey Street – 4 WFC oder North Tower – von 1986 mit stufenförmigem Dach und nur rund 150 Metern Höhe den Abschluss des Komplexes. Das vorgelagerte New York Mercantile Exchange Building entstand erst 1997.
Im Zentrum verbindet der beliebte Wintergarten von 1988 die Gebäude miteinander. Der tonnenüberwölbte Glaspavillon mit dem rund 36 Meter hohen Atrium ist im Inneren mit 16 über zehn Meter hohen Palmen begrünt. Nach dem Attentat vom 11. September war das World Financial Center monatelang geschlossen. Fast alle Gebäude waren an den Fassaden und im Inneren beschädigt worden, besonders betroffen war der gläserne Saal. Er musste einer umfassenden Restaurierung unterzogen werden, die länger dauerte als erwartet.

Attraktiver neuer Treff

Seit 2011 befindet sich der Komplex in Besitz von Brookfield Office Properties, einer in ganz Nordamerika tätigen Immobilienfirma aus dem kanadischen Toronto. Das frühere World Financial Center wurde deshalb in Brookfield Place umbenannt. Die auffälligste Neuerung ist der 2013 eröffnete neue Eingang im Osten: der Brookfield Place Winter Garden Pavilion. Der nach Plänen von Pelli Clarke Pelli Architects (Rafael Pelli) erbaute Glaspavillon ist dem Wintergarten vorgelagert und von der West Street aus erreichbar. Das Glasgebäude hat eine gewölbte Fassade, und seine Decke wird von zwei 16 Meter hohen palmenartigen Säulen aus geschwungenen Röhren getragen. Hier befindet sich der Zugang in den Untergrund, wo der ganz in weiß gehaltene, futuristisch wirkende Verteilertunnel als Verbindungsgang zum 1 WTC und dem neuen PATH-Bahnhof von Calatrava führt. Auch im Inneren hat Brookfield vieles verbessert und attraktiver gemacht – bei der Eröffnung 2015 war jeder begeistert. Eine moderne Ladenpassage mit Filialen von Hermès, Diane von Furstenberg, Davidoff, Ferragamo und anderen (hochpreisigen) Shops ist dazugekommen, ebenso wie zwei Food Courts. Dass der Wintergarten jetzt ein beliebter Erholungsort und Treffpunkt ist, liegt vor allem an dem französischen Marktareal »Le District« mit Verkaufs- und Imbissständen und an »Hudson Eats« im Obergeschoss mit Lokalen wie »Little Muenster«, »Blue Ribbon Sushi Bar«, »Umami Burger«, »Dos Toros Taqueria«, »Springle's Cupcakes« oder »Olive's«. Von hier aus überblickt man nicht nur die neu gestaltete Waterfront Plaza am Fluss (ebenfalls mit Lokalen) und den Jacht- und Fährhafen (North Cove Marina), sondern auch das Atrium, wo des Öfteren Veranstaltungen, Konzerte und Shows stattfinden oder Kunstinstallationen zu sehen sind.

ERHOLUNG AN DER UFERFRONT

Verlässt man den Wintergarten im Westen und biegt nach rechts beziehungsweise Norden ab, führt der Weg an Jachthafen und Fährterminal vorbei zum Irish Hunger Memorial. Die etwas seltsam anmutende Gedenkstätte erinnert an die Hungersnöte in Irland und ist einer irischen Landschaft mit Steinruine und -mauern sowie passender irischer Bepflanzung nachempfunden. Der angrenzende Nelson A. Rockefeller Park bietet Rasen-, Sport- und Spielflächen und einen Seerosenteich sowie den Children's Garden. Schön sind die verstreut aufgestellten Bronzekunstwerke des Künstlers Tom Otterness, genannt »The Real World«. Richtung Osten folgt der von Michael Van Valkenburgh gestaltete Teardrop Park mit einer »Ice Wall« aus verschiedenem Steinmaterial, Rutschen, Sandkästen und Wasserspielen, Felsen zum Klettern und naturnaher Bepflanzung.

WEITERE INFORMATIONEN

Brookfield Place, 230 Vesey St., von 10 bis mindestens 18 Uhr geöffnet, http://brookfieldplaceny.com; vom Pavillon hat man einen grandiosen Blick auf die neue World Trade Center Site!
NYC Parks, http://bpcparks.org

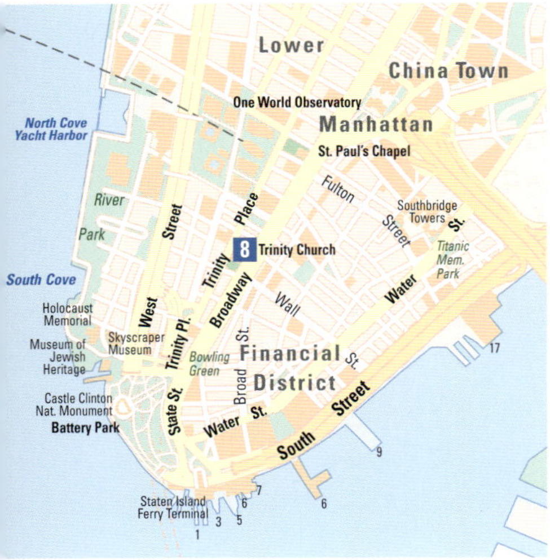

8 Eine Oase der Ruhe – Trinity Church

Der Broadway, Gott und die Welt

Der berühmte Broadway misst, von der Südspitze gerechnet, noch keinen Kilometer, da steht der Besucher vor der Trinity Church. Man glaubt es heute kaum mehr, aber einst dominierte dieses Gotteshaus den Broadway und Downtown New York. Inzwischen scheint die Kirche von den Hochhäusern im Finanzzentrum zwischen Bowling Green und Wall Street beinahe erdrückt zu werden.

Mitten im pulsierenden Verkehr des Broadway, dort wo die Wall Street hinein ins Finanzzentrum führt, wirken die Trinity Church und der die Kirche umgebende kleine Friedhof wie Oasen der Ruhe. Der neogotische Kirchturm duckt sich heute zwar bescheiden unter die umgebenden Wolkenkratzer, dafür kann die Trinity Church aber mit Jahren punkten: Die Kirche wurde nämlich von dem englischen König William III. schon im Jahr 1697 gestiftet und gehört damit zu den ältesten anglikanischen Gotteshäusern in ganz Nordamerika.

Neogotischer Kirchenbau

Allzu lange hatte die erste Kirche von 1698 jedoch nicht Bestand: Im Jahr der Unabhängigkeitserklärung, 1776, brannte das alte Gotteshaus bereits ab. Auch der zweite Bau der »Dreifaltigkeitskirche« erwies sich als wenig standhaft: Er stürzte im Winter 1838/39 unter einer enormen Schneelast ein. Aber aller guten Dinge sind drei, und das dritte Gebäude von 1846 überstand alle Stürme der Zeit – darunter auch den verheerenden Terroranschlag vom 11. September 2001 auf die nur wenige Schritte entfernten Türme des World Trade Center – ohne größere Schäden. Das Gebäude war 1846 im neogotischen Stil – in Nordamerika »Gothic Revival« genannt – nach Plänen des Architekten Richard Upjohn (1802–1878) aus rötlichem Sandstein erbaut worden.

Bronzetüren wie in Florenz

Die sehenswerten Bronzetüren, auf denen biblische Szenen dargestellt sind, entwarf Richard Morris Hunt (1828–1895) nach dem Vorbild von Lorenzo Ghibertis Paradiestür am Baptisterium San Giovanni in Florenz aus der Renais-

Auf dem Friedhof neben der Trinity Church fanden historische Persönlichkeiten ihre letzte Ruhe (unten). Die Trinity Church beherbergt Kunstschätze wie ein eindrucksvolles Buntglasfenster über dem Altar (rechts oben). Fast unscheinbar duckt sich der Kirchturm der Trinity Church zwischen die sie umgebenden Wolkenkratzer (rechts unten).

sance. Hunt war ein Multitalent, er hatte als erster Amerikaner an der École des Beaux-Arts in Paris Architektur, Bildhauerei und Malerei studiert und das Podest der Freiheitsstatue entworfen.
Die auf den gesamten Kirchenraum verteilten Buntglasfenster zeigen religiöse Szenen. Das schöne Fenster über dem Altar, auf dem Jesus und die Apostel zu sehen sind, soll aus Deutschland stammen. In der angrenzenden All Saints' Chapel befindet sich ein Kenotaph für Reverend Dix, auch an anderen Stellen sind Grabmäler zu finden. Im Baptisterium hängt rechts vom Eingang ein sehenswertes italienisches Triptychon aus dem 15. Jahrhundert. Ebenfalls ungewöhnlich ist die Kirchenorgel mit ihren fast 9000 Pfeifen, die im Jahr 1961 nach alten Vorlagen rekonstruiert wurden.

Gott wacht über die Wall Street

Der Kirchturm mit seinen rund 86 Metern Höhe nimmt sich heute bescheiden aus, bis etwa 1860 machte er die Trinity Church jedoch zum höchsten Gebäude New Yorks. Da das Gotteshaus direkt in der Achse Broadway/Wall Street steht, behauptet man, Gott würde von hier aus die Geschehnisse im Machtzentrum des Mammons genau beobachten – und, falls nötig, die menschliche Hybris mit einer Krise, sprich einem Börsencrash, bestrafen und die Gierigen von ihren Höhenflügen auf den Boden der Tatsachen zurückholen.
Auf dem parkartigen Trinity Churchyard, dem zur Kirche gehörigen Friedhof, haben etliche Prominente ihre letzte Ruhe gefunden, beispielsweise der erste US-Finanzminister Alexander Hamilton (1755–1804), Albert Gallatin (1761–1849) – Diplomat und US-Finanzminister unter Präsident Thomas Jefferson – oder der Ornithologe und Zeichner John James Audubon (1785–1851). Zudem verteilen sich auf dem Gelände mehrere Denkmäler, wie etwa das Firemen's Memorial Monument oder, neueren Datums, eine wurzelartige Bronzeskulptur neben dem Eingang, geschaffen von Steve Tobin (*1957). Als Basis dient ihr die Wurzel jener großen Platane, die fast hundert Jahre im Friedhof der St. Paul's Chapel stand und beim Terrorangriff am 11. September 2011 umstürzte.

ZUM KONZERT IN DIE KIRCHE

Trinity Wall Street ist bekannt für ihr erlesenes Konzertprogramm. Abgesehen von lokalen Ensembles treten hier Musiker aus aller Welt auf. Stammtruppe ist der Choir of Trinity Wall Street, der in der Trinity Church und St. Paul's Chapel Konzerte alter und neuer Musik darbietet und auch international auf Tour geht. Häufig wird der Chor vom Trinity Baroque Orchestra begleitet (Barockmusik) beziehungsweise von NOVUS NY (zeitgenössische Musik).
Zur Trinity Church gehören jedoch unter anderem auch ein Jugendchor, ein Jugendorchester und ein Familienchor, dazu treten regelmäßig Gastchöre auf. Leiter des künstlerischen Programms der Kirche ist der bekannte junge Komponist und Dirigent Julian Wachner. Eine feste Serie ist »Concerts at One«, immer donnerstags um 13 Uhr treten junge Talente gratis in der Kirche auf.

WEITERE INFORMATIONEN

Trinity Church, Broadway/Wall St., www.trinitywallstreet.org, Mo–Fr 7–18, Sa 8–16, So 7–16 Uhr, mit Buchhandlung (74 Trinity Pl.) und kleiner Ausstellung im Südflügel

George Washington überblickt vor der Federal Hall die ganze Wall Street (oben). Stets von Touristen umlagert und ein beliebtes Fotomotiv: der Bronzestier am Broadway, Geschenk des Bildhauers Arturo Di Modica an die Börse (rechts unten). Einer von vielen Imbisswägen in Downtown New York (rechts oben).

9 Wo die Dollars zu Hause sind – Wall Street

Im Zentrum der Geldmacht

Wall Street – weltweit steht der Name dieser schmalen Straße in Downtown New York nicht nur für das Zentrum der US-amerikanischen Wirtschaftsmacht, sondern für die gesamte Finanzwelt. In den Anfangsjahren der Stadt hatte die Wall Street allerdings gar nichts mit Geld zu tun. Der Name geht vielmehr auf die alte Stadtmauer, eine hölzerne Barrikade mit Wall, zurück.

Petrus Stuyvesant (1612–1672) fungierte ab 1646 als Gouverneur von Neu-Niederlande. Damit war er auch für die Sicherheit der Siedler des 1624 gegründeten New Yorks zuständig, das damals noch Neu-Amsterdam hieß. Zum Schutz vor den auf Manhattan lebenden Indianern, die nicht alle den neuen Siedlern friedlich gesonnen waren, ließ er 1652 am Nordrand der Siedlung einen Wall mit Holzpalisaden errichten. Als sich die Stadt später weiter nach Norden ausbreitete, wurde der Schutzwall wieder abgetragen, der Name Wall Street blieb jedoch erhalten.

Die Wall Street beginnt an der Trinity Church und zieht sich knapp einen Kilometer lang zum East River, wo sich einst die Hafenanlagen erstreckten. Zunächst war sie eine von vielen Gassen in »Old Town« New York, doch nach bescheidenen Anfängen änderte sich ihre Bedeutung durch die Einrichtung der Börse grundlegend: 1792 trafen sich in der Wall Street Nummer 68 zum ersten Mal 24 Makler. Bis zur offiziellen Gründung des New York Stock & Exchange Board sollten jedoch noch einige Jahre vergehen: Diese erfolgte 1817. Zuvor war die Wall Street bereits einmal ins Rampenlicht gerückt: Von 1788 bis 1790 diente dort die Federal Hall dem Kongress als Sitzungsort. Hier wurde George Washington zum ersten Präsidenten der USA erwählt und vereidigt. Nach dem Umzug der Hauptstadt 1790 nach Philadelphia stieg die Wall Street allmählich zum Finanzzentrum auf.

Die New York Stock Exchange

Heute stellt die Straße die Schaltzentrale und das Herz des Finanzviertels dar, dazu ist sie Sitz der bedeutendsten Börse der Welt. Die New York Stock Exchange, kurz NYSE, befindet sich in einem 16-stöckigen Bau von 1903, dessen Fassade einem antiken Tempel nachempfunden ist. Ihren heutigen Namen erhielt die Börse 1863, zwei Jahre später eröffnete der erste Börsenbau an der Ecke von Wall und Broad Street.
Die NYSE machte in ihrer Geschichte beileibe nicht nur Hochphasen durch, sondern erlebte auch verheerende Börsencrashs, wie den »Black Friday« am 29. Oktober 1929 oder den »Schwarzen Montag« am 19. Oktober 1987. Heute werden in der Stock Exchange für über 2000 Firmen Aktien in Millionenhöhe gehandelt, seit 1981 vollelektronisch. Die Besuchergalerie der NYSE war bis zum 11. September 2001 ein Hauptanziehungspunkt für Touristen aus aller Welt. Seit dem Terroranschlag ist die Börsenhalle für das Publikum geschlossen, und auch die Wall Street selbst ist für den Verkehr gesperrt. Im Herbst 2011 gelangte die Wall Street erneut in die Schlagzeilen: Unter dem Motto »Occupy Wall Street« besetzten Demonstranten im Oktober und November den nahen Zuccotti Park, um gegen soziale Ungleichheit, Banken-Spekulationsgeschäfte und den Einfluss der Wirtschaft auf die Politik zu demonstrieren.

Ein Museum für Moneten

Einen gewissen Ersatz für die nicht mehr mögliche Besichtigung der NYSE bietet das nur wenige Schritte entfernte Museum of American Finance. Zwar fehlt hier das lebhafte Treiben auf dem Börsenparkett, dennoch fungiert das multimediale Museum als gute Informationsquelle über verschiedene Aspekte des Finanzwesens. Passenderweise befindet es sich im historischen Haus der einstigen Bank of New York, das 1927 als erstes Bankgebäude der Stadt eröffnet wurde. Im Alexander Hamilton Room wird hier dem ersten Finanzminister der USA Reverenz erwiesen, und in der riesigen historischen Schalterhalle geben verschiedene Abteilungen Einblick in die Welt des Geldes, der Banken und des Börsenhandels.

FOOD CART TOURS IN MANHATTAN

Mit Turnstile Tours geht es während zweistündigen Spaziergängen durch das Financial District und Midtown auf die Suche nach dem besten »Street Food«. Abgesehen davon, dass es unterwegs reichlich zu essen gibt – an verschiedenen Ständen probiert man beispielsweise Falafel, Jerk Chicken, Tacos, Pizza oder Kaffee –, lernt man auf den Touren die verschiedenen Kategorien von Imbissbuden kennen, die von »Bauchläden« im Freien über einfache Ein-mann-Food-Carts auf Gehsteigen bis hin zu luxuriösen Food Trucks mit mehreren Angestellten am Straßenrand reichen. Unterschiedlich sind die Park- und Verkaufsvorschriften, Lizenztypen und Gesetze, Wartelisten und Kontrollen. Wer diese Tour mitmacht, lernt nicht nur die Vielfalt und Qualität der Imbissstände zu schätzen, sondern weiß danach auch den persönlichen Einsatz der Betreiber zu würdigen.

WEITERE INFORMATIONEN

New York Stock Exchange: www.nyse.com
Museum of American Finance: 48 Wall St., www.moaf.org, mit Museumsladen.
Turnstile Tours: http://turnstiletours.com, auch Navy-Yard-Touren in Brooklyn.
NY-Streetfood: www.eatthisny.com und http://streetvendor.org

Die Federal Hall, vor der George Washington den Trubel an der Wall Street zu beobachten scheint, erinnert an die Geburtsstunde der Nation (unten). In der Federal Hall, die als Nationalpark unter Denkmalschutz steht, informieren Ausstellungen über die frühe Geschichte der Stadt (rechts oben). Der erste Präsident George Washington heißt Besucher vor der Federal Hall willkommen (rechts unten).

10 Ein geschichtsträchtiger Ort – Federal Hall NM

Die Geburtsstunde der Nation

Zu den beliebten Treffpunkten in Downtown Manhattan gehört die mächtige Freitreppe vor der Federal Hall. Hier sitzen nicht nur Besucher, sondern auch Banker und Geschäftsleute zur Mittagspause. Der Platz ist ideal, um das Treiben um die New York Stock Exchange und in der Wall Street zu beobachten. Selbst der erste amerikanische Präsident, George Washington, ist am Fuß der Treppe präsent.

Während die Börse für die amerikanische Wirtschaftsmacht steht, erinnert die gegenüberliegende Federal Hall an die Geburtsstunde der Nation. Hier hielt der US-Kongress im Frühjahr 1789 seine ersten Sitzungen ab, hier wurden die Stimmen zur Wahl von George Washington zum ersten Präsidenten ausgezählt, und hier legte dieser am 30. April 1789 seinen Amtseid als erster US-Präsident ab. An ihn erinnert vor der Freitreppe eine 1833 enthüllte Bronzestatue von John Quincy Adams Ward.

An der Stelle der heutigen Federal Hall stand damals jedoch noch ein anderes Gebäude, das 1703 als New Yorks Rathaus erbaut worden war und im Laufe des 18. Jahrhunderts immer wieder eine wichtige Rolle spielte. 1735 wurde hier der Zeitungsverleger Peter Zenger wegen Verleumdung des britischen Gouverneurs angeklagt – sein Freispruch gilt heute als Geburtsstunde der Pressefreiheit. Im Oktober 1765 trafen sich hier erstmals Vertreter aus den 13 Kolonien, um gegen die neuen britischen Steuergesetze zu demonstrieren. Damals verfassten sie den berühmten Wahlspruch der Unabhängigkeitsbewegung: »No taxation without representation«, keine Steuern ohne Mitspracherecht.

Ein geschichtsträchtiger Ort – Federal Hall NM

Bevor New York 1788 zur ersten Hauptstadt der jungen USA aufstieg, baute der berühmte französische Stadtplaner und Architekt Pierre Charles L'Enfant, der später die neue Hauptstadt Washington D.C. entwerfen sollte, das Gebäude um. Bis zum Umzug des US-Kongresses nach Philadelphia im Jahr 1790 diente es als erstes Kapitol. Nachdem das neue Rathaus am Broadway 1812 fertiggestellt war, wurde die alte Federal Hall abgerissen.

Ein vielgenutzter Neubau

Das heutige Gebäude am ehemaligen Standort der Federal Hall wurde von 1834 bis 1842 als neuer Sitz der amerikanischen Zollverwaltung errichtet. Das U.S. Customs House zeigte sich im repräsentativen Greek Revival Style. Als Vorbild für die Fassade mit den 16 dorischen Säulen diente der Parthenon auf der Athener Akropolis, der Innenraum mit 16 korinthischen Säulen soll dagegen an das Pantheon in Rom erinnern. Bereits 1862 zog die Zollbehörde in einen prächtigen Bau am Broadway und Bowling Green um. Danach nutzten im Laufe des 19. Jahrhunderts verschiedene Behörden das Gebäude an der Wall Street, darunter auch die Federal Reserve Bank, die US-Notenbank. 1939 wurde es zur Federal Hall Memorial National Historic Site und 1955 per Dekret von Präsident Dwight D. Eisenhower zum National Memorial erklärt, das vom National Park Service verwaltet wird.

Geschichtsträchtiger Ort

Bevor die Federal Hall zwischen 2004 und 2006 aufwendig renoviert wurde, fand ein historisches Ereignis in der Rotunde statt: Zum ersten und einzigen Mal seit 1790 hielt der US-Kongress hier am 2. September 2002 eine symbolische Sitzung ab. Damit wollte er seine Unterstützung für die Stadt untermauern, die damals noch immer unter den Folgen der Terrorangriffe vom 11. September 2001 litt.
Im Inneren informiert heute der National Park Service über den geschichtsträchtigen Ort, das Gebäude, die frühe Geschichte der USA und die US-Verfassung sowie über die anderen Nationalparks in der Metropole. Auch Sonderausstellungen stehen auf dem Programm, Park Rangers bieten Führungen an, und man erhält Infomaterial zur Stadt.

INFORMATIONEN FÜR BESUCHER

Das Information Center in der Federal Hall ist ein guter Anlaufpunkt für Besucher, denn es bietet nicht nur Sitzgelegenheiten und WCs, einen Film, Auskünfte über Nationalparks und ähnliche Einrichtungen, sondern auch Stadtmagazine sowie Broschüren über New York allgemein.
Offizielle Informationsstellen von New York City & Company findet man zudem:

- im Kaufhaus Macy's, Herald Square, 151 West 34th Street.
- an der City Hall, Südspitze des City Hall Park, Park Row (Kiosk).
- mit Hornblower Cruises, South Street Seaport, East River Waterfront Esplanade, Pier 15.

Darüber hinaus betreibt die Downtown Alliance mehrere Informationskioske:

- am 7 World Trade Center.
- am Bowling Green Park.
- am Pier A.

WEITERE INFORMATIONEN

Federal Hall National Monument, 26 Wall St., www.nps.gov/feha, mit Federal Hall Information Center, Mo–Fr 9–17 Uhr, Eintritt frei. Mehrmals tgl. 30-minütige Gratis-Führungen von Park Rangers

Das 1793 erbaute Watson House zählt zu den ältesten Bauten der Stadt, daneben befindet sich eine Kirche mit dem Shrine of Mother Seton (oben). Nur wenig erinnert im geschäftigen Downtown an die Vergangenheit, nur vereinzelt stößt man auf Spuren der Altstadt (rechts unten). Im U.S. Custom House befindet sich das National Museum of the American Indian (rechts oben).

11 Geburtsort einer Weltstadt – Old Town

Auf historischer Spurensuche durch Lower Manhattan

New York City – die meisten denken dabei an die moderne Metropole mit schicken Wolkenkratzern, fortschrittlicher Infrastruktur und breiten Straßen. Doch an der Südspitze der Insel Manhattan, wo 1625 niederländische Siedler mit Fort Amsterdam eine erste befestigte Siedlung errichteten, stößt man mitten im Häusermeer immer wieder auf Spuren des alten New York.

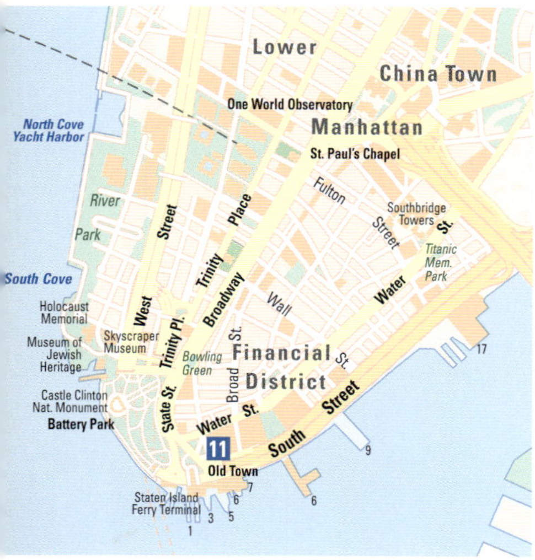

Der Florentiner Giovanni da Verrazzano soll 1524 der erste Europäer gewesen sein, der in Diensten des französischen Königs die Mündungsregion des Hudson River erkundete. Natürlich beanspruchte er die Region, wie es Sitte unter den europäischen Entdeckern war, für seinen Auftraggeber und nannte sie »Nouvelle Angoulême«. Doch weder die Franzosen noch eine spanische Expedition, die hier ein Jahr später auftauchte, interessierten sich näher für dieses Stück Land.

Neu-Amsterdam entsteht

Es war erst der englische Forscher Henry Hudson (ca. 1565–1611), der auf der Suche nach einer Nordwestpassage wieder in die Bucht einfuhr. Er stand in Diensten der Niederländischen Ostindischen Kompanie und erforschte nicht nur die Bucht, sondern segelte mit seinem Schiff »Halve Maen« (Halbmond) auf jenem Fluss landeinwärts, der heute seinen Namen trägt: Hudson River.
Schnell erkannten die niederländischen Händler, wie lukrativ der Pelzhandel mit den hier lebenden Indianern war. Diese gehörten zum Volk der Lenni Lenape, bekannter ist die Fremdbezeichnung »Delaware«. Es sollte jedoch bis 1624 dauern, bis die Niederländer auf Governors Island eine erste Handelsniederlassung gründeten. 1625 zog man auf die Insel Man-

CELL PHONE ACCESSORIES
Bowling Green Subway Station
ONE WAY

ONE WAY
ONE WAY
STONE ST
ULYSSES'
PUB FARE
ONE WAY
ULYSSES
STOP

Die Downtown Alliance betreibt mehrere Kioske, die Besucher über das Angebot von Downtown Manhattan informieren (Mitte). Nur wenige Spuren erinnern an die einstigen Gründer von New York, die Niederländer: Hier ist es eine Windmühle (unten), dort Fahnen (rechts oben). »Asia«, eine Statue von Daniel Chester French vor dem U.S. Custom House (rechts unten).

hattan und errichtete eine befestigte Siedlung, die zunächst Fort Amsterdam, dann Nieuw Amsterdam (Neu-Amsterdam) genannt wurde. Wo im Süden von Manhattan der Broadway beginnt, soll 1626 der Anführer der Niederländer, Peter Minuit, den Canarsie, einer Untergruppe der Lenni Lenape, für eine Handvoll Glasperlen die Insel Manna-hatta abgekauft haben. So dachten zumindest die Niederländer, wohingegen die Indianer den Preis eher als Mietzahlung betrachteten, was langwierige Landstreitigkeiten nach sich zog.

Viehmarkt und Bowlingbahn

Der heute als Bowling Green bekannte Platz am Anfang des Broadway kann demnach als Geburtsort New Yorks verstanden werden. Hier stand Fort Amsterdam, und von hier aus entwickelte sich die Stadt entlang des Broadway, eines alten Indianerpfads, Richtung Hinterland. Auf dem damals zentralen Platz fand regelmäßig ein Viehmarkt statt, und tatsächlich soll es auch eine Bowlingbahn gegeben haben, die den Namen des Platzes erklärt. Heute ist Bowling Green ein begehrtes Fotomotiv für Besucher aus aller Welt. Der Grund hierfür ist die Skulptur an der Nordspitze des Platzes: der »Charging Bull«. Als der Künstler Arturo Di Modica den Bronzebullen 1989 in seinem Atelier in SoHo schuf, hatte er geplant, ihn vor der Börse als Symbol für den Unternehmergeist Amerikas zu platzieren. Doch vor der New York Stock Exchange wollte man das Geschenk nicht aufstellen, und so setzte sich der damalige Bürgermeister Ed Koch dafür ein, die Figur nahe der Wall Street auf dem Bowling Green zu platzieren. Seither dient der 3,5 Tonnen schwere, 3,40 Meter hohe und sechs Meter lange Bulle hier als Fotomodell, aber auch als Maskottchen der Wall Street, als Symbol für den Börsenaufschwung sowie als Glücksbringer für die Börsenhändler.

Einblick in die Welt der Ureinwohner

Hinter dem Bowling Green steht in unmittelbarer Hafennähe das ehemalige Alexander Hamilton U.S. Custom House von 1907. Bis 1973 residierte hier die Zollbehörde, heute befinden sich in dem Gebäude das hochinteressante National Museum of the American Indian, der United States Bankruptcy Court for the Southern District of New York und die National Archives. Das Indianermuseum ist eine Zweigstelle des spektakulären National Museum of the American Indian (NMAI) auf der National Mall in Washington, das zur Smithsonian Institution

gehört. Den Grundstock des NMAI bildete die Privatsammlung des New Yorker Geschäftsmanns George Gustav Heye (1874–1957), die rund 800 000 indianische Objekte umfasste und großteils in die Hauptstadt Washington D.C. wanderte. Im George Gustav Heye Center, der New Yorker Filiale des NMAI, werden hingegen vor allem sehenswerte Wechselausstellungen zur Geschichte, Kultur und Kunst der nordamerikanischen Indianer gezeigt. Zudem gibt einer der Säle einen guten Überblick über die indianische Bevölkerung in den unterschiedlichen Regionen Nordamerikas. Geboten werden darüber hinaus ein umfangreiches Filmarchiv sowie ein vielseitiges Veranstaltungsprogramm und ein gut sortierter Laden.

Eine Heilige und eine Kneipe

Viel ist aus New Yorks Kindertagen nicht erhalten, eine Ausnahme ist das 1793 im Federal Style erbaute Watson House (7/8 State Street), eines der ältesten erhaltenen Baudenkmäler der Stadt. Im Inneren befindet sich eine katholische Pilgerstätte, der Shrine of Mother Seton. Elizabeth Ann Seton (1774–1821) war als erste Amerikanerin 1975 vom Papst heiliggesprochen worden. Sie hatte mit den American Sisters of Charity den ersten Nonnenorden der USA gegründet und ab 1807 mehrere kirchliche Schulen ins Leben gerufen.

Nur wenige Schritte entfernt sieht man schon die malerischen alten Ziegelhäuschen des denkmalgeschützten Fraunces Tavern Block Historic District. Im Zentrum von New Yorks einzigem original erhaltenen Straßenblock aus dem 18. Jahrhundert steht das Fraunces Tavern Museum (54 Pearl Street). Im ersten Stock des exakten Nachbaus eines Backstein-Gasthauses von 1719 erinnert ein Museum an die Geschichte und die damalige Kultur New Yorks, im Restaurant unten fühlt man sich in eine andere Welt versetzt.

Zu den berühmtesten Gästen der 1762 eröffneten Tavern zählte zweifellos George Washington. Nachdem die Briten die Besatzung der Stadt aufgegeben und die Unabhängigkeit der einstigen Kolonien anerkannt hatten, verabschiedete er hier am 4. Dezember 1783 bei einem großen Siegesbankett seine Offiziere. In der Tavern wurde jedoch nicht nur gefeiert, gegessen und getrunken: Von 1785 bis 1790 befanden sich in dem Gebäude sogar die Büros des Außen-, des Wirtschafts- und des Kriegsministeriums der jungen Republik.

In der nahen Stone Street sind weitere Wohnhäuser erhalten, die nach einem Feuer 1835 erbaut worden waren. Am benachbarten Hanover Square steht noch das India House von 1837, in dem sich einst die New York Cotton Exchange, die Baumwollbörse, befand.

RUNDGANG IM U.S. CUSTOM HOUSE

Das Alexander Hamilton U.S. Custom House wurde von 1900 bis 1907 im repräsentativen Beaux-Arts-Stil erbaut. Sein Architekt war Cass Gilbert (1859–1934), der auch das 1913 vollendete Woolworth Building entwarf. Die Hauptfassade des Gebäudes ist zum Bowling Green und nicht zum Hafen hin ausgerichtet. Sie schmücken mächtige korinthische Säulen, ein Fries, Skulpturen und ein Mansardendach. Die monumentalen Personifikationen der vier Kontinente Asien, Amerika, Europa und Afrika vor dem Gebäude schuf Daniel Chester French (1850–1931). Eine große Freitreppe führt zur Great Hall, eine aufwendig gestaltete, reich geschmückte ovale Rotunde. Sie stammt von dem spanischen Ingenieur Raphael Guastavino (1842–1908), die Bemalung ist dagegen dem New Yorker Künstler Reginald Marsh (1898–1954) zu verdanken. Die acht großen Wandbilder zeigen Ozeandampfer im Hafen von New York, unter anderem die »Queen Mary« von Cunard Line – mit der Schauspielerin Greta Garbo – und die »S.S. Normandie«.

WEITERE INFORMATIONEN

NMAI, 1 Bowling Green, www.nmai.si.edu, Fr–Mi 10–17, Do 10–20 Uhr, Eintritt frei,
Fraunces Tavern, 54 Pearl St., http://frauncestavernmuseum.org (Museum), www.frauncestavern.com (Lokal).

Ausblick von der neuen Aussichtsplattform des »One World Observatory« auf Manhattans Südspitze, Governors Island, Brooklyn und die ferne Verrazano Narrows Bridge.

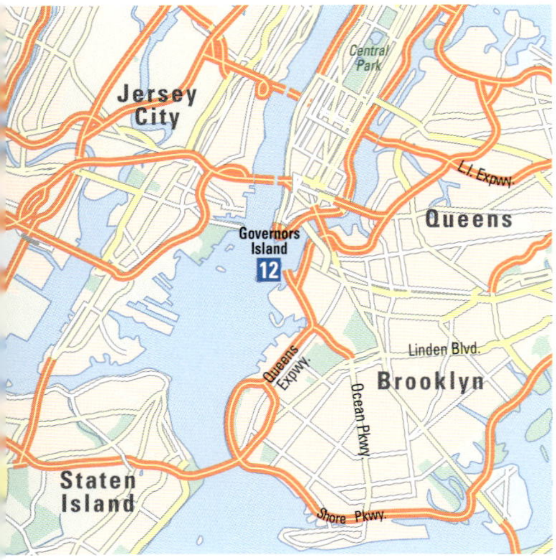

12 Eine Festung wird zum Stadtpark – Governors Island

Grünes Inselidyll vor Manhattans Skyline

Wie die bekannteren Inseln Ellis Island und Liberty Island ist auch Governors Island der Südspitze Manhattans vorgelagert. Zwischen 1776 und 1997 diente die rund 70 Hektar große Insel zunächst als Hauptbefestigung des New Yorker Hafens, später als Basisstation der Küstenwache. Seit ein paar Jahren wird die Insel nun zur attraktiven grünen Oase fernab aller Hektik umgestaltet.

Am Fährhafen von Governors Island (unten links). In die historischen Bauten auf Governors Island ziehen mehr und mehr Institutionen ein, dort finden auch Veranstaltungen statt (unten rechts). Governors Island, die einstige Festungsinsel, befindet sich vor der Südspitze Manhattans (rechte Seite oben). Die Parklandschaft ist eine Insel der Ruhe (rechte Seite unten).

Auf Governors Island, der vor der Südspitze Manhattans in der Hafenbucht gelegenen kleinen Insel, hatten sich 1624 die ersten europäischen Siedler niedergelassen. Sie zogen bald nach Manhattan um, und das Stück Land geriet in Vergessenheit. Während der britischen Herrschaft wurde sie exklusiv vom königlichen Gouverneur genutzt, daher der Name. Nach dem Ende der Kolonialzeit ging das vormalige Privatland dann in den Besitz der USA über, und zwischen 1794 und 1966 fungierte die Insel als Festung zum Schutz der Hafeneinfahrt bzw. als Militäranlage.

Militärrelikte im Nationalpark

Die beiden Anfang des 19. Jahrhunderts auf der Insel entstandenen Festungen – Fort Jay und Castle Williams – sowie die zugehörige Colonel's Row und die Parade Grounds, der Aufmarschplatz, sind als älteste noch erhaltene Teile der Militäranlage zum »National Monument« erklärt worden und werden vom National Park Service verwaltet. Die beiden Forts waren im Vorfeld des »War of 1812«, der als zweiter Unabhängigkeitskrieg der USA gegen die Briten in die Geschichte einging, entstanden und dienten mit ihren Geschützen der Sicherung des Hafens.

Als die Insel 2003 den New Yorkern übergeben und öffentlich zugänglich gemacht wurde, lockten zunächst vor allem die alten Forts und der Ausblick auf Manhattans Skyline. Der Rest der Insel, unter anderem mit alten Wohnbauten der Coast Guard – dem »Governors Island

Historic District«–, und die Freiflächen im Südteil wurden erst nach und nach neu gestaltet.

Erholungsareal mit Ausblick

Während die New Yorker die Insel inzwischen als beliebtes Naherholungsziel und grünes Idyll »fernab« der Stadt schätzen, sind Touristen noch immer in der Minderzahl. Dabei ist die Insel leicht zu erreichen: Die Fähren hinüber nach Governors Island legen vom renovierten historischen Battery Maritime Building von 1905 ab, direkt neben dem modernen Gebäude der Staten Island Ferry (Whitehall Ferry Terminal) gelegen.

Innerhalb weniger Minuten hat man das Soissons Dock, die Anlegestelle auf der Insel, erreicht und die Hektik der Stadt Lichtjahre zurückgelassen. Von der Uferpromenade an der Nordseite bieten sich spektakuläre Ausblicke: auf die Skyline von Manhattan, kaum einen Kilometer Luftlinie entfernt, auf die Freiheitsstatue, Ellis Island, die Hafenanlagen von New Jersey, auf Brooklyn sowie auf Hudson und East River mit Brücken und Piers.

Breites Vergnügungsangebot

Während es im Norden vor allem historische Gebäude und Anlagen sind, wird es nach Süden weitläufiger und grüner. Erholungs-, Spiel- und Naturflächen mit Trails, Promenaden, Bepflanzung und Aussichtshügeln sind entstanden. Beliebt sind vor allem die Liggett Terrace – ein perfektes Picknickareal mit Food Trucks als Imbissstationen – und der Hammock Grove, eine Wiese mit Hängematten für Besucher und angrenzendem Abenteuerspielplatz und Sportflächen, genannt »Play Lawn«. Neueste Zufügung ist The Hills, eine hügelige Naturlandschaft mit atemberaubendem Blick auf die Statue of Liberty. Eine Promenade soll einmal die gesamte Insel umrunden, und im äußersten Süden sind renaturierte Ufer- und Marschlandschaften geplant.

Viele der alten Gebäude wurden neuen Bestimmungen zugeführt, so gibt es z.B. in den Offiziershäuschen im Nolan Park im Nordosten im Sommer vielerlei kulturelle Aktivitäten – Ausstellungen, Pop-up Stores, Galerien, Kulturevents oder Kinderveranstaltungen. Die Urban Assembly New York Harbor School, eine Highschool, ist ebenfalls auf der Insel eingezogen, und das Lower Manhattan Cultural Council's Arts Center betreibt Künstlerateliers auf Zeit. Mehr ist geplant, von Lehranstalten bis hin zu Start-up-Firmen.

VIELSEITIGES NAHERHOLUNGSZIEL

Derzeit wird Governors Island nur von Ende Mai bis Ende September angesteuert, ganzjährige Zugänglichkeit ist jedoch für die Zukunft geplant. Ein Infobüro des National Park Service mit kleinem Souvenirladen informiert an der Anlegestelle über Aktivitäten und Ranger-Touren, und an Wochenenden gibt es häufig Veranstaltungen. Radverleih ist vor Ort möglich, kleine Shuttlebusse pendeln zudem auf der Insel. Beliebt bei jungen Leuten ist der Governors Club, wo abgesehen vom Barbetrieb im Sommer regelmäßig Konzerte, Partys, Diskos und andere Events stattfinden. Zahlreiche Food Trucks und Imbissstände sorgen fürs leibliche Wohl, und im September werden hier die »Vendy Awards« (www.vendyawards.streetvendor.org), die Auszeichnungen für das beste Streetfood, verliehen.

WEITERE INFORMATIONEN

Governors Island: www.nps.gov/gois, https://govisland.com, werktags 10–18, Sa/So 10–19 Uhr, Fähren meist halbstündlich ab Battery Maritime Building (10 South/Whitehall St.), $ 2 (an Wochenenden um 10/11/11.30 Uhr gratis). Eintritt auf die Insel frei.

South Street Seaport markiert das Zentrum des alten New Yorker Hafenviertels (oben rechts). Die East River Esplanade bietet Gelegenheit zur Pause mit Ausblick (oben links). Malerisch vor der Kulisse Manhattans: Die historischen Schiffe sind Teil des South Street Seaport Museums (rechte Seite unten). Mit Wassertaxis auf New Yorks Flüssen unterwegs (rechte Seite oben).

13 Unterhaltung und Erholung am East River – South Street Seaport

New Yorks alter Hafen wird geliftet

Im Schatten der modernen Bauten und angesichts der auffälligen Skulpturen und weitläufigen Plätze an der Südspitze Manhattans nehmen sich die Relikte des alten New Yorker Hafenviertels vergleichsweise bescheiden aus. Erhalten ist lediglich der Kern des Hafenareals aus dem 19. Jahrhundert um den Pier 17 und die Fulton Street, der derzeit als »Seaport District NYC« ein Facelift erhält.

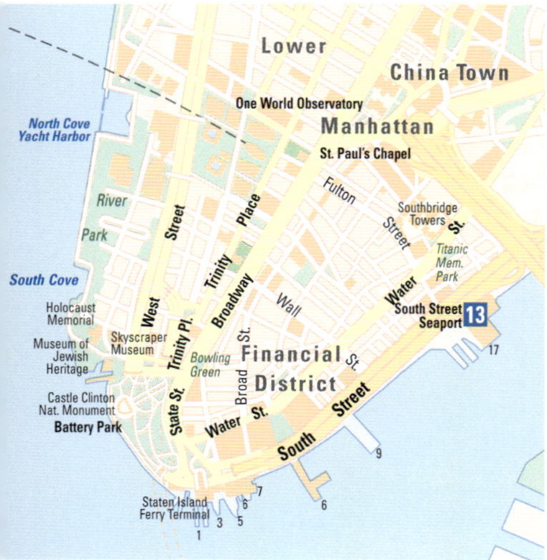

Der South Street Seaport zwischen Pier 15 und Pier 17/18 (Burlington und Peck Slips) sowie South und Water Street markiert das Herz des alten New Yorker Hafenviertels aus dem 19. Jahrhundert. Das Hafenviertel mit seinen historischen Bauten entlang und um die Fulton Street lockt Besucher jedoch nicht nur wegen der Geschichte, sondern in erster Linie wegen der Läden und Lokale. Bis voraussichtlich 2017 wird das Areal renoviert und modernisiert, und als Höhepunkt entsteht in den alten Lagerhallen auf Pier 17 ein neuer Einkaufs- und Vergnügungskomplex mit Cafés, Imbissständen und Läden. Auf dem begrünten Dach wird man sich ausruhen und den Blick auf die Brooklyn Bridge und die sich gegenüber am anderen Ufer des East River erstreckende Skyline von Brooklyn genießen können.

New Yorks »vergnüglicher« Hafen

Dank einer Revitalisierungsmaßnahme konnte der Verfall des Hafenareals in den späten 1970er-Jahren verhindert werden. Heute legen an den Piers wieder Schiffe an, zwar keine großen Passagierdampfer mehr wie einst, sondern kleine, gelbe Water Taxis, unterschiedliche Tourboote und die Fähren der East River Ferry. An die Geschichte des Areals erinnert das South Street Seaport Museum. Es ist kein Museum im eigentlichen Sinne, es ist vielmehr ein historischer Distrikt mit Schiffen und mariti-

men Bauten. Der Komplex erstreckt sich über insgesamt zwölf Häuserblocks, sehenswert ist die Schermerhorn Row, an der sich 1811 bis 1813 erbaute Lagerhäuser und Kontore aufreihen, beispielsweise Peck Slip mit dem Meyer's Hotel von 1873 oder das Titanic Memorial (Fulton/Water Street).
Auch die Hallen des 1821 ins Leben gerufenen Fulton Fish Market sind ein Relikt alter Zeiten – der Markt selbst ist inzwischen in die Bronx umgezogen. Ob hier wieder ein Markt einziehen wird, ist noch unklar. Besonders lohnend ist ein Besuch auf den historischen Schiffen, die an Pier 16 vor Anker liegen wie die »Peking«, ein Viermast-Frachtsegler, 1911 als einer der berühmten Flying P-Liner der Hamburger Reederei F. Laeisz erbaut.

East River Waterfront

Während an Pier 16 historische Schiffe Besucher anziehen, betreibt auf Pier 15 New York City & Company in einem futuristischen Gebäude zusammen mit Hornblower Cruises eine Infostelle. Dazu lädt eine Bar zum Drink ein und es gibt zahlreiche Bänke und Freiflächen zum Verweilen. Beide Piers sind Teil des East River Greenway – auch East River Esplanade bezeichnet –, der sich als Fuß- und Radweg entlang des East River vom Battery Park an der Südspitze Manhattans etwa 15 Kilometer bis hinauf nach East Harlem zieht. Mit Ausnahme eines Teilstücks der Promenade in Midtown, um die United Nations, bildet der Weg den östlichen Teil des Manhattan Waterfront Greenway. An vielen Stellen wurden direkt am East River kleine Parkanlagen geschaffen, die zum Verweilen einladen und Ausblicke auf den Fluss sowie das gegenüberliegende Brooklyn erlauben. Im Seaport District ist besonders das Areal am Beginn der Wall Street bei Einheimischen und Besuchern beliebt.
Auch viele Pendler profitieren von der Umgestaltung der Promenade am East River: An Pier 11 befindet sich jetzt eine der betriebsamsten Fähranlegestellen in Manhattan. Von hier aus verkehren Fähren und Water Taxis hinüber zum Hudson River und nach New Jersey, und die East River Ferries starten flussaufwärts Richtung Brooklyn und Queens sowie nach Midtown, und die Schnellfähre zur IKEA-Filiale in Red Hook/Brooklyn legt hier ebenfalls ab.

NEW YORK VOM WASSER AUS

Außer den gelben New York Water Taxis (NYWT), die im Fähr- und Shuttleservice im Einsatz sind, bieten Ausflugsschiffe wie die »Zephyr« der Circle Line Möglichkeiten, an Bord eines Schiffes die Hafenbucht zu erkunden. Während der empfehlenswerten Hop-on-Hop-off-Touren mit Water Taxis kann man mit einem All-Day Access Pass beliebig an verschiedenen Stopps aussteigen oder die Tour gemütlich in rund 90 Minuten an Bord genießen. Daneben gibt es spezialisierte Bootstouren, z.B. am Abend, an speziellen Feiertagen oder mit Essen bzw. Drinks. Darüber hinaus ermöglicht die East River Ferry die Fahrt von der Südspitze Manhattans den East River hinauf. Man kann damit auch bequem Brooklyn, Queens und Uptown erreichen.

WEITERE INFORMATIONEN

Bootstouren/Fähren:
www.nywatertaxi.com,
www.circlelinedowntown.com und
www.eastriverferry.com
South Street Seaport:
www.southstreetseaport.com
East River Greenway:
www.eastrivergreenwaynyc.org

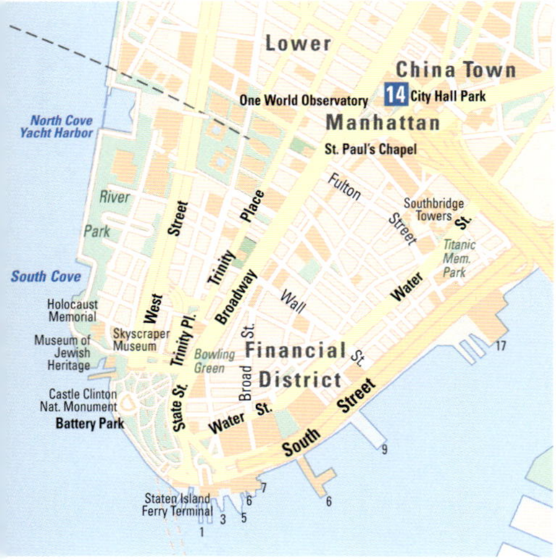

14 Rund um New Yorks Machtzentrum – City Hall Park

Von der Viehweide zum Rathaus

Zu Zeiten der Holländer befand sich an der Stelle des heutigen City Hall Park nur eine Wiese, genannt »De Vlackte« – die Viehweide. Als sich die Stadt unter britischer Herrschaft weiter nach Norden ausdehnte, wurde dieser Weidegrund zu »The Commons« oder »The Fields«, zur vielbesuchten Grünanlage und zum wichtigen Versammlungsplatz der Bürger der Stadt.

Einst Viehweide, dann Versammlungsplatz, wird der City Hall Park heute von Verwaltungsbauten gerahmt (unten links). Detail vom Woolworth Building (unten rechts). Der City Hall Park ist eine beliebte Ruheoase vor dem New Yorker Rathaus (rechte Seite oben). Blick von der Brooklyn Bridge auf »New York by Gehry« (rechte Seite oben).

The Commons« war mehr als nur ein Park oder Versammlungsplatz: Auf der Grünfläche stand einst der Schandpfahl, und ab 1760 trafen sich hier die »Sons of Liberty«, die nach Unabhängigkeit strebenden Kolonisten, die auf dem Areal den »Flagpole of Liberty« aufgestellt hatten. Hier war es auch, wo 1776 General George Washington vor den versammelten Truppen die Unabhängigkeitserklärung verlas. Eine Statue an der Parkecke nahe dem Broadway erinnert heute jedoch auch an einen 20-jährigen US-Offizier namens Nathan Hale, der bei der Eroberung New Yorks durch die Briten als Spion gefangen und gehängt worden war. Heute ist der Park beliebt für ein Päuschen oder zum Lunch, häufig begleitet von Livemusik.

Sitz der New Yorker Verwaltung

Auch nach der Unabhängigkeit standen rings um den Park noch keine Wohnhäuser, sondern nur ein paar Hütten und ein Gefängnis. Erst zwischen 1803 und 1812, als das neue Rathaus entstand, änderte sich das Bild, und man sprach vom »City Hall Park«. New Yorks Rathaus, entworfen von John McComb, Jr. und dem französischen Immigranten Joseph Mangin, ist ein Musterbeispiel für den streng symmetrischen Georgian Style. Um Geld zu sparen, war ursprünglich nur die Schauseite des Gebäudes mit Marmor verkleidet worden: Schließlich stand das Rathaus zur Zeit seiner Errichtung an der Nordgrenze der Stadt. Im Inneren beeindrucken eine überkuppelte Ro-

tunde mit zehn Säulen und die geschwungene Doppeltreppe, die hinaufführt zum City Council und Governor's Room.
Hinter Park und Rathaus erheben sich einige wichtige Verwaltungsbauten wie das zwischen 1861 und 1872 erbaute Old New York County Court House und nördlich davon der Surrogate's Court, einst das Stadtarchiv. Das Gebäude wurde 1899 bis 1911 in Anlehnung an die Pariser Oper im Beaux-Arts-Stil errichtet. Gegenüber steht das Municipal Building, seit 1914 Sitz der Stadtverwaltung. Dahinter schließt sich ein Gebäudekomplex an, der mit dem Gerichtswesen zu tun hat: das United States Courthouse – 1933 vom Erbauer des Woolworth Building, Cass Gilbert, begonnen und von seinen Söhnen vollendet –, das New York County Courthouse, 1926 im Greek-Revival-Stil erbaut, sowie das Criminal Courts Building von 1939.

Das Woolworth Building

1879 hatte Franklin Winfield Woolworth (1852–1919) eine zündende Geschäftsidee: Er bot wechselnde Waren für zehn Cents an und löste damit einen neuen Boom im Einzelhandel aus. Innerhalb kürzester Zeit, bereits 1911, eröffnete er seine 100. Geschäftsfiliale! Zwei Jahre später unternahm er einen weiteren wegweisenden Schritt: Er ließ seine Konzernzentrale gegenüber der Südspitze des City Hall Park erbauen. Hier schlug einst das politische und wirtschaftliche Herz der Stadt und hier erstreckte sich die »Newspaper Row« (Park Row) mit den Redaktionen der wichtigen New Yorker Tageszeitungen.
Die 13,5 Millionen Dollar teure Zentrale des Konzerns, eine »Kathedrale des Kommerz«, wurde geplant von dem renommierten Architekten Cass Gilbert und am 24. April 1913 im Beisein von US-Präsidenten Woodrow Wilson eröffnet. Bis 1930, als das Chrysler Building vollendet wurde, war das Woolworth Building mit 242 Metern das höchste Gebäude New Yorks. Und nicht nur das: Es fällt auch architektonisch aus dem Rahmen. Errichtet im Art-déco-Stil, fallen kuriose Fassadendetails wie Fledermäuse, Fratzen oder Fabelwesen auf, ebenso das pyramidale Dach mit Strebepfeilern, Zinnen und vier Türmen. Das Innere, das man während Touren besichtigen kann, ist mit Reliefs, Wandbildern, Intarsien und Mosaiken ebenfalls prächtig ausgestattet.

NEW YORK BY GEHRY

New York by Gehry oder, nach der Adresse, »8 Spruce Street« genannt, ist ein auffälliger Wolkenkratzer an der Ostseite der City Hall, am Anfang der Brooklyn Bridge. Er wurde 2011 fertiggestellt und ist inzwischen zu einem modernen architektonischen Wahrzeichen der Stadt geworden. Der weltberühmte kanadische Architekt Frank Gehry plante im Auftrag des New Yorker Immobilienmoguls Bruce Ratner einen allein wegen seiner bewegten, organisch geschwungenen, unruhigen Fassade auffälligen 76-stöckigen, 265 Meter hohen Wolkenkratzer. Wegweisend ist dieser insofern, dass Gehry dafür eine spezielle Software einsetzte, die half, Flächen besonders energiesparend zu gestalten und die Lichteinwirkung zu berechnen. Die Glas-Stahl-Konstruktion birgt Apartments, Gemeinschaftsräume und ein Fitnesszentrum.

WEITERE INFORMATIONEN

Am Südende des City Hall Park befindet sich der Official NYC Information Kiosk - City Hall (Mo–Fr 9–18, Sa, So 10–17, feiertags 9-15 Uhr). Dort gibt es Broschüren und Stadtpläne.
Woolworth Building-Touren:
https://woolworthtours.com

DIRECTORY
FLOORS

Blick in das Woolworth Building, erbaut im Art-déco-Stil und 1913 im Beisein des US-Präsidenten Woodrow Wilson als Firmenzentrale des gleichnamigen Kaufhauses eröffnet.

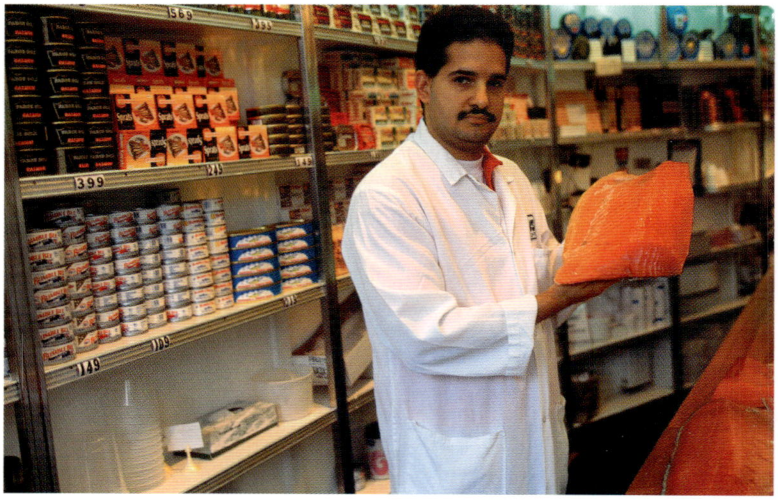

Dass die Lower East Side einst ein jüdisches Viertel war, zeigen noch Läden wie das Delikatessengeschäft Katz's (oben links) oder Russ & Daughters (oben rechts). Sehenswert, auch innen, ist die Eldridge Street Synagogue (rechte Seite unten). Bagels gibt's überall, hier z.B. in bunt im Bagel Store in Brooklyn.

15 Mietskasernen und jiddische Spezialitäten – Lower East Side

Das Stadtviertel der Immigranten

Die Lower East Side, die sich zwischen dem Broadway und dem East River sowie der Canal Street und der 14th Street ausbreitet, besteht nicht nur aus Chinatown und Little Italy. Eine Hauptachse ist die Delancey Street, die an der Williamsburg Bridge beginnt und wo sich um 1900 rund eine halbe Million jüdischer Zuwanderer, darunter viele deutsche Immigranten, drängelten.

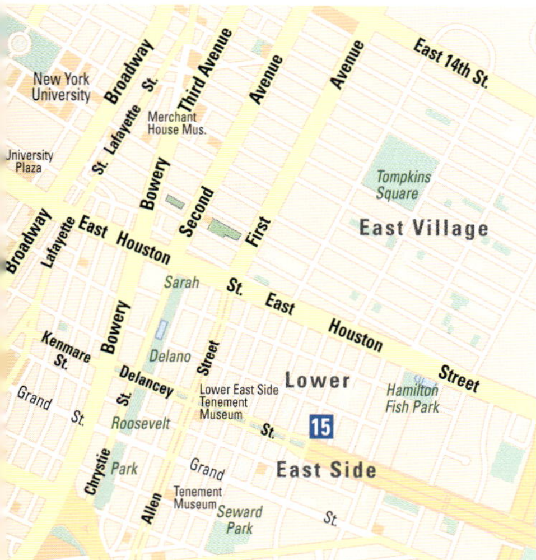

Die Lower East Side (LES) gehört zu jenen Vierteln in Manhattan, die in letzter Zeit einen enormen Wandel durchmachen und eine Gentrifizierung erleben. Aus dem früheren Einwandererviertel, in dem die Lebensbedingungen alles andere als luxuriös waren, entwickelt sich mehr und mehr ein Areal für die Besserverdienenden, mit schicken Läden und angesagten Lokalen und Bars.

Unter welch schlimmen hygienischen Zuständen und in welch bedrückender Enge die Menschen einst in den Mietskasernen der Lower East Side lebten, erzählt eindrucksvoll das Lower East Side Tenement Museum. Bei den verschiedenen angebotenen Führungen besucht man verschiedene Wohnungen in einem der »Tenement Buildings«, die eindrucksvoll Zeugnis von der Geschichte der Einwanderer – deutschen Immigranten und osteuropäischen Juden sowie Iren und Italienern – und von deren Lebensbedingungen in New York zu Ende des 19. Jahrhunderts ablegen.

Kleindeutschland

»Lebensmittelhändler sind stets Deutsche ... Dicht bei dicht sitzen sie vor vollen Humpen, mampfen Brot und Käse und tun ihren Seelen Gutes an« – so beschrieb Karl Theodor Griesinger 1858 in seinem Werk »Lebende Bilder aus Amerika« die Lower East Side. Damals waren hier rund eine Million Deutsche zu Hause, weshalb man das Areal östlich der Bowery auch »Kleindeutschland« nannte.

Mietskasernen und jiddische Spezialitäten – Lower East Side

Heute sind die deutschen Turnvereine, Bierhallen und -gärten ein Stück Vergangenheit, auch der legendäre »Deutsche Wintergarten« ist verschwunden. Nach 1900 zogen die meisten deutschen Immigranten nach Yorkville auf der Upper East Side um. Ein einschneidendes Ereignis trug seinen Teil zum Niedergang des Viertels bei: Während eines Ausflugs der hiesigen deutschen Kirchengemeinde im Jahr 1904 fing der Dampfer Feuer und sank; dabei kamen über tausend deutschstämmige Passagiere ums Leben.

Jüdisches Leben in der LES

Die Errichtung der Williamsburg Bridge 1903 hatte für einen ersten Wandel in der LES gesorgt. Diejenigen, die es sich leisten konnten, besonders Händler oder Kleinfabrikanten aus der jüdischen Gemeinde, siedelten um: über die Brücke ins benachbarte Brooklyn. Im dortigen Williamsburg oder Crown Heights sind noch heute die großen, überwiegend strengorthodoxen chassidisch-jüdischen, Gemeinden zu Hause.

Die jüdischen Immigranten haben das Leben in New York schon immer maßgeblich mitbestimmt: Sie kontrollierten den Handel, besonders den gewinnträchtigen Diamantenhandel, ihre jiddische Sprache hat das Vokabular beeinflusst, und in ihren Delis – Lebensmittelgeschäften – bekommt man das wohl beste Feinkostsortiment der Stadt.

Jiddische Spezialitäten

Typische »yiddishe« Gerichte sind Pastrami (geräuchertes mariniertes Rindfleisch), Hering und Pickles (Sauereingelegtes), gehackte Leber oder Kreplach (gefüllte Teigtaschen), Kosher Franks oder Knockwurst (Würste). Ebenso findet man hier Knishes – Teigtaschen mit Kartoffelpüree, Senf, Ketchup und/oder Honig –, Gefilte Fish, Blintzes (Crêpes), Latkes (Kartoffelpuffer) oder Matzeknödel. An Backwerk gibt es neben Bagels die Bialys (Hefebrötchen mit Zwiebel- oder Knoblauchfüllung), Rugelach (süß gefülltes Gebäck), Challah (Hefezopf), verschiedene Strudel und Halvah.

Auch wenn die Lower East Side inzwischen schick und hip geworden ist, haben sich einige jüdische Institutionen erhalten. Dazu gehören beispielsweise Läden wie Russ & Daughters, Kossar's Bialys oder Katz's. Im Orchard Street Bargain District befinden sich noch immer viele Billigläden, die vorwiegend Textilien und Lederwaren führen, in jüdischem Besitz. Auch die Eldridge Street Synagogue aus dem Jahr 1887 erinnert an die große jüdische Vergangenheit des Viertels.

TYPISCH YIDDISH

Es gibt einige jüdische Delikatessenläden bzw. Lokale, die unbedingt einen Besuch lohnen:

Katz's Delicatessen (205 E. Houston St.), seit 1888 und bekannt aus dem Film *Harry und Sally*. Hier bestellt man Pastrami- oder Corned-Beef-Sandwiches.

Kossar's Bialys (367 Grand St.), Bialys sind ein jüdisches Hefegebäck, es gibt aber auch Bagels, dazu »Schmears« (Aufstriche) und diverse Räucherfische.

Pickle Guys (49 Essex St.), Essiggurken in verschiedenen Säurestufen sowie anderes Sauer-Eingelegtes

Russ & Daughters (179 E. Houston St.), Feinkost der Extraklasse, bekannt für Räucherfisch und Kaviar

WEITERE INFORMATIONEN

Lower East Side: www.lowereastside.org

Tenement Museum: 103 Orchard St., www.tenement.org, Besucherzentrum mit sehr gut sortiertem Shop, Film und breit gefächertem Tourangebot

Eldridge Street Synagogue: 12 Eldridge St., www.eldridgestreet.org, mit Museum

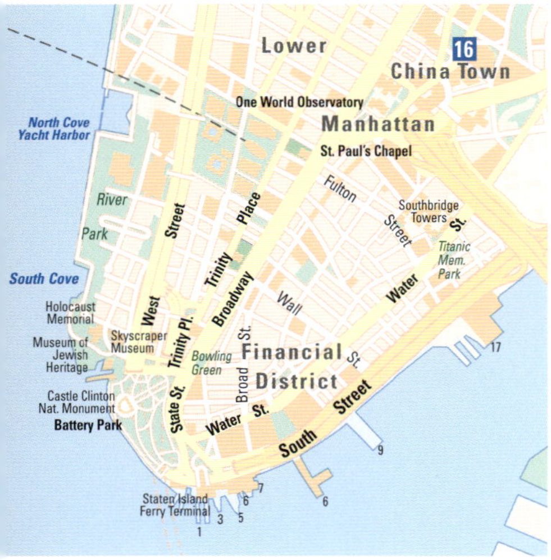

Mitten in Manhattan wirkt Chinatown mit seinen Läden und Schriftzeichen bei Tag wie bei Nacht wie eine andere Welt (unten und rechte Seite oben). New Yorks Chinatown bietet mit ungewöhnlichen Leckereien viel Exotik (rechts Seite unten).

16 Exotische Reise in eine andere Welt – Chinatown

Prall gefüllt mit Leben

Chinesische Kramerläden, italienische Pizzerien, ausgeflippte Boutiquen, Delis mit Bioprodukten, trendige Lokale – in dem nur relativ kleinen Bereich nördlich der Canal Street bis etwa zur 30th Street drängeln sich unterschiedlichste Welten auf engstem Raum. Große Sehenswürdigkeiten und Wolkenkratzer sucht man hier vergeblich, die Attraktion sind hier die Viertel selbst, z.B. das pulsierende Chinatown.

Manhattans Chinatown, dessen Kern im Bereich zwischen Canal Street, Broadway und Bowery liegt und dessen Lebensadern Mott und Grand Street heißen, hat mit den aufgeputzten Chinatowns vieler anderer Städte nichts zu tun. Hier geht es »authentisch« zu, es dominieren asiatische Sprachen und Schriften, chinesische Lebensmittel und Spezialitäten – gebratene Enten, Dim-Sum, Trockenfisch und Ginseng – statt Touristenkitsch und europäisierten Chinabüfett. Idealer Ausgangspunkt für einen Bummel durch Chinatown ist die geschäftige Subway-Station an der Canal Street. Bevor man in das pulsierende Viertel eintaucht, lohnt ein Blick auf die ehemalige Engine Company No. 31 (87 Lafayette Street), ein Feuerwehrhaus, das 1895 im Stil eines französischen Loire-Schlosses erbaut wurde.

Wer morgens im Columbus Park steht, glaubt sich nach China versetzt: Das liegt nicht nur an den asiatischen Düften und Dialekten, sondern vor allem an den drahtig wirkenden Chinesen und Chinesinnen, die sich nach einer geheimnisvollen Choreografie in Qigong, Yoga oder ähnlichen Körperertüchtigungen üben. Nach-

mittags hängen dann die alten Männer ihre Holzkäfige mit Nachtigallen in die Bäume, es wird gespielt, diskutiert und musiziert. Der Columbus Park ist der Haupttreffpunkt der chinesischen New Yorker.

Banden und Philosophen

Im 19. Jahrhundert gehörte das Areal um den Columbus Park noch zum »Mulberry Bend«, einem verrufenen Rotlichtviertel, Teil des Five-Points-Slums. Am »Bloody Angle«, der Ecke Doyers und Pell Street, spielten sich einst erbitterte Bandenkriege ab. Diese sind zwar Vergangenheit, doch noch heute haben einzelne Clans, »Tongs« – Handelsgesellschaften und Verbrechersyndikate in einem –, das Sagen. Alles ist fest in asiatischer Hand, von den Restaurants über die Glückskeks-Bäckereien bis hin zu den Läden und den kleinen Textilfabriken in den oberen Geschossen, deren Arbeitsbedingungen wohl jede hiesige Gewerkschaft nervös machen würden.

Die Confucius Plaza mit der Statue des chinesischen Philosophen Liu Shih ist ein weiteres Zentrum des Viertels, von hier geht die Mott Street, eine wichtige Lebensader der chinesischen Gemeinde, ab. Auf den Gehwegen herrscht ameisenhaftes Gewusel, an Ständen und von fliegenden Händlern werden Waren angepriesen, dazwischen asiatische Läden mit Auslagen und Garküchen, Bäckereien, Lokale und Tempel wie der Eastern States Buddhist Temple (64b Mott Street). Von außen wirkt er eher unscheinbar, doch innen lassen ihn über hundert Goldbuddhas erstrahlen.

Einblick in eine exotische Welt

Jährliches Highlight im chinesischen Viertel ist die mehrtägige Chinese New Years Celebration mit Umzug, Feuerwerk und anderen Veranstaltungen am ersten Vollmond nach dem 19. Januar. Darüber und über andere Traditionen sowie über die Geschichte der chinesischen US-Bürger informiert das Museum of Chinese in the Americas (215 Centre Street), das sich seit 2009 in einem ungewöhnlich schmalen, von Maya Lin, die auch das Vietnam Memorial in Washington D.C. geschaffen hat, umgestalteten Gebäude befindet.

Die Hauptausstellung des MOCA befasst sich mit 160 Jahren chinesisch-amerikanischer Geschichte und der Kunst und Kultur der in Nordamerika lebenden Chinesen. Daneben fungiert das Museum als Kulturinstitution der chinesischen Gemeinde New Yorks. Neben Sommerprogrammen, Lesungen und Walking Tours finden hier auch das Asian American ComiCon (für Comics) und das Internationale Asiatisch-Amerikanische Filmfest statt.

CHINESISCH ESSEN

Chinatown ist auch kulinarisch interessant, z.B. erhält man bei Aji Ichiban (37 Mott St.) asiatische Snacks aller Art, süß und salzig, und bei New Beef King (89 Bayard St.) gibt es »jerky«, getrocknete Fleischstreifen in verschiedenen Variationen, gut geeignet als Notration. Die Chinatown Icecream Factory (65 Bayard St.) stellt ungewöhnliche Eissorten wie Black Sesame oder Green Tea her, und in der Dragonland Bakery (125 Walker St.) wie auch in der Lucky King Bakery (280 Grand St.) empfehlen sich vor allem die »buns«, Hefeteilchen mit verschiedenen Füllungen. Richtig essen kann man zum Beispiel im Excellent Dumpling House (111 Lafayette St.) oder bei Tasty Dumpling (54 Mulberry St.). In beiden Lokalen gibt es die heißen chinesischen Teigtaschen mit unterschiedlichen Füllungen gut und preiswert.

WEITERE INFORMATIONEN

Museum of Chinese in America:
215 Centre St., www.mocanyc.org, Di–So 11–18, Do bis 21 Uhr, verschiedene Führungen und Veranstaltungen

Kontrastprogramm: In Little Italy haben sich noch einige gemütliche Straßencafés, Delikatessenläden und Pizzerien gehalten.

17 Klein-Italien in Manhattan – Little Italy

Pizza, Pasta und ein Fest für San Gennaro

Einst war das Viertel nördlich der Canal Street fest in italienischer Hand: Pizzerien, Bars und Alimentari prägten das Stadtbild, und an italienischen Feiertagen wurde gefeiert und getanzt. Inzwischen ist es ruhiger geworden im Klein-Italien Manhattans …

Die Grand Street, entlang der sich chinesische Läden, Bäckereien und Imbisslokale aufreihen, geht im Umkreis der Mulberry Street kaum merklich in Little Italy über. Mehr und mehr droht die italienische Enklave mitten in »Klein-Asien« zu verschwinden. Dabei hatten sich hier ab dem späten 19. Jahrhundert rund 40 000 italienische Immigranten, vor allem aus Süditalien, angesiedelt, und nördlich der Canal Street war ein florierendes Viertel entstanden.

Der heilige Januarius und die älteste Pizzeria

Während der »Festa di San Gennaro« am 19. September, zu Ehren des heiligen Januarius, des Nationalheiligen von Neapel, glaubt man sich in Little Italy wieder in vergangene Zeiten zurückversetzt: Es duftet nach Pizza, italienische Schlager dröhnen aus den Lautsprechern, und Bambini toben durch die Budenstadt entlang der Mulberry Street.

Doch inzwischen sind viele italienischstämmige New Yorker in die Vororte oder die Boroughs gezogen wie in die Arthur Avenue in der Bronx oder in das Brooklyner Viertel Bensonhurst. In dem verbliebenen kleinen Kern um die Mulberry Street gibt es noch einige Relikte: den Alimentari DiPalo, Alleva Dairy – die älteste italienische Käserei der USA –, Ferrara's Bakery & Café – seit 1892 für seine Leckereien berühmt – oder Lombardi's. Letzteres gilt als erste Pizzeria in den USA, 1905 von Gennaro Lombardi eröffnet.

TIPP

Italian American Museum, 155 Mulberry St., www.italianamericanmuseum.org

18 Kunst und Suppenküchen – New Museum

Wie ein wankender Kartonstapel: der Bau des New Museum of Contemporary Art von dem japanischen Architekturbüro SANAA kontrastiert zu den historischen Gebäuden in der LES.

Moderne Kunst in der berüchtigten Bowery

Zwischen Little Italy, Chinatown, der Lower East Side und dem East Village zieht sich die Bowery – Straße und Stadtviertel zugleich – in nördliche Richtung. Das hier befindliche New Museum of Contemporary Art markiert den Umbruch des Stadtteils.

Der Name Bowery geht auf die niederländischen Tage der Stadt zurück: »Bouwerij«, Bauernhof, nannte man die Region nördlich der Wall Street. In der Tat befanden sich hier Mitte des 17. Jahrhunderts mehrere Höfe, unter anderem der von Petrus Stuyvesant.
Im Lauf der Stadterweiterung ging der ländliche Charakter des Viertels verloren. In den großen, billigen Wohnblocks lebten in den 1860er-Jahren gehäuft irische Immigranten, die für ihre Trink- und Streitlust bekannt waren. Wegen der zahlreichen Bordelle und Kneipen kam die Bowery in Verruf, wurde zum berüchtigten irisch-deutschen Vergnügungsviertel mit Biergärten und Tanzhallen, Schießbuden, Lotterieständen und der »Säufermeile« Skid Row.

Bis in die 1980er-Jahre war die Bowery ein heruntergekommenes Viertel mit hoher Kriminalitätsrate. Inzwischen hat jedoch ein Wandel eingesetzt: Neue Läden und Lokale sind in die alten Bauten eingezogen, Wohnungen wurden renoviert und teuer vermietet. Mitinitiator des Aufschwungs war der fensterlose, kubische Neubau des New Museum of Contemporary Art, das sich als eines der führenden Museen für zeitgenössische Kunst etabliert hat. Wenngleich die Innenarchitektur eher unauffällig ist, lohnen die Ausstellungen ebenso wie der Blick von der Dachterrasse.

TIPP

New Museum of Contemporary Art,
235 Bowery, www.newmuseum.org.

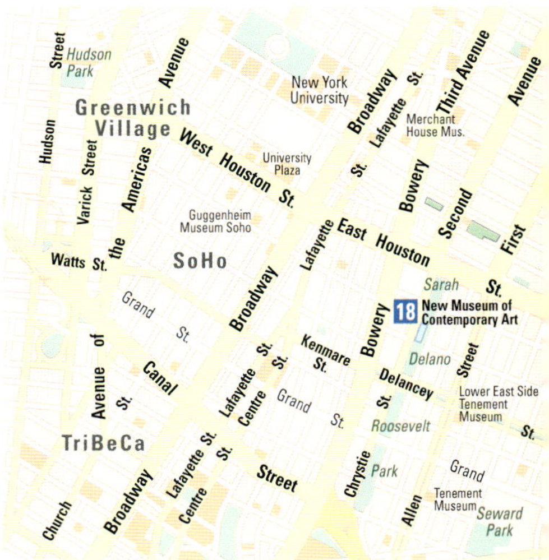

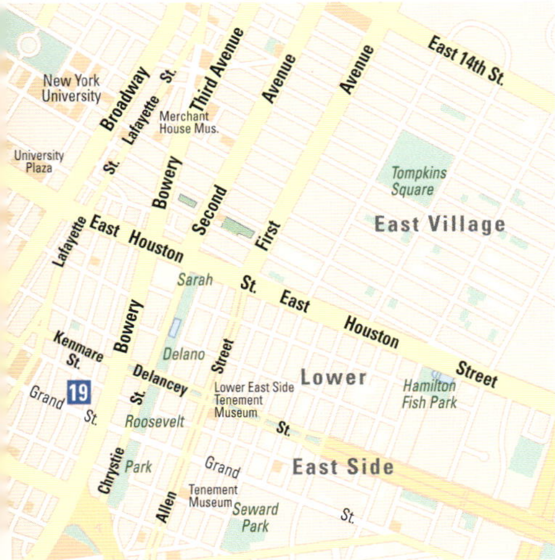

19 Liebe geht durch den Magen – kulinarisches New York

Hotdogs, Knishes, Bagels und Pretzels

Dass New York eine Weltstadt ist, zeigt sich vor allem am kulinarischen Spektrum, das die Metropole zu bieten hat. »Was es hier nicht gibt zu kaufen oder zu essen gibt«, behaupten die New Yorker, »das gibt es nirgendwo sonst auf der Welt!« Tatsächlich reicht die Palette vom Street Food im Stehen an Pushcarts und Food Trucks über die gemütliche Bierkneipe bis zum eleganten Sternelokal …

Nicht nur Foodcarts, auch andere Unternehmen appellieren gern an den (süßen) Hunger der Passanten, so der Streetwear-Designer Bakedinny (unten). Kleine Kunstwerke für »Naschkatzen«: Bei der Pralinenauswahl von Marie Belle Chocolates fällt die Wahl schwer (rechts).

Zum New Yorker Straßenbild gehören seit jeher die berühmten Pushcarts, unterschiedlich große Handkarren, die Snacks wie Pretzels, Hotdogs oder Eis anbieten. Eher neueren Datums sind die Food Trucks. Die Kleinbusse oder Transporter führen eine breite Palette an Leckerbissen aus aller Welt und sind inzwischen an fast jeder Ecke zu finden. Ebenfalls eine Institution sind die Delis, die einen schlicht, die anderen für Feinschmecker. Die Imbissläden sind häufig rund um die Uhr geöffnet.

Doch was New York eigentlich ausmacht, ist die Vielfalt seiner Restaurants. Hier reicht das Spektrum von einfach und preiswert bis zu mit Sternen ausgezeichneter Haute Cuisine, von Sushi und Tacos über Pasta und Burrata bis zu Dim-Sum und französischer Küche. Spannend sind die neuen, kreativen Lokale, die in Neighborhoods wie dem Village, der Bowery oder der Lower East Side entstehen. Dort legen enthusiastische Köche Wert auf hochwertige, saisonale Produkte regionaler Herkunft, kreativ gewürzt, kombiniert und zubereitet.

AZTEC
MARIEBELLE

Das Angebot an frischem Fisch ist überwältigend, aber nicht nur das: Bei Eataly gibt es eine Fülle an italienischen Feinkostartikeln aller Art (unten). Bei diesen ungewöhnlichen Pralinen, die kleinen Kunstwerken gleichen, fällt es fast schwer, zu kosten (rechts oben). Regional und saisonal – New York Märkte (rechts unten).

Kulinarische Wettbewerbe

Weltweiten Ruhm in Sachen kulinarische Wettbewerbe genießt beispielsweise das Hotdog-Wettessen am 4. Juli auf Coney Island. Seit 1916 veranstaltet »Nathan's«, New Yorks legendäre Würstelbude am Boardwalk von Coney Island, am Unabhängigkeitstag diesen Wettbewerb, der sogar live im Fernsehen übertragen wird. Dabei gilt es, innerhalb von zehn Minuten so viele Hotdogs wie möglich hinunterzuschlingen. Wer die meisten schafft, erhält nicht nur ein Preisgeld, sondern auch den Gelben Senfgürtel. Der Rekord liegt bei Männern derzeit bei über 60, bei Frauen um die 40 Hotdogs ...
Auch die fahrbaren Imbissbuden aller Art haben ihren eigenen Wettbewerb: Einmal im Jahr werden die besten vom Street Vendor Project auf Governors Island mit den »Vendy Awards« ausgezeichnet.

Pushcarts, Food Carts und Food Trucks

Das Street Vendor Project kümmert sich um die mobilen Imbissbuden. Dies können »Bauchläden« sein, hinter denen der Verkäufer im Freien auf dem Gehsteig steht, einfache Pushcarts oder luxuriöse Food Trucks mit mehreren Angestellten und voll eingerichteter, wenn auch kleiner, Küche am Straßenrand. Vor allem in Letztgenannten bieten oft junge Nachwuchsköche kreative Leckerbissen aus aller Welt relativ preiswert an.
Doch es kann nicht jeder einfach loslegen; die Park- und Verkaufsvorschriften sind ebenso kompliziert wie die Lizenztypen und Gesetze. Dennoch sind die Wartelisten für eine Genehmigung lang und Kontrollen alltäglich. Die Pushcarts kamen mit den Migranten, angeblich sogar mit den Deutschen. Schon im 19. Jahrhundert waren sie mit ihren Würstchen und Pretzels, mit Eis und Obst auf den Straßen der Lower East Side unterwegs. Heute betreiben vor allem Zuwanderer aus dem arabischen Raum Essensstände. Die Imbisse, die sie verkaufen, sind halal, entsprechen also den islamischen Speisevorschriften.

Jüdische Küche

Delis – kurz für Delicatessen(laden) – sind wie die Pushcarts ganz typisch für New York. Sie bieten außer Getränken und Snacks meist Theken mit warmen und kalten Speisen, mit Salaten, Suppen, Sandwiches und Fertiggerichten aller Art. Edelversionen der Delis sind zum Beispiel Barney Greengrass, 2nd Ave Deli, Russ & Daughters, Katz's oder Zabars.
Diese Art des Tante-Emma-Ladens gelangte Anfang des 20. Jahrhunderts mit den jüdischen Immigranten in die Stadt. Der jüdische Einfluss in New York ist gerade im kulinarischen Bereich bis heute groß. Von Knishes und Bagels über Gurken und Bialys bis zu Rugelach und Matze werden in der Lower East Side, aber auch in vielen Vierteln von Brooklyn jüdische Spezialitäten verkauft.

Bagels und Ähnliches

Aus New York nicht wegzudenken sind auch Bagels. Die Hefeteigringe werden vor dem Backen kurz in sprudelnd kochendes Wasser getaucht. Ursprünglich ein schlichtes jüdisches Gebäck, gehören Bagels heute zum täglichen Frühstück vieler New Yorker und sind an Straßenständen und in Läden zu bekommen. Es gibt sie in natur (plain), mit Mohn, Sesam, Rosinen, in einer Vollkornversion, mit Zwiebelgeschmack oder Kümmel. Waagrecht halbiert, werden sie mit Cream Cheese oder »schmear« (Aufstrich) gegessen. Wer es etwas luxuriöser möchte, nimmt noch Räucherlachs (lox) oder Fischsalat dazu.

Ideal zum Probieren ist Kossar's Bakery in der Lower East Side, wo es außer Bagels auch Bialys gibt. Diese ähneln den Bagels, sind jedoch leichter und weicher. Sie weisen in der Mitte kein Loch auf, sondern eine Vertiefung, die meist mit Zwiebeln oder Knoblauch gefüllt wird. Als Nachtisch würden sich bei Kossar's Challah (Hefezopf), Babka (Hefekuchen mit Füllung) oder Rugelachs – mürbeteigähnliche, gefüllte Minihörnchen – empfehlen.

Natürlich gehen die New Yorker Pretzels auf das bayerische Nationalgebäck zurück, das korrekt »Breze« heißt und weich ist. In der Tat waren es Immigranten aus Süddeutschland, die im 18. Jahrhundert das Gebäck in den USA eingeführt haben. Während man in Pennsylvania bis heute die hartgebackene, haltbarere Version schätzt, haben sich in New York eher groß proportionierte, weiche Brezen durchgesetzt. In den Pushcarts werden sie warm gehalten und gerne mit Senf bestrichen serviert.

Lokale mit Anspruch

Als Beispiele für kreative, moderne Lokale seien nur drei erwähnt: Eines ist »Hecho en Dumbo« in der Bowery, wo Danny Mena aus Mexico City traditionelle mexikanische Gerichte neu und kreativ interpretiert und mit besten Zutaten aus der Region und aus biologischer Herkunft zubereitet. Backwaren, Tortillas, Lammwurst und Salsas werden in der eigenen Küche hergestellt.

Bei »Timna« im East Village steht nahöstliche Küche auf der Karte. Die orientalischen und israelischen Gerichte werden von Chefkoch Nir Mesika abwechslungsreich, würzig und gesund zubereitet. »Piora« im West Village schließlich hält einen Michelin-Stern, auf den die Partner Simon Sijun Kim aus Korea und der italienischstämmige Chefkoch Cipollone besonders stolz sind. Hier gehen koreanische und italienische Küche – Gewürze, Aromen, Techniken und Zutaten – eine gelungene Symbiose ein.

MÄRKTE IN NEW YORK

Grundsätzlich gibt es in New York zwei Arten von Märkten: saisonale, an bestimmten Tagen stattfindende Farmers' Markets auf zentralen Plätzen und permanente Märkte unter Dach. Der größte »Wochenmarkt« findet viermal wöchentlich auf dem Union Square statt und wird sogar von Topköchen besucht (www.grownyc.org/greenmarket/ manhattan-union-square-m). Andere, teils ganzjährige Wochenmärkte finden zum Beispiel auf dem Bowling Green, im City Hall Park oder am Rockefeller Center statt. Smorgasburg in Brooklyn ist eher ein Gourmet- (und Floh-)markt als ein gewöhnlicher Wochenmarkt. Einer der ältesten Märkte ist der städtische Essex Street Market (www.essexstreetmarket.com), der bald in ein neues Gebäude umziehen soll. Etwas gehobener ist der Chelsea Market (www.chelseamarket.com). Ebenfalls ein gut sortierter Hallenmarkt ist der Moore Street Market (www.nycedc.com/project/moore-street-market) in Williamsburg.

WEITERE INFORMATIONEN

Straßenverkäufer: http://streetvendor.org
Wochenmärkte: www.grownyc.org/greenmarket/ourmarkets
Restaurant-Tipps: www.pioranyc.com; www.hechoendumbo.com

Der West Broadway in SoHo ist eine der Top-Adressen für Kunst und Galerien – sogar auf der Straße wird damit geworben.

In den Straßen von SoHo lässt sich gut bummeln, wobei man die Wahl hat zwischen normalen Läden und ausgefallenen Boutiquen (rechts). Für Unterhaltung ist ebenfalls gesorgt durch Straßenkünstler und -händler (oben).

20 Ein Industrieviertel macht sich schick – SoHo und TriBeCa

Alte Lagerhäuser und neue Avantgarde

Die Region jenseits der Lower East Side erstreckt sich westlich des Broadway bis zum Hudson River. Hier standen einst vor allem Lagerhäuser und Fabrikgebäude, die im späten 19. Jahrhundert in Eisenträgerbauweise errichtet worden waren – daher der Name Cast Iron District (»Gusseisenviertel«). In der zweiten Hälfte des 20. Jahrhunderts zogen in die alten Bauten Künstler und Intellektuelle ein und bewahrten das Viertel vor dem Abriss.

Die Region westlich des Broadway verkörpert ein anderes New York. Speziell SoHo – die Abkürzung steht für South of Houston und bezieht sich auf die Lage zwischen Houston und Canal Street – entwickelte sich im späten 20. Jahrhundert zum Synonym für die künstlerische Avantgarde der Stadt. Inzwischen hat sich das Viertel wieder verändert, und zahlreiche Künstler haben andernorts eine neue Bleibe gefunden. Dennoch ist SoHo mit seinen Nobelboutiquen, schicken Lokalen und dem immer belebten Broadway eines der angesagten, wenn auch teuren Viertel New Yorks. Etwas zurückhaltender präsentiert sich bis heute TriBeCa, kurz für Triangle Below Canal. Das Gebiet zwischen Canal Street, Broadway, dem World Trade Center und dem Hudson River hat sich noch viel von seinem ursprünglich alternativen Charakter erhalten, auch wenn inzwischen auch hier kleine schicke Läden und teure Lokale einziehen. Zudem werden viele der alten Industriebauten in Wohnanlagen umgestaltet.

Ein neueres In-Viertel in diesem Teil von Downtown ist NoLIta (North of Little Italy) zwi-

TOW AWAY ZONE
NO PARKING
ROAD REPAIR
TUES-WED
PARIS LONDON NEW YORK
MIAMI HONG KONG SINGAPORE
NEW YORK

Abseits der Einkaufsstraßen ist das Cast-Iron-Viertel SoHo ein Hort für Aussteiger und Künstler geblieben (oben). Es sind die ausgefallenen Galerien und Boutiquen, die bis heute das Bild von SoHo prägen (rechts unten). Leckereien aller Art bietet das legendäre Delikatessengeschäft Dean & DeLuca in SoHo (rechts oben).

schen Houston Street, Bowery, Broadway und Broome Street. Dieses attraktive Areal schließt direkt östlich an SoHo an und verbindet es mit der Bowery. Auch hier nimmt die Zahl an ausgefallenen Läden und Lokalen ständig zu.

Skelett aus Eisenträgern

Das Markenzeichen dieser Region ist die ungewöhnliche Architektur: In der zweiten Hälfte des 19. Jahrhunderts entstanden hier Lagerhäuser und Fabrikbauten, vor allem Textilfabriken. In den riesigen Nähstuben – sogenannten Sweat Shops – arbeiteten besonders Frauen unter unwürdigen Bedingungen und zu Hungerlöhnen an Zuschneidetischen, Nähmaschinen und Bügelbrettern.

Für solche Zweckbauten eignete sich die um 1850 entwickelte Eisenbauweise besonders gut. Die Cast Iron Buildings bestehen aus einem Skelett aus Eisenträgern, zwischen die vorgefertigte dünne Fassadenteile aus Gusseisen – in verschiedenen Formen, Farben und mit unterschiedlichen Dekors – eingeschoben sind. Als man in den 1960er-Jahren die ausgedienten Zweckbauten abreißen wollte, regte sich heftiger Widerstand. Das vormals eher hässliche Fabrikareal avancierte nach und nach zum Vorzeigeviertel. Hier wurde auch das Loft als neue Wohnungsform mit offener Grundfläche ohne abgetrennte Räume geboren.

Viertel der Künstler und Aussteiger

Der heute denkmalgeschützte Cast Iron District gilt seit den 1970er-Jahren als Viertel der Künstler und Aussteiger. Ateliers und Werkstätten, Avantgarde- und Designer-Shops, Kunstgalerien, Boutiquen und Cafés nehmen bis heute meist die unteren Stockwerke der renovierten Lagerhäuser ein. Geräumige Lofts bieten dagegen – heute für viele unerschwinglichen – Wohnraum in den oberen Etagen. Insgesamt sind in New York rund 250 Cast-Iron-Bauten erhalten, die meisten davon stehen in SoHo. Besonders viele aus den Jahren zwischen 1869 und 1895 sind entlang der Hauptachse Greene Street – zwischen Broome und Spring Street – zu sehen. Am Broadway erheben sich zudem einige sehenswerte historische Skyscraper, wie das New Era Building (495 Broadway) mit seinem prägnanten Dach und dem auffälligen Schriftzug oder das Haughwout Building (488–492 Broadway), in dem 1857 der erste dampfbetriebene Fahrstuhl seinen Dienst aufnahm. Das Little Singer Building (561–563 Broadway) war 1904 von Ernest Flagg im Art-Nouveau-Stil als Büro- und

Lagerhaus der gleichnamigen Nähmaschinenfabrik gebaut worden.

Bummeln und Einkaufen

Vor allem im Bereich zwischen Grand und Houston Street, Broadway und West Broadway boomt die alternative Szene. In SoHo, besonders am West Broadway, der ansonsten ruhigen Lebensader mit exklusiven Läden, Boutiquen und Cafés, haben sich etliche bedeutende, vielfach auf zeitgenössische Kunst spezialisierte Kunstgalerien angesiedelt. Der West Broadway stellt nach Norden gleichzeitig die direkte Verbindung zum Greenwich Village und zum zentralen Washington Square her.

Der südliche Abschnitt des Broadway zwischen Canal Street und Houston Street gilt dagegen als beliebte Bummelmeile mit kleinen Boutiquen und Läden. Hier finden sich auch Filialen von Uniqlo und anderen bekannten großen Modefirmen sowie von Bloomingdale's und weiteren Kaufhäusern. Hier drängen sich die Besucher inzwischen, und auch in den Nebenstraßen, wie der Broome, der Spring oder der Prince Street, locken Cafés und Lokale.

Ein Industrieviertel wird schick

Als SoHo für viele Aussteiger, Künstler und Bohemiens zu teuer geworden war, zogen viele in das südwestlich anschließende TriBeCa um. Inzwischen sind auch in diesem Viertel, das von der Canal Street im Norden, der West Street im Osten, dem Broadway im Westen und der Vesey Street im Süden begrenzt wird, die Preise gestiegen. Mancher sucht deshalb sein Glück in Brooklyn oder Queens.

Mit hohen Backsteinhäusern und Lagerhallen erinnert TriBeCa noch stärker an das Industrieviertel von einst. Allerdings sind auch hier inzwischen in viele der alten Zweckbauten Restaurants und Läden, Kunstgalerien und Bars eingezogen. Zudem ist TriBeCa auch bei den Stars und Sternchen angesagt: Jay-Z und Beyoncé, Gwyneth Paltrow und Taylor Swift sollen hier wohnen. Bekannt wurde das Viertel auch durch das Tribeca Film Festival, das 2001 ins Leben gerufen wurde.

Die Hauptachsen von TriBeCa sind die Franklin Street (zwischen Greenwich und Hudson), der West Broadway und die White Street. Einen guten Überblick über die Architektur bietet die nahe Harrison Street. Dort wurden acht Federal-Style-Stadthäuser um die Wende vom 18. zum 19. Jahrhundert zu Lagerhäusern und schließlich in den 1970er-Jahren zu Wohnblocks umgebaut. Den Aufbruch des Cast Iron District in die Moderne verkörpert das Gebäude des Schweizer Architekturbüros Herzog & de Meuron in der Leonard Street 56: Verglaste »Wohnkuben«, die versetzt und scheinbar willkürlich aufeinandergetürmt wurden, kennzeichnen den wegweisenden Bau.

EINLADUNG ZUM SHOPPING-BUMMEL

Der Cast Iron District ist nicht nur ein Ziel für Kunstfreunde und ideal zum Einkaufsbummel, er ist auch ein kulinarisches Mekka: Dean & DeLuca (Ecke Broadway/Prince Street, www.deandeluca.com) und die Gourmet Garage (Ecke Broome/Mercer Street, www.gourmetgarage.com) sind gut sortierte Delikatessengeschäfte, die warme und kalte Gerichte anbieten. Uniqlo (546 Broadway, www.uniqlo.com), eine Filiale des preiswerten japanischen Designer-Bekleidungshauses, bietet preiswerte und farbenfrohe Kleidung. Krimifreunde sollten sich den Mysterious Bookshop (58 Warren Street, www.mysteriousbookshop.com) nicht entgehen lassen, er gilt als eine der ältesten Krimibuchhandlungen der USA. Der Laden ist klein, doch Besitzer Otto Penzler ist selbst Autor und Verleger und kennt sich in der Szene bestens aus.

WEITERE INFORMATIONEN

SoHo/Cast Iron District:
www.sohonyc.com

capital of the world
NYCvisit.com
InStyle
Cafe Borgia
Established 1975
M&O MARKET 212 477-8222
124 IMPORTED & DOMESTIC FREE DEL
ATM
800-442-4141
Prince St. COPY CENTER
NO STANDING ANY TIME
GET CASH HERE ATM
Internet Acc
LUSHLIFE

Die Straßen von SoHo lohnen nicht nur wegen der Architektur einen Spaziergang, inzwischen sind in die historischen Bauten viele interessante Läden und gemütliche Lokale eingezogen.

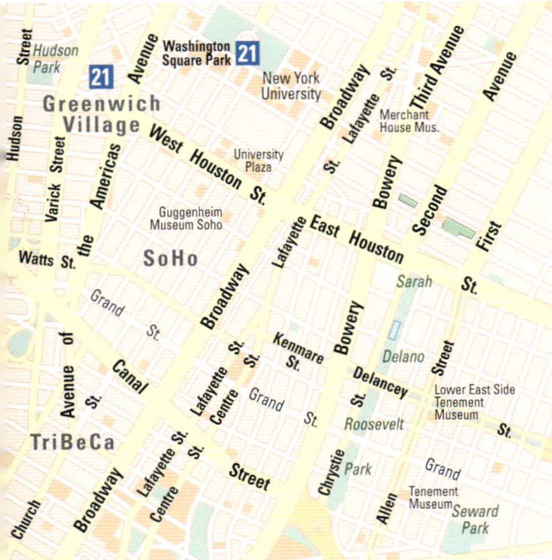

Das Zentrum des »Village« ist seit jeher der zentrale Washington Square, hier trifft man sich oder kühlt sich an heißen Sommertagen ab (rechts), Greenwich Village ist bekannt als buntes Viertel mit ungewöhnlichen Lokalen, Läden und Menschen (unten).

21 New Yorks berühmtestes Dorf – Greenwich Village

Heimat der Bohème, der Studenten und LGBT

»Greenwich Village ist wie Schwabing plus Montmartre im Quadrat«, meinte einmal der deutsche Schriftsteller und Immigrant Hermann Kesten. Im berühmten »Village« schlägt das Herz der Downtown. Der zentral gelegene Stadtteil ist nicht nur ein Treff der New Yorker Avantgarde, sondern auch Ursprungsort und Heimat der amerikanischen LGBT-Bewegung.

Groenwijck«, den »grünen Bezirk«, nannten die niederländischen Siedler einst das Gebiet nördlich von Neu-Amsterdam. Aus dem Namen wurde nach der britischen Machtübernahme schließlich Greenwich Village oder kurz The Village – das Dorf. Das ländliche Dorfidyll im Hinterland der Insel Manhattan hatte jedoch nicht lange Bestand: Schon Anfang des 19. Jahrhunderts war das vormals verschlafene Village von der immer weiter nach Norden wuchernden Hafenstadt New York geschluckt worden.

Das Greenwich Village erstreckt sich westlich des Broadway – ideal für einen Einkaufsbummel – zwischen der Houston Street und der 14th Street bis zum Hudson River. Als »West Village« wird der Streifen im Westen der 6th Avenue bezeichnet. Die Hauptachsen des Village sind die Bleecker Street und die Christopher Street, die beliebtesten Punkte im Viertel sind der vielbesuchte Washington Square sowie der legendäre Sheridan Square. Das etwa zwischen Houston Street und 14th Street bzw. Bowery und East River gelegene East Village im

Kreativität ist angesagt im Village, hier lockt ein Restaurant zum Mittagessen (Mitte). Bei solch heißen Rythmen hält es niemanden mehr auf den Sitzen (unten). Am Washington Square im Village schlägt das Herz der Stadt (rechts oben). Shinya Yamaho zaubert tolle Cocktails an Pioras Bar (rechts unten).

Osten hat sich zu einem eigenständigen Viertel entwickelt.

Die Heimat der Bohème

Im Lauf des 20. Jahrhunderts mauserte sich das Greenwich Village zu einem Sammelpunkt der Bohème und Avantgarde, der Künstler und Aussteiger. Darüber hinaus entwickelte es sich zur Keimzelle und zum Zentrum der LGBT (Lesbian, Gay, Bisexual & Transgender)-Bewegung. Aber auch Studenten prägten das Viertel, da sich hier die berühmte »NYU« befindet. Die New York University wurde 1831 gegründet, erwarb Land im Village und bezog zahlreiche Bauten rund um den Washington Square. Heute ist sie mit rund 50 000 Studenten die größte Privatuniversität der USA.

Zu den berühmtesten Bewohnern des Viertels gehört der Anfang 2016 verstorbene David Bowie, der sowohl seinen ersten Hit als auch seine letzte CD im Village aufnahm. Seit 1992 war das Village seine Heimat, genauer gesagt die Lafayette Street in der Übergangsregion zwischen SoHo und dem Village. Auch viele andere legendäre Musiker, wie Bob Dylan, Steve Earle, Jimi Hendrix oder Buddy Holly oder Schriftsteller wie Joe Gould, Eugene O'Neill, Lawrence Ferlinghetti, Allen Ginsberg oder Jack Kerouac waren hier zu Hause oder arbeiteten hier.

Auch der jüdisch-texanische Schriftsteller und Musiker Kinky Friedman lebte lange im Village und machte das Viertel durch seine Krimis berühmt. Im Village hingegen lassen sich heute mehr und mehr Schauspieler wie Liv Tyler und Dustin Hofman, nieder. Aber auch wohlhabende Persönlichkeiten zieht es hierher, wie Barbara Bush, eine der Töchter von Ex-Präsident George W. Bush. Prominente, Künstler, die LGBT-Community und Aussteiger mischen sich – die Gentrifizierung des Village ist in vollem Gange.

Legendäre Christopher Street

Die Christopher Street ist eine der Hauptachsen des denkmalgeschützten Greenwich Village Historic District. Dieser ist zugleich eine Hochburg der Homosexuellen und dicht besetzt mit Shops, Bars und Nachtklubs, zum Beispiel dem »Duplex«, dem 1955 eröffneten »Lucille Lortel Theatre«, dem historischen »Stonewall Inn« oder »The Kettle of Fish«. Letzteres war einst als »Lion's Head« ein beliebter Treff von Schriftstellern, unter anderem von Tennessee Williams, Dylan Thomas und Norman Mailer. Der Jazz-

klub »Village Vanguard« ist ein weiterer Klassiker im Village und wird auch als »Carnegie Hall des Jazz« bezeichnet.
Weltberühmt wurde das Viertel durch die Christopher Street Day Parade. Mit diesem bunten Umzug, der Ende Juni im Rahmen der New York Pride Week stattfindet, feiert sich inzwischen längst nicht mehr ausschließlich die Homosexuellenszene New Yorks. Allerdings ist es ihr zu verdanken, dass sich in den späten 1960er-Jahren der konservative Mief lüftete. In die Schlagzeilen gerieten die »Stonewall Riots« 1969, als New Yorks Homosexuelle kurzerhand die Polizisten, die die Homosexuellenbar »Stonewall Inn« schließen wollten, in dem Lokal einsperrten.

Das beschauliche Village

Der Sheridan Square ist ein weiterer lebhafter Knotenpunkt im Viertel. Die Kreuzung von sieben Straßen ist nach dem Bürgerkriegsgeneral Philip Sheridan (1831–1888) benannt. Es gibt aber auch ruhige und beschauliche Ecken im Village, zum Beispiel den Jefferson Market Garden (Greenwich Ave.).
Im Gebiet um Bleecker und Bedford Street fällt neben Läden, Cafés und Lokalen viel historische Bausubstanz auf. Dazu gehören auch hübsche Reihenhäuser, wie das Isaacs-Hendricks House (77 Bedford Street) von 1799. Nur 2,90 Meter breit ist das schmalste Haus der Stadt (75 ½ Bedford Street), das 1893 erbaut wurde. Hinsichtlich Größe und Architektur noch eindrucksvoller ist das 1830 im englischen Tudor-Stil errichtete Twin Peaks Building (102 Bedford Street). Sehenswert ist auch das Wohnviertel Ecke Grove und Bleeker Street. Dort reihen sich am Grove Court sechs Stadthäuser aus der Mitte des 19. Jahrhunderts.

Um den Washington Square Park

Den geschichtsträchtigen Washington Square Park rahmen Institutsgebäude der New York University (NYU). Das Wahrzeichen des Platzes ist der Washington Arch von 1893. Der mächtige, im Stil römischer Triumphbögen gestaltete Bogen erinnert wie der Name des Platzes an George Washington. Der erste Präsident der Vereinigten Staaten versammelte 1776 an dieser Stelle die Truppen der aufständischen Kolonien.
Einst befand sich auf dem Gelände auch ein Friedhof, dann eine Duellier- und Hinrichtungsstätte und schließlich ein Amüsierplatz der Bohème. Hier riefen im Jahr 1916 Marcel Duchamp und John Sloan die »Freie und Unabhängige Republik Washington Square« aus. Studenten, Künstler und Literaten tummelten und tummeln sich gern im und rings um den Washington Square Park, auf dem im Sommer Brunnen Erfrischung spenden. Er ist jedoch auch ein beliebter Treffpunkt und Erholungsort für »gewöhnliche« Anwohner und Besucher sowie eine Bühne für Breakdancer, Bands, Jongleure und viele andere Straßenkünstler.

KOREANISCH-ITALIENISCHE FUSION

Das »Piora« im West Village ist winzig, fast wie ein Wohnzimmer. Noch nicht einmal zweieinhalb Jahre alt, hat es im Herbst 2015 zum zweiten Mal einen Michelin-Stern bekommen. Besitzer des Restaurants ist der gebürtige Koreaner Simon Kim, und Geschäftspartner Christopher Cipollone steht in der Küche. Seine gelungene Symbiose aus koreanischen und italienischen Aromen, Techniken und Zutaten ist grandios: Er spielt mit Pasta, kombiniert mit Chilipaste und Krabbensud, asiatischen Pilzen und Trüffel. Für die Gäste fällt im »Piora« die Wahl angesichts des saisonal wechselnden Drei-Gänge-Menüs zum Festpreis leicht. An der Bar ist Shinya Yamao für das »Japanese-style cocktail program« zuständig. Er kreiert zum Beispiel Cocktails wie Leaves Falling (ein mit Earl-Grey-Tee aromatisierter Gin, Calvados, Apfelsaft, Ahornsirup und Zitronensaft) oder Wear and Tear (Old Overholt Rye Whiskey, Aperol, Chartreuse, Cinzano, Maraschino-Likör und Angostura Bitter).
Piora, 430 Hudson St., Tel. 212/960 38 01, www.pioranyc.com, tgl. Dinner ab 17.30 Uhr, Reservierung empfohlen

WEITERE INFORMATIONEN

Village
www.villagealliance.org,
www.jeffersonmarketgarden.org

Ist das Greenwich Village als Geburtsort der LGBT-Szene bekannt, gilt das East Village als Zentrum der alternativen Szene (oben). Auffälligster Bau im East Village ist der spektakuläre Neubau von 1 Cooper Square (rechts unten). Bedouin Octopus – einer der »Klassiker« auf Timnas Speisekarte (rechts oben).

22 Hippies und Nachtschwärmer – East Village

Ein faszinierendes Revival im Osten

Das East Village ist die Fortsetzung des Greenwich Village nach Osten und erstreckt sich Richtung East River. Es hat in den letzten Jahren enorm an Attraktivität gewonnen und sich zum angesagten Szeneviertel mit höchst kreativen Restaurants gemausert. Das bunte Viertel ist ein Treffpunkt der Musiker, Künstler und Bohemiens, der Intellektuellen und Stars, aber auch der Aussteiger.

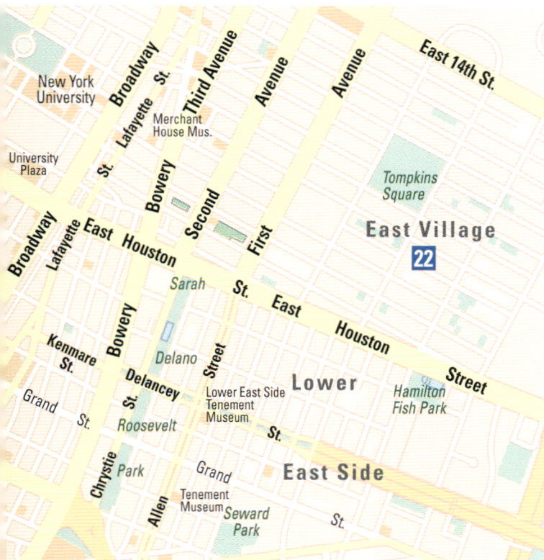

Auch das East Village geht auf die frühen niederländischen Siedler zurück. Hier stand einst ein Bauernhof, der 1651 von Petrus Stuyvesant erworben wurde. Zu Beginn des 19. Jahrhunderts war es vorbei mit dem Idyll, da die Stadt rasant wuchs. Im Laufe des 19. Jahrhunderts entwickelte sich dieser Teil, speziell die Region um den Tompkins Square, zum Zentrum der deutschen Zuwanderer, mit Biergärten und Vereinsgebäuden, und wurde »Little Germany« – »Kleindeutschland« –genannt.

Erst in den 1960er-Jahren löste sich die Region von der Lower East Side ab und entwickelte sich zum Mittelpunkt der New Yorker Subkultur. Dank der Beatniks – angeführt von legendären Dichtern und Schriftstellern wie Lawrence Ferlinghetti, Allen Ginsberg und Jack Kerouac – und Hippies entstand im East Village eine rege Musik- und Kunstszene. Neben Andy Warhol waren Künstler wie Keith Haring und Jeff Koons hier aktiv, Bands wie The Velvet Underground traten auf und die Musikbar CBGB machte Punkrock bekannt. Um sie von den umliegenden Slums der Lower East Side abzusetzen, erfanden Immobilienmakler den Namen »East Village« für diese Region.

Beliebter Nightspot

Ins East Village geht man nicht zum Sightseeing, sondern um sich treiben zu lassen, um kuriose Läden, avantgardistische Theater, Straßencafés, schicke und kreative Lokale und Bars, vor allem in dem Areal um den St. Mark's Place und südwärts, zu erkunden. Bars und Klubs finden sich hier auf engstem Raum, etliche davon an der bzw. um die 6th Street, wie Death & Co (Nr. 433), Mayahuel (Nr. 304) oder Crif Dogs/PDT (113 St. Mark's Place).
Eines der legendären Theater im East Village war das »Theatre 80« (80 St. Mark's Place), in das das kleine, aber in seiner Art einzigartige Museum of the American Gangster eingezogen ist. Es zeigt im Obergeschoss eine Ausstellung und einen Film über berühmte Verbrecher sowie über die Prohibition und deren Folgen. Im Untergeschoss befindet sich ein Theater mit einem »Speakeasy«, einer geheimen Bar, wie sie zu Zeiten der Prohibition üblich war.

Historische Spuren

Im Zentrum des St. Mark's Historic District mit dem St. Mark's Place steht die Kirche St. Mark's-in-the-Bowery (131 East 10th Street). 1799 erbaut, ist sie die zweitälteste Kirche der Stadt. Auf dem dazugehörigen Friedhof liegen prominente New Yorker und der erste Gouverneur Neu-Amsterdams, Peter Stuyvesant, begraben. Architektonisch auffallend ist der moderne Neubau der Cooper Union (2008). Das wegweisende, organische geschwungene Stahl-Glas-Gebäude 1 Cooper Square wurde von Thom Mayne von der Architekturfirma Morphosis entworfen. Die Cooper Union for the Advancement of Science and Art wurde 1859 von Peter Cooper als kostenlose Ausbildungsstätte und als Veranstaltungsort gegründet. Im alten Foundation Building von 1859 an der East 7th Street wurde und wird die Great Hall mit ihren 900 Plätzen für Parteikundgebungen ebenso genutzt wie für Konzerte und Ausstellungen. Ebenfalls sehenswert ist die 1833 erbaute Lafayette Colonnade Row, eine kuriose Reihe von Stadthäusern mit gemeinsamer Fassade in Gestalt eines griechischen Tempels. Hier wohnten einst Berühmtheiten wie Washington Irving und Charles Dickens. Eine Kirche der High Society war lange Zeit die Grace Church (802 Broadway) am Rand des East Village. Sie wurde zwischen 1843 und 1846 im neogotischen Stil errichtet. Die Aufsicht führte der damals erst 23-jährige James Renwick (1818–1895), der spätere Baumeister der St. Patrick's Cathedral. Der berühmte Kirchenchor der Grace Church wurde 1894 gegründet.

TIMNA – ORIENTALISCHE LECKERBISSEN

Nahost-Küche, orientalische und israelische Gerichte gelten als gesund, würzig und abwechslungsreich. In New Yorks East Village bietet das »Timna« am lebhaften St. Mark's Place Gelegenheit, sie kennenzulernen. Dort zaubert der in Israel geborene, marokkanischstämmige Chefkoch Nir Mesika kreative Gerichte mit mediterranen und nordafrikanischen Einflüssen. Viele der verwendeten Zutaten werden im Haus hergestellt, unter anderem der Käse, die Brote und viele der Saucen. Wer das Oxtail Ragout (mit Polenta und Pilzen) wählt, wünscht sich mehr davon, doch es gibt ja noch die Hauptgerichte, wie den Bedouin Octopus: Tintenfisch in Bier und mit diversen Kräutern gedünstet, unter heißen Kohlen begraben und mit Auberginen-Püree, Hummus und Tomaten-Relish serviert.
Timna, 109 St. Mark's Place, Tel. 1646/964 51 81, www.timna.nyc, Dinner täglich außer Mo, Sa/So Brunch, gut sortierte Bar

WEITERE INFORMATIONEN

Museum of the American Gangster:
http://museumoftheamericangangster.org
Grace Church Choir:
http://music.gracechurchnyc.org

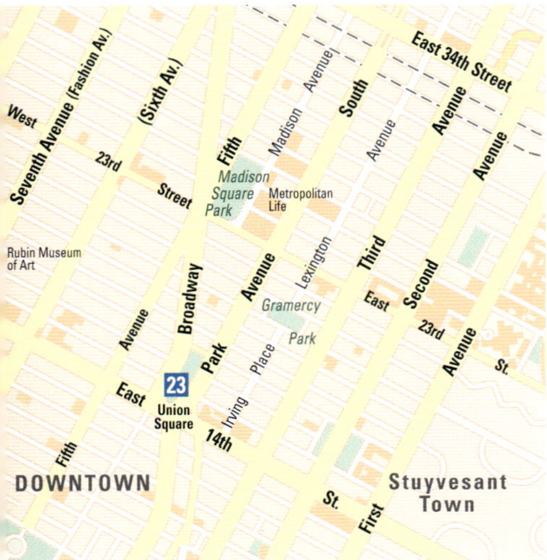

Der Union Square ist ein beliebter Treff, aber auch Ort für Veranstaltungen und Märkte jeglicher Art (unten). Kein Blick für die Umgebung: Die Bauten um den Union Square spiegeln sich über einem Food Truck (rechts).

23 Künstler, Bauern und Demos – Union Square

Platz für Kundgebungen und Treff der New Yorker

Ein Reiterstandbild von George Washington und ein Pavillon – zugleich Zugang zu einer wichtigen U-Bahn-Station – markieren den Union Square. Der 1839 eingeweihte Platz ist mit seinem kleinen Park und seinen Bänken ein beliebter Treffpunkt, aber auch ein Ort für politische Demonstrationen. Außerdem findet hier einer der besten Märkte der Stadt statt.

Wo sich der Broadway und die 4th Avenue – einst die Bowery Road – treffen, legte die Stadtverwaltung bereits 1815 einen öffentlichen Park an, den sie »Union Place« nannte. Als sich die Stadt weiter ausbreitete, wurde der Park 1839 offiziell als »Union Square« eröffnet. 1872 wurde er von Frederick Law Olmsted und Calvert Vaux, die auch den Central Park planten, neu gestaltet. Ursprünglich befanden sich unter dem charakteristischen Pavillon an der südlichen Schmalseite des Parks drei Bahnhöfe, die 1940 zu der Station „14th Street/Union Square" vereint wurden, die heute sieben Subway-Linien bedient.

Am Schnittpunkt

Der Union Square liegt am Schnittpunkt mehrerer Viertel: Hier treffen sich Village, Chelsea und Gramercy. Zwischen der 14th und 34th Street befindet sich ein Übergangsbereich, dessen spezifische Anlage in erster Linie auf die Entstehung dieser Region zurückgeht: Nördlich der 14th Street wurde die Stadtplanung nach 1811 gemäß einem strengen Rasterprinzip betrieben. Lediglich der Broadway, der verschiedene New Yorker Viertel durchschneidet, bricht mit dieser Regel.

Die 14th Street an der südlichen Schmalseite des Parks trennt Greenwich Village von Chel-

SKECHERS
SKECHERS
SLOW
YOGO
TOPPINGS
The Finest Frozen Yogurt on the GO!

Der Wochenmarkt auf dem Union Square ist nicht nur unter New Yorkern beliebt, auch die Küchenchefs der umliegenden Lokale sind Stammkunden (unten). Gratis-Modeberatung: New Yorker haben stets ungewöhnliche Ideen, um Aufmerksamkeit auf sich zu ziehen (rechts oben). New Yorks legendärer Buchladen, der Strand Bookstore am Union Square (rechts unten).

sea, dem Wohnviertel der weißen Mittelschicht, sowie das East Village vom nobleren Gramercy. Die berühmte Fifth Avenue wiederum bildet die Grenze zwischen Gramercy im Osten und Chelsea im Westen des Parks.

Demonstrationen, Drogen und Statuen

Besonders während der Weltwirtschaftskrise in den 1930er-Jahren spielte der Union Square als Schauplatz von Demonstrationen eine wichtige Rolle. So protestierten hier 1930, nach dem Börsencrash und dem Beginn der Wirtschaftskrise, über 30 000 Menschen gegen die Arbeitslosigkeit. In den 1970er- und 1980er-Jahren kam der Platz mehr und mehr als Drogenumschlagplatz in Verruf, bis in den 1990er-Jahren erste Sanierungsmaßnahmen erfolgten. Läden und Lokale wurden rings um den Platz eröffnet und der regelmäßige Farmers' Market eingeführt, hinzu kam eine umfassende Umgestaltung des Union Square selbst in den Jahren 2008 und 2009. Seither gilt er wieder als beliebter Treff von Bewohnern und Besuchern, und abgesehen von dem Wochenmarkt finden hier viele Veranstaltungen statt, darunter auch ein Weihnachtsmarkt.
Auf dem Platz steht das bekannte Reiterstandbild des Generals und ersten US-Präsidenten George Washington. Diese erste Bronze-Reiterstatue in den USA stammt von Henry Kirke Brown (1814–1886), offiziell eingeweiht wurde das Denkmal im Jahr 1856. Es ist jedoch nicht das einzige Kunstwerk auf dem Union Square: Auch General de Lafayette und Abraham Lincoln wurden hier verewigt. Die Lincoln-Statue von 1870 ist ebenfalls ein Werk Henry Kirke Browns. Die Skulptur des französischen Aufklärers schuf hingegen Frédéric-Auguste Bartholdi 1876, zu dessen Werken auch die Freiheitsstatue gehört. An der Südwestecke erinnert auf einem Grünstreifen eine Statue an Mahatma Gandhi. Im Zentrum der Parkanlage steht schließlich der 1881 vollendete James Fountain. Den Brunnen mit der allegorischen Figur der Caritas im Zentrum entwarf der deutsche Bildhauer Adolf von Donndorf (1835–1916).

The Factory

Popularität erlangte der Union Square auch wegen der umliegenden Künstlerateliers, darunter die Wirkungsstätte des Pop-Art-Künstlers Andy Warhol (1928–1987) an der Nordwestecke (33 Union Square West). Warhol nannte seine Ateliers »Factory«, weil sie oft in ehemaligen Fabrikbauten untergebracht waren und weil er so ver-

deutlichen wollte, dass dort gearbeitet und Kunstprodukte hergestellt wurden. Berühmt wurde seine erste Factory in Midtown (47th Street), die er ganz in Silber gestaltet und deshalb auch »Silver Factory« nannte.
Die Factory war nicht einfach nur ein Atelier, sie war ein Treffpunkt für Künstler, Musiker, Tänzer, Schauspieler, Filmemacher. Vor dem Gebäude am Union Square schoss die Feministin und Schriftstellerin Valerie Solanas im Juni 1968 dreimal auf Warhol und verletzte ihn schwer. Sie beendete damit das unbeschwerte Bohème-Leben im Umkreis des Künstlers, denn in der Folge war der Zugang zur Factory erschwert. 1973 zog Warhol samt Factory auf die Nordseite des Union Square (860 Broadway) um, 1984 bezog er sein letztes Studio in der 33rd Street.

Vielbesuchter Markt

Seit 1976 findet am Union Square viermal wöchentlich ein »Greenmarket« statt, auf dem Landwirte der Region das ganze Jahr über montags, mittwochs, freitags und samstags zwischen acht und 18 Uhr Obst und Gemüse sowie andere Lebensmittel wie Ahornsirup, Honig, Käse oder Backwaren anbieten. Er gilt als der bestsortierte Freiluftmarkt in der Stadt, und sogar Küchenchefs zahlreicher Restaurants kaufen hier ein.
In der Vorweihnachtszeit, genauer von Mitte November bis zum 24. Dezember, drängen sich auf dem Union Square die Stände des beliebten Union Square Holiday Market. Sie bieten ungewöhnliches Kunsthandwerk, Schmuck und Kunst, Kuriositäten und Traditionelles, Souvenirs und Wohnaccessoires sowie regionale Leckereien in breiter Auswahl an.

Ein Paradies für Leseratten

Nur wenige Schritte südlich des Platzes ist der Strand Bookstore an der Ecke Broadway und East 12th Street ein Paradies für Leseratten. Auf mehreren Etagen und selbst im Freien sind hier die Regale prall gefüllt mit Schnäppchen ab 50 Cent. Abgesehen von neuen Ausgaben gibt es auch gebrauchte Bücher, dazu eine umfangreiche Abteilung mit Lokalliteratur, Souvenirs, Schreibwaren und Lese-Accessoires. In der Sommersaison wird zusätzlich ein Open-Air-Kiosk am Central Park (5th Avenue/East 60th Street) betrieben.
Ein gewisser Benjamin Bass hatte 1927 in der nahen 4th Avenue seinen ersten Buchladen gegründet. Die Straße wurde damals auch »Book Row« genannt, weil sich dort fast 50 Buchhandlungen drängten. 1957 übernahm Bass' Sohn Fred den Laden und zog an die heutige Adresse um. Noch immer ist der legendäre Shop in Familienbesitz, Freds Tochter Nancy ist inzwischen Mitbesitzerin. Strand ist längst mehr als nur ein Bookstore, sondern eine Attraktion, die sogar in Filmen, Romanen und Musikstücken auftaucht.

EINKAUFEN AM UNION SQUARE

Am Union Square befinden sich gleich zwei große Lebensmittelmärkte: Der Whole Foods Market gehört zu einer Kette, die ausschließlich Bioprodukte, häufig sogar aus regionaler Herkunft, verkauft. Als erster Biosupermarkt in den USA wurde der Whole Foods Market 1980 in Austin/Texas gegründet, mittlerweile gehören dazu über 400 Filialen in den USA, Kanada und Großbritannien.
Trader Joe's (142 E 14th St.) ist ein (preiswerterer) Supermarkt mit ebenfalls über 400 Filialen und eigenen Marken, die günstiger verkauft werden können. Zum Angebot gehören auch viele biologische und vegetarische Produkte. Die Kette wurde 1958 im kalifornischen Pasadena von Joe Coulombe gegründet und befindet sich seit 1979 im Besitz von Aldi Nord. Zu beiden Geschäften gehören Imbissstände, Bäckereien und Getränkeabteilungen.

WEITERE INFORMATIONEN

Union Square Green Market, www.grownyc.org/greenmarket/manhattan-union-square-m
Strand Bookstore, 828 Broadway, www.strandbooks.com
Whole Foods Market, 4 Union Square East, www.wholefoodsmarket.com
Trader Joe's, 142 E 14th St. bzw. 138 E 14th St. (Wine Store), www.traderjoes.com

Der Madison Square Park (oben), an dem das berühmte New Yorker Wahrzeichen, das Flatiron Building (rechts unten), steht, war einst ein mondäner Platz und erlebt heute als Teil einer neu angelegten Fußgängerzone ein Revival. Essen wie in Italien bietet der 2010 eröffnete italienische Feinkostmarkt Eataly (rechts oben).

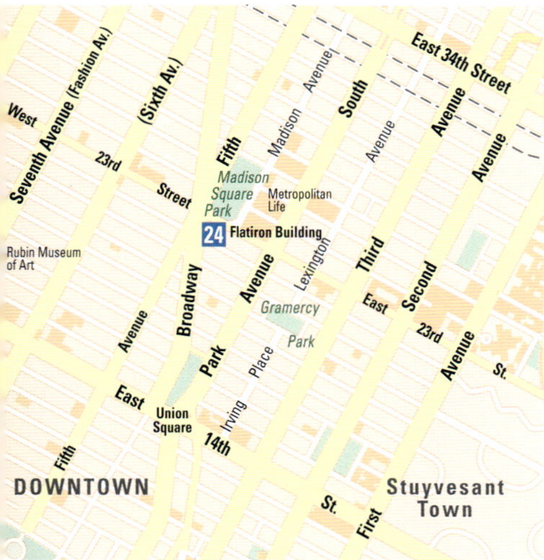

24 Ein ziemlich verrücktes Gebäude – Flatiron Building

New Yorks berühmtestes »Bügeleisen«

Das Flatiron Building gilt als eines der Wahrzeichen New Yorks. Als das »Bügeleisen« – so genannt wegen seines dreieckigen Grundrisses – nach Plänen des Chicagoer Architekten David Burnham 1902 eröffnet wurde, zählte es mit seinen 87 Metern zu den höchsten Gebäuden New Yorks und zugleich als ziemlich »verrücktes« Gebäude, als »Burnham's Folly«.

Dabei war das Flatiron Building eigentlich gar kein Novum. In anderen amerikanischen Städten waren schon früher ganz ähnliche Bauten entstanden: beispielsweise das Gooderham Building im kanadischen Toronto (1882) oder das English-American Building in der Südstaaten-Metropole Atlanta, der Hauptstadt des Bundesstaats Georgia (1897).

Seit 2009 das Areal um das Flatiron Building im Zuge einer Verkehrsberuhigungsmaßnahme zur Fußgängerzone umgestaltet wurde, kann man nun mitten auf dem Broadway sitzen und das Hochhaus betrachten, das schon in mehreren Spielfilmen als Kulisse diente. So fungierte das Flatiron Building in den drei *Spider Man*-Filmen als Redaktionssitz der Tageszeitung »Daily Bugle«. Zuletzt wurde in Roland Emmerichs Kinohit *Godzilla* aus dem Jahr 1998 der Riesenechse vor dem Flatiron Building die erste Falle gestellt.

Bummel auf der Ladies' Mile

Das aerodynamische Flatiron Building steht an der Südwestecke des Madison Square Park, an der spitzwinkligen Kreuzung von 5th Avenue und Broadway, zwischen 22nd und 23rd Street. Die 5th Avenue wurde von hier bis zur 14th Street und dem Union Square wegen der

zahlreichen feinen Läden und Boutiquen auch »Ladies' Mile« genannt; das Viertel ringsum heißt »Flatiron District«.
Jeder kennt zwar die Fifth Avenue als Top-Einkaufsmeile New Yorks, doch die meisten denken dabei an den Abschnitt in Midtown zwischen Rockefeller Center und Central Park. Dabei flanierten schon im 19. Jahrhundert die Damen der feinen Gesellschaft auf der Fifth Avenue zwischen 14th Street/Union Square und Madison Square Park. Nach Jahren des Verfalls wurde das Areal jetzt wiederbelebt und spiegelt die alten Glanzzeiten zu Anfang des 20. Jahrhunderts wider.

Ein mondäner Platz

Der Madison Square Park, an dem das Flatiron Building steht, war einst dank der »Ladies' Mile« ein mondäner Ort und zugleich ein exklusives Vergnügungsviertel mit exquisiten Läden, einem Hotel, dem Madison Square Theater und einer Sporthalle, dem alten Madison Square Garden. 1884 stellte man hier den Arm der Freiheitsstatue aus, um den New Yorkern eine Vorstellung von der Monumentalität der Figur zu geben.
Bis 1847 befand sich die Grünanlage, die nach James Madison (1751–1836), dem vierten US-Präsidenten, benannt ist, im Privatbesitz reicher New Yorker Familien, dann wurde sie öffentlich zugänglich gemacht. Ringsum symbolisieren einige herrschaftliche Gebäude noch immer die vormalige repräsentative Bedeutung des Platzes: Zum Beispiel befanden sich hier der Sitz der Metropolitan Life Insurance Company (1 Madison Ave.) von 1909 mit seinem nachts beleuchteten Uhrturm oder der Wolkenkratzer der New York Life Insurance Company (45-55 Madison Ave.), der 1928 nach Plänen von Cass Gilbert, dem Architekten des Woolworth Building, errichtet worden war.

Historischer Madison Square Garden

An der Ecke von 26th Street und Madison Avenue stand zwischen 1879 und 1925 der erste Madison Square Garden (MSG). Genau genommen waren es gleich zwei Gebäude: 1879 bis 1890 das New York Hippodrome, das 1879 in »Madison Square Garden« umbenannt und 1889 abgerissen wurde.
Ein Jahr später eröffnete an gleicher Stelle der zweite MSG, erbaut nach Plänen von Stanford White. Hier fanden nicht nur Shows und Zirkusvorführungen, sondern auch Boxkämpfe und andere Sportwettbewerbe und Großevents statt. 1925 wurde auch dieses Stadion abgerissen – es musste dem New York Life Building weichen. Der dritte MSG lag zwischen 1925 und 1968 an der Ecke 8th Avenue/50th Street, und der derzeitige, vierte Komplex steht an der 7th Avenue/33rd Street.

ESSEN WIE IN ITALIEN

2010 wurde mit Eataly ein italienischer Feinkostmarkt mit Restaurants direkt am Madison Square Park eröffnet. Es gibt Fisch-, Käse-, Fleisch-, Gemüse-, Brot-, Pasta- und andere Spezialitäten-Abteilungen, dazu eine Espresso- und eine Champagnerbar und verschiedene Imbisstheken; es werden Haushaltswaren und Kochbücher verkauft, und es gibt eine Kochschule mit Kursangebot. Dean & DeLuca war der erste italienische Feinkostladen gewesen, der 1988 in SoHo (Broadway/Prince St.) eröffnet hatte, Eataly folgte 2010. Die Feinkostkette war 2007 von Oscar Farinetti in Turin gegründet worden, finanziell involviert in dieses »Klein-Italien« in New York sind der TV-Starkoch Mario Batali zusammen mit seinen Restaurant- und Küchenkollegen Joe und Lidia Bastianich. Es gibt inzwischen mehrere Filialen, unter anderem in München.

WEITERE INFORMATIONEN

Eataly: 200 5th Ave., http://eatalyny.com
Flatiron District: www.flatirondistrict.nyc
Madison Square Park: www.madisonsquarepark.org

25 Vom Sumpfland zur Topadresse – Gramercy

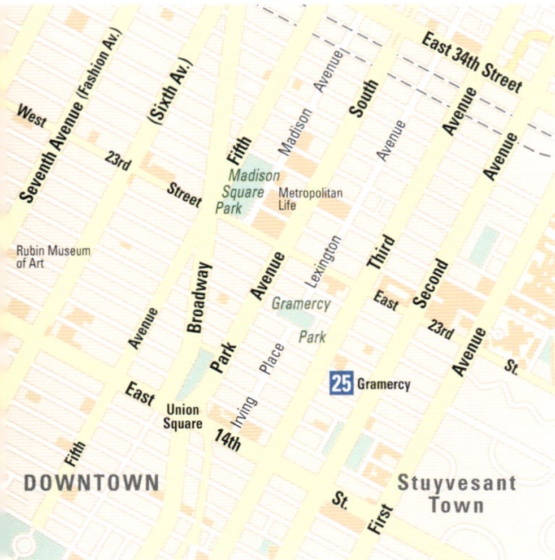

Eine alte Kneipe, ein feiner Park und »Stuy Town«

Gramercy war zu Beginn des 19. Jahrhunderts ein städteplanerisch wegweisendes Viertel mit Plätzen, repräsentativen Residenzen und dem 1840 angelegten Gramercy Park. Rings um den Privatpark, dessen Nutzung den Anwohnern sowie den Gästen des feinen Gramercy Hotels vorbehalten ist, reihen sich architektonisch interessante Gebäude, darunter das Geburtshaus Theodore Roosevelts.

Bis ins 19. Jahrhundert war die Region um den Gramercy Park noch ein Sumpfgebiet. Dann erwarb Rechtsanwalt und Politiker Sam B. Ruggles das Land, ließ es erschließen und sechzig Grundstücke um einen zentralen Park ausweisen. Dies war die Geburtsstunde des Gramercy Park beziehungsweise des Viertels Gramercy.
Von Anfang an war die Gegend eine bevorzugte Adresse der Reichen, und daran hat sich bis heute nichts geändert. Der Gramercy Park ist einer von lediglich zwei Privatparks in der Stadt – der andere ist der Hudson Square an der Trinity Church. Nur wer hier wohnt oder im 1925 erbauten Gramercy Park Hotel absteigt, hat die Erlaubnis, in der Anlage zu spazieren und zu entspannen. Der Park und seine Umgebung wurden 1980 als »Gramercy Park National Historic District« unter Denkmalschutz gestellt.

Clubs und Präsidenten

Unter den sehenswerten historischen Gebäuden an der West- und Südseite der Grünanlage sind fast alle in der zweiten Hälfte des 19. Jahrhunderts beliebten Neo-Stile vertreten. An der Südseite des Platzes liegt der 1898 gegründete National Arts Club (15 Gramercy Park South), zu

Der Gramercy Park ist eine von nur zwei privaten Parkanlagen in der Stadt – und steht deshalb nur den Bewohnern des Viertels offen (unten). Historische Bauten wie das Gramercy Park Hotel (rechts oben) oder grüne Oasen (rechts unten) prägen das beschauliche, gleichnamige Viertel.

dessen Mitgliedern die Präsidenten Woodrow Wilson und Theodore Roosevelt zählten. Das Gebäude aus den frühen 1880er-Jahren diente Samuel Tilden, dem damaligen Gouverneur von New York State, als Wohnsitz. 1906 erwarb es der Arts Club für seine Kunstsammlung. Nebenan befindet sich mit The Players (16 Gramercy Park South) ein weiterer Klub nach englischem Vorbild. Er wurde gerne von Schauspielern frequentiert, zudem gingen dort einst Persönlichkeiten wie Mark Twain und Winston Churchill ein und aus.

Nur wenige Schritte vom Park entfernt steht Theodore Roosevelts Geburtshaus (28 East 20th Street). Im Inneren dokumentiert eine Ausstellung das Leben und Werk des 26. US-Präsidenten. 1858 erblickte Roosevelt hier das Licht der Welt und lebte bis zu seinem 14. Lebensjahr in Gramercy. Das Haus wurde 1916 abgerissen und nach Roosevelts Tod 1919 originalgetreu als Museum nachgebaut.

Ebenfalls architektonisch sehenswert ist der nahe »Block Beautiful« (135 E 19th Street). Das Ensemble aus Wohnhäusern aus den 1920er-Jahren steht einen Block südlich des Gramercy Park und ist über den Irving Place erreichbar, wie man die Lexington Avenue bis hinunter zur 14th Street nennt. Am Irving Place befindet sich mit Pete's Tavern (129 E 18th Street) die älteste erhaltene Gaststätte New Yorks. Sie ist seit 1864 in Betrieb und hat schon illustre Gäste begrüßt, darunter den Schriftsteller O. Henry (1862–1910), der hier 1905 eine seiner berühmten Kurzgeschichten – *Das Geschenk der Weisen* – geschrieben haben soll.

Wegweisendes Städtebauprojekt

Vom Union Square führt die East 14th Street Richtung East River in ein ethnisch sehr gemischtes Viertel mit den auffälligen roten Ziegelblöcken der Stuyvesant Town. »Stuy Town«, wie man das Viertel im Volksmund nennt, gilt als eines der wegweisenden und erfolgreichsten privaten Wohnbauprojekte der Nachkriegszeit. In den 1943 geplanten Komplex zogen im Sommer 1947 die ersten Familien ein. Er heißt nach dem ersten Gouverneur von Neu-Amsterdam, Peter Stuyvesant, dessen Farm einst hier stand.

Stuy Town erstreckt sich zwischen der 14th und 20th Street sowie First Avenue und Avenue C. Hier bieten an die 9000 Wohnungen in knapp 90 Häusern, dazu weitere im nördlich angrenzenden Peter Cooper Village (20th bis 23rd Street), über 25 000 Menschen eine Heimat. Zu den berühmtesten Bewohnern gehörten der Schauspieler Karl Malden und der Autor Frank McCourt. Als Wohnanlage für New Yorker mit mittleren Einkommen ist Stuy Town noch heute eine beliebte Wohnadresse.

LEGENDÄRE »ABSTEIGE«: DAS HOTEL 17

Dem einst legendären Hotel 17 haftet bis heute ein besonderer Mythos an. Dabei sind die Zimmer winzig und ohne viel Luxus, es ist laut, und alles scheint ein bisschen in die Jahre gekommen zu sein: »shabby chic« oder »old-world charm« wären passende Bezeichnungen. Zu Beginn der 1990er-Jahre gehörte das Hotel zu den »coolsten« Orten der Szene: Models und angehende Schauspieler, Transsexuelle, Fotografen und Videoregisseure, Sternchen und Stars gingen ein und aus, darunter David Bowie, Madonna, Woody Allen, Bob Dylan, Lenny Kravitz und Alice Cooper. Noch heute ist das Hotel 17 eines der beliebtesten Hotels in Manhattan, wegen des besonderen Flairs zum einen, aber auch, weil man ein Zimmer (ohne eigenes Bad) schon für gut hundert Dollar pro Nacht bekommt.

WEITERE INFORMATIONEN

Hotel 17, 225 E. 17th St., www.hotel17ny.com

Theodore Roosevelt Birthplace National Historic Site, 28 East 20th St., www.nps.gov/thrb, Touren: Di–Sa 9–17 Uhr, Eintritt frei

Das alte Schlachthofviertel erlebt, dank des High Line Park, einer zur Promenade umgestalteten Hochbahnlinie, ein Revival (oben). Blick in das Treppenhaus des legendären Chelsea Hotels (rechts unten). Das Rubin Museum of Art widmet sich der tibetischen Kunst (rechts oben).

26 Historische Gebäude und wiederbelebte Piers – Chelsea

Beschaulichkeit und Avantgarde am Hudson River

Wie das benachbarte Gramercy war Chelsea einst ein Sumpfgebiet, das in Farmland umgewandelt wurde. Daraus entwickelte sich später ein Mittelklasse-Wohnviertel, während am Hudson River Lagerhäuser entstanden. Im späten 20. Jahrhundert mauserte sich das Viertel auch wegen des legendären Chelsea Hotel zum Treff und Domizil von Literaten, Musikern und Homosexuellen.

Chelsea breitet sich nördlich der 14th Street bis zur 23rd Street sowie zwischen dem Broadway und dem Hudson River aus. Der Name geht auf den noblen Ruhesitz des britischen Majors Thomas Clarke zurück, der das Land 1750 erwarb und es nach dem Royal Hospital Chelsea, einem Altersheim für Soldaten in London, benannte. Zu seinen Nachkommen gehörte der Schriftsteller und Professor für orientalische und altgriechische Literatur Clement Clarke Moore (1779–1863). Dieser vermachte Teile seiner Ländereien der Episcopal Church und sorgte dafür, dass Teile davon in die wachsende Stadt integriert wurden. Heute ist Chelsea geprägt von Wohnblöcken, Reihenhäusern und umgebauten Lagerhäusern und Piers, wie den Chelsea Piers, und dem Hudson River Park, der Promenade am Hudson River. Die Hauptattraktion im Viertel ist zweifellos die zum High Line Park umgebaute Hochtrasse einer ehemaligen Eisenbahnlinie.

Ein legendäres Künstlerhotel

Das Chelsea Hotel (222 West 23rd Street) ist ein Zeugnis der einstigen Pracht des Viertels. 1885 war der Bau als ein Apartmentblock und als damals New Yorks höchstes Gebäude eröffnet worden, 1905 funktionierte man es zum Hotel um. 1939 hatte David Bard das Hotel übernommen und begonnen, am Mythos »Chelsea Hotel« zu feilen. Dieser erlebte in den 1960er-Jahren seinen Höhepunkt, und 1966 wurde die Herberge sogar unter Denkmalschutz gestellt. Hier wohnten einst illustre Gäste wie Mark Twain, Janis Joplin, Andy Warhol, Ernest Hemingway, Vladimir Nabokov und Jack Kerouac. Bob Dylan und Leonard Cohen verewigten das Hotel in Songs, Andy Warhol drehte hier *Chelsea Girls*, Arthur Miller und Marilyn Monroe nächtigten in seinen Zimmern. Bands wie Grateful Dead und Jefferson Airplane demolierten das Mobiliar, und manche Künstler zahlten ihre Miete mit Bildern, die in der Lobby aufgehängt wurden. Nach mehrfachem Besitzerwechsel erwarb 2013 Ed Scheetz, Besitzer der King and Grove Hotels, den maroden Bau, um die legendäre Absteige als Boutique-Hotel 2017 neu zu eröffnen.

Vorbei am General Theological Seminary (9th Ave./W 20th–21st St.), einem Priesterseminar von 1817 mit der weltweit größten Bibelsammlung, erreicht man den Chelsea Historic District (9–10th Ave./W 20th–21st St.) um den Chelsea Square. Ab den späten 1830er-Jahren wurden hier die berühmten New Yorker Reihenhäuser erbaut, beispielsweise die Cushman Row (406–418 W 20th St.).

In der West 22nd Street haben sich im Umkreis des Museums zahlreiche Galerien und Künstlerateliers angesiedelt und Chelsea zum neuen SoHo gemacht. Kontrastprogramm liefern die Chelsea Piers: Das Areal am Ende der 23rd Street am Hudson River, wo einst Müllverbrennungsanlage, Fleischmarkt, Schlachtereien und heruntergekommene Piers ein wenig attraktives Bild boten, hat sich mittlerweile zum Positiven verändert. Die ehemalige Anlegestelle der Ozeandampfer an Pier 60 ist heute ein Sportzentrum, und die angrenzenden Piers wurden zu Freizeitanlagen umgewandelt.

Zentrum der Schwulenszene

West Chelsea hat sich zu einem lebendigen Wohnviertel mit Apartments, Lofts und Reihenhäusern in beschaulichen Seitenstraßen, mit Lokalen, Cafés und Läden gemausert. Besonders entlang der 14th Street pulsiert das Leben: Hier herrscht ein multikulturelles Gemisch mit internationalen Lokalen und Shops. Auch die 8th Avenue entwickelte sich zur Flanier- und Restaurantmeile. Hinzu kommt, dass das ganze Viertel im Laufe der letzten Jahre zum neuen Zentrum der Schwulenszene geworden ist. Die »Chelsea Boys«, die muskelbepackten gut aussehenden Jungs des Viertels, sind inzwischen zu einer New Yorker Legende geworden.

TIBETISCHE KUNST UND SPANISCHE KÜCHE

Das Rubin Museum of Art sollten sich Kunstfreunde, die sich für tibetische Kunst interessieren, nicht entgehen lassen. Es besitzt eine ungewöhnliche Sammlung zur Kunst und Kultur der Himalaya-Region, die Gemälde, Skulpturen, Textilien und Drucke umfasst. Das Museum organisiert zudem regelmäßig Sonderausstellungen sowie Veranstaltungen – von Lesungen bis zu Performances. Dazu gehören ein Museumsladen und ein Lokal, das Café Serai, in dem fernöstliche Spezialitäten angeboten werden. Wer eher auf spanische Küche steht, kann hinterher die paar Schritte zu Salinas laufen. Dort bereitet Luis Bollo moderne spanische Gerichte zu. Im äußerst romantischen Ambiente schmecken hier Tapas-ähnliche »Small Plates«, viele Kreationen mit Fisch und Meeresfrüchten, hervorragender Jamon (Schinken) und eine gute Auswahl an spanischen Weinen.

WEITERE INFORMATIONEN

Rubin Museum of Art, 150 W 17th St., Mi–Mo 11–17, Mi bis 21, Fr bis 22 Uhr, http://rubinmuseum.org
Salinas, 136 9th Ave., Tel. 212/776 19 90, www.salinasnyc.com

27 Kunst mit Ausblick – Whitney Museum of American Art

Neuer Kunstpalast im ehemaligen Schlachthofviertel

Einst war der Meatpacking District ein eher berüchtigtes Arbeiterviertel mit Schlachthäusern und Lagerhallen. Heute locken hier schicke Boutiquen, Galerien und Cafés gutbetuchte New Yorker und Besucher in Scharen an. Seitdem das neue Whitney Museum of American Art im April 2015 direkt an der High Line eröffnet wurde, pilgern auch Kunstfreunde zuhauf Richtung Hudson River.

An die alte Zeiten erinnern im Meatpacking District, dem New Yorker Schlachthofviertel zwischen West Chelsea und Greenwich Village (12th–14th Street), Hudson Street und Hudson River, nur noch wenige erhaltene alte Lagerhallen und Kühlhäuser. Von den 250 Schlachthäusern und Verpackungsfirmen, die es hier um 1900 gab, sind heute noch ganze fünf fleischverarbeitende Firmen übrig geblieben.
Seitdem Immobilienmakler vor einigen Jahren das ehemalige »Bermuda Triangle« entdeckt haben, setzte ein Revitalisierungsprozess ein, und das Areal entwickelte sich zu einem neuen In-Viertel. Die Hauptachse des Meatpacking District ist die Gansevoort Street mit dem schicken Gansevoort (Boutique-)Hotel. Einen weiteren Boom erlebte das Viertel durch den High Line Park, eine aufgelassene Hochbahnlinie, die in eine parkartige Promenade umgewandelt wurde.

Neuer Palast für moderne Kunst

Im Frühjahr 2015 eröffnete mitten im Meatpacking District das neue Whitney Museum of

Neu eröffnet im Frühjahr 2015: ein Blick ins vielseitige Whitney Museum (unten). Von den verschiedenen Aussichtsterrassen des Museums bieten sich hervorragende Ausblicke (rechts oben).

American Art direkt am Startpunkt des High Line Park. Der von dem italienischen Stararchitekten Renzo Piano entworfene Bau wirkt zwar äußerlich eher schlicht, doch lohnen allein schon die verschiedenen Aussichtsterrassen des Museums einen Besuch. Sie bieten einzigartige Ausblicke auf Manhattan, den Hudson River und New Jersey.
Und auch die Sammlung des Museums ist sehenswert: Es widmet sich ausschließlich der amerikanischen Kunst des 20. und 21. Jahrhunderts. Es geht auf den Whitney Studio Club in Greenwich Village zurück, der 1918 von Gertrude Vanderbilt Whitney (1875–1942), der Enkelin des Eisenbahnmagnaten Commodore Cornelius Vanderbilt, ins Leben gerufen wurde.

Eine wegweisende Kunstmäzenin

Whitney hatte Europa intensiv bereist, war Kunstmäzenin und -sammlerin und selbst Bildhauerin. Zu ihren Ehren wurde auf dem Stuyvesant Square in Gramercy sogar eine Statue neben der von Peter Stuyvesant aufgestellt. Sie gab jungen amerikanischen Künstlern, die in der damals sehr konservativ gesonnenen Gesellschaft einen schweren Stand hatten, erstmals Gelegenheit, ihre Werke öffentlich zu präsentieren. 1931 gründete Gertrude Vanderbilt Whitney im Village (8 West 8th Street) ein eigenes Museum, nachdem das Metropolitan Museum ihre Sammlung von mehr als 600 Kunstwerken abgelehnt hatte. 1954 kam es in ein größeres Haus an der West 54th Street, und 1966 eröffnete das langjährig betriebene, bekannte Museum an der Madison Avenue. 2015 konnte es schließlich den Neubau im Meatpacking District beziehen.

Kontinuierliches Wachstum

1931 umfasste der Bestand rund 600 Kunstwerke, diese bilden heute noch den Kern der Sammlung. 1954 waren es bereits 1300, und 1966 belief sich die Zahl schon auf 2000. Hinzu kamen ein »Film & Video Program« und 1970 die »New American Filmmakers Series« mit unabhängigen und experimentellen Filmen. 1991 wurde eine Fotosammlung ins Leben gerufen. 2002 erhielt das Museum eine Schenkung von 86 Meisterwerken amerikanischer Kunst, darunter von Jackson Pollock, Jasper Johns, Franz Kline, Roy Lichtenstein und Andy Warhol. Heute umfasst die Dauerausstellung ungefähr 18 000 Gemälde, Skulpturen, Drucke, Fotos, Videos, neue Medien etc. von mehr als 2600 Künstlern. Zu den wechselweise gezeigten Dauerbeständen gehören bedeutende Kunstwerke unter anderem von den oben genannten Künstlern, von Georgia O'Keeffe, Edward Hopper und Alexander Calder. Zahlreiche Künstler, darunter viele spätere Stars der amerikanischen Kunst des 20. Jahrhunderts, zeigten ihre Werke erstmals im Rahmen des Whitney Biennial. Die Kunstbiennale, zu der Künstler eingeladen werden, findet alle zwei Jahre im Frühjahr statt, 2017 zum ersten Mal im neuen Gebäude.

PARADIES FÜR FEINSCHMECKER

In die rund zwanzig renovierten Gebäude der alten Keksfabrik Nabisco zog Ende der 1990er-Jahre der Chelsea Market ein, eine »Gourmet Mall« mit verschiedenen Läden und Lokalen in Industrieambiente. Delikatessen- und Weingeschäfte, Bäckereien, Bars und Cafés – wie Buon Italia Food Store, Lolo Love Organics, Chelsea Wine Vault, Manhattan Fruit Exchange, Ninth Street Espresso oder Amy's Bread – gehören dazu, geboten werden zudem Sitzgelegenheiten und Infotafeln zur Geschichte des Baus sowie Kunstwerke.
Wenige Schritte von dem Komplex entfernt befindet sich einer der beliebten New Yorker Apple Stores, ein Dorado für Computerfreaks, iPhone- oder iPad-Besitzer und solche, die es werden wollen (401 West 14th Street).

WEITERE INFORMATIONEN

Chelsea Market: 75 9th Ave./15th St., www.chelseamarket.com, Mo–Sa 7–21, So 8–20 Uhr
Meatpacking District: www.meatpacking-district.com
Whitney Museum of American Art: 99 Gansevoort St., täglich 10.30–18 Uhr, http://whitney.org

Auf einer aufgelassenen Eisenbahn-Hochtrasse entstand der ungewöhnlichste Park New Yorks: der High Line Park (oben). Wege, Bänke und Liegen sowie eine gelungene Bepflanzung bieten Ruhe und Erholung (rechts unten).

28 New Yorks beliebteste Bummelmeile – High Line Park

»Going Green« auf einer alten Hochbahntrasse

Promenaden gibt es viele, auch in New York, allerdings befindet sich nur eine in luftiger Höhe: der High Line Park. Es ist ein ungewöhnlicher Grünstreifen, eine Promenade mit Parkcharakter auf einer Eisenbahn-Hochtrasse. An Wochenenden kann es hier durchaus eng werden, denn der High Line Park gehört inzwischen zu den beliebtesten Orten in der Metropole.

Das sichtbarste Zeichen der Veränderungen im Meatpacking District und im angrenzenden Chelsea ist, abgesehen von dem neuen Whitney Museum of American Art, der High Line Park. Jahrzehntelang rostete und verwilderte die alte Hochbahntrasse, die sich durch das Viertel zog, bis hier eine weltweit einzigartige begrünte Flaniermeile entstand. Die High Line war von 1929 bis 1934 zwischen der 10th und 11th Avenue als stählerne Hochviadukt-Konstruktion über den Straßen entstanden. Seither durchschneidet die Eisenbahntrasse in neun Metern Höhe auf rund zweieinhalb Kilometern Länge das Areal zwischen der 34th Street (Javits Convention Center), wo die Hudson Yards an den alten Güterbahnhof erinnern, und der Gansevoort Street, der Hauptachse im Meatpacking District.

Ein Projekt wird Realität

Auf der Eisenbahnlinie fuhren Güterzüge, die Fracht zu den Lagerhäusern transportierten oder Produkte aus dem Schlachthofviertel abholten. Nach ihrer Stilllegung 1980 war die High Line dem Verfall preisgegeben, bis 1999 die Privatinitiative Friends of the High Line das High Line

Project ins Leben rief, um die alte Hochbahnlinie als öffentliche Grünfläche wiederzubeleben. Dank dieser Initiative ließ sich die Stadt zu einer einmaligen Rettungs- und Umgestaltungsaktion überreden. Entstanden ist schließlich auf dem Hochviadukt eine Promenade mit kleinen Plätzen, diversen Kunstinstallationen, Veranstaltungsflächen, Sonnendecks und Bänken sowie authentischer Bepflanzung. An die Geschichte der Anlage erinnern die Gleisanlagen, die man zu einem Teil integriert hat.

Promenieren in luftiger Höhe

Im Juni 2009 wurde unter großer Anteilnahme der New Yorker der erste, südliche Teil des dreiphasigen Projekts zwischen Gansevoort und West 20th Street eröffnet. Von Anfang an erwies sich die Umgestaltung als voller Erfolg: Die New Yorker lieben die neue, ungewöhnliche Promenade. Im Sommer 2011 folgte der zweite Abschnitt, der bis zur 30th Street (Garment District) führt, und im September 2014 Abschnitt 3, der Streifen bis zur 34th Street. Seitdem endet der High Line Park in unmittelbarer Nachbarschaft zum Messezentrum Javits Center an den ehemaligen Hudson Yards, einem aufgelassenen Güterbahnhof.
Hier, am Nordende des High Line Park, fällt die neue, moderne U-Bahnstation Hudson Yards/34th Street (7 Line) ins Auge. Der südliche Zugang zur Promenade befindet sich im Meatpacking District an der Gansevoort Plaza neben dem Whitney Museum, weitere Aufgänge gibt es an jeder zweiten bis vierten Querstraße.

Zeichen des Wandels

Der High Line Park ist zugleich ein Zeichen des architektonischen Wandels, denn im Umfeld wurde nicht nur das neue Whitney Museum gebaut, sondern sind in den letzten Jahren auch spannende Wohnbauten entstanden. Hierzu gehören beispielsweise der Apartmentturm HL23 Tower (515–517 West 23rd Street) von Neil M. Denari, Frank Gehrys erster Bau in New York City, die IAC Headquarters (West Side Highway/18th Street) und das Standard Hotel direkt über der High Line.
Auch im Hudson-Yards-Areal im Norden sind speziell zwischen Hochbahn und Convention Center derzeit mehrere Projekte im Bau. Geplant ist dort das »Rockefeller Center des 21. Jahrhunderts« mit Wolkenkratzern, Wohnanlagen und Läden im Umfeld der 34th Street. Der Anschluss an das U-Bahn-Netz ist bereits geschaffen: 2015 eröffnete die Verlängerung der Subway-Linie 7 mit dem neuen Endbahnhof Hudson Yards/34th Street.

KULTURERLEBNIS IN LUFTIGER HÖHE

Mit »CULTURE SHOCK« werden im High Line Park immer an einem Samstag Ende April das Frühjahr und die Veranstaltungssaison eingeläutet. Von Gansevoort bis zur West 26th Street finden entlang der Promenade Konzerte, Tanzvorführungen, Lesungen, Comedy und andere Kunst- und Kulturveranstaltungen sowie sachkundige Führungen zu Flora und Fauna, Kunst und Geschichte statt. Den ganzen Sommer über gibt es verschiedene Events und Touren, die auf dem Veranstaltungskalender auf der Website aufgelistet sind.
Wer nicht nur an mobilen Ständen im High Line Park Snacks oder Eis genießen möchte, kann an der Gansevoort und der Washington Street bei Santina italienisch essen. Im neuen Whitney Museum gibt es ebenfalls zwei Lokale: das »Studio Cafe« auf der 8. Ebene (mit Ausblick!) und das »Untitled« auf Straßenniveau. Man kann aber auch im Chelsea Market für ein Picknick einkaufen und dieses zum Beispiel auf dem 10th Avenue Square and Overlook genießen.

WEITERE INFORMATIONEN

High Line Park: www.thehighline.org
Essen & Trinken: www.santinanyc.com, http://whitney.org/Visit/Dining

Midtown Manhattan

Wo das Herz der Weltmetropole schlägt

In Midtown Manhattan schlägt das Herz der Stadt, egal zu welcher Tages- oder Nachtzeit (links: am Time Square). Pause im Bryant Park (rechts oben) und »New York's Finest« hoch zu Ross (rechts unten).

29 Auge in Auge mit King Kong – Empire State Building

New Yorks Wahrzeichen Nummer eins

Nirgendwo sonst in New York konzentrieren sich so viele Attraktionen und Wahrzeichen auf so engem Raum wie in Midtown: vom geschäftigen Times Square mit seinen flimmernden Reklametafeln, zugleich Zentrum des Theaterviertels, über die Shoppingmeile Fifth Avenue, von Macy's und MoMA bis zur Radio City Music Hall und zum Rockefeller Center. Das Ganze überragt das Empire State Building.

Den besten Überblick über das zentrale New York City bietet die Aussichtsplattform des Empire State Building (ESB). Das Hochhaus markiert die Lower Midtown, den südlichen Teil jenes Stadtgebietes, das Kerngehäuse des »Big Apple« und das geografische Zentrum Manhattans. Das ganze Areal zwischen der 34th und 59th Street wird »Midtown« genannt. Zu Lower Midtown gehören auch der Times Square, der Theater District und der UN-Komplex; der Garment District und Murray Hill dienen als Pufferzone nach Süden.

Upper Midtown schließt sich nordwärts an, erstreckt sich um das Rockefeller Center und die Fifth Avenue und reicht hinauf bis zum Central Park. Um diesen nördlichen Bereich aus der Vogelperspektive in Augenschein zu nehmen, empfiehlt sich die Fahrt hinauf zum Top of the Rock, auf die Aussichtsplattform des Rockefeller Center.

Das achte Weltwunder

In den »schlechten« Zeiten der Depression, die durch die von Börsenkrach und Wirtschaftskrise ausgelösten Turbulenzen geprägt war, wurde

Die beiden Wahrzeichen der Stadt: das Empire State Bulding im Vordergrund und das neue One World Trade Center im Hintergrund (unten). Blick vom Empire State Building nach Norden, Richtung Midtown (rechts).

Die Aussicht vom »ESB« ist immer ein Erlebnis (oben). Das Empire State Bulding dominiert seit 1931 die Skyline von Midtown; es ist zugleich das derzeit zweithöchste Gebäude und eines der Wahrzeichen der Stadt (unten). Zu besonderen Anlässen wird die Spitze des ESB in unterschiedlichen Farben angestrahlt (rechte Seite oben und unten).

am 1. Mai 1931 das Empire State Building nach nicht einmal 14 Monaten Bauzeit von Präsident Hoover mit dem erstmaligen Einschalten der Beleuchtung offiziell eröffnet. Das damals höchste Gebäude der Welt wurde als »achtes Weltwunder« bezeichnet. Bis 1972 und dem Bau des World Trade Center (WTC) war es mit 441 Metern inklusive Antennen (bzw. 381 m ohne Antenne) New Yorks höchster Wolkenkratzer.

Nach dem Attentat am 11. September 2001 und der Zerstörung der Türme des World Trade Center war das Empire State Building noch einmal New Yorks höchstes Bauwerk, bis 2013 das neue One World Trade Center (541 m) fertiggestellt wurde. Ende 2015 wurde es zudem von dem 426 Meter hohen neuen Wohnturm 432 Park Avenue übertroffen. Heute ist das Empire State Building vor dem Bank of America Tower, dem Chrysler Building und dem New York Times Building das dritthöchste Gebäude der Stadt. Wie mutig man damals in den 1930er-Jahren war, belegen auch der Baubeginn des Rockefeller Center 1931 und die Eröffnung der berühmten Radio City Music Hall 1932. Allerdings stand das Empire State Building jedoch nach seiner Eröffnung aus wirtschaftlichen Gründen zunächst leer, weshalb es die New Yorker »The Empty State Building« tauften.

Wegweisende Bauweise und Art-déco-Stil

Dabei war der Art-déco-Bau höchst repräsentativ, üppig ausgestattet mit Bildern, Lüstern und anderem stiltypischen aufwendigen Dekor. Ein Höhepunkt in der Lobby des Empire State Building an der 5th Avenue – 2009 aufwendig in das ursprüngliche Erscheinungsbild von 1930 zurückversetzt – sind die Deckenmalereien im Art-déco-Stil: ein nachempfundener Himmel mit Planeten und Sternen in 24 Karat Blattgold und Blattaluminium. An der Wand über dem Empfang stellt ein Relief den Turm mit einem von Lichtstrahlen umgebenen Antennenmast dar.

Mit der Planung des Wolkenkratzers war William Frederick Lamb vom lokalen Architekturbüro Shreve, Lamb, and Harmon beauftragt worden. Die Bauweise war wegweisend, indem vor allem vorgefertigte Bauteile um ein Stahlgerüst herum errichtet wurden. Als Fundament und Verankerung dienten 200 unterirdische Stahl- und Betonpfeiler, rund 6500 Fenster und etwa 60 000 Tonnen Stahl wurden verbaut. Am Ende hatte das Empire State Building knapp 41 Millionen US-Dollar gekostet und war in Rekordzeit fertiggestellt wor-

den. In der 80. Etage, ehe man in den Aufzug zum Aussichtsplateau wechselt, kann man sich «in der Ausstellung »Dare to Dream« mit alten Dokumenten, zeitgenössischen Fotografien, Zeichnungen und anderen Aufzeichnungen über die Planung und den Bau informieren.

Spektakulärer Ausblick

Von der offenen Aussichtsplattform im 86th floor (87. Stock) reicht auf 320 Meter Höhe der 360-Grad-Blick rund um die Spitze des Turmes nordwärts bis zur Bronx, im Süden bis zum Battery Park und hinüber nach Staten Island, im Westen nach New Jersey und im Osten nach Queens und Brooklyn – bei optimalen Sichtverhältnissen über 120 Kilometer weit! Anlässlich des 75. Geburtstags wurde 2005 eine zweite Aussichtsplattform hinter Glas im 102nd Floor auf 373 Metern Höhe wiedereröffnet.

Vor der Fahrt nach oben ist jedoch zunächst Geduld gefragt, denn das 1986 als »Landmark« unter Denkmalschutz gestellte Wahrzeichen gehört zu den beliebtesten Sehenswürdigkeiten der Stadt. Die alljährlich fast vier Millionen Besucher durchlaufen strenge Sicherheitskontrollen, ehe sie sich vor einem der insgesamt 73 Hochgeschwindigkeitsaufzüge anstellen dürfen. Das Treppenhaus mit insgesamt 1860 Stufen benutzen einmal im Jahr Anfang Februar Sportler, die anlässlich des legendären »Empire State Building Run-Up« die 1576 Stufen zur 86th Floor hinauflaufen. Der Rekord liegt bei gut zehn Minuten.

Bekannt aus Film und Medien

Der Fotograf Lewis W. Hine (1874–1940) machte mit seiner Fotoreportage »Men at Work« – Bilder von den Bauarbeiten am Empire State Building – den Wolkenkratzer bereits 1932 unsterblich. Die »Cathedral of the Skies« spielte darüber hinaus in vielen Kinofilmen eine wichtige Rolle. Der bekannteste und erste darunter dürfte *King Kong* aus dem Jahr 1933 sein, doch auch in *Schlaflos in Seattle, Oblivion* sowie in zahlreichen weiteren Filmen und TV-Serien ist das Empire State Building zu sehen.

Heute werden die oberen 30 Stockwerke jede Nacht beleuchtet, je nach Anlass oder Feiertag in wechselnden Farben: zum Beispiel am St. Patrick's Day, dem irischen Nationalfeiertag, in Grün, am Independence Day, dem Nationalfeiertag am 4. Juli, in Blau, Rot und Weiß und am 3. Oktober, dem Tag der Deutschen Einheit, sogar in Schwarz-Rot-Gold.

2009 begannen umfassende Modernisierungsmaßnahmen. Durch neue Fenster, bessere Isolation und Beleuchtung sowie moderne Klimaanlagen wurde eine Senkung des Energieverbrauchs und der Betriebskosten erreicht. Über die neuen Technologien und Verfahren, die beim Umbau zum Einsatz kamen, informiert eine Ausstellung in der zweiten Etage. Im Jahr 2013 erhielt der Bau die LEED-Gold-Zertifizierung für klima- und umweltfreundliche Sanierung.

IN ALLEN FARBEN

Schon seit 1976 illuminieren die Empire State Building Tower Lights die Skyline von Manhattan in verschiedenen Farben. Seit 2012 ein computerbetriebenes LED-Lichtsystem installiert wurde, das 16 Millionen Farben darstellen und sehr schnell wechseln kann, ist das Lichterspiel noch wesentlich raffinierter geworden. Zu verschiedenen Anlässen wie Feiertagen – zum Beispiel Weihnachten (rot-grün), Columbus Day (rot-weiß-grün), Martin Luther King Day (rot-schwarz-grün) –, zu Ehren erfolgreicher Sportmannschaften, zu speziellen Events oder Ereignissen (rot-weiß-blau in Erinnerung an den 11. September), für Krebskampagnen oder andere wohltätige Organisationen oder Aktionen findet eine ESB Light Show statt. Der Kalender findet sich auf www.esbnyc.com/explore/towerlights/calendar. Am Valentinstag ist das Empire State Building höchst beliebt für Hochzeiten. Jedes Jahr werden 14 Paare ausgelost, die am »Annual Empire State Building Valentine's Day Weddings Event« teilnehmen dürfen.

WEITERE INFORMATIONEN

Empire State Building: 350 5th Ave./34th St., www.esbnyc.com, täglich 8–2 Uhr (letzter Aufzug 1.15 Uhr), $ 32 (Aussichtsplattform 86th Floor) beziehungsweise $ 52 (86th und 102nd Floor), auch im CityPass enthalten

Nacht für Nacht werden die oberen 30 Stockwerke des Empire State Building beleuchtet, je nach Anlass oder Feiertag in wechselnden Farben.

In den Einkaufshallen von Macy's kann man sich schnell verlaufen. Der Eingang von Macy's (oben) mag bescheiden wirken, aber dahinter verbirgt sich im Hauptbau an der 7th Avenue der »World's Largest Store« (rechte Seite unten). Berühmt ist die spektakuläre Macy's Parade am Thanksgiving Day (rechte Seite oben).

30 Im größten Kaufhaus der Welt – Macy's

Einkaufsmarathon: »Shop 'til you drop«

Als die Walfangindustrie Mitte des 19. Jahrhunderts niederging, erkannte Kapitän Rowland Hussey Macy (1822–1877), Sohn einer Quäker-Familie aus Nantucket Island/Massachusetts, die Zeichen der Zeit und zog 1858 nach New York City um. Er eröffnete einen kleinen Krämerladen – »R. H. Macy Dry Goods« – an der Ecke West 14th Street/6th Avenue und legte damit den Grundstein für das legendäre New Yorker Kaufhaus.

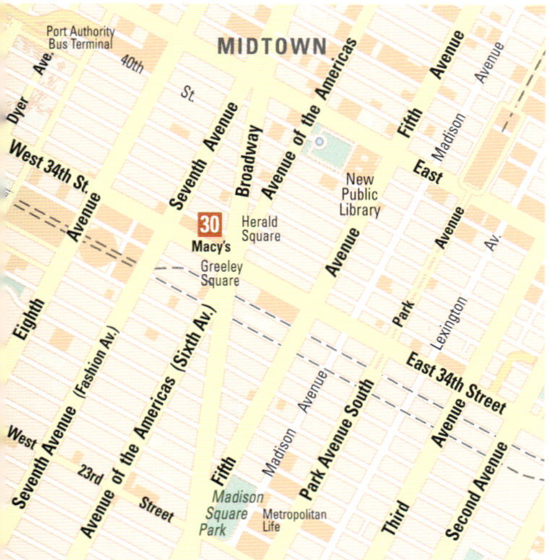

Bereits 1862 war Rowland Hussey Macy's Gemischtwarenladen der erste Shop, der in der Vorweihnachtszeit einen eigenen Weihnachtsmann beschäftigte und erstmals seine Schaufenster festlich dekorierte. Als R. H. Macy 1877 starb, erstreckte sich sein Geschäft bereits über elf Gebäude. Nach seinem Tod übernahmen Macys ehemalige Mitarbeiter, die Brüder Nathan und Isidor Straus – Letzterer kam 1912 beim Untergang der »Titanic« ums Leben –, den Betrieb. Das Geschäft expandierte weiter, und im Jahr 1902 zog Macy's an den jetzigen Standort am Herald Square, Ecke 34th Street, um. Aus ursprünglich einem Gebäude wurde im Laufe der Jahre ein ganzer Block.

Thanksgiving Parade und Feuerwerk

1924, mit der Fertigstellung des letzten Gebäudeteils an der 7th Avenue, avancierte Macy's zum »World's Largest Store«. Im selben Jahr wurde erstmals auf Betreiben der Angestellten, großteils Immigranten, als Reminiszenz an europäische Umzüge eine große Parade, damals »Christmas Parade« genannt, veranstaltet. Diese Tradition lebt fort: Jedes Jahr am letzten Freitag im November, dem amerikanischen Thanksgiving (Erntedankfest),

findet seither ein farbenfroher Umzug mit ungewöhnlichen figürlichen Riesenballons – von Werbefiguren und Comicfiguren wie Mickey Maus, Superman oder Popeye – vom Central Park über den Columbus Circle bis zu Macy's am Herald Square statt. Mit dem letzten Paradewagen, auf dem Santa Claus, der Weihnachtsmann, sitzt, wird dann die Vorweihnachtszeit eingeläutet.
Ähnlich berühmt sind die »Fourth of July Fireworks«, die das Kaufhaus seit 1976 ebenfalls finanziert. Am Abend des Nationalfeiertags, dem 4. Juli, werden über dem East River von sechs verschiedenen Punkten (Lastkähnen) etwa 40 000 Raketen bis zu 300 Meter hoch und 26 Minuten lang mit Musikuntermalung abgefeuert – ein einmaliges Spektakel, das (wie die Thanksgiving-Parade) im Fernsehen live übertragen wird!

Größtes Kaufhaus der Welt

Im Laufe der Jahre entstanden Macy's-Filialen in ganz USA, inzwischen sind es um die 800, und zur Kette gehört auch Bloomingdale's, ein zweiter Kaufhausklassiker in New York. 2005 sorgte das Unternehmen mit dem Kauf des legendären, 1865 gegründeten Kaufhauses Marshall Field's in Chicago für Schlagzeilen. Macy's New York, der »Flagship Store«, gilt heute mit über 198 000 Quadratmetern auf elf Etagen als das größte Kaufhaus der Welt. Es gibt Einkaufsberater und natürlich einen Lieferservice. Macy's war Vorreiter in vielen Belangen: Man gewährte Umtauschrecht, verkaufte Herren- und Damenbekleidung unter einem Dach, auch maßgeschneidert vor Ort, man beschäftigte erstmals eine Frau als Managerin, führte Fixpreise ein, schaltete Annoncen in Zeitungen und bot vormals unbekannte Produkte an. Macy's war zudem der erste Laden in New York, der über eine Alkohollizenz und über Rolltreppen (aus Holz und noch heute vorhanden!) verfügte.
Das Kaufhaus mit seiner sehenswerten Fassade zur 34th Street hin und einem markanten Eingang mit Stützfiguren, Uhr und Schriftzug grenzt an Herald Square und Garment District (benannt nach den vielen Bekleidungsunternehmen) an. Der Herald Square bildet den Kreuzungspunkt des Broadway mit der Avenue of the Americas (6th Avenue). Sein Name erinnert an das einst hier befindliche Verlagshaus des New York Herald. Um 1900 galten der Platz und sein Umfeld noch als Rotlichtviertel, doch nachdem 1902 Macy's eröffnet hatte, entwickelte sich ringsum die »Fashion Avenue«, eine bis heute attraktive Shoppingregion mit weiteren Einkaufszentren und zahlreichen preiswerten Läden.

FEIERN MIT MACY'S

Wer die Menschenmassen während der von Macy's veranstalteten großen Thanksgiving Parade scheut (es gibt keine öffentlichen Tribünen, und wer in vorderer Reihe stehen möchte, muss früh da sein!), kann sich auch bei der »Macy's Balloon Inflation« am Vortag im Areal um das American Museum of Natural History einen Eindruck von der Größe und Vielfalt der Ballons verschaffen. Abgesehen von Parade und Feuerwerk hat Macy's beispielsweise die »Macy's Annual Flower Show« zu bieten, die aufwendigen Blumenschmuck, aber auch Konzerte und andere Kulturveranstaltungen, Modeschauen und Kinder-Events beinhaltet. Während der Vorweihnachtszeit sind »Macy's Holiday Windows« spektakulär, jedes Jahr zu einem anderen Thema, 2015 zum Beispiel waren die Peanuts in weihnachtlichen Szenen dargestellt. Ebenfalls weihnachtlich ist »Macy's Santaland« – ein Nordpol-Dorf mit Elfen, Zauberwald, Spielzeugfiguren und Modellbahn – in der 8. Etage des Kaufhauses.

WEITERE INFORMATIONEN

Macy's: 151 W. 34th St., http://l.macys.com/new-york-ny, Mo–Fr 9.30–22, Sa 10–22, So 11–21 Uhr, mit Official NYC Information Center.
Events: http://social.macys.com/parade beziehungsweise http://social.macys.com/fireworks

31 Die berühmteste Sportarena der Welt – Madison Square Garden

Ein Bahnhof mit legendärer Sporthalle

Der Madison Square Garden (MSG) ist der vielleicht legendärste Sportpalast der Welt. In dem Betonzylinder, der 1968 über dem Bahnhof Pennsylvania Station errichtet wurde, feuern die New Yorker mit fast südländischem Temperament ihre heiß geliebten Rangers, eines von drei Profi-Eishockeyteams im Großraum New York, oder die Basketballer der Knicks an.

Um die Sporthalle ausgerechnet hier in Midtown errichten zu können, war es in den 1960er-Jahren nötig gewesen, das einst hier befindliche Bahnhofsgebäude abzureißen und den Bahnhofsbetrieb in den Untergrund zu verlegen. Noch heute herrscht deshalb rings um die Sporthalle immer reges Treiben, denn die Penn Station ist nach wie vor New Yorks wichtigster Bahnhof. Neben Schnellzügen von Amtrak, die New York mit Boston im Norden und der Hauptstadt Washington D.C. im Süden verbinden, verkehren von hier auch die Nahverkehrszüge Richtung New Jersey und jene von LIRR (Long Island Rail Road) hinüber zu den Vororten auf Long Island.

Mehrere Vorgänger

Der Madison Square Garden ist bereits der vierte Bau dieses Namens in New York. 1879 war der erste »Garden« an der Ecke 26th Street und Madison Avenue erbaut worden, 1890 wurde er vom MSG II an gleicher Stelle abgelöst, ehe 1925 das dritte Gebäude an der Ecke 8th Avenue und 50th Street entstand.

Der MSG wurde innen gerade gründlich renoviert (unten). Im Madison Square Garden (rechte Seite oben), der berühmtesten Sporthalle der Welt, jagen die »Rangers« (blaue Trikots) Pucks hinterher (rechte Seite unten).

Die heutige Sportarena an der Penn Plaza, zwischen 7th und 8th Avenue sowie 31st und 33rd Street, fasst seit der Eröffnung im Februar 1968 je nach Sportart beziehungsweise Veranstaltung zwischen 18 000 und 20 000 Zuschauer und ist Heimatstadion mehrerer Profisportmannschaften: der Rangers (Eishockey), der Knicks (NBA/Basketball) und der Liberty (WNBA/Damen-Basketball). Daneben finden im MSG Konzerte, Zirkus, Boxkämpfe, Eislaufshows und sogar Rodeos statt.

Nachdem Pläne, eine neue Sportarena in nächster Nähe zu bauen, aus Kostengründen gescheitert sind, durchlief der MSG unlängst ein aufwendiges Facelift im Inneren. Die Zuschauertribünen wurden erneuert und breitere Umgänge sowie neue Logen errichtet – eine Herausforderung angesichts der Tatsache, dass die Bauarbeiten während des laufenden Spiel- und Konzertbetriebs ausgeführt wurden.

Ungewöhnliches Postamt

Nun ist allerdings für die nähere Zukunft eine Renovierung des Bahnhofes, der Penn Station, geplant, und es wurde unter anderem schon in Erwägung gezogen, das gegenüber befindliche Farley Post Office zum Bahnhof umzufunktionieren. Durch das gestiegene Fahrgastaufkommen und die Entstehung eines Tunnels mit mehr Verbindungen unter dem Hudson River ist eine Modernisierung und Vergrößerung des Bahnhofes nämlich dringend nötig.

Das mächtige Bauwerk des James A. Farley General Post Office – benannt nach dem obersten Postchef der Stadt in den 1930er-Jahren – steht auf dem National Register of Historic Places, also unter Denkmalschutz. Wie das ursprünglich gegenüber gelegene, inzwischen abgerissene Bahnhofsgebäude der Penn Station basiert auch die Post auf Plänen des renommierten New Yorker Architekturbüros McKim, Mead & White im Beaux-Arts-Stil. Die Penn Station war 1910 fertiggestellt worden, das Postamt eröffnete zwei Jahre später und wurde 1934 vergrößert.

Den Prachtbau zeichnet eine lange Säulenkolonnade mit korinthischen Kapitellen und eine mächtige Freitreppe an der 8th Avenue aus. Die 85 Meter lange Inschrift am Architrav – »Neither snow nor rain nor heat nor gloom of night stays these couriers from the swift completion of their appointed rounds« – ist übrigens nicht das Motto des US Postal Service, sondern stammt aus den Historien (VIII, 98) des Herodot, dem Geschichtswerk des griechischen Historikers, der ca. 480 bis 424 v. Chr. lebte, und bezieht sich auf die Tapferkeit der Boten des persischen Königs Xerxes I.

UNVERGESSLICH: SPORT IM MSG

Ein Eishockey- oder Basketballspiel im Madison Square Garden zu besuchen, ist ein ganz besonderes Erlebnis. Die Stimmung hier ist stets großartig. Spielen die Rangers oder Knicks gut und erfolgreich, scheint der Madison Square Garden zu vibrieren, spielen die Heimteams schlecht und dümpeln am Tabellenende herum, dann lassen die New Yorker ihren Unmut lautstark an ihren Teams aus, und die Halle scheint zu explodieren. Bei einem Spiel der Rangers (Eishockey) oder Knicks (Basketball) lernt man nicht nur die New Yorker von einer ganz anderen Seite kennen, die legendäre Sporthalle alleine ist ebenfalls einen Besuch wert. Obwohl modernisiert und renoviert, hat der MSG sein historisches Flair nicht verloren.

WEITER INFORMATIONEN

Madison Square Garden, 33rd St./7th Ave., www.thegarden.com, Touren: Link Tours, täglich 10.30–15 Uhr, $ 27
New York Rangers (NHL – Eishockey, Anfang Okt bis April), http://rangers.nhl.com
New York Knicks (NBA – Basketball, Ende Okt bis April), www.nba.com/knicks
New York Liberty (WNBA – Damen-Basketball; Mai bis Sep), http://liberty.wnba.com

Für seine umfangreiche Sammlung an seltenen Büchern, Manuskripten, Inkunabeln, Zeichnungen, Drucke und Gemälde ließ sich J. Pierpont Morgan eine Bibliothek erbauen (oben). Blick in den prächtigen Leseraum von »Mr. Morgan's Library«, die 1902 bis 1906 entstanden ist (rechts unten). Bummel auf dem »Korean Way« (rechts oben).

32 Privatbibliothek eines Millionärs – Morgan Library & Museum

Ungewöhnliches Haus für Bücher und Kunst

Den Übergang zwischen New Yorks Stadtvierteln Chelsea und Gramercy sowie Lower Midtown bilden der Garment District und Murray Hill. Letzteres ist ein eher ruhiges Wohngebiet mit wenig großen Attraktionen, sieht man von einem eher wenig bekannten Juwel der New Yorker Kunst- und Kulturszene an der Madison Avenue ab: The Morgan Library & Museum.

Die ungewöhnliche Morgan Library an der Kreuzung von Madison Avenue und 36th Street geht auf die umfassende Privatsammlung des Bankiers J. Pierpont Morgan (1837 bis 1913) zurück. Er war ein Liebhaber und Sammler seltener Bücher, Manuskripte, Inkunabeln, Zeichnungen, Drucke und Gemälde gewesen und hatte sich dafür angrenzend an sein Privathaus – ein Brownstone-Bau von 1880 – ein eigenes Bibliotheksgebäude im Stil eines Renaissance-Palastes errichten lassen. Im Inneren wurde der Bau prächtig mit Fresken, Mosaiken und Stuckreliefs ausgestattet. »Mr. Morgan's Library« war 1902 bis 1906 nach Plänen des New Yorker Architekten Charles F. McKim vom berühmten New Yorker Architekturbüro McKim, Mead & White erbaut worden.

Eine altehrwürdige Institution

Zur Sammlung des Bankiers gehören wertvolle Schriften ab dem 15. Jahrhundert, darunter drei Gutenberg-Bibeln, Manuskripte aus dem Mittelalter und der Renaissance, Zeichnungen und Drucke von Künstlern wie Blake, Degas, Dürer, Rubens und Watteau. Literarische und historische Manuskripte – unter anderem Charles Di-

ckens' *Christmas Carol*, Thomas Jeffersons Briefe an seine Tochter Martha, Briefe von Jane Austen, Albert Einstein, Abraham Lincoln, John Steinbeck oder Voltaire – sowie Notenblätter von vielen bekannten Komponisten sind ebenfalls Teil des Museumsbestands. Da nicht alle Objekte auf einmal ausgestellt werden können, werden sie wechselweise gezeigt.
Der Sohn des Bauherrn, J. P. »Jack« Morgan, Jr. (1867–1943), machte die Bibliothek 1924 der Öffentlichkeit zugänglich, und schon vier Jahre später wurde aus Platzgründen – die Sammlung war durch Spenden erheblich gewachsen – ein »Annex« zugefügt. Dieser wurde durch eine Galerie mit dem Ursprungsbau verbunden. Dabei wurde das alte Wohnhaus der Morgans abgerissen; die Familie war bereits 1905 in ein historisches Nachbargebäude umgezogen. 1988 war auch dieses in den Museums- und Bibliothekskomplex integriert worden, und 1991 kam ein verbindender »Garden Court«, eine Art Glashaus, dazu.

Alt und Neu harmonisch vereint

2005/06 fand nach Plänen des bekannten italienischen Architekten Renzo Piano eine neuerliche Vergrößerung der Ausstellungsfläche um mehr als die Hälfte statt. Mit unaufdringlicher moderner Architektur gelang es Piano, die drei bestehenden historischen Gebäude durch einen dreiteiligen Stahl-Glas-Pavillon mit Eingangslobby und luftig-hellem Foyer (Gilbert Court) – der Café, Restaurant, Shop, Veranstaltungssaal und Lesesaal beinhaltet – zu verbinden.
Heute nimmt The Morgan Library & Museum fast einen halben Straßenblock ein. Der alte Teil des Museums, die »Morgan's Library & Study«, ist besonders sehenswert und interessant. Im Oktober 2010 wurden nach einer 4,5 Millionen US-Dollar teuren Renovierung die »Historic McKim Rooms« in diesem Teil des Museums wiedereröffnet. Sie präsentieren sich so, wie sie im Jahr 1906 von McKim, Mead & White im Hochrenaissance-Stil erbaut und eingerichtet worden waren.
Es handelt sich dabei um mehrere Räume. Die »Library«, deren Wände zu großen Teilen von Bücherregalen mit unzähligen Titeln bedeckt und mit Wandgemälden mit historischen Persönlichkeiten und Tierkreiszeichen ausgestattet sind, die »Study«, auch »West Room« genannt, mit Pierpont Morgans Privatsafe, sowie der »North Room«, einst das Büro des ersten Bibliothekars und Museumsleiters. In allen Räumen wurden Details wie Mosaiken und Kronleuchter sorgfältig restauriert und eine neue Beleuchtung installiert. Schließlich verbindet die »Rotunde« mit den Lieblingskunstwerken des Gründers J. Pierpont Morgan die Räume miteinander.

KOREANISCHE ENKLAVE

Im Areal zwischen 31st und 35th Street beziehungsweise 6th und 5th Avenue lassen Ladenschilder von Lebensmittelläden, Nagelstudios, Karaokebars und Restaurants erkennen, dass man sich in einer anderen Welt befindet: in »Little Korea«, auch als »Koreatown« bekannt. Eine Spezialität in den Lokalen, die sich vor allem am »Korean Way«, der 32nd Street, aneinanderreihen, ist das koreanische Barbecue, bei dem auf meist im Tisch eingelassenen Grills Rind, Schwein oder Hühnchen zubereitet werden. Ein beliebtes Gericht ist beispielsweise »Bulgogi«, bestehend aus marinierten Rindfleischscheiben, mit vielerlei Gemüsen und Soßen serviert. Wer koreanische Küche probieren möchte, ist zum Beispiel bei Don's Bogam (17 E. 32nd St.), Hangawi (12 E. 32nd St.) oder Miss Korea BBQ (10 W. 32nd St.) gut aufgehoben. Eine weitere, noch größere Koreatown befindet sich im Viertel Flushings im Stadtbezirk Queens.

WEITERE INFORMATIONEN

The Morgan Library & Museum,
225 Madison Ave./36th St.,
www.themorgan.org, mit Morgan Shop und Morgan Dining Room

33 Hier ist immer etwas los – Bryant Park

Eine grüne Oase zwischen Wolkenkratzern

Der Bryant Park markiert den Ort, an dem anlässlich der Weltausstellung 1853 der legendäre Kristallpalast errichtet worden war. In den 1960er-Jahren erwarb sich der Park als Drogenumschlagplatz einen schlechten Ruf, doch seit seiner Sanierung 1989 gehört er wieder den New Yorkern und ist ein beliebter Treffpunkt geworden. Hier finden Kulturveranstaltungen und Konzerte statt, und es gibt ein breit gestreutes Freizeitangebot.

Ein »Potter's Field« – ein Armenfriedhof – war das Areal des Bryant Parks noch Anfang des 19. Jahrhunderts. 1842 eröffnete daneben das Trinkwasserreservoir Croton Distributing Reservoir. Es bestand aus einem See, den massiven Granitmauern mit Promenaden umgaben. Revolutionär war damals die Wasserversorgung: Das Trinkwasser wurde von hier aus über Aquädukte in der Stadt verteilt. Der direkt angrenzende Reservoir Park von 1870 blieb weiter bestehen, als das Reservoir um 1900 in den Central Park verlegt wurde.

Vom New Yorker Kristallpalast zum grünen Treff

Der Londoner Kristallpalast von der ersten Weltausstellung 1851 diente 1853 als Vorbild für den New York Crystal Palace, der auf dem Reservoir Square für die »Exhibition of the Industry of All Nations« gebaut wurde. Er brannte bereits 1858 ab. Während des Bürgerkrieges in den 1860er-Jahren diente der Platz als Camp der Unionstruppen.
1883 erfolgte die Umbenennung in »Bryant Park«, zu Ehren des Schriftstellers und langjährigen Redakteurs der New York Evening Post,

Der Bryant Park bildet eine grüne Ruheoase im geschäftigen Midtown. Im Sommer ist der Park stets gut besucht (unten), im Winter findet regelmäßig ein beliebter Weihnachtsmarkt statt (rechts).

Päuschen im Bryant Park (links oben). Ungewöhnlicher Blick vom Park auf die New York Public Library (unten). Der Bryant Park wird überragt vom MetLife Tower und Bank of America Building, einem Musterbeispiel für »grünes Bauen« (rechts oben). Im Sommer finden im Bryant Park auch Filmvorführungen statt (rechts unten).

William Cullen Bryant (1794–1878). Etwa gleichzeitig kamen die ersten Pläne für die New York Public Library auf den Tisch, die 1911 fertiggestellt und durch eine Terrasse an der Rückfront mit dem Park verbunden wurde. Bauarbeiten für einen Subway-Tunnel sorgten für eine längere Schließung des Parks, ehe 1934 seine Neugestaltung in Angriff genommen wurde. Der aus Queens stammende Architekt Lusby Simpson gestaltete ihn im französisch-klassizistischen Stil, streng symmetrisch, mit einer zentralen großen Rasenfläche, rechtwinkligen Pfaden, Steinbalustraden, Alleen und einem ovalen Platz mit Brunnen.
In den 1970er-Jahren war der Park zum Treffpunkt der Rauschgiftdealer heruntergekommen, doch dank der Bryant Park Restoration Corporation und Rockefeller'schem Geld wurde in den 1980er-Jahren eine Verschönerung in Angriff genommen. Dabei entstanden mehr öffentliche Plätze und Flächen, ein neuer Zugang sowie neue Toilettenanlagen und Kioske. Die 1992 neu eröffnete Grünfläche fungiert heute als beliebter Veranstaltungsort und Freizeitidyll.

Lady Astor und Lord Lenox

Das den Platz dominierende, tempelartige Gebäude ist Sitz der Zentrale der New York Public Library. Der Beaux-Arts-Prachtbau der Stadtbibliothek wurde 1911 nach Plänen des Architekturbüros Carrère & Hastings errichtet und soll damals schon rund neun Millionen Dollar gekostet haben. Seit 1965 steht das Gebäude unter Denkmalschutz. Es birgt über 50 Millionen Medien aller Art (Bücher, CDs, Videos, Karten und vieles mehr), darunter auch wertvolle Handschriften, wie die von Thomas Jefferson verfasste Unabhängigkeitserklärung, und eine Ausgabe der Gutenberg-Bibel.
Die Wurzeln der Stadtbibliothek gehen auf die Sammlungen zweier bedeutender New Yorker zurück: des deutschstämmigen Immigranten Johann Jacob Astor (1763–1848), der durch Pelzhandel und Immobilien reich geworden war, sowie des Philanthropen James Lenox (1800–1880), des Gründers des New York Presbyterian Hospital. Die Bibliothek gehört heute neben der Library of Congress in der US-Hauptstadt Washington D.C., der Boston Public Library und den Universitätsbibliotheken von Havard und Yale zu den fünf bedeutendsten Bibliotheken der USA und unterhält über 80 Filialen im ganzen Stadtgebiet.

Der Haupteingang zu dem repräsentativen Bau befindet sich an der 5th Avenue. Die breite Freitreppe wird von zwei berühmten Löwenskulpturen flankiert, die aus der Werkstatt von Edward Clark Potter (1857–1923) stammen und 1911 aufgestellt wurden. Zunächst nannten sie die New Yorker – obwohl beide Löwen männlich sind – nach den Hauptsponsoren »Lady Astor« und »Lord Lenox«. Später taufte Bürgermeister Fiorello La Guardia (1934–45 im Amt) die südliche Figur in »Patience« (Geduld), die nördliche in »Fortitude« (Tapferkeit) um.

Musterbau des 21. Jahrhunderts

Die Bibliothek nimmt die Ostseite des Bryant Parks ein, an seiner Nordgrenze verläuft die pulsierende 42nd Street mit ihren Geschäften und sehenswerter Hochhausarchitektur. Ins Auge stechen hier vor allem das Grace Building (42nd Street/5–6th Avenue) mit seiner markant abgeschrägten Sockelzone sowie das neue Bank of America Building (42nd Street/6th Avenue), ein Musterbeispiel für modernes Bauen, für »grüne« Architektur, Nachhaltigkeit, Umweltschutz, Energiesparen und Wirtschaftlichkeit.

Das 2009 eröffnete Bankgebäude ragt markante 288 Meter (366 Meter mit Antenne) über Midtown auf und ist heute das vierthöchste Bauwerk der Stadt. Die Fassade des Henry Miller's Theatre von 1918, eines jener Gebäude, die dem Neubau weichen mussten, wurde in die neue Front integriert. Heute fungiert es als Stephen Sondheim Theatre als Heimatbühne der Roundabout Theatre Company. Zudem wurde für die 42nd Street/Bryand Park Station ein neuer, gläserner Subway-Zugang geschaffen.

Vorreiter für »grünes Bauen«

Mit seiner dekorativen, sich nach oben verjüngenden Gebäudespitze, die bei Nacht in verschiedenen Farben illuminiert wird, und seiner kristallinen Struktur mit viel Glas und vertikalen Linien wirkt das Bank of America Building architektonisch zwar wenig originell, gilt aber als Vorreiter und Musterbeispiel für »grünes Bauen«. Wasserfilter auf dem Dach und begrünte Dachflächen wandeln Regen- in Brauchwasser um, für die Stromerzeugung ist ein hauseigenes kleines Gaskraftwerk zuständig, eine Boden-Klimaanlage reguliert individuell Heizung und Kühlung, und Luftfilter sorgen für angenehmes Raumklima.

Für die Fenster wurde ein neuartiges spezielles Isolierglas verwendet, das Infrarotstrahlen großteils filtert, aber dennoch viel Licht ins Innere lässt. Als Erholungsoase wurde ein Urban Garden Room installiert. Für all diese Bemühungen erhielt das Gebäude 2010 vom U.S. Green Building Council das höchste LEED-Zertifikat (Leadership in Energy & Environmental Design) in Platin. Dies war die erste Platin-Auszeichnung weltweit, die an einen kommerziell genutzten Wolkenkratzer vergeben wurde.

PAUSE IM BRYANT PARK

Der Bryant Park ist eine Ruheoase in Midtown, unter Bäumen kann man hier gut sitzen (und dank WLAN-Hotspots gratis im Internet surfen) oder sich auf der Wiese ausstrecken. Pétanque, Schach und Backgammon, Pingpong, Yoga- und Tai-Chi-Morgenkurse werden angeboten, dazu gibt es im Sommer Freiluftkino auf Großleinwand, Konzerte oder literarische Veranstaltungen. Kinder lockt ein Karussell mit historischen Figuren, für Leseratten stellt die New York Public Library eine »Open Air Library« zur Verfügung. Im Winter wird im Park mit dem Winter Village einer der größten Weihnachtsmärkte der Stadt aufgebaut. Dazu gehören Shops mit Kunsthandwerk, Stände, die heißen Apfelsaft, Kakao oder Bratwürste anbieten, ein Christbaum und eine Eisbahn. Neben dem Bryant Park Grill und Café sorgen vier Kioske im Beaux-Arts-Stil für das leibliche Wohl.

WEITERE INFORMATIONEN

Bryant Park: www.bryantpark.org, HBO
Bryant Park Summer Film Festival: www.bryantpark.org/plan-your-visit/filmfestival.html,
Events: www.bryantpark.org/plan-your-visit/calendar.html
New York Library: www.nypl.org

Leuchtreklamen erhellen den Times Square und Theater District (oben). New York ist eine Stadt, die niemals schläft: Hier der Times Square, auf dem zu jeder Tages- und Nachtzeit das Leben pulsiert (rechts).

34 An den »Crossroads of the World« – Times Square

Tingeltangel, Glitz and Glamour

Als »Summe und Krönung aller Marktplätze und Tingeltangelstraßen in Amerika« bezeichnete der Schriftsteller und Mitbegründer der Beat Generation, Jack Kerouac, den Times Square. Streng genommen ist er nur der Kreuzungspunkt mehrerer Straßen: Hier quert der Broadway über vier Blocks die 7th Avenue, von der 42nd bis zur 46th Street. Der Schnittpunkt im Süden heißt Times Square, derjenige im Norden Duffy Square.

Nicht zu Unrecht spricht man beim Times Square auch von den »Crossroads of the World« –schließlich tummeln sich hier täglich um die 400 000 Passanten und machen den Platz zu einem der am stärksten frequentierten Orte der Welt. Er bildet das Zentrum des Theaterviertels, das sich um den Broadway erstreckt. Am Times Square tobt das Leben, flimmern Leuchtreklamen, werden Broschüren verteilt und Touristen zu Touren angeworben, versuchen Scharen von Comic-Charakteren gegen Geld Besucher zum Fotografieren zu animieren. Auch wenn der Großteil des Platzes inzwischen verkehrsberuhigt ist und zur Fußgängerzone umgestaltet wurde, tost der Verkehr noch immer um die wichtige Kreuzung.

Vom Longacre Square zum Entertainment District

Als die Halbinsel Manhattan von den Holländern besiedelt wurde, verliefen hier noch drei Flüsse. Das umliegende Land, das nach seiner Form »Longacre« genannt wurde, entwickelte sich zu einem Zentrum der Kutschenherstellung. In der ersten Hälfte des 19. Jahrhunderts gelangte es in Besitz des Immobilienmagnaten

RICOH
Times Square's only solar-powered billboard.
RICOH
imagine. change.
CHASE
CHASE
CHASE
CHASE
THOMSON REUTERS
NEW VICTORY
ONE WAY
CHASE

Gelassen blicken die New Yorker Polizisten auf das Treiben um den Times Square: auf rasende Skater ebenso wie auf Shopper, die in den Läden ringsum einkaufen (oben). Zu den Wahrzeichen New Yorks gehören die gelben Taxis, die hier um den Times Square »cruisen« (rechts unten).

John Jacob Astor. Mit wachsendem Handel und fortschreitender Industrialisierung entstanden neben Wohngebäuden auch Theater und Vergnügungseinrichtungen. Das erste Theater am Platz wurde 1895 erbaut und hieß »Olympia«. Es geht auf den deutschstämmigen Geschäftsmann Oscar Hammerstein I. zurück. Doch erst als der Herausgeber der »New York Times«, Adolph S. Ochs, seine Zeitungsredaktion in einen Wolkenkratzer an der 42nd Street/Longacre Square verlegte, entwickelte sich der Platz zu dem, was er heute ist. Ochs sorgte auch für die Umbenennung des Platzes 1904 in »Times Square«. Nur drei Wochen später erstrahlte hier eine erste Leuchtreklame, weitere folgten. 1928 ließ die New York Times erstmals ein großes Display-Nachrichtenband an ihrem alten Bürohochhaus am Platz – zwischenzeitlich hatte man in der Nähe ein neues Domizil bezogen – installieren.

Dreh- und Angelpunkt

1913 hatte die Lincoln Highway Association unter Carl G. Fisher die Kreuzung von 42nd Street und Broadway an der Südostecke des Times Square zum östlichen Endpunkt des Lincoln Highway erklärt. Das westliche Ende der legendären ersten Überlandstraße, die die USA von Küste zu Küste verband, lag in San Francisco. Während des Ersten Weltkrieges blühte der Platz auf: Theater, Konzerthallen und Hotels entstanden, hier traf man sich und hier feierte man. Fred Astaire und Charlie Chaplin traten auf, Wettgeschäfte und Prostitution florierten. Auch Werbung wurde wichtiger, und mehr und mehr Leuchtreklamen kamen auf. Da der Times Square der einzige Ort ist, an dem Gebäudebesitzer sogar verpflichtet sind, Werbeschilder anzubringen, kann New York diesbezüglich heute mit Las Vegas konkurrieren. Zu den größten gehören das Toshiba Billboard und das NASDAQ Sign am Times Square 4.

Die Depression in den 1930er-Jahren brachte einen Wandel: Das Viertel geriet mit seinen Bars, Sexshops, Pornokinos und billigen Kneipen in Verruf. In den 1960er-Jahren warnte sogar die New York Times Besucher vor dem Platz, der als kriminell galt. Als in den 1980er-Jahren neue Bautätigkeit in Midtown einsetzte und in den 1990er-Jahren Bürgermeister Rudolph Giuliani seine »Säuberungsaktion« begann, änderte sich das Bild. Neue Attraktionen entstanden, die 42nd Street wurde gezielt zur »New 42nd Street« aufgewertet und Theater wurden restauriert.

Die 1992 gegründete Times Square Alliance trieb die positive Entwicklung voran. Große Firmen, wie Bertelsmann, Reuters, Condé Nast und NASDAQ, und die ABC Times Square Studios (mit der *Good Morning America Show*) ließen sich am Times Square nieder, neue Kino-

komplexe und Läden, wie Hershey's, Toys 'R' Us und Disney Store eröffneten, und Restaurants, wie »Carmine's« und »Planet Hollywood«, kamen dazu.

Beliebt als Drehort und zum »Ball Drop«

Schon 1923 hatte sich der deutsche Filmemacher Fritz Lang nach einem Besuch am Times Square für seinen Film *Metropolis* inspirieren lassen. Überhaupt war und ist der Times Square als Drehort für Film und Fernsehen schon immer beliebt, besonders für Katastrophenszenarios: So wurde er beispielsweise beim Tsunami in *Deep Impact* zerstört, *Godzilla* jagte 1998 über den Platz, Ghostbuster-, Transformers- und Spider-Man-Filme spielten hier.

Ebenfalls überall im Fernsehen zu sehen ist der »Ball Drop« an Silvester. Diese Tradition geht auf das Jahr 1904 zurück, als die Angestellten der New York Times am 31. Dezember vor ihrem Bau eine Silvesterparty veranstalteten. Drei Jahre später war daraus eine Tradition geworden, die bis heute mit nur zwei Unterbrechungen – 1942 und 1943 – Menschenmassen auf den Times Square lockt: Pünktlich zum Jahreswechsel wird vom Dach des Gebäudes One Times Square eine illuminierte Aluminiumkugel aus rund 43 Metern Höhe an einem Stahlseil einen Fahnenmast entlang herabgelassen.

Die »Ball Drop« genannte Zeremonie ist ein »Countdown«, der exakt 60 Sekunden vor dem Jahreswechsel beginnt. Aus der früheren, mit Glühbirnen beleuchteten Kugel aus Holz und Eisen entwickelte sich im Lauf der Zeit ein über fünf Tonnen schwerer »Ball« mit rund 3,7 Meter Durchmesser. Er besteht aus 2688 einzelnen (Waterford-)Kristallen und enthält über 32 000 LED-Leuchtdioden, die per Computer gesteuert werden. Der Ball ist wetterfest und liegt wie die dazugehörige beleuchtete Jahreszahl ganzjährig auf dem Dach des Gebäudes.

Verkehrsberuhigte Zone

Seit 2011 ist der Times Square »smoke-free«. Bereits im Sommer 2009 wurden Times und Duffy Square partiell zur Fußgängerzone erklärt und fortan von New Yorkern und Besuchern ganz anders wahrgenommen. Auch an anderen Kreuzungspunkten des Broadway zwischen Madison Square und Columbus Circle sind inzwischen verkehrsberuhigte Zonen eingerichtet worden.

Am Duffy Square – meist in einem Atemzug mit den Times Square genannt – fällt vor allem die knallrote, tribünenartige Treppe aus Fiberglas auf, die zum Sitzen und Leute-Beobachten einlädt. Am Fußende der Stiege ist der Namensgeber des Platzes, der Bürgerrechtskämpfer und katholische Priester Reverend Francis P. Duffy, verewigt. 2008 wurde am Duffy Square eine neue, höchst beliebte TKTS-Ticketverkaufsstelle eröffnet.

UNTERHALTUNG À LA TIMES SQUARE

Abgesehen vom viel bestaunten »Ball Drop« am New Year's Evening ist beispielsweise das kulinarische Festival »Taste of Times Square« ein Termin, den man sich vormerken könnte. Einmal im Jahr, zur Saisoneröffnung im September, wird sogar die Aufführung der Metropolitan Opera auf mehrere Großleinwände am Times Square übertragen. Für Familien ist von Madame Tussauds über Ripley's Believe It or Not! bis zum Hard Rock Café und ToysRUs-Riesenrad eine Menge geboten. In der Ausstellungshalle Discovery Times Square Exposition im ehemaligen New York Times Building finden ausgefallene Ausstellungen statt, darunter schon Shows wie *Titanic*, *Tutankhamun*, *Pompeji* oder *Star Wars*. Live-Blues für nur zehn Dollar gibt es unter dem Motto »Cosmic Ray Presents« jeden Sonntag in B.B. King's Lucille Bar & Grill (www.bbkingblues.com).

WEITERE INFORMATIONEN

Times Square Alliance:
www.timessquarenyc.org
Discovery Times Square Exposition:
226 W. 44th St./7th Ave.,
www.discoverytsx.com

35 Bunte Unterhaltung und sehenswerte Architektur – New 42nd Street

Vom Straßenstrich zur Flaniermeile

Die 42nd Street wurde durch das gleichnamige Musical der Warner Brothers berühmt. Das wiederum basierte auf einem Roman von Bradford Ropes aus dem Jahr 1932 beziehungsweise auf Busby Berkeleys Film *42nd Street* von 1933. Die Uraufführung fand im August 1980 im Winter Garden Theater am Broadway statt, in der Folge kam das Musical auf insgesamt über 3000 Vorstellungen.

Die 42nd Street ist einerseits geprägt vom Touristen-Trubel und zahlreichen Billigläden (unten), andererseits sind hier aber auch sehenswerte neue Bauten entstanden (rechts oben). Bei TKTS am Duffy Square kann man günstig Tickets erwerben (rechts unten).

Das Musical *42nd Street* hat die Straße, die Hudson und East River auf rund dreieinhalb Kilometer miteinander verbindet, unsterblich gemacht. Verewigt wurde sie auch in John Schlesingers Spielfilm *Asphalt-Cowboy* von 1969, in dem Dustin Hoffman und Jon Voight die Hauptrollen spielen. Darin versucht der Held Joe Buck (Jon Voight) vergebens, seinen Lebensunterhalt als Gigolo auf dem Straßenstrich der 42nd Street zu verdienen.
Die Kreuzung von 42nd Street und Broadway stellt die südliche Begrenzung des Times Square dar. Im frühen 20. Jahrhundert war dieser Abschnitt noch Teil der »Welthauptstadt des Entertainment«. Vor allem Richtung Westen reihen sich zahlreiche Theater, die bis zu der groß angelegten Sanierung des 42nd Street Development Project in den 1990er-Jahren noch wenig attraktiv waren. Das Areal selbst war damals vor allem als Rotlicht- und Drogenviertel verrufen.
Die Stadt verpachtete damals der Initiative acht historische Theater – Amsterdam, Victory, Times Square, Selwyn, Lyric, Liberty, Empire

und Apollo Theater – mit der Auflage, diese zu renovieren und wieder zu nutzen. In Kooperation mit Geldgebern wie dem Bauunternehmer Bruce Ratner oder The Walt Disney Company wurde in den folgenden Jahren der Abschnitt der 42nd Street zwischen Broadway und 8th Avenue zur »New 42nd Street« aufpoliert. Bühnen wie das New Victory Theater (1995) – mit Familien- und Kinderprogramm – oder Disney's New Amsterdam Theatre (1997) wurden neu eröffnet.
Im Lauf der Jahre kamen andere neue Attraktionen dazu, wie die New 42nd Street Studios und The Duke on 42nd Street als kulturelle Institutionen, die Entertainmentkomplexe E-Walk und der AMC Empire 25 Movie Complex. Zum Regal E-Walk Stadium 13 gehören außer den Kinos zahlreiche Läden, Restaurants und Imbisslokale wie »B.B. King's Club & Grill«, das »Yankee Clubhouse«, »Lids« und »Five Guys Burger & Fries«. Ideal für Familien sind Madame Tussauds Wachsfigurenkabinett oder die unglaublichen Ausstellungsstücke in Ripley's Believe It or Not!.

Grandiose Architektur

Zu den ungewöhnlichen Neubauprojekten der Stadt zählt das nur wenige Schritte vom Times Square entfernte New York Times Building (620 8th Avenue). Die Pläne dafür stammen von dem berühmten italienischen Architekten Renzo Piano. Die Zeitungsredaktion nutzt den Großteil des rund 227 Meter hohen Wolkenkratzers, dessen Besonderheit in seinen umweltschutztechnischen und energiesparenden Details liegt. So ist zum Beispiel die Außenhaut eine neuartige »Glass Curtain Wall« mit keramischen Sonnenschutz-Elementen, die sich automatisch an Lichteinfall und Sonneneinstrahlung anpassen und damit für energiesparende Klimatisierung und Beleuchtung sorgen. Ein eigenes kleines Gaswerk liefert rund 40 Prozent der benötigten Energie, der Großteil des für den Bau verwendeten Stahls ist Recyclingmaterial, und es gibt keine Auto-, dafür aber Fahrradstellplätze.
Schräg gegenüber liegt an der Ecke zur 42nd Avenue der für New Yorks Nahverkehr wichtige Port Authority Bus Terminal. Der Hauptbusbahnhof der Stadt wurde im Dezember 1950 eröffnet und seitdem ständig erweitert. Heute ist er mit seinen sechs Etagen der größte Busbahnhof der USA und einer der meistfrequentierten weltweit. Die 42nd Street führt nach Westen vorbei am Pershing Square Signature Center (480 W. 42nd St.) – einem Neubau von Frank Gehry für die Signature Theatre Company – und durch das Viertel Hell's Kitchen zum Hudson River, nach Osten zum Grand Central Terminal, zum Chrysler Building, zur UNO und bis zum East River.

THEATERTICKETS – KNOW-HOW

Der Montag ist normalerweise spielfrei, Matineen finden gewöhnlich mittwochs und samstags statt. Tickets zu ermäßigten Preisen für Veranstaltungen am selben oder für Matineen am folgenden Tag erhält man bei TKTS Times Square unter der roten Treppe am Duffy Square (Broadway/47th St., www.tdf.org/tkts). Weitere Filialen befinden sich am South Street Seaport (Front/John St., keine regulären Tickets) und in Downtown Brooklyn (1 Metrotech Center/Jay-Myrtle St.).
Reguläre und ermäßigte Tickets für Aufführungen im Lincoln Center gibt es auch im David Rubenstein Atrium (http://atrium.lincolncenter.org/index.php/discount-tickets). Zudem sind an den Ticketschaltern von den Theatern selbst kurz vor Aufführungsbeginn oft gute Schnäppchen möglich, wenn noch Eintrittskarten verfügbar sind. Außerdem findet man auf Webseiten wie http://nytix.com oder www.theatermania.com/broadway/discount-tickets manchmal günstige Tickets.

WEITERE INFORMATIONEN

Zum Angebot an der New 42nd Street:
www.new42.org

Glitz und Glimmer: Reklameschilder und Leuchtreklamen prägen den Times Square und Theater District (oben) und locken Touristen z.B. mit der Freiheitsstatue an (rechts).

36 Welthauptstadt des Theaters – Theater District & Broadway

Theater, nichts als Theater

Von 1883 bis 1967 residierte die Metropolitan Opera an der Ecke Broadway und 40th Street – mit ihrer Eröffnung begann auch die Geschichte des New Yorker Theater District. Heute erstreckt sich das Theaterviertel zwischen der 6th und der 8th Avenue beziehungsweise der 40th und 54th Street, schließt den Times Square mit ein und wird vom Broadway diagonal durchschnitten.

Das Herz des Theater District liegt am Broadway zwischen der 42nd und 45th Street, an den »Crossroads of the World«. »Broadways« gibt es deren viele in den USA, doch nur der New Yorker »Breite Weg« steht gleichbedeutend mit Glitzer und Glamour, Schein und Show. Dabei war das Areal rund um den Times Square noch im 19. Jahrhundert ein berühmt-berüchtigtes Rotlichtviertel mit hoher Kriminalität. Dies änderte sich mit dem Bau der Metropolitan Opera, deren Eröffnung 1883 die Entstehung eines Theater- und Vergnügungsviertels für alle New Yorker vorantrieb.

Vom Flohzirkus zum Theater

Institutionen wie Hubert's Museum mit seinen »Freak Shows« und dem Flohzirkus , Vaudeville-Spektakel, Burlesque Shows und Tanzrevuen wie die *Ziegfeld Follies* sorgten für Unterhaltung und lockten die Menschen Ende des 19. Jahrhunderts in Scharen an. 1899 eröffnete die Vaudeville-Bühne Victoria Theatre und 1900 das Theatre Republic, das spätere New Victory Theatre. Weitere Bühnen folgten Anfang des 20. Jahrhunderts.

1903 nahm das New Amsterdam Theater in der W. 42nd Street den Betrieb auf. Das

NY

ebenfalls 1903 eröffnete Lyceum Theatre (149 West 45th Street) gilt als das älteste kontinuierlich bespielte Theater in der Stadt. Die »Theater Row« in der West 45th Street und Shubert Alley säumen historische Bühnen, darunter das Booth und Shubert Theatre (1913), Music Box Theatre (1920), Bernard B. Jacobs Theatre (1927) und das Golden Theatre (1927).

Ständiges Auf und Ab

In den ersten Jahrzehnten des 20. Jahrhunderts boomte die Theaterszene. Die Aufführungen wurden jedoch vor allem nach der Erfindung des Tonfilms durch Film und Varieté ersetzt. Etliche der Live-Bühnen wurden damals sogar in Movie Theaters – in Filmtheater – umgewandelt. Als sich in der Nachkriegszeit zunehmend das Fernsehen durchsetzte, verblasste der Glanz des Viertels, und der Verfall des Areals um den Times Square nahm seinen Lauf.
Mittlerweile ist das Theatersterben der 1980er-Jahre, das der Stadt großen Schaden zugefügt hat, überwunden. Heute werden wieder Rekordumsätze erzielt, locken jede Saison knapp 40 neue Shows sowie Aufführungen auf 40 Broadway- und mehr als 300 weiteren Bühnen über 13 Millionen Besucher an. Neben den Broadway-Bühnen, die über mehr als 500 Sitze verfügen müssen, um sich so nennen zu dürfen, gibt es in der ganzen Stadt verteilt, vor allem jedoch im Village, mehr als 40 Off-Broadway-Bühnen. Diese sind wie die Off-off-Theater die wichtigsten experimentellen Bühnen und zeichnen sich besonders durch Innovationsgeist und Risikofreudigkeit aus.

Welthauptstadt des Theaters

Rund um Times Square und 42nd Street, wo viele der alten Theater renoviert wurden, zeigt sich die Renaissance des Theater District am deutlichsten. So restaurierte beispielsweise The Walt Disney Company das New Amsterdam Theater in der 42nd Street. In dem Jugendstilgebäude war zwischen 1913 und 1918 die Revue *Ziegfeld Follies* zu Hause. Ein Facelift erhielten auch das Lyric, das Victory und das Embassy Theater in den 1990er-Jahren.
Am Broadway, im Bereich zwischen 7th und 9th Avenue sowie zwischen 42nd und 57th Street reihen sich die alten und neuen Theater. Die Shubert Alley, eine Gasse zwischen West 44th und 45th Street, säumen legendäre Bühnen: das Booth Theater von 1913 und das namensgebende Shubert Theater aus demselben Jahr, dessen Inneres besonders sehenswert ist.

Rund um Times Square und 42nd Street, wo viele der alten Theater, wie das Amsterdam Theater (links oben), renoviert wurden, zeigt sich die Renaissance des Theater District am deutlichsten. Shows am Broadway: Wer die Wahl hat, hat die Qual (rechts unten).

Welthauptstadt des Theaters – Theater District & Broadway

An der West 45th Street befinden sich beispielsweise das Minskoff Theatre mit 2100 Plätzen und im Geschoss darunter das PlayStation Theater, das Music Box Theatre von 1920, das Bernard B. Jacobs Theater und das John Golden Theatre (beide 1927). Im Schatten des modernen, 1989 erbauten Morgan Stanley Building (1585 Broadway/47th St.) an der Nordwestecke des Duffy Square duckt sich das Samuel J. Friedman Theatre – das vormalige Biltmore Theatre besitzt 650 Plätze und ist die Heimatbühne des Manhattan Theatre Club (MTC).

Beeindruckende Architektur ...

Etwas weiter Richtung Norden fällt Edward Larrabee Barnes' postmodernes AXA Equitable Center oder »787 Seventh Avenue« (787 7th Ave./50th–51th St.) von 1989 auf. Dort lohnt ein Blick in die Lobby, die mit Wandbildern von Roy Lichtenstein geschmückt ist. Außerdem residiert hier das Drei-Sterne-Restaurant Le Bernardin. Schräg gegenüber werden im Winter Garden seit 1911 Revuen und Musicals aufgeführt und fand 1960 die Uraufführung des Musicals *West Side Story* statt.
Östlich des Times Square erreicht man nach dem Bertelsmann Building das Lyceum Theatre von 1903. Das älteste durchgehend bespielte Theater der Stadt gehört wie viele andere in New York der Shubert Organization.

Mit weniger als 1000 Plätzen gehört es zu den kleineren Bühnen – strenggenommen dürfte es nicht einmal zu den Broadway-Theatern gerechnet werden. Den prächtigen Beaux-Arts-Bau zieren sechs korinthische Säulen an der Front und zwei prächtige Treppenaufgänge im Foyer. Bei der Eröffnung beeindruckte er mit einem topmodernen Belüftungssystem. Der Bauherr und Theaterleiter Daniel Frohman ließ sich im obersten Geschoss ein Apartment einbauen, das einen Blick auf die Bühne gewährte.

... und elitäre Privatclubs

Im 1902 eröffneten Algonquin Hotel (59 W 44th Street) trafen sich in den 1920er-Jahren Literaten und Mitarbeiter des New Yorker mittags zum berühmten »Round Table«. Geblieben sind ein Restaurant und die Blue Bar. Der Oak Room von 1939, ein legendärer Supper Club mit Jazz und Kabarett, ist dagegen leider geschlossen worden.
Im ein paar Schritte entfernten »New York Yacht Club« (37 W 44th Street) traf und trifft sich ebenfalls die Elite. Das Gebäude des Privatclubs schmücken markante Segelschiffhecks in den Erkerfenstern und springende Delfine und Wellen an den Fenstersimsen. Er gilt als Geburtsort des »America's Cup«, der bedeutendsten Trophäe des Hochsee-Segelsports.

RUND UMS THEATER

Während der »NYC Broadway Week« und der »Off-Broadway Week« gibt es im Januar/Februar sowie im September/Oktober jeweils gut zwei Wochen lang verbilligte Eintrittskarten (zwei Tickets zum Preis von einem) für Broadway-Shows. Informationen findet man unter www.nycgo.com/broadwayweek beziehungsweise www.nycgo.com/offbroadwayweek.
The Broadway Collection (www.broadwaycollection.com) ist ein Zusammenschluss von Shows, Events und Unternehmen am Broadway. Über Reisebüros und -veranstalter können Tickets für über 20 Topshows, darunter *Chicago, Mamma Mia!, STOMP, The Phantom of the Opera, Wicked, The Lion King, Rocky* und *Kinky Boots*, im Vorfeld der Reise erworben werden. Auch Tickets für das Lincoln Center oder die Christmas Spectacular Show in der Radio City Music Hall sind erhältlich.

WEITERE INFORMATIONEN

Detaillierte übersichtliche Informationen über die Theater und zum aktuellen Programm bieten www.newyorkcitytheatre.com und www.broadway.com.

Allianz
manhattan
mini storage

Abendstimmung über dem Hudson River: Langsam gehen die Lichter in und an den Wolkenkratzern in Midtown an und erleuchten die Nacht.

37 Respekt vor Vierbeinern – New Yorks berittene Polizei

Die »Ten-Foot Cops«

Man sieht sie häufig in den Straßenschluchten Manhattans: die berittenen Polizisten des New York Police Department (NYPD). Sie wirken fast wie Relikte einer längst vergangenen Zeit, sind jedoch bis heute höchst effektiv im Einsatz sowie Wahrzeichen und Botschafter der Metropole. Die Mounted Unit des NYPD wurde als erste berittene Polizei Nordamerikas 1871 gegründet.

Die Polizisten zu Pferd sind in New York City sehr beliebt, die Einwohner nennen sie auch »Ten-Foot Cops«, weil Pferd und Reiter rund drei Meter hoch sind. Damit ragen die berittenen Polizisten aus jeder Menschenmenge heraus und haben so einen besseren Überblick.

Die »Mounted Unit« ist die berittene Abteilung des New York City Police Department (NYPD), der größten Polizeieinheit in den USA. Die Einheit ist zwei Jahre älter als die legendären »Mounties«, die Royal Canadian Mounted Police. Sie wurde kurz nach dem Bürgerkrieg (1861 bis 1865) gegründet, und ihre ersten Offiziere hatten noch in der »Civil War Cavalry« gedient. In Zeiten, in denen in anderen Städten die berittenen Einheiten aus Kostengründen abgeschafft werden, unterhält das NYPD immer noch um die 80 Reiter und über 50 Pferde.

Die New Yorker lieben ihre Polizisten zu Pferd und nennen sie stolz »Ten-Foot Cops«, weil das Paar aus Pferd und Reiter rund drei Meter hoch ist. Damit ragen die berittenen Polizisten aus jeder Menschenmenge heraus, sehen deshalb weit mehr als mehrere Kollegen zu Fuß und können viel schneller reagieren. Sie sind zudem ausdauernder als die Beamten zu Fuß und beweglicher als Polizeiautos. Darüber hinaus haben die Leute mehr Respekt vor dem beeindruckenden Gespann aus Reiter und Pferd, weshalb die berittene Polizei vor allem

zur »Crowd Control« um den Times Square, bei Paraden, Demonstrationen und anderen Events zum Einsatz kommt.

Fundierte Ausbildung

Nicht nur die Pferde werden sorgfältig ausgewählt und ausgebildet, auch die Polizisten sind handverlesen. Unter den insgesamt rund 40 000 NYPD-Beschäftigten gibt es lediglich rund 80 Mounted Officers. Für die Mounted Unit können sich nur voll ausgebildete Police Officers bewerben. Die erfolgreichen Bewerber erhalten eine bis zu 400 Stunden lange Zusatzausbildung, deren Lehrstoff von Pferdepflege und -Anatomie über Reiten bis zu verschiedenen Techniken und Aspekten der Überwachung reicht.
Die Ausbildungsstätte für die Polizei-Pferde und berittenen Polizisten ist die NYPD Mounted Unit Remount Facility im Pelham Bay Park in der Bronx. Dort absolvieren die Officers ein dreimonatiges Intensivtraining, das täglich fünf bis sechs Stunden in Anspruch nimmt. Auf diese Weise werden auch weniger reiterfahrene Polizisten schnell in die Lage versetzt, mit dem ihnen vom Trainer »angepassten« Pferd in den hektischen Straßen Manhattans die Übersicht zu behalten, anfangs in Begleitung erfahrener Crews.

Hauptsache gelassen

Jedes Pferd trägt einen Namen, meist nach einem im Dienst verstorbenen Polizisten, und dazu eine Nummer, deren letzte beiden Ziffern das Jahr seiner Aufnahme angeben. Bezüglich der Rasse gibt es kaum Einschränkungen, lediglich Vollblüter kommen nicht zum Einsatz. Meist handelt es sich um Warmblüter, oft um Kutschen-, Zug- beziehungsweise Arbeitspferde. Es werden ausschließlich fünf bis zehn Jahre alte, braune oder schwarze Wallache mit einem Stockmaß von 155 bis 165 Zentimetern angekauft. Die wichtigsten Eigenschaften der ausgewählten Pferde sind Unerschrockenheit und Gelassenheit, Robustheit und Ausdauer. Sie gehören der City of New York und erhalten nach absolvierten Dienstjahren auf Retirement Farms ihr Gnadenbrot.

Neue Luxuswohnung

Lange Zeit waren die Pferde an Pier 76 am Hudson River zu Hause, Ende 2015 zogen sie in eine neue Luxusherberge im Mercedes House um, einem neuen Luxuswohnblock in der Far West Side. Neben diesen Headquarters, die zur Pflege und Erholung der Pferde dienen, gibt es verteilt auf die Stadt noch kleinere Ställe zum Ausruhen und Füttern vor und nach Einsätzen. Das Erdgeschoss des riesigen Mercedes House nehmen neben einem großen Mercedes-Händler die NYPD-Ställe ein. Auf rund 2500 Quadratmeter Fläche wurden für 30 Millionen US-Dollar von einer Spezialfirma 27 Einzelställe eingerichtet, dazu Heißwasserduschen, automatische Tränken und eine große überdachte Reitbahn. Ein spezieller Boden schont die Pferdebeine, und ein Belüftungssystem sorgt für geruchslose Atmosphäre. Sogar eine hauseigene Hufschmiede ist vorhanden.

NEW YORK'S FINEST

Leider ist das New York City Police Museum (www.nycpm.org) seit Hurrikan Sandy gegenwärtig noch immer geschlossen. Seit seiner Gründung 1998 hatte es anschaulich über die Geschichte des New York City Police Department (NYPD), offiziell »City of New York Police Department«(NYCPD) informiert.
Diese größte und wohl auch berühmteste Polizeieinheit der Welt wird auch »New York's Finest« genannt. Sie wurde 1845 als »Municipal Police« gegründet und besteht derzeit aus knapp 35 000 Kräften, die für alle fünf Boroughs von New York City zuständig sind. Das Department gliedert sich in verschiedene Einheiten (Units). Dazu gehören neben der berittenen Polizei beispielsweise der Emergency Service, die Harbor Patrol, Bomb Disposal, Narcotics und Transit Police. Die Hauptzentrale befindet sich an der 1 Police Plaza in Lower Manhattan, passenderweise gegenüber der City Hall.

WEITERE INFORMATIONEN

Mercedes House: 550 W. 54th St., www.mercedeshouseny.com
Nahe gelegen: DeWitt Clinton Park, W. 52nd bis W. 54th St., 11th bis 12th Ave., mit Spiel- und Sportplätzen sowie schöner Bepflanzung.

Hauptattraktion des Viertels Hell's Kitchen ist das Intrepid Sea, Air & Space Museum direkt am Hudson River, an Pier 86 (oben). Der namensgebende US-Flugzeugträger aus dem Zweiten Weltkrieg bildet das Kernstück des Museums. Weitere Attraktionen sind ein Space Shuttle und eine Concorde sowie Militärflugzeuge aller Art (rechts).

38 Historische Kriegsschiffe und ein Überschallflugzeug – Intrepid Sea, Air & Space Museum

Ein Flugzeugträger in der »Küche des Teufels«

Das Musical *West Side Story* spielt in einem von Straßenbanden beherrschten Viertel, das sich westlich des Theater District bis zum Hudson River hin erstreckt: Hell's Kitchen, »des Teufels Küche«. Vor allem sein Zentrum zwischen 50th und 56th Street war einst fest in irischer Hand und bis Ende der 1970er-Jahre verrufen.

Die Hauptattraktion von Hell's Kitchen liegt direkt am Ufer des Hudson River, das Intrepid Sea, Air & Space Museum an Pier 86. Der namensgebende US-Flugzeugträger aus dem Zweiten Weltkrieg, der hier vor Anker liegt, ist das Kernstück eines der größten Schifffahrtsmuseen der Welt. Das 280 Meter lange Schiff gehört zur Essex-Klasse der Flugzeugträger und war von 1943 bis 1974 im Einsatz. Es überstand fünf Kamikaze-Attacken und einen Torpedo-Einschlag im Zweiten Weltkrieg und diente zudem als Bergungsschiff für die NASA. Seit gut 30 Jahren zählt das Intrepid zu den National Historic Landmarks.

Nicht nur Maritimes

Als der Flugzeugträger aus dem Dienst genommen wurde, konnte er dank einer Privatinitiative vor der Verschrottung bewahrt und unter Denkmalschutz gestellt werden. 1982 wurde er zum maßgeblichen Bestandteil eines einzigartigen New Yorker Museums. Vor wenigen Jahren durchlief das Schiff – wie der ganze Pier – eine Generalüberholung.

Im Bauch des Flugzeugträgers erfährt man vieles über den Zweiten Weltkrieg, das Schiff und seine Geschichte, über seine Besatzung und die an Bord herrschenden Lebensbedingungen. Auf dem Deck des Flugzeugträgers sind

Historische Kriegsschiffe und ein Überschallflugzeug – Intrepid Sea, Air & Space Museum

in großer Zahl Militärflugzeuge aufgestellt, darunter eine A-12 Blackbird aus dem Kalten Krieg und eine Douglas A-4B Skyhawk von 1956. Alle fünf Abteilungen der US-Militärs sind vertreten – Army, Marine Corps, Navy, Air Force und Coast Guard –, dazu internationale Modelle, deren Flaggen ihre Herkunft anzeigen. Neben der »USS Intrepid« liegt seit 1989 die »USS Growler«, das einzige amerikanische Raketen-U-Boot, das besichtigt werden darf. Im Inneren erschrickt man über die herrschende Enge und staunt über das »topsecret« Command Center.

Das Highlight des Museums ist eine Concorde der British Airways. Das Überschallflugzeug stellte einen Rekord auf, als es am 7. Februar 1996 in nicht einmal drei Stunden den Atlantik überquerte. Die Maschine mit der Typennummer G-BOAD (210) wurde 2003 aus dem Dienst genommen, nachdem der Absturz einer Air-France-Maschine gleichen Typs im Juli 2000 Überschallflugzeuge infrage gestellt und ihren Einsatz beendet hatte. Das neueste »Ausstellungsstück« im Intrepid Museum stammt von 2012 und ist das Space Shuttle Enterprise. Im extra dafür errichteten Space Shuttle Pavilion geht es jedoch nicht nur um dieses wegweisende Raumschiff, sondern auch allgemein um die NASA und ihre Raumfahrtprogramme.

Ein Dschungel wird zum Park

Hell's Kitchen, die »Küche des Teufels«, war früher ein Zentrum der Iren, besonders der Bereich zwischen West 50th und 56th Street westlich der 8th Ave. Hier herrschten die berüchtigten »Westies«, die durch das Musical *West Side Story* bekannt wurden. Später war Hell's Kitchen berüchtigt für den »Dschungel«. Das heruntergekommene Bahnareal unterhalb des Express Highway nahe dem alten Kai war der »Wohnsitz« vieler Obdachloser und Drogensüchtiger.

Mittlerweile hat sich das alte Arbeiterviertel zu einer properen Wohngegend mit neu renovierten Wohnblocks und Brownstone-Häusern entwickelt. Kleine Läden, Cafés und Lokale sind dazugekommen, ebenso Gemeinschaftsgärten, wie der Clinton Community Garden an der West 48th Street zwischen 9th und 10th Avenue.

Am Hudson River, auf Piers und am Ufer sowie auf den stillgelegten Gleisanlagen sind neue Freizeit- und Grünanlagen entstanden beziehungsweise am Entstehen. Im Rahmen des Hudson River Park Project sind bereits etliche der alten historischen Piers zu Freizeitarealen umgestaltet worden, und am Ufer schlängelt sich der Fuß- und Radweg Manhattan Waterfront Greenway.

FREILUFTKINO UND ANDERE EVENTS

Da sage noch einer, es gäbe in New York nichts kostenlos: Während der Intrepid FREE Summer Movie Series werden im Sommer auf dem Deck der »USS Intrepid« Filme gezeigt. Besucher können eigene Decken und ein Picknick mitbringen, nur Alkohol ist nicht erlaubt. Die Pforten öffnen um 19.30 Uhr, die Filme beginnen nach Sonnenuntergang. Informationen zum Open-Air-Kino-Programm finden sich auf www.intrepidmuseum.org/summermovieseries.aspx.

Ende Mai findet rund um den Memorial Day die interessante Fleet Week New York statt. An ihr nehmen Marines und die Cost Guard teil, deren Schiffe auch zur Besichtigung offen stehen. Im Intrepid-Museum finden Vorführungen, Vorträge, spezielle Ausstellungen, Touren und Filme statt, außerdem kann man bei militärischen Exerzierübungen und Zeremonien zusehen.

WEITERE INFORMATIONEN

Intrepid Sea, Air & Space Museum: Pier 86/W. 46thSt./12th Ave., www.intrepidmuseum.org, verschiedene Tickets und Touren

Hudson River Park: www.hudsonriverpark.org

Manhattan Waterfront Greenway: www.nyc.gov/html/dcp/html/mwg/mwghome.shtml

Manhattan ist von Wasser umgeben, East und Hudson River. Inzwischen wendet sich die Stadt wieder dem Wasser zu, man segelt und fährt Boot (rechts oben) und es entstehen Promenaden und Piers mit Freizeitwert (unten).

39 Manhattans neu gestaltete »Waterfront« – Hudson River Park und Greenway

Eine Stadt entdeckt das Wasser neu

Der Hudson River Park ist Teil des Manhattan Waterfront Greenway, der sich von der 59th Street südwärts zum Battery Park zieht und einmal ganz Manhattan umrunden soll. Er verbindet Lower Manhattan mit Midtown West und führt durch zahlreiche Neighborhoods. Darüber hinaus wendet er das Gesicht der Stadt wieder dem Wasser zu.

Manhattans neu gestaltete »Waterfront« ist geprägt von Parks mit Liege- und Spielwiesen, Skaterbahnen, Sportflächen, Restaurants und Bars. Derzeit ist der Hudson River Park mit über sieben Kilometern Länge nach dem Central Park der größte Park Manhattans. Neben den »Trails« für Fußgänger und Fahrradfahrer gibt es auf vielen Piers Sportplätze, Kinderspielplätze, Hundeparks und Bootsanlegestellen (Piers 96, 84, 66 und 40). Sogar Kajaktouren sind möglich, zum Beispiel mit »Outrigger Canooing« an Pier 66.

Bevor sich die europäischen Siedler in Manhattan niederließen, lebten am Ufer des Unterlaufs des Hudson River Indianer, die hier fischten und die Austernbänke an der Küste nutzten. Doch erst die Europäer bauten am Hudson River für ihre Boote Piers, die später zur »Luxury Liner Row« ausgebaut wurden. 1807 legte als erstes Schiff der Dampfer »Clermont« an Pier 45 im West Village an. Weitere folgten, vor allem die Schiffe der English White Star Line – zum Beispiel die »Lusitania«– an Pier 54.

Vielseitiges Freizeitangebot

Der Hudson River Park konnte nur entstehen, weil der hier geplante Bau des West Side Highway in den 1980er-Jahren gescheitert war. In der Folge wurden in den frühen 1990er-Jahren das Jacob Javits Center, die Chelsea Piers und Pier 40 als Ankerpunkte für eine Umgestaltung ins Auge gefasst. Die erste Parksektion wurde 2003 im Greenwich Village eröffnet, 2015 waren zwei Drittel der Grünanlage vollendet.

Pier 40 in Greenwich Village (353 West Street) war eines der zuerst fertiggestellten und größten Projekte. Wo 1962 der Terminal für die Holland America Line errichtet wurde, spielt heute das New Yorker Rugby-Team Knights, dazu gibt es weitere Spielfelder. Ein Stück weiter nördlich laden die ausgedehnten Grünflächen des Christopher Street Pier zum Sonnenbaden ein.

Kulinarisches und Sport am Hudson River

Pier 54 war einst Teil der Luxury Liner Row und wurde zum Beispiel von der Cunard Line angesteuert. Bis 2012 wurde der Pier für diverse Events benutzt, derzeit ist er geschlossen. Im Meatpacking District entsteht derzeit an der West 15th Street mit dem Super Pier ein neues Großprojekt. Zum früheren Marine & Aviation Pier 57 gehört ein zweistöckiges Gebäude von 1952, dessen Lagerflächen bis zum Hudson-River-Grund reichen und das später als Busbahnhof genutzt wurde. Nun sollen mehrere Restaurants, eine Markthalle (Anthony Bourdains »Asian Night Market«) und Eventflächen entstehen, dazu ein Rooftop-Park für das Tribeca Film Festival.

Die Piers 59 bis 62 sind Sitz des Chelsea Piers Sports & Entertainment Complex, zu dem Spielfelder, eine Kegelbahn, ein Schießstand, eine Eislaufbahn, eine Kletteranlage, eine Sporthalle und andere Fitnesseinrichtungen gehören. Anfang des 20. Jahrhunderts legten an den Piers noch große Luxusschiffe an. Zwischen 22nd und 25th Street lädt der naturnah gestaltete Parkteil Chelsea Cove zum Ausruhen ein, Pier 64 hat hingegen Sportflächen, Rasen und im Sommer Wassersport zu bieten. Letzteres gilt auch für den anschließenden Pier 66.

Schiffe, Kajaks und Fische

An den Piers 79, 81 und 83 legen Ausflugsboote und Fähren an, nördlich von Pier 86 mit dem Intrepid Sea-Air & Space Museum befindet sich an den Piers 88–92 der New York Passenger Ship Terminal. Pier 84 hat zwischen 1981 und 1988 als Konzertareal schon große Stars wie The Clash, Frank Zappa oder Hot Tuna erlebt. Heute ist er Teil des Hudson River Park und bietet von Fahrradverleih über Angelmöglichkeiten und Bootsfahrten bis zu Spiel- und Sportflächen auch ein Restaurant und einen Anleger von New York Water Taxi. Ebenfalls mit Bootanlegern und Kajaks wartet Pier 96 samt Bootshaus auf.

FUN AUF DEN PIERS

»JBL Live at Pier 97« heißt eine Konzertreihe, für die Hudson River Park und Live Nation gemeinsam verantwortlich zeichnen. Im Freilichttheater auf Pier 97 treten vor großer Kulisse (über 5000 Fans) bekannte Bands verschiedenster Musikrichtungen auf, wie The Fray, Lorde oder Brantley Gilbert (16th). Während hierzu die Eintrittskarten etwas kosten, ist Mitte Juni das Hudson River Dance Festival auf Pier 63 in Chelsea ein Gratis-Event, und auch die Konzerte bei »Hudson RiverRocks« im Juli und August auf Pier 84 sind kostenlos. Gleiches gilt für »Hudson RiverFlicks« und »Big Hit Wednesdays« auf Pier 63. Dort werden mittwochs nach Sonnenuntergang im Freien große Kinofilme gezeigt, dazu gibt es sogar Gratis-Popcorn.

WEITERE INFORMATIONEN

Zu Fortschritt, Angebot der einzelnen Piers, Veranstaltungen und anderen Angeboten siehe www.hudsonriverpark.org, zu Events: www.hudsonriverpark.org/events

Schon von außen sehenswert: das MoMA, Museum of Modern Art (rechte Seite unten links). Hier kann der Kunstfreund auf sechs Stockwerken die umfangreiche Sammlung moderner und zeitgenössischer Kunst genießen (oben und rechts unten). In einem ungewöhnlichen Bau befindet sich das Austrian Cultural Forum, eine der beiden Kulturvertretungen Österreichs in den USA (rechts oben).

40 Ein Muss für Kunstfreunde – MoMA – Museum of Modern Art

Ein Tempel der modernen Kunst

Upper Midtown, das Areal zwischen Rockefeller Center und Central Park, ist das geschäftige Touristenzentrum der Stadt. Im Bereich zwischen Park Avenue und Broadway reihen sich die meisten und auch die exklusivsten Läden sowie Restaurants und Cafés. Das kulturelle Highlight des Gebiets ist das weltberühmte MoMA, das Museum of Modern Art.

In den späten 1920er-Jahren setzten sich drei reiche Damen und Kunstmäzeninnen – Lillie P. Bliss, Mrs. Sullivan und Mrs. Rockefeller – zusammen und beschlossen, ein Museum ausschließlich für moderne Kunst ins Leben zu rufen. »The greatest museum of modern art in the world«, wie es der erste Direktor Alfred Barr nannte, war aus der Taufe gehoben, und das 1929, im Jahr des großen Börsenkrachs! Zehn Jahre später bezog man das Gebäude an der 53rd Street, in dem sich das Museum heute noch befindet.

Den Neubau im Internationalen Stil hatten Philip Goodwin und Edward Durell Stone geplant, noch prägender waren jedoch die Erweiterungen in den 1950er- und 1960er-Jahren durch den weltberühmten Architekten Philip Johnson, der außerdem einen Skulpturengarten hinzufügte. 1983/84 war es erneut ein Großer seines Fachs, César Pelli, der die Ausstellungsfläche durch einen neuen Flügel verdoppelte und mit dem Museum Tower einen Wohnturm, der das Museum flankiert, hochzog.
Angesichts dieser berühmten Vorgänger stand der japanische Architekt Yoshio Taniguchi 1997

vor keiner leichten Aufgabe. Sein Anbau fiel dann jedoch weniger durch spektakuläre Architektur als vielmehr durch Zweckmäßigkeit und vornehme Zurückhaltung auf: Tiefschwarzer Granit, Alu und Glas kamen zum Einsatz, und eine geräumige Lobby und ein hohes Atrium lassen das Museum hell und luftig wirken. 2007 legte der französische Architekt Jean Nouvel mit dem Tower Verre erneut einen Entwurf für eine vor allem wegen der Höhe umstrittenen Erweiterung vor. Der mittlerweile in »53W53« umbenannte Wolkenkratzer befindet sich jetzt in Bau, allerdings ist für die Museumserweiterung selbst das bekannte Büro Diller, Scofidio & Renfro zuständig. Geplant ist, die unteren Etagen des neuen Hochhauses zu nutzen und einen Glasanbau auf dem Gelände des dafür abgerissenen American Folk Art Museum (45 West 53 Street) zu errichten.

Breit gestreutes Spektrum

Die Museumskollektion umfasst beinahe 200 000 Arbeiten aus aller Welt und deckt rund 150 Jahre Kunstgeschichte vom Impressionismus der 1880er-Jahre bis zur Gegenwart ab. Das breite Spektrum der Kunstgenres reicht von Malerei und Bildhauerei über Zeichnung, Druckgrafik und Buchillustration bis zu Fotografie, Architektur, Design, Film, Medien und Performance Art. Die Bestände verteilen sich auf sechs Ebenen im Hauptgebäude, daneben gibt es mehrere Säle für Wechselausstellungen und Galerien für zeitgenössische Kunst. Der Rundgang führt vorbei an Kunstwerken des Impressionismus, darunter Klassiker wie van Goghs *Sternennacht*, Monets *Seerosen* und *Der Tanz* von Matisse sowie Werke von Toulouse-Lautrec, Cézanne und Gaugin. Den Expressionismus vertreten Kunstwerke von Kokoschka oder Kirchner, und natürlich fehlen weder kubistische Gemälde, unter anderem von Severini, Boccioni und Carrà, noch bedeutende Arbeiten der russischen Avantgarde (Malewitsch, Lissitzky), Bilder von Mondrian, Picasso, Klimt, Matisse, Chagall und Magritte sowie von Surrealisten, wie Dalí, Miró und Ernst. Zudem sind Kunstwerke aus der zweiten Hälfte des 20. Jahrhunderts von Berühmtheiten wie Bacon, Pollock, de Kooning, Rothko, Jasper Johns, Rauschenberg, Lichtenstein, Warhol, Oldenburg und Beuys ausgestellt.

Hochkarätig sind auch die schon ab 1935 aufgebaute Film Library sowie die Foto- und Grafiksammlungen des MoMA. Wer sich für Gegenwartskunst und moderne Medien begeistert, sollte dem seit 2000 mit dem Museum kooperierenden MoMA PS1 in Long Island City in Queens einen Besuch abstatten.

KULINARIK UND KULTUR

Im MoMA lohnen am Ende des Besuches auf jeden Fall ein Blick in die Museumsläden und/oder eine Stärkung in einem der Restaurants (»Cafe 2« und »Terrace 5«). Ein besonderes Erlebnis ist ein Mahl in Danny Meyers Zwei-Sterne-Restaurant The Modern unter Chefkoch Abram Bissell.
Absolut sehenswert ist das in nächster Nähe gelegene Austrian Cultural Forum (11 E. 52nd St., www.acfny.org). Dort gelang Raimund Abraham 2002 auf einem nur 7,5 Meter breiten Grundstück ein architektonischer Geniestreich mit 24 Stockwerken. Abgesehen von einer Bibliothek gibt es dort Veranstaltungen aller Art.
Das ebenfalls nahe Paley Center for Media (25 W. 52nd Ave., www.paleycenter.org) informiert unter Einsatz verschiedenster Medien über die Unterhaltungs- und Nachrichtenbranche von den Anfängen bis heute. Das Archiv umfasst mehr als 100 000 Aufnahmen, im 200-Plätze-Theater finden auch Vorträge und Veranstaltungen statt.

WEITERE INFORMATIONEN

MoMA: 11 W. 53rd St., www.moma.org, Mi–Mo 10.30–17.30 Uhr, $ 25, Fr 16–20 Uhr freier Eintritt

41 Gesamtkunstwerk im Art-déco-Stil – Rockefeller Center

Stadt in der Stadt

Es war eine private Passion und ein Arbeitsbeschaffungsprojekt in einem: das Rockefeller Center. 1928 hatte der Industrielle John D. Rockefeller, Jr. das Grundstück erworben, auf dem sich vormals der Botanische Garten der Columbia University befunden hatte. Geplant war zunächst ein Opernhaus, doch angesichts der Wirtschaftskrise änderte Rockefeller sein Vorhaben. 1931 begann der Bau eines Mehrzweckkomplexes.

Ungewöhnliche Kunstinstallation auf der Rockefeller Plaza (unten). Die Art-déco-Bauten sind üppig mit Skulpturen verziert (rechte Seite oben). Juwelier an Juwelier findet man in der Diamond Row (rechte Seite unten).

Nach dem Entwurf eines Architektenteams unter Raymond Hood (1881–1934), der für seine Gebäude im Art-déco-Stil bekannt war, entstand der erste privat finanzierte »Multipurpose Complex« oder »Multiplex« der Welt. Dieses Vorhaben kam zugleich einem Arbeitsbeschaffungsprogramm gleich, denn zur Zeit der Weltwirtschaftskrise, bis 1940, entstanden nach und nach 14 Einzelbauten, zwischen 1957 und 1973 fügte man sieben weitere Gebäude hinzu. Am Schluss bildeten 21 unterschiedlich genutzte Hochhäuser ein architektonisches Ensemble, das 1985 zum nationalen Kulturdenkmal erklärt wurde. Die Ausstellungsflächen, Büros, Studios, Läden, Restaurants etc. sind durch Tunnels miteinander verbunden.

Gesamtkunstwerk im Art-déco-Stil

Das Ensemble schmücken innen wie außen zahlreiche Kunstwerke, zum Beispiel ein großes Mosaik mit dem Titel *Intelligence Awake-*

ning Mankind (1933) über dem Eingangsbereich an der Avenue of the Americas und das Stahlrelief *News* am Haupteingang des Associated Press Buildings (50 Rockefeller Center). Die 1937 geschaffene, 4,5 Meter große Bronzestatue eines Atlas, der die Weltkugel stemmt, schmückt den Haupteingang des International Building an der Fifth Avenue.

Bei Besuchern wie Einheimischen beliebt ist das Areal um die Sunken Plaza mit Eislauffläche und Weihnachtsdekoration im Winter beziehungsweise Café und üppigem Blumenschmuck im Sommer. Beherrscht wird der Platz von der markanten Goldstatue des jungen Prometheus, Teil eines Brunnens von 1934. Hinter ihm wird seit über 80 Jahren ein über 20 Meter hoher Christbaum aufgestellt, dessen erstmalige festliche Beleuchtung mit 45 000 LED-Lichtern und großem Swarowski-Stern als Spitze immer am ersten Mittwoch nach Thanksgiving (letzter Donnerstag im November) stattfindet und mit einer Open-air-Show zelebriert wird. Er bleibt bis Anfang Januar stehen.

An der hier verlaufenden Ladenpromenade zur Fifth Avenue befinden sich die NBC-Studios mit ihrem berühmten »Schaufenster«. Viele amerikanische Besucher pilgern, oft mit Transparenten ausgestattet, am Morgen hierher, um sich vor den Studiofenstern zu positionieren, wenn dahinter die NBC Today Show aufgenommen wird, bei der häufig die Kamera ins Publikum draußen schwenkt. Im Shop at NBC Studios im General Electric (GE) Building beginnen auch die Führungen durch die NBC-Studios.

New York aus der Vogelperspektive

Es ist ein eigenartiges Gefühl: Scheinbar auf dem Oberdeck eines Ozeandampfers stehend, blickt man statt auf die endlose Weite des Meeres auf ein Meer von Wolkenkratzern. Möglich ist das auf dem dominanten und zugleich einem der ältesten Bauten des Rockefeller Center, dem GE Building. Seit Herbst 2005 kann man zusätzlich zu dem geschlossenen »Grand Viewing Room« in der 67./69. Etage wieder die 1933 erbaute Aussichtsplattform »Top of the Rock« betreten.

Von dort bietet sich aus etwa 260 Meter Höhe ein großartiger Ausblick – bis zu 130 Kilometer weit. Aber nicht nur das: Das offene Aussichtsdeck in der 70. Etage, schnell mit dem topmodernen Aufzug »Sky Shuttle« erreicht, sorgte bereits bei der Eröffnung für Aufsehen, da es dem Oberdeck eines Kreuzfahrtschiffes im Art-déco-Stil nachempfunden ist, samt Stühlen, Kaminen und anderen eleganten stiltypischen Details.

Im 65. Stock liegt der berühmte »Rainbow Room«, einst legendärer Supper Club mit rotierendem Tanzboden und Big-Band-Auftritten – Bar, Kabarett und Restaurant in einem. Er war zwischen 2009 und 2014 geschlossen und ist nun wieder zu »Dinner and Dancing« und Sunday Brunch zu bestimmten Terminen sowie als Bar »Sixty-Five« werktags abends geöffnet.

EDELSTEINE UND JUWELEN

Einen Block südlich des Rockefeller Center glitzert und blinkt es in den Schaufenstern: Hier, an der West 47th Street zwischen 5th und 6th Avenue, befindet sich die legendäre »Diamond Row«, das Zentrum des New Yorker Diamantenhandels. Ab den 1930er-Jahren zogen jüdische Händler von der Lower East Side nach Midtown und eröffneten an dieser Straße ihre heute von Türstehern bewachten Schmuckläden. Während des Zweiten Weltkriegs kamen weitere Händler dazu, vor allem solche, die in Holland oder Belgien im Diamantenhandel tätig waren. Der Diamond District gilt heute als weltgrößter Shoppingbezirk für Diamanten und anderen edlen Schmuck, an die 2600 Händler sollen ansässig sein. Da 90 Prozent aller in die USA eingeführten Diamanten durch New York gehen, sitzen die Händler hier quasi an der Quelle.

WEITERE INFORMATIONEN

Rockefeller-Center-Tour:
www.rockefellercenter.com/attractions/rockefeller-center-tour
Top of the Rock:
ww.topoftherocknyc.com
NBC-Studios:
ww.rockefellercenter.com/attractions/nbc-studios
Today-Show:
http://visit.today.com/at-today
Rainbow Room: www.rainbowroom.com

Reklame hat die Radio City Music Hall längst nicht mehr nötig. Seit ihrer Eröffnung 1932 gilt die Konzerthalle als »Palace for the People«, da sich jedermann ein Ticket für die Vorführungen dort leisten konnte (links oben und rechts unten). Traditionell findet seit 1933 das Radio City Christmas Spectacular mit den Rockettes statt (rechte Seite oben).

42 Wo die Rockettes zu Hause sind – Radio City Music Hall

Ein »Palace for the People«

Die Radio City Music Hall liegt an der Westseite des Rockefeller Center an der Avenue of the Americas und ist ebenfalls Bestandteil des Komplexes. Die berühmte Bühne, kurz »RCMH« genannt, erhielt ihren Namen von den ersten Mietern, der Radio Corporation of America (RCA). Und natürlich war Herr Rockefeller an der Realisierung des Theaters beteiligt.

Neben John. D. Rockefeller, Jr., war die maßgebliche Kraft der Impresario und Unternehmer Samuel »Roxy« Rothafel, der bereits 1927 das Roxy Theatre nahe dem Times Square aus der Wiege gehoben hatte. Zusammen mit Rockefeller verwirklichte er dann einen Traum: Er wollte einen »Palace for the People«, ein Theater, zu dessen Vorführungen sich jedermann ein Ticket leisten konnte, bauen.

Mit einer aufwendigen, schillernden Show mit den Tanzstars Ray Bolger und Martha Graham wurde im Jahr 1932 die neue Konzerthalle als größte Bühne der Welt mit fast 6000 Plätzen eröffnet. Doch der große Erfolg als Theater blieb aus. Mangels Zuspruch wurde die Halle schon wenige Jahre später in ein Kino umgewandelt und als solches bis zur Schließung im Jahr 1979 betrieben. Der drohende Abriss konnte damals in letzter Minute abgewendet werden. 1997 erwarb Cable TV dann das Gebäude, um es in großem Umfang zu restaurieren und renovieren. Die im Jahre 1999 wiedereröffnete Radio City Music Hall gehört heute wieder zu den Hauptattraktionen und Schmuckstücken der Stadt.

Wo die Rockettes zuhause sind – Radio City Music Hall

Meisterstück im Art-déco-Stil

Das größte Theater der Welt mit seinen rund 6000 Sitzen fällt von außen lediglich durch seine bunten Leuchtreklameschilder »Radio City Music Hall« und wegen der drei Niken, geschaffen von dem Künstler Jim Dine, an der Fassade ins Auge. Ansonsten ist das Gebäude architektonisch eher unauffällig. Anders verhält es sich mit der Innenausstattung, sie fällt aus dem Rahmen: Die zeitlos-kunstvollen Art-déco-Details stammen von dem Designer Donald Deskey (1894–1989), der dafür edle Materialien wie Marmor und Blattgold mit Industriematerialien wie Bakelit, Aluminium oder Kork kombinierte. Goldene Decken und ein Wandbild im Treppenhaus, Reliefs an den Türen, geschmackvolle Lampen und stilvolle Teppiche vermitteln noch heute das Gefühl, als würde man in eine andere, luxuriös-prächtige Welt eintauchen.
Der glänzende Goldvorhang vor der Bühne gilt als weltweit größter, und die »Mighty Wurlitzer«-Orgel war einst die größte Orgel in einem Kino. Mehr als 25 000 Lampen tauchen das Theater in Licht, und die Bühne von Peter Clark mit mehreren separat hydraulisch beweglichen Teilen ist die größte (20 mal 44 Meter) und dazu technisch herausragend; sie steht seit 2001 unter Denkmalschutz. Ihre Technik war derart wegweisend, dass sie sogar die Ausstattung von Flugzeugträgern beeinflusste. Ein in der unteren Lobby ausgestelltes, voll funktionierendes Modell der Bühne fertigte Clark 1928 als Anschauungsobjekt für Rockefeller an.

Illustre Gästeliste

Die Radio City Music Hall war und ist ein Magnet für Stars aller Sparten. Während der Goldenen Jahre des Kinos waren es Schauspieler wie Douglas Fairbanks, Jr., Mary Pickford, Barbara Stanwyck, Jimmy Stewart oder Cary Grant, die »vorbeischauten«. Frank Sinatra, Ella Fitzgerald, Linda Ronstadt, Bill Cosby, Liberace, Sammy Davis, Jr., John Denver, The Count Basie Orchestra, José Carreras, Ray Charles und B. B. King gaben sich die Ehre, und Bette Midler, Stevie Wonder, Billy Crystal, Barry Manilow, Liza Minnelli, Sting und Céline Dion sangen schon hier und lobten die Akustik.
In den letzten Jahren wurden in der Radio City zahlreiche bedeutende Auszeichnungen verliehen. Daneben finden gelegentlich auch Sportevents und Parteiversammlungen statt. Besonders berühmt und beliebt ist jedoch seit 1933 die Weihnachtsrevue *Radio City Christmas Spectacular* mit der weltberühmten Tanztruppe Rockettes.

RADIO CITY CHRISTMAS SPECTACULAR

Die Show *Radio City Christmas Spectacular* gehört zum New Yorker Weihnachten wie der Christbaum am Rockefeller Center. Seit 1933 findet die Weihnachtsrevue mit den Rockettes statt. Die Tanztruppe war 1925 in St. Louis/Missouri als Missouri Rockets gegründet worden, zog aber schon bald nach New York um und absolviert seither in der RCMH Ende November bis Anfang Januar rund 200 Shows, drei bis vier täglich. Die aus rund 80 Damen bestehende Truppe wurde berühmt für ihre »high kicks«, für exakte Choreografien und rasante Stepptanz-Nummern. Ein Highlight jeder Show ist der Slow Motion Fall, die Schlussszene der Parade of the Wooden Soldiers. Die 90-minütige Aufführung besteht aus mehreren Aufzügen mit aufwendigen Bühnenbildern, von *Here Comes Santa Claus* über *Santa Flies to NYC* mit 3D-Videoprojektion und der *Nussknacker-Suite* bis hin zu *Snowflakes*, mit GPS-kontrollierten »Schneekugeln« und zu einer lebenden Krippe mit Kamelen und Schafen.

WEITERE INFORMATIONEN

RCMH, 1260 Ave. of the Americas, täglich Touren, www.radiocity.com, www.radiocitychristmas.com, www.rockettes.com. Tickets auch bei deutschen Reiseveranstaltern über die Broadway Collection (www.broadwaycollection.com)

43 Bekannt für ihre grandiose Akustik – Carnegie Hall

Eine legendäre Konzerthalle

Die Carnegie Hall gilt als älteste Konzerthalle der Stadt und ist allein schon wegen ihrer grandiosen Akustik eine Legende. Auf ihrer Bühne fanden viele erinnerungswürdige Aufführungen statt. Im Auftrag des Philanthropen Andrew Carnegie wurde sie zwischen 1887 und 1891 von William Burnet Tuthill an der 7th Avenue/56th Street – auf dem Ziegenhügel – erbaut.

Ein reich gewordener Einwanderer aus Schottland stiftete einst die heute weltberühmte Carnegie Hall (unten). Wenn auch rundherum andere Bauten mächtiger erscheinen: der Carnegie Hall wohnt große Strahlkraft inne (rechts oben). Der Neubau 432 Park Ave. (rechts unten)

Der Philanthrop Andrew Carnegie (1835–1919), ein Einwanderer aus Schottland, der mit Stahl reich geworden war, finanzierte zahlreiche Kulturinstitutionen in New York und in seiner Heimatstadt Pittsburgh. Die Idee, in New York eine Konzerthalle zu errichten, stammte von dem deutschstämmigen Dirigenten und Komponisten Walter Johannes Damrosch (1862–1950), der Carnegie 1887 während dessen Hochzeitsreise auf einem Transatlantikschiff von New York nach London dazu überredete.

Glitz und Glimmer auf dem Ziegenhügel

Damals gab es den Theater District als solchen noch nicht. Das Gebiet südlich des Central Park hieß schlicht »Goat Hill« – Ziegenhügel – und hatte nicht viel zu bieten, bis 1890 der Grundstein für die Carnegie Hall gelegt wurde. Andrew Carnegie hatte den New Yorker Architekten William Burnet Tuthill mit der Planung beauftragt. Obwohl dieser zuvor noch nie einen Konzertsaal gebaut hatte, gelang ihm ein elegantes Gebäude im Italian Renaissance Style mit legendärer Akustik.

Die feierliche Eröffnung der Carnegie Hall fand im Mai 1891 mit einem Konzert von Peter Tschaikowsky statt, danach gaben sich die Stars die Klinke in die Hand. Die Carnegie Hall genießt weltweit einen hervorragenden Ruf nicht nur als Veranstaltungsort klassischer Konzerte, sondern auch als Bühne für Popmusik. Gustav Mahler, Vladimir Horowitz, Maria Callas, Liza Minnelli, Luciano Pavarotti, Woody Guthrie, Pete Seeger, Bob Dylan und die Beatles traten hier schon auf. Klassische Highlights waren unter anderem Rachmaninows erster Auftritt im November 1909 und Igor Strawinskys Debüt in den USA mit den New Yorker Philharmonikern 1925. Ebenfalls legendär ist bis heute der Auftritt Benny Goodmans mit seiner Big Band am 16. Januar 1938. Erstmals traten dabei weiße und afroamerikanische Musiker gemeinsam auf. 1961 gab Judy Garland hier ihr Debüt, und 1968 hielt Dr. Martin Luther King, Jr., in der Carnegie Hall eine Rede.

Drei Bühnen unter einem Dach

Damrosch hatte seine Konzerthalle gleich in dreifacher Ausfertigung bekommen: mit Main Hall (später Stern Auditorium/Perelman Stage) mit 2800 Sitzen, Recital Hall mit ursprünglich 1200 Plätzen (jetzt Zankel Hall) und Chamber Music Hall (Weill Recital Hall). Schon Ende des 19. Jahrhunderts war der Komplex mehrmals umgebaut und erweitert worden, 1925 verkaufte ihn Mrs. Carnegie an einen Immobilienunternehmer, der etliche, nicht immer vorteilhafte Änderungen vornehmen ließ. Als 1960 der Abriss drohte, kauft die City of New York gerade noch rechtzeitig das Gebäude und ließ den Konzertsaal 1964 unter Denkmalschutz stellen. 1986 startete ein umfangreiches Renovierungsprojekt, in dessen Rahmen die Halle wieder in den alten Zustand zurückversetzt wurde.
2003 eröffnete die Zankel Hall mit 600 Sitzplätzen neu. Sie wird vor allem für Kammermusik, Solokonzerte und zeitgenössische Musik genutzt. Auch in der eleganteren, mit 268 Plätzen kleineren Weill Recital Hall treten Solisten und Kammermusiker auf und finden Meisterklassen statt. Die für ihre Akustik viel gepriesene Hauptbühne ist das Stern Auditorium/Perelman Stage, wo die ganz Großen aus dem Musik- und Showgeschäft von über 2800 Zuschauern frenetisch gefeiert wurden und werden.
Zum Komplex gehören außerdem der für die Lehre und Ausbildung reservierte Resnick Education Wing und das Rose Museum, das ausführlich über die Geschichte des Gebäudes informiert und Exponate zur Konzertgeschichte zeigt. Zwischen 1988 und 1990 fügte César Pelli mit dem 60-stöckigen Carnegie Hall Tower einen passenden postmodernen Anbau hinzu, der Wohnungen und Büros enthält.

NEUE CENTRAL-PARK-SKYLINE

Nicht weit von der Carnegie Hall entfernt entstanden beziehungsweise entstehen gerade schwerpunktmäßig an der 57th Street mehrere bleistiftschlanke, sehr hohe, aber insgesamt architektonisch wenig auffällige Hochhäuser. One57 (157 W 57th St.) ist das höchste in Stahlbetonbauweise errichtete Gebäude der Stadt und stammt von dem französischen Architekturbüro Christian de Portzamparc. The Billionaire Building mit Hotel und 92 Wohnungen ist 75 Stockwerke beziehungsweise 306 Meter hoch. Etwas weiter östlich steht mit 432 Park Avenue (www.432parkavenue.com) das höchste Wohngebäude in der westlichen Hemisphäre. Der rund 426 Meter hohe, schlanke Luxusturm wurde nach Plänen des Stararchitekten Rafael Viñoly von 2012 bis 2016 errichtet. Noch im Bau ist 220 Central Park South. Das von Robert A. M. Stern entworfene Gebäude soll bei seiner Eröffnung (wohl 2017) 65 Stockwerke beziehungsweise 290 Meter hoch sein und 150 Wohnungen beherbergen.

WEITERE INFORMATIONEN

Carnegie Hall: 57th St./7th Ave., www.carnegiehall.org, Touren Okt–Ende Mai, Zeiten siehe Webseite, mit Rose Museum (Konzertexponate)

Das Waldorf-Astoria ist eines der berühmtesten und traditionsreichsten Hotels der Stadt (oben). Der Abschnitt der Fifth Avenue um das Flatiron Building wurde einst »Ladies' Mile« genannt und erlebt heute ein Revival (rechte Seite).

44 Gedränge auf der Luxusmeile – Fifth Avenue

New Yorks Promeniermeile und »Millionaire's Row«

Nördlich des Washington Square Parks im Greenwich Village beginnt die legendäre Fifth Avenue, die bis nach Harlem führt. Der berühmteste Abschnitt liegt zwischen der 49th Street und 60th Street: Die Geschäfte dort, unter anderem Filialen von Louis Vuitton, Gucci, Rolex, Prada, Armani oder Versace, zählen zu den teuersten der Welt.

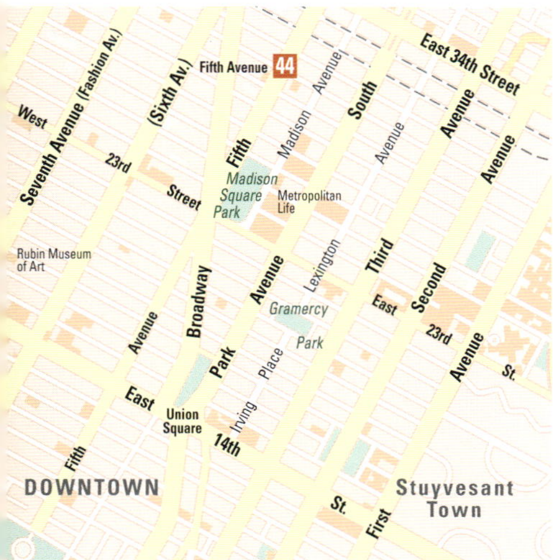

Die Fifth Avenue genießt auf ihrem Abschnitt in Midtown seit Langem den Ruf als eine der Luxusmeilen der Welt und als Treffpunkt der Reichen und Schönen – vergleichbar mit der Champs-Elysées in Paris oder Via Veneto in Rom. Doch das war nicht immer so: Obwohl nämlich im Jahr 1811 die Fortsetzung der Bebauung des Stadtgebietes auf Grundlage eines rechtwinkligen Rasters nach Norden beschlossen worden war, zog bis in die 1850er-Jahre kaum jemand in das Gebiet nördlich der 50th Street. 1862 ließ sich Caroline Schermerhorn Astor dort eine Villa bauen, und ihr folgten andere Familien der New Yorker Oberschicht: Carnegie, Frick, Vanderbilt und Rockefeller. Die bekanntesten New Yorker Architekten wurden engagiert, und rasch erhielt die Fifth Avenue den Beinamen »Millionaire's Row«.

Bummel auf der Luxusmeile

An der Ostseite des Rockefeller Center beginnt der luxuriöseste Abschnitt der Fifth Avenue, mit edlen Kaufhäusern wie Saks Fifth Ave. oder Bergdorf Goodman, 1899 von dem elsässischen Schneider Herman Bergdorf gegründet. Gegenüber dem alten, 1928 eröffneten Laden befindet sich die 1990 neu gegründete Herrenabteilung. Moderne Shops wie der in einem architektonisch sehenswer-

citi

Die Fifth Avenue genießt dank exklusiver Kaufhäuser, Läden und Boutiquen den Ruf, eine der Luxusmeilen der Welt und Treffpunkt der Reichen und Schönen zu sein (unten). Legendäre Herberge: das Plaza Hotel (rechts unten).

ten Glaswürfel untergebrachte Apple Store oder die japanische Kaufhauskette UNIQLO oder Designerboutiquen wie Prada, Louis Vuitton, Polo Ralph Lauren, Armani, Dior oder Salvatore Ferragamo fordern geradezu zum Geldausgeben auf.
Eine exklusive Shoppingmall rings um ein glitzerndes Atrium aus Marmor und Gold bietet der auch außen vergoldete Trump Tower, von dem gleichnamigen Investor und Präsidentschaftsanwärter 2016 Donald Trump erbaut. Die abgetreppte Fassade mit Bepflanzung sticht ins Auge und macht den Bau zu einem der auffälligsten an der Fifth Avenue.

Im »Juwelenpalast«: Tiffany & Co.

Gleich nebenan steht ein prominenter, gut bewachter Nachbar: Tiffany & Co. 1837 hatte Charles Lewis Tiffany zusammen mit John B. Young ein »stationery and fancy goods emporium«, einen Laden für Schreibwaren und exklusive Artikel, gegründet, der bis 1853 »Tiffany, Young and Ellis«, dann nur noch »Tiffany«, hieß.
1878 gewann Tiffany bei der Pariser Weltausstellung Preise für sein Silber, und 1887 kaufte man die französischen Kronjuwelen, was für viel Aufsehen sorgte und Tiffanys Ruf als »King of Diamonds« begründete. Der von der Firma entdeckte »Yellow Diamond« mit 128 Karat in kissenförmiger Form mit 90 Facetten ist legendär und unverkäuflich.
Tiffany galt jedoch auch als Pionier des Designs. Als der Firmengründer 1902 starb, übernahm dessen Sohn Louis Comfort Tiffany die Leitung. Dieser hatte bereits 1879 in New York die Tiffany Glass and Decorating Company gegründet und sich mit seinen legendären Lampen als Glaskünstler im Jugendstildesign einen Namen gemacht. 1968 hielt Tiffany-Porzellan dank Lady Bird Johnson, der Präsidentengattin, Einzug im Weißen Haus.

Beliebte Filmkulisse

1870 war man an den Union Square umgezogen, in den »Juwelenpalast«, wie ihn die New York Times nannte, von 1906 an residierte man in dem heute unter Denkmalschutz stehenden Tiffany & Company Building (401 5th Ave.). Seit 1940 befindet sich das Luxus-Juweliergeschäft an der Ecke 5th Avenue und 57th Street. Es ist ein markantes Gebäude mit polierter Granitfront und Schriftzug unter einer von einem Atlas getragenen Uhr. Besonders legendär ist die Schaufensterdekoration, die gerne in Fil-

men als Kulisse diente und dient. Zu den bekanntesten zählen *Frühstück bei Tiffany* mit Audrey Hepburn, *Sweet Home Alabama* mit Reese Witherspoon und *Schlaflos in Seattle* (1993) mit Meg Ryan und Bill Pullman; auch Marilyn Monroe erwähnte in *Diamonds Are a Girl's Best Friend* die Firma Tiffany. Heute wird der Schmuck gerne auf roten Teppichen getragen, zum Beispiel von Kate Winslet, Angelina Jolie oder Anne Hathaway.

Inzwischen unterhält der Luxusjuwelier Shops in aller Welt und ist auch nicht mehr ausschließlich bekannt für (Diamant-)Schmuck. Verkauft werden auch Silberobjekte, Porzellan, Kristall, Düfte, Uhren, unter anderem Accessoires, sogar Lederwaren. Bereits im Bürgerkrieg in den 1860er-Jahren hatte Tiffany Schwerter hergestellt, im Zweiten Weltkrieg Ehrenmedaillen und Abzeichen und auch Sporttrophäen wie Vince Lombardi Trophy (Football), World-Series-Ringe (Baseball) oder NASCAR-Trophäen (Autorennen). Was den Schmuck anbelangt, haben sich im Laufe der Jahre mehrere Design-Serien – zum Beispiel Bean, Loving Heart, Tiffany T Collection – etabliert; sie werden ständig um neue Entwürfe ergänzt.

Luxusherbergen mit Tradition

Den markanten Schlusspunkt der Shoppingmeile 5th Avenue setzt die Grand Army Plaza mit dem Plaza Hotel, einer der legendären Herbergen New Yorks. 1907 für 12,5 Millionen Dollar erbaut, galt es lange als exklusivstes und bestes Hotel der Welt. Überraschend schloss es Ende April 2005 die Pforten und sollte komplett in Eigentumswohnungen und Läden umgewandelt werden.

Nach heftigen Protesten seitens der New Yorker und Intervention des Bürgermeisters gelang in letzter Minute ein Kompromiss: knapp 300 der ursprünglich 800 Zimmer des mittlerweile zur Fairmont-Kette gehörigen Hotels blieben erhalten, ebenso die Oak Bar (derzeit geschlossen) und der Palm Court (»Palmenhof«) – beides beliebte Treffs der New Yorker zum Drink oder Afternoon Tea. Im grünen Glashausambiente wird noch immer Nachmittagstee serviert, dazu Essen aus der Küche von Starkoch Geoffrey Zakarian.

In der Lobby befindet sich der Rose Club, wo schon Größen wie Miles Davis, Duke Ellington oder Liza Minelli auftraten. Neu dazugekommen sind die Champagne Bar at The Plaza – eine Reminiszenz an die ursprüngliche »Champagne Porch« von 1907 – und die Todd English Food Hall. Der gleichnamige Chefkoch ist bekannt für seine mediterrane Küche, und die einzelnen Imbissstationen sind beliebt zu Imbiss oder Lunch.

An Vornehmheit und Tradition kaum nach stehen, ebenfalls an der Fifth Avenue, zwei weitere Hotels: das St. Regis New York – bei Fertigstellung 1904 das höchste Hotelgebäude in New York, im Besitz von John Jacob Astor – und das Peninsula Hotel, 1908 im Beaux-Arts-Stil als The Gotham eröffnet.

HINWEIS FÜR EINKAUF UND RESTAURANTBESUCH

Zum ausgeschilderten Preis kommt in den USA immer eine Sales Tax (Mehrwertsteuer) hinzu. Sie beträgt in New York City derzeit 8,875 Prozent, zusammengesetzt aus einer New York City Tax von 4,5 Prozent, 4 Prozent New York State Tax und einem Zusatzaufschlag zu Gunsten des Metropolitan Commuter Transportation District von 0,375 Prozent. Für Kleidung und Schuhe gilt eine Sonderregelung: Unter $ 110 pro erworbenem Stück fällt keine Steuer an, über dieser Summe wird ebenso wie bei allen anderen Artikeln die Sales Tax fällig. Nicht-zubereitete Lebensmittel, bestimmte Getränke, Medikamente, Zeitungen sind beispielsweise steuerfrei, wohingegen in Restaurants die vollen 8,875 Prozent fällig werden. Hinzu kommt das in den USA wegen der geringen Stundenlöhne im Restaurantbusiness obligatorische hohe Trinkgeld, das in New York üblicherweise 20 Prozent beträgt. Ein einfacher Anhaltspunkt zum Berechnen ist, die ausgewiesene Steuer zu verdoppeln und aufzurunden.

WEITERE INFORMATIONEN

Einkaufen an der 5th Ave.:
www.visit5thavenue.com
www.nycgo.com/shopping

Eine den East River überspannende Seilbahn bringt Besucher hinüber nach Roosevelt Island.

Die St. Patrick's Cathedral ist eine der größten katholischen Kathedralen der USA (rechte Seite oben). Das 120 Meter lange und 53 Meter breite Gotteshaus ist aufwendig ausgestattet (unten). Der Chor von St. Patrick's (rechte Seite unten).

45 Eine Kathedrale zwischen Wolkenkratzern – St. Patrick's Cathedral

Ein Bollwerk des Glaubens im Stadttrubel

Gegenüber dem Komplex des Rockefeller Center, an der Ostseite der geschäftigen Fifth Avenue, mitten im Trubel von Midtown, ragt wie ein Fels in der Brandung die mächtige St. Patrick's Cathedral in den Himmel. Sie steht in beeindruckendem Kontrast zu den modernen Wolkenkratzern ringsum und zählt zu den weltweit größten Kirchen.

Bei »St. Pat's«, wie die New Yorker die Kirche liebevoll nennen, handelt es sich um eine der größten katholischen Kathedralen der USA, allein schon wegen der rund 2500 Sitzplätze. Im Trubel der Fifth Avenue wirkt die Kirche wie eine Oase der Stille, und viele Besucher und New Yorker kommen in das Gotteshaus, um ein paar Minuten Ruhe zu genießen.

New Yorks katholische Kathedrale

Im Jahr 1850 hatte der New Yorker Erzbischof John Hughes dem bekannten lokalen Architekten James Renwick (1818–1895) den Auftrag erteilt, eine Hauptkirche für die Erzdiözese New York zu planen, allerdings sollte es einige Zeit dauern, bis das Vorhaben in die Tat umgesetzt werden konnte. Nachdem 1858 endlich

Eine Kathedrale zwischen Wolkenkratzern – St. Patrick's Cathedral

die Grundsteinlegung erfolgt war, ließen aufgrund des amerikanischen Bürgerkriegs 1861 bis 1865 die Fertigstellung und Einweihung bis zum Jahr 1879 auf sich warten. Noch länger – bis in die späten 1880er-Jahre – sollte es dauern, bis die beiden rund 100 Meter hohen Türme mit ihren 19 Glocken standen, und in der Lady Chapel wurde gar erst 1906 der erste Gottesdienst gefeiert.
Das 120 Meter lange und 53 Meter breite Gotteshaus wurde aus weißem Marmor aus New York State und Massachusetts erbaut. Allein die mächtige Rosette des Glaskünstlers Charles Connick über dem Hauptzugang mit seinen mächtigen Bronzetüren misst acht Meter im Durchmesser. Auch die Innenräume wurden aufwendig ausgestattet: Zu den Kirchenschätzen gehören die Orgel mit sagenhaften 7855 Pfeifen, eine Pietà – drei Mal so groß wie das Vorbild von Michelangelo – von 1906 in der Lady Chapel, außerdem ein Baldachin über dem Hochaltar aus Bronze.

Der Kreuzweg wird von holländischen Reliefs geschmückt, und zwei der Altäre (für Saint Michael und Saint Louis) stammen aus der Werkstatt des bekannten Jugendstilkünstlers Louis Comfort Tiffany (1848–1933). Elizabeth Ann Seton (1774–1821) ist ein eigener Schrein gewidmet. Sie war 1975 als erster Bürger der »Neuen Welt« heiliggesprochen worden und gilt seither als New Yorks Stadtheilige. An den viel umjubelten Besuch von Papst Johannes Paul II. im Jahr 1978 erinnert eine Büste im Ostteil der Kathedrale, und Papst Franziskus (September 2015) zelebrierte hier ebenfalls eine Messe.

Olympic Tower, Sport und Kunst

Dass moderne Architektur und historische Bauwerke eine gelungene Symbiose eingehen können, zeigt der sich neben der St. Patricks's Cathedral erhebende Olympic Tower (645 5th Ave.). Der 1975 nach Plänen des berühmten Architekturbüro SOM (Skidmore, Owings and Merrill) im »International Style« erbaute Wolkenkratzer erinnert an Chicagos Wahrzeichen, Willis Tower und John Hancock Center, die beide vom Reißbrett derselben Architekturfirma stammen.
Viele kennen den Olympic Tower deswegen, weil hier die berühmteste Basketball-Profiliga der Welt, die NBA (National Basketball Association) und ihr »weibliches« Tochterunternehmen WNBA (Womens National Basketball Association) ihre Hauptquartiere unterhalten. Doch wer weiß schon, dass zu den Bauherren des Olympic Tower auch der griechische Reeder Aristoteles Onassis (1906–1975) gehörte? An ihn erinnert das Onassis Cultural Center im Untergeschoss und im Atrium mit Wasserfall, Atrium Café und Hellenic Museum Shop. Unter der Ägide der Onassis Foundation gibt es ein Veranstaltungsprogramm, Wechselausstellungen und verschiedene Events. Die größte Veranstaltung im Jahreskalender ist das Onassis Festival New York, ein viertägiges Kunst- und Literaturfestival im Oktober, das ein breites Spektrum an Kunstgenres unter einem bestimmten Thema abdeckt.

SAKRALE UND LEIBLICHE GENÜSSE

In der St. Patrick's Cathedral werden mehrmals täglich Gottesdienste gefeiert, außerdem finden in der Kirche regelmäßig Konzerte, großteils kostenlos, statt. Berühmt ist der hauseigene Chor, der »Choir of Saint Patrick's Cathedral«, daneben treten jedoch Gastensembles aus aller Welt auf. Im Rahmen der »Cathedral Concert Series« präsentiert der Patrick's Cathedral Choir ein bunt gemischtes Programm, das von da Palestrina über Rachmaninow bis Camille Saint-Saëns reicht. Diese Konzerte finden in der Regel donnerstags um 19 Uhr statt, die Orgelkonzerte hingegen immer sonntags, vor dem Gottesdienst, um 15.15 Uhr.
Für das leibliche Wohl bietet sich im Olympic Tower The Atrium Café an. Zu den guten und preiswerten griechischen Gerichten wie Souvlaki mit Tzatziki, Pasticcio, Spanakopita und vielerlei Mezedes gibt es mittags gratis Pianomusik.

WEITERE INFORMATIONEN

St. Patrick's Cathedral: 14 E. 51st St., www.saintpatrickscathedral.org
Onassis Foundation, Olympic Tower, 645 5th Ave., www.onassisusa.org

Die Park Avenue gilt als eine der Prachtalleen in Manhattan. Eine Art Pärkchen auf dem Mittelstreifen ziert die breite Avenue (oben). Der prächtige Eingang zum legendären Luxushotel Waldorf-Astoria (rechts unten). Blick auf die Park Avenue in Midtown (rechts oben).

46 Prachtallee mitten in Manhattan – Park Avenue

Zwischen Nobelhotel und architektonischen Meilensteinen

Die Park Avenue, die korrekt 4th Avenue heißen müsste, verläuft zwischen Madison Avenue im Westen und Lexington Avenue im Osten. Dass sie so breit und mit einem zentralen Grünstreifen versehen ist, geht darauf zurück, dass hier ab den 1830er-Jahren die Gleise der New York & Harlem Railroad verliefen. Der Grünstreifen wird von den Anwohnern gepflegt und im Winter mit Christbäumen dekoriert.

Die Park Avenue zieht sich in südliche Richtung unter verschiedenen Namen bis zum East Village, wo sie mit der 3rd Avenue zusammenläuft und in die Bowery übergeht. Nordwärts führt sie in die Bronx hinein. Am prominentesten ist wohl ihr Abschnitt in Midtown nördlich des Grand Central Terminal. Der Bahnhof und das dahinter aufragende PanAm (heute: MetLife) Building von 1963 bilden eine Art Bollwerk an der breiten Allee. Zwischen dem Bahnhof und der 97th Street fahren Vorortzüge der Metro-North Railroad in einem Tunnel unter der Straße, dann überirdisch auf dem Park Avenue Viaduct bis zur Brücke über den Harlem River und hinein in die Bronx.

Hotel mit Bindestrich

Entlang der breiten Allee reihen sich Glastürme in verschiedenen Baustilen auf. Sie sind meist die Zentralen großer Firmen wie JP Morgan Chase, UBS, Colgate-Palmolive oder MetLife. Dazwischen stehen teure Apartmenthäuser, die seit jeher von New Yorks High Society bewohnt wurden, zum Beispiel von John D. Rockefeller, Jr., oder Leonard Bernstein. Da auch

Gäste von Nah und Fern gerne gediegen übernachteten, ließ 1893 William Waldorf Astor, Sohn des schwerreichen Kaufmanns Johann Jacob Astor, an der Ecke von 5th Avenue und 33rd Street das Waldorf Hotel erbauen. Gleich daneben gab vier Jahre später sein Vetter John Jacob Astor IV. das Astoria Hotel in Auftrag. Beide Hotels mussten 1929 dem Empire State Building weichen, doch dafür entstand zwei Jahre später an der Park Avenue, Ecke 49th Street, ein neuer illustrer Hotelkomplex, ein Art-déco-Juwel mit über 1400 Gästezimmern und den besonders exklusiven Waldorf Towers. Heute gehört das Hotel zum Hilton-Konzern und verwendet noch immer den doppelten Bindestrich im Namen. Dieser war so berühmt, dass er sogar in einem Lied vorkam und von den New Yorkern als Slogan benutzt wurde: »Meet Me at the Hyphen!« (»Wir treffen uns beim Bindestrich!«) bezeichnete den Treffpunkt zwischen Waldorf und Astoria Hotel.

Postmoderne und moderne Architektur

Zu den architektonischen Highlights im Umkreis der Park Avenue gehört das Lipstick Building (855 3rd Avenue/53rd Street). Das wegweisende Werk des modernen Bauens wurde 1987 von John Burgee Architects und Philip Johnson, dem Begründer der postmodernen Architektur, entworfen. Nicht weit davon entfernt steht das schlicht-moderne Citigroup Center (153 East 53rd Street/Lexington Avenue), das 1973 bis 1978 mit Aluminiumhaut im »Streifendesign« und weithin sichtbarem Schrägdach erbaut wurde. Unter den mächtigen Stützen des Wolkenkratzers fällt ein interessantes Detail ins Auge: die kleine St. Peter's Lutheran Church, die sich unter das moderne Hochhaus zu ducken scheint. Sie wurde – eine Bedingung beim Neubau – als eigenständiger Bau an der Nordwestecke integriert. Größenmäßig fällt auch das Gebäude schräg gegenüber mit seiner schlichten Fassade kaum auf, wären da nicht die Zwillingstürme mit Zwiebeldächern und anderen »exotischen« Details im neomaurischen Stil. Es handelt sich um die Central Synagogue (652 Lexington Avenue/53rd Street), die älteste kontinuierlich genutzte Synagoge der Stadt. 1846 war auf Initiative böhmischer Zuwanderer in der Lower East Side eine jüdische Gemeinde entstanden, ab 1870 wurde eine neue Synagoge nach dem Vorbild der Großen Synagoge in Budapest gebaut. Das Seagram Building (375 Park Avenue/53rd Street) von 1958 gilt hingegen als Meilenstein des International Style und stammt vom Reißbrett von Mies van der Rohe (1886–1969). Der deutschstämmige Architekt arbeitete bei diesem Projekt mit seinem Schüler Philip Johnson (1906–2005) zusammen.

PARK AVENUE ARMORY

Das alte Waffenarsenal wurde 1880 im gotisierenden Stil für New Yorks berühmtes 7. Regiment der National Guard eröffnet. Es war die erste Einheit, die Präsident Lincoln 1861 zur Hilfe kam. Zu den Mitgliedern des Regiments gehörten Vanderbilts, Roosevelts und Livingstons, und auch deshalb gab es neben Militäreinrichtungen auch Club und Meeting Rooms, die von großen Designern wie Louis Comfort Tiffany oder Stanford White ausgestattet wurden. Der historische Board of Officers Room wurde erst 2013 wiedereröffnet. Seit 2007 fungiert der Bau als Kultureinrichtung der besonderen Art für zeitgenössische Kunst, Performances und Installationen, wird unter anderem für Auftritte von Action Painters, Musikern, für digitale und Video-Installationen und Tanz-Performances zum Beispiel von Merce Cunningham, Karlheinz Stockhausen (*Oktophonie*) oder Robert Wilsons Inszenierung für Marina Abramovic genutzt.

WEITERE INFORMATIONEN

Park Avenue Armory: 643 Park Ave., www.armoryonpark.org

47 Erinnerung an das goldene Zeitalter der Eisenbahn – Grand Central Terminal

Eine Kathedrale für die Eisenbahn

Nicht ohne Grund wurde der Grand Central Terminal einst ehrfurchtsvoll als »Kathedrale für die Eisenbahn« bezeichnet. 1913 als wichtiger Überlandbahnhof der Stadt eröffnet, steht er in einer Reihe mit historischen amerikanischen Bahnhöfen wie Bostons South Station (1898), Philadelphias 30th Street Station (1933), Seattles King Street Station (1906) oder Washingtons Union Station (1909).

Viele Bauteile rufen, und das nicht unbeabsichtigt, Reminiszenzen an Gotteshäuser oder Tempel wach. Bereits die kolossale Eingangsfront mit ihren drei von Säulen gerahmten Bögen gleicht eher einem Tempel oder einer der gigantischen öffentlichen römischen Thermen als einem gewöhnlichen Bahnhof. Wer die Haupthalle des Grand Central Terminal betritt, kann sich des sakralen Charakters nicht erwehren. Man hat das Gefühl, nicht in einem Bahnhof, sondern eher in einer Kathedrale zu stehen. Der Main Concourse mit seinem mächtigen Tonnengewölbe und drei 23 Meter hohen Bogenfenstern lenkt den Blick nach oben zu dem mit Tierkreiszeichen und Himmelskonstellationen geschmückten funkelnden Sternenhimmel an der Decke.

Goldenes Eisenbahnzeitalter

Einst fuhren von diesem Bahnhof berühmte Überland-Expresszüge, wie der Twentieth Century Limited nach Chicago, ab. Auf dem Höhepunkt des Eisenbahnzeitalters in den 1940er-Jahren frequentierten an einem einzigen Tag

Imposante Außenansicht des Grand Central Terminal, New Yorks prächtigster Bahnhof (unten). Wer hier steht, kann sich des sakralen Charakters der Haupthalle nicht erwehren (rechte Seite).

INFORMATION
42ND STREET
VANDERBILT HALL
INFORMATION
Information

Der Grand Central Terminal ist mehr als ein Bahnhof, hier gibt es Restaurants und Cafés sowie Läden und sogar einen Gourmetmarkt namens »Grand Central Market« (unten). Die Bogenfenster in der Haupthalle sind 23 Meter hoch (oben). In der Oyster Bar (rechte Seite unten).

bis zu 200 000 Reisende den Bahnhof. Heute geht täglich fast eine halbe Million Menschen im Bahnhof ein und aus, allerdings steuern die Züge jetzt nur noch Ziele im Umland New Yorks an. Die Amtrak-Überlandzüge halten in der Penn Station unter dem Madison Square Garden.

Nicht nur die Ästhetik war bei der Planung maßgeblich, sondern auch die Infrastruktur, die technischen Aspekte. So wurden Fußgängerzugänge, Bahnverkehr und Pkw-Zufahrt auf verschiedene Ebenen verteilt und durch ausgeklügelte Treppen- und Rampensysteme miteinander verbunden. Die Gleise liegen alle im Untergrund; die tiefste Ebene nimmt die Subway in Anspruch. Eine Etage höher, wo einst die Überlandzüge hielten, verkehren heute die Nahverkehrszüge der Metro-North Railroad nach Norden. Der Außenbau basiert auf einem Stahlgerippe mit Granit- und Marmorverkleidung, und über dem Haupteingang an der 42nd Street rahmt eine kolossale, 15 Meter hohe Skulpturengruppe von Merkur, Herkules und Minerva eine Uhr aus Tiffany-Glas.

Zweckbauten mit ästhetischem Anspruch

Von der Jahrhundertwende bis in die 1940er-Jahre war die Eisenbahn als Transportmittel so wichtig und beliebt, dass man Bahnhöfe nicht als bloße Zweckbauten betrachtete. Der New Yorker Central Terminal, der 1913 eröffnet wurde, war jedoch nicht der erste Bahnhof der Stadt. Das Eisenbahnzeitalter hatte nämlich schon 1831 mit der New York & Harlem Railroad begonnen, deren erster Bahnhof an der 4th Avenue/23rd Street lag. Im Laufe der Zeit waren mehr und mehr Linien dazugekommen, und mit ihnen wuchsen die Probleme. Lärm, Schmutz und Unfälle sorgten dafür, dass ab 1858 Dampfloks südlich der 42nd Street verboten und ein neuer Bahnhof notwendig wurde. »Commodore« Cornelius Vanderbilt (1794–1877), seit den 1860er-Jahren einer der großen Eisenbahnmagnaten und Besitzer der New York Central Railroad, erwarb daraufhin Land zwischen 42nd und 48th Street, Lexington und Madison Avenue, um hier einen großen Bahnhof errichten zu lassen. Nach dem Architekten »Snook's Depot« genannt und 1871 eröffnet, wurde er von mehreren Gesellschaften bedient: New York Central & Hudson River Railroad, New York & Harlem Railroad und New York, New Haven und Hartford Railroad. Obwohl der Bau über sechs Millionen Dollar gekostet hatte und seine Glas- und Stahlkon-

struktion neben Eiffelturm und Kristallpalast als eine der größten technischen Errungenschaften der Jahrhundertwende gefeiert wurde, war der Bau von Anfang an zu klein.

Spektakulärer Neubau

Erst recht nach einem erneuten Bahnunfall und im Zusammenhang mit der zunehmenden Elektrifizierung der Linien wurde Anfang des 20. Jahrhunderts intensiv über einen größeren, moderneren Bahnhofsbau nachgedacht. 1903 erhielten nach einer Ausschreibung Reed & Stem aus St. Paul/Minnesota sowie Warren & Wetmore aus New York, beide wohl aufgrund ihrer familiären Verbindungen zu Vanderbilt, den Zuschlag. Die zwei Büros schlossen sich 1904 zu den »Associated Architects of the Grand Central Terminal« zusammen und begannen schon während der Planungsphase mit dem Bau, bei laufendem Betrieb. William J. Wilgus, Chef-Ingenieur von New York Central Railroad, behielt im Hintergrund die technischen Aspekte im Auge.
Am 2. Februar 1913 hatten sich zur Eröffnung des neuen Grand Central Terminal rund 150 000 staunende Menschen eingefunden, dabei waren die Bauarbeiten noch gar nicht komplett abgeschlossen. Dennoch war das Volk überwältigt von dem gebotenen Luxus: ein gesonderter Warteraum für Frauen mit Eichenboden, Holzvertäfelung und Dienstmädchen, ein Telefonraum, ein Haarsalon mit Carrara-Glas, ein Umkleideraum, ein Barbier für Männer. Dazu warb man damit, der erste Bahnhof ohne Treppen zu sein; stattdessen gab es Rampen.
Im Umkreis des neuen Verkehrsknotenpunkts entstanden Hotels, Apartments, Geschäfte, Restaurants, und der Bahnhof fungierte als Kulturtreff mit Ausstellungen, Theater, Kino und Museum. Von der Grand Central Station verkehrten nicht nur Überlandzüge, es waren zudem ein Nahverkehrszentrum und ein Güterumschlagplatz entstanden. 1947, auf dem Höhepunkt des Eisenbahnzeitalters in den USA, frequentierten über 65 Millionen Passagiere den Bahnhof; an einem einzigen Tag, dem 3. Juli 1947, wurde ein Rekord von 252 251 Passanten aufgestellt!

Rettung in letzter Minute

In den 1950er-Jahren verfiel mit dem Niedergang der Eisenbahn auch der Grand Central Terminal. Schließlich sollte er abgerissen und durch Büros ersetzt werden. Der hintere Teil war bereits dem PanAm (heute MetLife) Building gewichen, dann konnten die New Yorker das endgültige Aus für den Grand Central Terminal abwenden. Nachdem bereits 1967 die alte Penn Station abgerissen worden war, gründete man die Landmark Preservation Commission. Prominente, allen voran Jacqueline Kennedy Onassis, setzten sich für eine Restaurierung ein und trugen dazu bei, dass der Bahnhof 1978 unter Denkmalschutz gestellt wurde. 1983 ging der Bau in den Besitz von Metro-North über, und 1988 wurden zwei renommierte Architekturbüros beauftragt, grundlegende Renovierungspläne vorzulegen. Zwischen 1996 und 1998 wurde der Bahnhof aufwendig modernisiert und in den Glanz von 1913 zurückversetzt.

MEHR ALS NUR ZÜGE IM GRAND CENTRAL TERMINAL

Der Grand Central Terminal ist überwältigend, in jeder Hinsicht. Wer mehr über die Details erfahren möchte, sollte die Audiotour (auch auf Deutsch) mitmachen: Die Geräte mit Kopfhörern können an einem Schalter mit der Aufschrift »GCT Tour« im Main Concourse (Haupthalle) ausgeliehen werden, oder man lädt die Tour auf das Smartphone herunter. Für Stärkung zwischendurch sorgt unter anderem die altehrwürdige Grand Central Oyster Bar oder der Grand Central Market, eine Ladenstraße mit Imbissständen, sowie der Dining Concourse im UG. Neu hinzu kam die restaurierte Vanderbilt Hall, eine frühere Wartehalle; in die ebenfalls ein Gourmetimbiss eingezogen ist. Das New York Transit Museum ist eine kleine Filiale des Museums in Brooklyn und befasst sich vor allem mit zukünftigen Verkehrsprojekten.

WEITERE INFORMATIONEN

Grand Central Terminal: 42nd St,/Park Ave., www.grandcentralterminal.com
Touren:
www.grandcentralterminal.com/info/tours
Grand Central Market:
www.grandcentralmarket.com
Grand Central Oyster Bar:
www.oysterbarny.com
NY Transit Museum:
http://web.mta.info/mta/museum

Mit 320 Metern Höhe fällt der 1930 eröffnete Skyscraper nicht nur nachts ins Auge (oben). Das Innere des Wolkenkratzers präsentiert aufwendiges Art-déco-Dekor, z.B. an den Fahrstühlen (rechts unten).

48 Die »Kathedrale der Lüfte« – Chrysler Building

New Yorks schönster Wolkenkratzer

Ein paar Schritte östlich des Grand Central Terminal ragt einer der schönsten und bekanntesten Wolkenkratzer New Yorks in den Himmel: das Chrysler Building. Wer sich bei Betrachtung der Details an einen »Straßenkreuzer« erinnert fühlt, liegt nicht falsch. Bauherr dieses Musterbeispiels des Art déco war nämlich Walter P. Chrysler (1875–1940), Gründer des berühmten Autounternehmens.

Chrysler hatte bei der Eisenbahngesellschaft Union Pacific begonnen und 1925 seine eigene Automobilfirma gegründet. Vier Jahre später erteilte er dem Architekten William Van Alen den Auftrag, ein Gebäude zu errichten, das das »Golden Age« des Automobils symbolisieren sollte. Das Hochhaus wurde diesem Wunsch entsprechend aus dem gleichen rostfreien Stahl wie ein Autokühler erbaut, Mauervorsprünge wurden zu Kühlerhauben stilisiert, und die Wasserspeier ähneln bei genauem Hinsehen Kühlerfiguren.

Ein Ziel Chryslers war darüber hinaus, das höchste Gebäude der Welt zu schaffen. Nach einem spannenden Wettlauf um Höhenmeter mit dem Bank of Manhattan Building (40 Wall Street) war bei der Eröffnung im Jahr 1930 das Chrysler Building mit seinen 76 Stockwerken und 320 Metern Höhe tatsächlich das weltweit höchste Bauwerk, wenn auch nur für knapp ein Jahr. 1931 nämlich wurde die »Kathedrale der Lüfte« von einem weiteren New Yorker Markenzeichen, dem Empire State Building, in den Schatten gestellt. Bis 1973, dem Eröffnungsjahr der World-Trade-Center-Türme, galt dann dieser 110-stöckige Bau mit seinen 381 beziehungsweise knapp 450 Metern samt Antenne als höchstes Gebäude der Welt.

Auch im Inneren des Chrysler Building wurde an nichts gespart, wie ein Blick in die Lobby zeigt: die Intarsien an den Aufzugstüren, die Marmorverkleidung der Wände und die Deckengemälde zum Transportwesen sind aufwendige Kunstwerke. Übrigens: Chrysler selbst zog hier nie ein, und auch der Architekt wurde nicht glücklich mit seinem Bau, da er wegen Betrugsverdachts sein Honorar niemals überwiesen bekam.

Museum der Toleranz

Nur ein kleines Stück östlich des Chrysler Building lädt ein interessantes Museum, das Museum of Tolerance New York, Teil des Simon Wiesenthal Centers, zum Besuch ein. Wie der Name sagt, geht es hier um Toleranz, um Rassismus und Bigotterie, um Holocaust und Verfolgung, Benachteiligung und Ausbeutung mit Hilfe von Ausstellungen, Videos und Hörstationen, Workshops und Veranstaltungen. Abteilungen wie »Power of Words« (ein Film über beachtenswerte Reden und Redner und deren Macht), die »Hall of Memory« mit Dokumenten zur Judenverfolgung im II. Weltkrieg, aber auch zu Verfolgung im 20. und 21. Jahrhundert oder »Millennium Machine« zu Menschenrechten, Flüchtlingen und politischen Gefangenen, zur Ausbeutung von Frauen und Kindern, Terrorismus und Massenvernichtung hinterlassen einen nachhaltigen Eindruck.

Wohnen in Tudor City

Zwischen Chrysler Building und UN Complex am East River erstreckt sich Tudor City, ein hufeisenförmig um die 42nd Street angelegter Gebäudekomplex, der zugleich eine ungewöhnliche Mustersiedlung darstellt. Mitte des 19. Jahrhunderts war diese Region der Stadt als »Prospect Hill« oder »Corcoran's Roost«, nach dem Schlafplatz eines der ersten Bewohner, Jimmy Corcoran, bekannt. In den 1920er-Jahren erwarb Immobilienmakler Fred F. French das heruntergekommene Areal und begann, seine Vision von einer Musterstadt in die Realität umzusetzen.
Tudor City, benannt nach dem damals beliebten, historisierenden englischen Tudor-Stil, der auch hier bei diesem Bauprojekt am East River zur Anwendung kam, konnte bei der Eröffnung 1932 immerhin rund 4500 Bewohner aufnehmen. Auf zwölf Gebäude verteilten sich fast 3000 Wohnungen, »vom Fließband«, geschaffen für Menschen der Mittelklasse. Deshalb gilt der Komplex auch als frühes Beispiel für sozialen Wohnungsbau und als Versuch der Stadterneuerung in den 1920er-Jahren. Eine grüne Oase in der Betonwüste bildet noch heute der Tudor City Park; er bietet Besuchern dazu von seiner erhöhten Terrasse einen guten Ausblick auf Queens und den East River.

POSTMODERNE ARCHITEKTUR: 425 LEXINGTON AVENUE

Ein paar Hundert Meter nordöstlich des Chrysler Building bildet ein anderer, diesmal postmoderner Wolkenkratzer mit dem Namen »425 Lexington Avenue« einen interessanten Kontrast. Zwischen 1983 und 1988 wurde er nach Plänen des in Chicago lebenden und tätigen Architekten Helmut Jahn errichtet. Helmut Jahn, 1940 in Nürnberg geboren, wurde unter anderem durch das Sony Center auf dem Potsdamer Platz in Berlin, den Messeturm in Frankfurt oder One Liberty Place in Philadelphia bekannt. Als »architektonische Säule« mit Sockel und vorspringender Bekrönung konzipiert, zeichnet diesen postmodernen Bau in New York sein massig-blockartiges Äußeres mit türkisfarbener Verglasung, nur durch Marmorstreifen horizontal und vertikal untergliedert, aus.

WEITERE INFORMATIONEN

Chrysler Center:
http://de.tishmanspeyer.com/properties/chrysler-center
Museum of Tolerance New York:
226 E. 42nd St.,
www.museumoftolerancenewyork.com

49 Eine »internationale Zone« mitten in New York – UN-Komplex

Die Heimat der Vereinten Nationen

Es gibt einen Fleck in Manhattan, der gehört eigentlich weder zu New York noch zu den USA: der United Nations Complex. Das Areal befindet sich im Besitz der Staatengemeinschaft der UN und geht auf eine Schenkung zurück. Die Familie von John D. Rockefeller, Jr. (1874–1960) hatte 1949 dazu beigetragen, dass das Gelände am East River im Wert von rund sechs Millionen Dollar erworben werden konnte.

Die Bauten der UNO befinden sich auf einem kleinen Flecken Land am East River und bilden eine internationale Zone (rechs). Blick in den prächtigen Versammlungsraum der Vereinten Nationen (rechte Seite oben).

Mit dem Bau des UN Complex war eine »internationale Zone« in New York entstanden, mit eigener Post, Feuerwehr, Flagge und sogar mit eigenen Briefmarken. Die United Nations Organization (abgekürzt UNO oder UN) war 1945 in San Francisco gegründet worden und hatte sich mit 51 Mitgliedern konstituiert. Vier Jahre später wählte man New York als ständigen Sitz, dazu kamen drei weitere Niederlassungen: in Genf (1946), Wien (1980) und Nairobi (2011).

Wo die Welt zu Hause ist

Der bis 1952 unter Leitung der Architekten Oscar Niemeyer aus Brasilien und dem Schweizer Le Corbusier erbaute UN-Komplex in New York besteht aus vier Teilen: Größter und höchster Bau ist das Sekretariatsgebäude, bei dem erstmals die »Curtain Wall«-Bauweise – eine Art Leichtbauweise mit viel (grünem) Glas – zum Tragen kam. Das Konferenzgebäude beherbergt vor allem große Tagungssäle. Dann gibt es die Dag Hammarskjöld Library und schließlich das öffentlich zugäng-

liche General Assembly Building. Dieser flache Betonbau mit trapezförmig geschwungenem Grundriss birgt einen riesigen Sitzungssaal, 23 Meter hoch, mit 1800 Sitzplätzen und geschmückt mit Wandbildern von Fernand Léger.
Bei seiner Eröffnung 1951 wurde das General Assembly Building als architektonisch – im modern-funktionalem International Style – und technisch wegweisendes Gebäude hoch gelobt, und auch die anderen Teile des Komplexes galten als vorbildlich. Für lange Jahre war das auch der Fall, und deshalb geschah in der folgenden Zeit nicht viel. Erst als sich herausstellte, dass die technischen Einrichtungen dringend der Erneuerung bedurften, nahm man von 2011 bis 2014 umfassende Renovierungsmaßnahmen in Angriff.

Interessante Touren

Startpunkt der interessanten regelmäßig stattfindenden Touren ist – nach strengen Sicherheitskontrollen – das General Assembly Building. An einer Längsseite dieses Gebäudes sind die Nationalflaggen der gegenwärtig 193 Mitgliedsstaaten aufgereiht, außerdem ist der ganze Komplex von einem Park mit mehreren unterschiedlich gestalteten Teilen, wie einem Rosengarten zum East River hin, umgeben. Über das Freigelände und die einzelnen Gebäude verteilt sind Kunstwerke, meist zum Thema Frieden und Völkervereinigung, zum Beispiel ein überdimensionaler verknoteter Revolver, genannt »Non-Violence«, oder die Reclining Figure von Henry Moore (1982), Picasso-Skulpturen, Glasarbeiten von Marc Chagall oder Wandbilder von Fernand Léger. Bei den Kunstwerken – außen wie innen – handelt es sich meist um Geschenke verschiedener Mitgliedsstaaten oder einzelner Stifter.

Die Organisation der UNO

Den Vorsitz über UN-Generalversammlung und UN-Sekretariat hat der alle fünf Jahre ernannte UN-Generalsekretär inne, ihm untersteht ein Stab von mehreren Tausend Mitarbeitern. Bei der alljährlichen Sitzungsperiode der Vollversammlung, von September bis Weihnachten, werden die Beratungen aller Gremien in sechs offiziellen Sprachen – Englisch, Französisch, Spanisch, Russisch, Arabisch und Chinesisch – abgehalten.
Die höchste Instanz ist der Security Council (Sicherheitsrat). Er besteht aus 15 Mitgliedern, fünf davon – China, Russland, USA, Großbritannien und Frankreich – permanent, der Rest – unter anderem Deutschland – nicht ständig. Für Beschlüsse sind neun Ja-Stimmen nötig, darunter die fünf der permanenten Mitglieder. Kaum beachtet, doch wichtigstes und »fleißigstes« UN-Organ ist der Wirtschafts- und Sozialrat, zuständig für die Zusammenarbeit der Staaten auf wirtschaftlichem und sozialem Gebiet. Er koordiniert auch die Zusammenarbeit mit den zahlreichen Sonderorganisationen der Vereinten Nationen.

JAPANISCHES KULTURLEBEN

Im Schatten des UN-Komplexes befindet sich die Japan Society, 1907 zur Förderung des kulturellen Austauschs zwischen Japan und den USA gegründet. Sie hat es Rockefeller mit zu verdanken, dass sie nach dem Zweiten Weltkrieg wiederbelebt wurde. 1971 entstand nach Plänen der japanischen Architekten Junzo Yoshimura und George Shimamoto das Japan House gegenüber den United Nations, mit Ausstellungssaal, Auditorium, Bibliothek und Arbeitsräumen. Dank hervorragender Ausstellungen und Kulturveranstaltungen, japanischer Musik und Tanz, Filmen und mittels eines Sprach- und Vortragsprogramms gelang es, die japanische Kultur den Amerikanern näher zu bringen. Daneben befindet sich in einem modernen fensterlosen Betonkasten die katholische Kirche Holy Family Church (http://church holyfamily.org), deren zugehöriger kleiner St. Mary's Garden ein Idyll im Großstadtrummel darstellt.

WEITERE INFORMATIONEN

UN General Assembly Building – Touren: 1st Ave./46th St., Infos zu Sicherheitschecks, Preisen und Zeiten siehe http://visit.un.org.
Japan Society: 333 E. 47th St., www.japansociety.org

Uptown Manhattan

Jenseits von Trubel und Hektik

Uptown Manhattan, das ist nicht nur New Yorks »grüne Stube«, der Central Park (links), oder exklusive Läden (oben) in Nobelvierteln, sondern auch die Museumsmeile mit weltberühmten Museen, wie dem Metropolitan (unten).

Im Zentrum des Columbus Circle erhebt sich das Columbus Monument, eine Statue von Christoph Kolumbus auf 21 Meter hoher Säule (oben). Blick auf die Wolkenkratzerkulisse am Columbus Circle (rechte Seite unten) und die Erdkugel vor dem Trump Tower (rechts oben).

50 Drehscheibe am Central Park – Columbus Circle

Erinnerung an einen Entdecker

Am Columbus Circle endet die touristisch-geschäftige Midtown mit Einkaufsstraßen und Theaterviertel. Nördlich davon schließt sich Uptown an, die Upper West Side, die durch den Central Park von der Upper East Side getrennt wird. Der Platz selbst liegt an der Südwestecke des Stadtparks und wurde nach Christoph Kolumbus benannt. Ursprünglich hieß er »Grand Circle«.

Der Columbus Circle diente vor allem als Drehscheibe für Fahrzeuge und Straßenbahnen, außerdem als offizieller Messpunkt, von dem aus alle Punkte in New York City vermessen werden. 1905 war William P. Eno beauftragt worden, den Platz, der bereits Teil der Central-Park-Planung von Frederick Law Olmsted war, zu renovieren und für besseren Verkehrsfluss zu sorgen.
Sein Zentrum markiert das Columbus Monument, eine Carrara-Marmorstatue des spanischen Entdeckers auf einer 21 Meter hohen Granitsäule. Die Bronzereliefs ringsum zeigen Kolumbus' Schiffe und einem geflügelten Jüngling, der eine Erdkugel studiert an der Basis. Das Monument war ein Geschenk der italienischen Regierung, geschaffen von dem Bildhauer Gaetano Russo und am 12. Oktober 1892 zum 400. Jahrestag der Entdeckung Amerikas durch Kolumbus eingeweiht.
Zu Füßen des Denkmals befand sich ursprünglich ein Brunnen, 2005 wurden dann Düsen für Wasserspiele installiert. Sie stammen von derselben Firma (WET), die auch die Fountains of Bellagio in Las Vegas konstruiert hat. Dazu kamen außerdem Holzbänke und Grünflächen, sodass

die Anlage heute eine erfrischende Ruheoase inmitten des tosenden Verkehrs darstellt.

Time Warner Center

An der Westseite des Platzes, zwischen 58th und 60th Street, fallen zwei schlanke Türme rautenförmigen Grundrisses, verbunden durch einen flachen Bau mit gewölbter Fassade, ins Auge. Hier befindet sich die Schaltzentrale der Time Warner Corporation (Medien und Entertainment). Für Besucher ist der Bau wegen der »Shops at Columbus Circle«, »Jazz at Lincoln Center« und dem Mandarin Oriental Hotel interessant, außerdem befinden sich hier die CNN-TV-Studios.

Geplant wurde der 2004 eröffnete Komplex, in dem sich auch Privatwohnungen befinden, vom Architekturbüro Skidmore, Owings & Merrill LLP (SOM). Zwischen den beiden Türmen kann man durch eine Shopping-Arkade bummeln, davor liegt ein öffentliches Atrium mit Glasfront. »The Shops at Columbus Circle« bestehen aus mehr als 40 relativ hochpreisigen Läden, einem riesigen Bio-Supermarkt »Whole Foods«, einem Fitnessclub sowie mehreren Restaurants. Die prominentesten sind »Masa« und »Per Se«, zwei von derzeit sechs Dreisternelokalen in New York. »Jazz at Lincoln Center«, bekannt für innovativen Jazz, ist 2004 hierher umgezogen und besitzt mehrere Bühnen: Rose Theater, Appel Room und Dizzy's Club Coca-Cola.

Architektur der Extraklasse

Am Nordostrand des Columbus Circle fällt architektonisch das 1997 eröffnete Trump Hotel & Tower ins Auge, davor ein überdimensionierter hohler Silberglobus. Am Südrand des Platzes steht das kompakt-kubische, zwölfstöckige Gebäude des 2008 eröffneten Museum of Arts & Design. 1964 als »Lollipop Building« – so benannt nach den lutscherförmigen Säulen – erbaut, wurde es gekonnt von dem Architekturbüro Allied Works Architecture zu einem schlichten, mit Keramikfliesen verkleideten Bau umgestaltet. Die Sammlung des »MAD« umfasst amerikanisches Kunsthandwerk und zeigt auf sechs Etagen die Entwicklungen in Kunst, Kunsthandwerk und Design vom 20. Jahrhundert bis heute. Ganz oben erlaubt ein Lokal einen schönen Ausblick.

Etwas zurückversetzt, an der 8th Avenue/56th Street, steht seit 2006 ein bautechnisch wegweisender Wolkenkratzer mit auffälliger Prismenstruktur, mit blau getönten Fenstern und diagonalen weißen Streben: Der Hearst Tower – Sitz des Medienkonzerns Hearst Corporation – verwendet den alten Ursprungsbau von 1928 als Sockel und wurde nach Plänen von Sir Norman Foster zum 182 Meter hohen Glas-Stahl-Bau aus recyceltem Stahl umgestaltet. Das ungewöhnliche Hochhaus des britischen Stararchitekten gilt als Musterbeispiel für »grünes Bauen« und als erstes »Green Building« in New York.

DAS »MAD«, »ROBERT« UND ANDERE SPITZENLOKALE

Abgesehen vom Time Warner Center sind auch im »MAD« kulinarische Höhenflüge möglich: Das Restaurant »Robert« mit mediterran angehauchter Küche offeriert Lunch, Dinner und eine Bar mit Cocktails, dazu einen hervorragenden Ausblick vom obersten Museumsstockwerk hinunter auf den Columbus Circle. Hier schwingt Luisa Fernandes den Kochlöffel, und zum Essen gibt es abends Jazz-Untermalung. Ein weiteres Dreisternelokal liegt ebenfalls am Platz, im Trump International Hotel & Tower: »Jean Georges«, das Lokal des aus Straßburg stammenden Chefkochs Jean-Georges Vongerichten. Wie Thomas Keller (»Per Se«) und Masayoshi Takayama (»Masa«) gehört er zu den ganz Großen der kulinarischen Szene New Yorks. Auch Marc Murphy von »Landmark«, ebenfalls im Time Warner Center, kann immerhin auf zwei Michelin-Sterne stolz sein.

WEITERE INFORMATIONEN

Time Warner Center: Broadway/60th St., www.theshopsatcolumbuscircle.com
MAD: 2 Columbus Circle, www.madmuseum.org, Di–So 10–18, Do 10–21 Uhr, $ 16

51 Kulturkomplex um die weltberühmte »Met« – Lincoln Center of the Performing Arts

Geschichte, Kunst und Musik

Die Upper West Side hat zwar keine Museumsmeile wie der Osten zu bieten, dennoch handelt es sich dank des American Museum of Natural History, der New York Historical Society und des Lincoln Center for the Performing Arts keinesfalls um eine kulturelle Diaspora. Das Lincoln Center besteht aus mehreren Gebäuden und reicht über mehrere Straßenblocks.

Den Kern des Lincoln Center bildet das Metropolitan Opera House, die weltberühmte »Met«. Für die Oper hatte man in den 1950er-Jahren eine neue Heimat gesucht und war zwischen Columbus und Amsterdam Avenue sowie West 62nd und 65th Street fündig geworden. 1959 hatte Präsident Eisenhower den Grundstein gelegt, eröffnet wurde der Komplex 1966. Im Lincoln Center for the Performing Arts residiert jedoch nicht nur die Oper, sondern auch die New York Philharmonic und rund ein Dutzend anderer Musik- und Kulturinstitutionen. Jazz at Lincoln Center gehört ebenfalls zum Komplex, obwohl man 2004 an den Columbus Circle umgezogen ist.

Mehrteiliger Kulturkomplex

Die einzelnen Gebäude gruppieren sich um die Josie Robertson Plaza, die mit einem Brunnen, dem Revson Fountain von Philip Johnson, und der »Reclining Figure« von Henry Moore ausgestattet ist. Am Kopfende des Platzes steht das Metropolitan Opera House,

Das Lincoln Center besteht aus mehreren Gebäuden, hier im Vordergrund die Avery Fisher Hall (unten). Blick auf das David H. Koch Theater, Sitz des New York City Ballet (rechte Seite oben). Musikdarbietung im Lincoln Center (rechte Seite unten).

im südlich angrenzenden Damrosch Park finden in den Sommermonaten in der Guggenheim Bandshell, einer Open-Air-Bühne, Freiluftkonzerte statt.
Den südlichen Flügel des Platzes nimmt das David H. Koch Theater ein, Heimat des New York City Ballet. Das Theater wurde von Philip Johnson geplant und 1964 mit mehr als 2700 Plätzen eröffnet. An dieses Bauwerk grenzt der Charles B. Benenson Grove, eine kleine Grünfläche an West 62nd Street und Columbus Avenue, an. Gegenüber, im Norden, erhebt sich die 1962 erbaute David Geffen (früher: Avery Fisher) Hall, die Heimat des New York Philharmonic Orchestra. 1842 gegründet, gilt es als das älteste Orchester der USA.
Den Zwischenraum zwischen beiden Gebäuden schließt seit 2011 das Elinor Bunin Munroe Film Center von Stararchitekt David Rockwell, Filmtheater und Veranstaltungsfläche in einem. An der Nordwestecke des Blocks, durch die New York Public Library for the Performing Arts verbunden mit der Met, folgt das Lincoln Center Theater mit Vivian Beaumont, Mitzi E. Newhouse und Claire Tow Theater als einzelne Bühnen.

»Street of the Arts«

Der Alice Tully Hall, jenseits der 65th Street – Aufführungsort des New York Film Festival und Sitz der Chamber Music Society – wurde 2009 einen architektonisch gelungenen Anbau zugefügt, der den Credit Suisse Information Grandstand (Tribüne) und eine Plaza umfasst. An sie schließen die Juillard School – vor allem eine Ausbildungsstätte – und das Samuel B. & David Rose Building (Headquarters des Lincoln Center) mit dem Walter Reade Theater an.
Im Rahmen des »West 65th Street Project« hatte die renommierte Architekturfirma Diller Scofidio + Renfro kooperierend mit FXFOWLE Architects ab 2006 die einzelnen Gebäude durch Grünanlagen und Verbindungswege verbunden, um dadurch die Interaktion zwischen den einzelnen Institutionen zu fördern und eine »Street of the Arts« zu schaffen. Entlang der Columbus Avenue entstand die »Grand Promenade«, eine fußgängerfreundliche Treppenanlage zur Robertson Plaza hin, außerdem kam unter anderem der Barclay's Capital Grove mit Bänken unter Schatten spendenden Bäumen dazu, der im Sommer auch für das »Lincoln Center Out of Doors Festival« genutzt wird.

Vielseitiger Treffpunkt

Ebenfalls neu ist das David Rubenstein Atrium at Lincoln Center, ein »grünes« Gebäude zwischen Broadway und Columbus Avenue (W. 62nd–63rd Street), das als Besucherzentrum mit kleinem Café und Gratis-WLAN dient. Hier gibt es nicht nur ermäßigte Tickets, von hier aus starten auch Touren, zudem finden regelmäßig Gratisaufführungen verschiedenster Art statt. Auch der Bau ist sehenswert, allein schon wegen der beiden »vertikalen Gärten« im Inneren.

AMERIKANISCHE VOLKSKUNST

Nur gut drei Blocks nördlich vom Rubenstein Atrium befindet sich eines der kleineren, aber nicht minder sehenswerten Museen New Yorks: das American Folk Art Museum (2 Lincoln Sq., http://folkart museum.org). Es befand sich in direkter Nachbarschaft zum MoMA, zog aber 2011 an den Lincoln Square um. Ausgestellt werden in wechselnden Präsentationen Stücke aus der 1962 ins Leben gerufenen Sammlung. Früher als »Museum of Early American Folk Arts« bekannt, befasst sich das Museum vor allem mit amerikanischer Volkskunst des 18. und 19. Jahrhunderts, großteils von Künstlern ohne formale Ausbildung. Das Spektrum reicht von Bildern, Zeichnungen und Fotos über Gebrauchsgegenstände, wie Wetterfahnen, Karussellfiguren, Spielzeuge oder Schnitzereien, bis hin zu Textilien, Möbeln und Haushaltsgegenständen.

WEITERE INFORMATIONEN

Lincoln Center: http://lc.lincolncenter.org; **David Rubenstein Atrium:** http://atrium.lincolncenter.org, Touren sowie Ticketverkauf und Gratisveranstaltungen
Restaurants: Lincoln Ristorante (W. 65th St./Hearst Plaza); Indie Food & Wine im Elinor Bunin Munroe Film Center (144 W. 65th St.)

Die Upper West Side ist einerseits geprägt von beschaulichen Wohnstraßen (rechts unten), andererseits von belebten Achsen (oben), die zum Verweilen in einem Café oder zum Einkaufsbummel einladen. Barney Greengrass (rechts oben) ist ein alteingesessener jüdischer Delikatessenladen.

52 Wo einst John Lennon zu Hause war – Upper West Side

Adresse der Reichen und Schönen

Das Gebiet westlich des Central Park bis zum Hudson River und zwischen 59th Street (Columbus Circle) und 110th Street (Cathedral Parkway), mit »Kerngebiet« südlich der 96th Street, war schon immer eine beliebte Adresse. So lebt beispielsweise Yoko Ono, die Witwe von Beatles-Star John Lennon, in der Upper West Side, genauer im Dakota Building, vor dem Lennon 1980 erschossen wurde.

Dominiert wird die »UWS« von mächtigen braunen Sandsteingebäuden aus der Zeit vor dem Ersten Weltkrieg, die von uniformierten Türstehern bewacht werden und hinter deren schlichten Fassaden sich die exklusivsten Apartments der Stadt befinden. Die Upper West Side hatte sich schon nach 1870 zum Wohnquartier entwickelt – damals war die 9th Avenue-Hochbahn in Betrieb gegangen, die die Verbindung zu Midtown herstellte.
Wo einst Lennon lebte, ebenso Stars wie Denzel Washington, Matt Damon, Robert DeNiro, Al Pacino oder Musiker wie Bono, Cyndi Lauper und Sting, wurden auch Filme gedreht, wie *You've Got Mail* mit Meg Ryan und Tom Hanks. Aber auch in Serien wie *Seinfeld* oder *Friends* spielt die Upper West Side eine Rolle. Als erstes großes Luxus-Apartmenthaus war das Dakota Building entstanden, ihm folgten entlang Broadway und Central Park West weitere. Mit dem U-Bahn-Bau in den 1920er-Jahren blühte das Viertel weiter auf. Geplant war ursprünglich eine Staffelung der Wohnungen je nach Einkommen vom Park zum River hin, allerdings siedelten sich nach dem Zweiten Weltkrieg zunehmend Puertorikaner und Afro-

amerikaner nördlich der 86th Street an und durchbrachen das Schema. Bis heute ist der südliche Teil der Upper West Side der vornehme Teil, allerdings kamen seit den 1980er-Jahren zur Prominenz Intellektuelle und Künstler aller Art sowie wohlhabende junge Familien und gut verdienende Singles dazu: Die »Yupper West Side« war entstanden.

Paläste der High Society

Das wohl bekannteste unter den Wohngebäuden entlang der Central Park West ist das Dakota Building, das als erster Luxusblock 1884 in damals noch recht armseliger Umgebung entstand – ein festungsartiger zehnstöckigen Bau mit großem Atriumhof, den schon Prominente wie Leonard Bernstein, Roberta Flack, Judy Garland oder Kim Basinger durchschritten, um in eines der gut 100 Apartments zu gelangen. Bekannt wurde der Bau auch als Drehort von *Rosemaries Baby* von Roman Polanski (1968). Das Majestic (115 Central Park West), ein »Wohnpalast« im Art-déco-Stil, entstand 1930/1931, etwa gleichzeitig wie das San Remo (145 Central Park West). Dieser barockisierende Bau mit kathedralartigen Zwillingstürmen galt mit seinen 122 Metern als das höchste Wohngebäude und war unter anderem die Adresse von Paul Simon, Dustin Hoffman und Diane Keaton. Das Hotel des Artistes (1 W 67th St.), wurde Anfang des 20. Jahrhunderts als Wohnhaus mit Künstlerateliers errichtet. James Dean und Madonna sollen hier gewohnt haben.
Im Dorilton (171 W 71St) von 1902 sollen die Wohnungen besonders pompös sein, und am Alexandria Condominium (35 W 70th St.), 1927 als Freimaurerloge erbaut, herrscht ägyptisierendes Dekor vor. Das Eldorado (300 Central Park West) war einst Wohnsitz von Marilyn Monroe. Als das Ansonia Hotel (2109 Broadway/73rd St.), vom Erben der Autofirma Dodge in Auftrag gegeben, 1904 eröffnet wurde, sollte es dem Dakota Konkurrenz machen und bot die Annehmlichkeiten eines Grand Hotels. Beliebt war und ist es wegen des vorhandenen Schallschutzes vor allem bei Musikern – zum Beispiel Arturo Toscanini, Enrico Caruso und Igor Strawinsky.

Kulturszene

Abgesehen von Lokalen und Shops reicht das Kulturleben vom Lincoln Center über das American Museum of Natural History bis hin zum Beacon Theatre. Diese »ältere Schwester« der Radio City Music Hall war ebenfalls von dem Theaterimpresario Samuel »Roxy« Rothafel, ins Leben gerufen und im Art-déco-Stil 1929 erbaut worden. Jerry Garcia, Aerosmith, Michael Jackson oder Queen sind hier schon aufgetreten, der Dalai Lama gab hier 1999 Unterricht, und Bill Clinton feierte 2006 seinen 60. Geburtstag mit einem Rolling-Stones-Konzert.

NEW YORK DELIS

Die Upper West Side gilt als Sitz zweier legendärer Delikatessengeschäfte: Barney Greengrass, 1907 gegründet, und – nur rund 30 Jahre alt – Sarabeth's. Greengrass gilt als »Sturgeon King« von New York, und schon Alfred Hitchcock soll bei ihm Kaviar eingekauft haben. Sarabeth's ist eine beliebte Location der Einheimischen zum Weekend-Brunch.
»Delis« sind eine New Yorker Tradition. Auch in der Lower East Side sind noch einige traditionsreiche Lebensmittelgeschäfte erhalten, in denen man jüdische Spezialitäten kaufen beziehungsweise essen kann. Sie waren Anfang des 20. Jahrhunderts mit den jüdischen Immigranten in die Stadt gelangt, zu Anfang in Gestalt von Push Carts, Imbisswägelchen. Später wurden daraus Läden, in denen Bagels und Knishes, Räucherfisch und »Schmears« (Aufstriche), Pastrami und Corned-beef, Hering und »Pickles« (Sauereingelegtes), »Kreplach« (fleischgefüllte Teigtaschen) oder »Rugelach« (süßes gefülltes Gebäck) und »Challah« (Hefezopf) verkauft werden.

WEITERE INFORMATIONEN

Barney Greengrass: 541 Amsterdam Ave., www.barneygreengrass.com
Sarabeth's: 423 Amsterdam Ave. und weitere Filialen, www.sarabeth.com

53 New Yorks ältestes Museum – New-York Historical Society

Der Stadtgeschichte auf der Spur

Zum benachbarten Museum of Natural History bietet das Museum der New-York Historical Society ein ausgesprochenes Kontrastprogramm. Statt Dinosaurier und Mineralien laden hier auf mehreren Ebenen vielfältige Relikte und Dokumente, Bilder und Alltagsgegenstände dazu ein, tief in die Geschichte nicht nur von New York, sondern auch von Amerika einzutauchen.

Das New-York Historical Society Museum & Library wurde 1804 als New Yorks erstes Museum von John Pintard gegründet und ist damit fast 70 Jahre älter als das Metropolitan Museum. Der Bindestrich zwischen New und York im Namen war üblich im 19. Jahrhundert, in dem die Institution gegründet wurde. Historische Gegenstände unterschiedlichster Genres sowie Kunsthandwerk, Skulpturen und Gemälde amerikanischer Künstler aus verschiedenen Jahrhunderten sind hier in mehreren Abteilungen ausgestellt. Dazu finden immer wieder interessante Wechselausstellungen statt.

Historischer Bau, interessante Sammlung

Seit 1907 befindet sich das Museum an der 77th Street, Ecke Central Park West, in einem klassizistischen Bau von York & Sawyer. Die Architekturfirma war vor allem für ihre repräsentativen Bankgebäude bekannt, entsprechend beeindruckend ist auch die Fassade des Museums, zu dem 1938 beidseitig Pavillons hinzukamen. Seit 1966 steht der gesamte Komplex unter

Klein, aber fein: die New-York Historical Society ist auch für Kinder ein lohnendes Museum (unten). Ein Kunstwerk von Keith Haring ziert die Decke im Eingangsbereich (rechts oben).

Denkmalschutz. 2011 erfolgte eine Gebäuderenovierung, in deren Rahmen auch der Eingang neu gestaltet sowie Skulpturen von Abraham Lincoln (Central Park West) und Frederick Douglass (W. 77th St.) vor dem Gebäude aufgestellt wurden. Darüber hinaus kam es zu Umstrukturierungen im Inneren, so wurde beispielsweise das Children's History Museum hinzugefügt. Ein Fokus der riesigen Sammlung liegt auf der Entstehung und der Entwicklung der Stadt, die mithilfe historischer Artefakte und amerikanischer Kunstwerke nachvollzogen werden. Behandelt werden Themen wie George Washington, die Sklaverei in New York, lokale Künstler und Künstlerschulen oder die Geschichte der Verfassung.

Malerei, Spielzeug und Historisches

Gezeigt werden Werke der Hudson River School, einer Künstlerschule aus der Mitte des 19. Jahrhunderts, der Thomas Cole und Frederic E. Church angehörten, Bilder von Eastman Johnson, Porträts von Rembrandt Peale und Gilbert Stuart, Vogeldarstellungen von John James Audubon und Seestücke von James Bard, aber auch »profane« Dinge der amerikanischen Volkskunst und Alltagsobjekte: Möbel, Haushaltsartikel, wie Lampen, Kerzenleuchter, Textilien, Glas, Keramik, Spielzeug oder Holzschnitzereien. Sogar George Washingtons Feldbett aus dem Militärlager Valley Forge ist ausgestellt. Ein weiterer Schwerpunkt ist Spielzeug aus dem 19. Jahrhundert. Hier reicht das Spektrum von Brettspielen, Holz- und Blechspielzeug über Puppen und Puppenhäuser bis zu einer einmaligen Sammlung von Holztieren im Miniaturformat. Ausgestellt sind des Weiteren Gegenstände aus Werkstätten und Büros quer durch die Zeiten, beispielsweise Werkzeuge (auch aus den Tiffany Studios), Schiffsmodelle und andere maritime Exponate sowie militärische Objekte – Uniformen, Helme, Schilde und Trompeten. Zu sehen sind auch 14 verschiedene Gefährte, von einer Kutsche von 1770 bis zu einem Checker Cab, einem gelbem Taxi namens »Betsy« von 2001. Auch eine 9/11-Sammlung mit vielerlei Erinnerungsstücken ist vorhanden.

Bibliothek und Schausammlung

Die zugehörige Forschungsbibliothek umfasst außer Büchern auch Karten, Zeitungen, Notenblätter, Drucke, Fotos und Architekturzeichnungen, vor allem auch Dokumente zur Sklaverei und zum Bürgerkrieg. Meilensteine waren die Ausstellungen »Slavery and the Making of New York« 2005 und 2006 »New York Divided: Slavery and the Civil War, 1827–1865«, die erstmals einer breiten Öffentlichkeit aufzeigten, welche Bedeutung die Sklaverei auch in New York besaß.

Derzeit neu konzipiert wird das Henry Luce III Center for the Study of American Culture, eine Schausammlung der besonderen Art. Sie soll im Januar 2017 im Obergeschoss neu eröffnen, inklusive einer neuen Tiffany-Galerie und dem Center for the Study of Women's History, das sich mit der Geschichte der Frauenbewegung in Amerika beschäftigt.

BREITES VERANSTALTUNGS-SPEKTRUM

Die New-York Historical Society ist nicht nur ein Museum, sondern auch ein beliebter Veranstaltungsort. Das Programmspektrum reicht von Vorträgen im Rahmen der »Bernard and Irene Schwartz Distinguished Speakers Series« bis zu Filmvorführungen an ausgewählten Freitagabenden, die ebenfalls von Schwartz gesponsert werden. Unter dem Motto »Walks & Talks« finden regelmäßig geführte Rundgänge durch das Museum mit speziellem Fokus statt. Abgesehen von einem schönen und auch mit Büchern gut sortierten Museumsladen gehört zu dem Museum auch das »Caffè Storico«. Es wird von dem bekannten New Yorker Gastronomen Stephen Starr geleitet, der in der Stadt unter anderem das »Morimoto«, »Buddakan« und »El Vez« betreibt. Im Museumsrestaurant bietet die italienische Küche vielerlei Antipasti, Panini und Pastagerichte, dazu eine gute Weinauswahl und Cocktails von der Bar.

WEITERE INFORMATIONEN

New-York Historical Society:
170 Central Park West (76th–77th St.),
www.nyhistory.org

S A N D R A P R I E S
H A Y D E N P L
Baseball As America
Coming to the American Museum of Natural History
March 16 2007

Das Rose Center of Earth and Space ist Teil des sehenswerten American Museum of Natural History und widmet sich der Entstehung und Ausbildung des Universums.

Ein Blauwal schwebt über den Köpfen in einem der Säle des riesigen American Museum of Natural History (oben). Vielbesucht sind besonders die Abteilungen mit den Dinosauriern (rechts unten). Präsident »Teddy« Roosevelt empfängt die Besucher (rechts oben).

54 Ein Museum für die ganze Familie – American Museum of Natural History

Das weltgrößte Naturkundemuseum

Die Upper West Side hat zwar keine Museumsmeile wie der Osten zu bieten, dafür aber zwei ungewöhnliche Museen: zum einen das New-York Historical Society Museum – ein Muss für historisch Interessierte, zum anderen das American Museum of Natural History. In diesem 1877 eröffneten, weltweit größten Naturkundemuseum können Familien Stunden, wenn nicht gar Tage verbringen.

Der Museumskomplex besteht aus 25 miteinander verbundenen Teilen und bietet auf insgesamt vier Ebenen rund 40 Ausstellungshallen. Beim Rundgang kann man unter anderem in die Welt der Dinosaurier, der Säugetiere und Menschen, der Vögel, Reptilien und Amphibien, der Mineralien und Edelsteine, aber auch in den Weltraum eintauchen. Kein Wunder, dass das Museum in Filmen und Büchern eine Rolle spielt, beispielweise in der Hollywood-Komödie *Nachts im Museum* (2006) mit Ben Stiller und Robin Williams.

Naturkundemuseum der besonderen Art

Das 1869 gegründete American Museum of Natural History (AMNH) befindet sich in einer Grünanlage am Rand des Central Park. Das Kerngebäude mit tempelartiger Fassade und neogotischen Architekturelementen stammt von Calvert Vaux, der auch an der Planung des Central Park beteiligt war, und J. Wrey Mould. 1877 wurde die Eröffnung gefeiert. 1936 stellte man vor der Hauptfassade eine überlebensgroße Statue von Theodore Roosevelt auf und widmete dem ehemaligen US-Präsidenten eine Rotunde. Die Theodore Roosevelt Rotunda, die

einer römischen Basilika ähnelt, dient als Eingangslobby. Im Inneren beeindrucken zwei prähistorische Dinosaurier, die in einer Kampfszene präsentiert werden. Die Kontrahenten sind ein Allosaurus und Barosaurus – übrigens das größte frei stehende Dinosaurierskelett weltweit.
Bereits 1900 wurde das Museum zu klein und der Südflügel angebaut, weitere Teile folgten nach und nach bis in die 1930er-Jahre. Danach erfolgten bis Anfang des 21. Jahrhunderts keine größeren Veränderungen mehr. 2010 wurde eine neuerliche umfassende Renovierung abgeschlossen, bei der unter anderem die Südfassade zwischen Columbus Avenue und Central Park West sowie das Eingangsfoyer neu gestaltet und die Ausstellungsbereiche neu konzipiert und modernisiert wurden.

Dinosaurier und Indianer

Das AMNH befasst sich mit der Geschichte der Erde und des Menschen von der Urzeit bis ins Weltraumzeitalter. Zu den – wenn auch inzwischen etwas angestaubt wirkenden – Höhepunkten gehören die Dioramen in den Mammal Halls, die in Originalgröße unterschiedlichste Lebensräume in Afrika, Asien und Nordamerika nachbilden. Zu den Fossil Halls gehören auch der Dinosaur Wing unter anderem mit Dinosaurierskeletten und der Wing of Mammals, in dem weitere Fossilien gezeigt werden.
Ein neues Ausstellungsstück ist ein Titanosaurus. Der Pflanzenfresser soll vor rund 100 Millionen Jahren in Patagonien gelebt haben und gehört zu den größten Dinosauriern, die je entdeckt wurden. 2014 wurde er in der Wüste Argentiniens gefunden. Die Aufstellung des über 60 Tonnen schweren und knapp 40 Meter langen Tieres im Januar 2016 stellte eine Herausforderung dar – trotz der knapp sechs Meter hohen Decke im Ausstellungssaal streckt der Dinosaurier seinen Kopf in den Gang hinaus.
The Earth and Planetary Sciences Halls zeigen Meteoriten, Mineralien und seltene Edelsteine. Zu bewundern sind hier unter anderem das Stück eines Meteoriten und mit dem »Star of India« der größte Saphir der Welt. In der Hall of Human Origins ist die umfangreiche anthropologische Sammlung zu Kulturen Asiens, des Pazifikraums, Afrikas und der indigenen Bevölkerung Amerikas zu sehen. Den Eingang zur Hall of Northwest Coast Indians mit einer hochinteressanten Ausstellung über die Nordwestküsten-Indianer markiert ein riesiges Kanu der Haida.

Blick ins Weltall

Das 1935 gegründete Hayden Planetarium ist seit 2000 in einem spektakulären Glaskubus, der Cosmic Cathedral, untergebracht und gehört zum Rose Center of Earth & Space. Rund um das kugelförmige Planetarium wird der Besucher über den Heilbrun Cosmic Pathway durch die verschiedenen Phasen der Entstehung des Universums geführt. Im Big Bang Theater erlebt man eine Kurzdemonstration des Urknalls und im Space Theater die neue Show *Dark Universe*.

WER DIE WAHL HAT, HAT DIE QUAL

Es ist sinnvoll, sich vor dem Besuch des AMNH eine Art Besichtigungsprogramm zusammenzustellen. Angesichts der Fülle des Materials, der Breite des Spektrums, der Größe der Säle und der Weitläufigkeit des Gesamtkomplexes ist es unmöglich, das ganze Museum zu erkunden. Abgesehen von den Dauer- gibt es Wechselausstellungen sowie im IMAX-Theater interessante 3D-Filme zu sehen. Allein das Hayden Planetarium ist eigentlich ein Museum für sich. Sehenswert sind außer Reptilien und Dinosauriern, Vögeln und Echsen vor allem die Human Origins & Cultural Halls – speziell die Säle zu den amerikanischen Indianern – und die Ross Hall of Meteorites.
Auf der Webseite gibt es Vorschläge für »self-guided tours«, zum Beispiel eine Dino-Tour (www.amnh.org/plan-your-visit/self-guided-tours/dino-tour) oder die Night-at-the-Museum-Tour nach dem Film *Nachts im Museum*.

WEITERE INFORMATIONEN

American Museum of Natural History – AMNH: Central Park W./79th St., www.amnh.org, tgl. 10–17.45 Uhr, $ 22 (Kinder $ 12,50)

55 Gigantische Spielwiese im Herzen Manhattans – Central Park

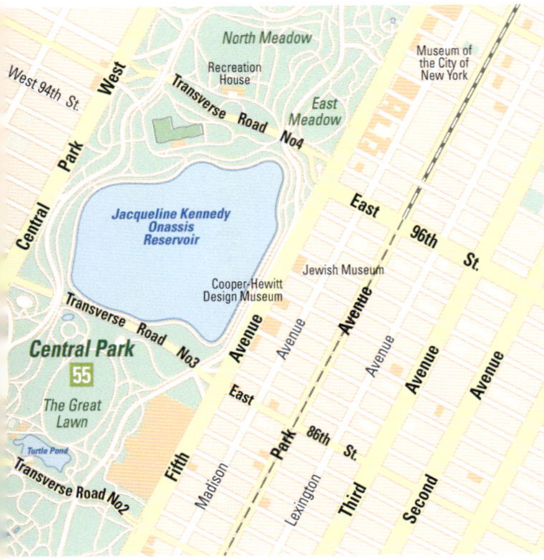

New Yorks »gute Stube«

Wenn sonntags die meisten Straßen durch die riesige Grünanlage gesperrt sind und die Sonne scheint, wird der Central Park zur »guten Stube«, zur Freilichtbühne und zum Fitnessstudio, zum Treffpunkt und Solarium der New Yorker. Im Sommer lockt der 340 Hektar große Park als kühle Oase im brodelnd-heißen Wolkenkratzer-Dschungel, im Winter fühlt man sich meilenweit von der hektischen Stadt entfernt.

Die 1873 eröffnete Grünanlage begrenzen die 59th und die 110th Street im Süden und Norden sowie die 5th und 8th Avenue im Osten beziehungsweise Westen. Der Park umfasst rund dreieinhalb Quadratkilometer, ist knapp vier Kilometer lang und 0,8 Kilometer breit und nimmt etwa fünf Prozent der Fläche Manhattans ein. Vier Straßen, die sogenannten Transverse Roads, verbinden auf der Höhe der 65th, 79th, 86th und 97th Street die Upper East mit der Upper West Side, sind an den Wochenenden aber großteils für den Durchgangsverkehr gesperrt. Die Drives rings um den Park dürfen nördlich der 72nd Street nicht befahren werden.

Die Spielwiese der New Yorker

Rund 50 Kilometer Fuß-, Jogging- und Radwege schlängeln sich durch das Grün, das unzählige Spiel- und Sportfelder, Rasenflächen und Hügel, Seen und historische Gebäude bietet. Freizeitsportler können im Winter auf einer Eisbahn, dem Wollman Rink, Schlittschuhlaufen oder sich auf den Sport- und Spielplätzen

Vom Turm des Belvedere Castle mitten im Central Park bietet sich ein guter Ausblick (unten). Freizeitkapitäne können auf The Lake ihre Modellboote erproben (rechte Seite).

Der Central Park ist zu jeder Jahreszeit die »Gute Stube« der New Yorker, im Sommer dient er als Liegewiese, im Herbst bietet er farbenfrohe Spaziergänge ...

des Heckscher Playground sportlich betätigen. Rasenflächen wie Sheep Meadow animieren zu vielerlei Outdoor-Aktivitäten, vom Frisbee-Spielen und Bumerang-Werfen über Softball bis zu Flag Football. Historische Bauten aus der Entstehungszeit wurden in Aufführungs- oder Ausstellungsorte, Infostellen oder Lokale umfunktioniert, man kann Boote ausleihen, angeln oder einfach nur auf Bänken sitzen und die Welt betrachten.
Gleich an mehreren Orten im Park finden im Sommer Gratis-Freiluftkonzerte statt. Die Palette reicht von »Shakespeare in the Park« (Delacorte Theater) und Marionettentheater im Swedish Cottage über Auftritte großer Stars im Rahmen der »Central Park SummerStage« auf dem Rumsey Playfield bis hin zu Jazz, Gospel oder Blues beim »Harlem Meer Performance Festival« (Central Park Conservancy/C. A. Dana Discovery Center) oder Klassik bei den »Naumburg Orchestral Concerts« in der Naumburg Bandshell.

Schwieriges Unterfangen

Bereits 1844 hatte William Cullen Bryant, der Herausgeber der *New York Post*, einen großen öffentlichen Park in Manhattan gefordert. Bei den Bürgermeisterwahlen 1850 wurde die Forderung thematisiert, doch es sollte weitere sieben Jahre dauern, bis das Projekt in Angriff genommen wurde. Erster Superintendent of the Park war Frederick Law Olmsted (1822–1903) aus Hartford, Connecticut. Der »Vater der amerikanischen Landschaftsarchitektur« machte sich an die Planung, doch diese erwies sich als weit schwieriger als erwartet: Auf dem vorgesehenen Gelände befand sich die afroamerikanische Siedlung Seneca Village. Die Bewohner wurden kurzerhand zwangsumgesiedelt, und das Dorf wurde dem Erdboden gleichgemacht. Spuren davon fand man vor einigen Jahren bei Ausgrabungen. Die New-York Historical Society verfügt dazu über Informationen und zeigte bereits interessante Ausstellungen zu diesem kritischen Thema.

Nach der umstrittenen Räumungsaktion konnte Olmsted zusammen mit dem Architekten Calvert Vaux (1824–1895) mit der Ausführung beginnen. Das Grundstück war teils Sumpfland, teils Weideland und kein einfaches Terrain. Tag und Nacht wurde gearbeitet, um eine naturnahe und doch dekorative Landschaft zu schaffen. Unmengen von Erde wurden bewegt und Tonnen von Humus als Nährboden für die Pflanzen aus New Jersey herangeschafft.
Zu Anfang waren die New Yorker dennoch mit der 1857 eröffneten Grünfläche nicht zufrieden. Da sich Olmsted mit seinen ästhetischen Vorstellungen einer passiven Nutzung des Areals durchgesetzt hatte, fehlten aktive Vergnügungsmöglichkeiten. Kurz vor der offiziellen Eröffnung 1873 fügte man deshalb noch einen Zoo und einige Spiel- und Sportplätze hinzu. Autos wurden erst ab 1899 im Park zugelassen, und im Lauf der folgenden Jahre kamen weitere Sportfelder und Spielplätze dazu.

Im Süden des Parks

Jährlich tummeln sich über 42 Millionen Menschen im Park. Für Besucher ist der Südteil bis etwa in Höhe des Metropolitan Museum beziehungsweise der 79th Street Transverse am sehenswertesten. Ein empfehlenswerter erster Anlaufpunkt ist wegen der hier erhältlichen Informationen das kleine neogotische Bauwerk The Dairy. In der einstigen Molkerei wurde die Milch der im Park grasenden Kühe und Schafe an bedürftige Kinder verteilt.
In der Südostecke ist The Pond eines von mehreren künstlich angelegten Gewässern im Park. Dieser See ist besonders attraktiv und dank Wolkenkratzerkulisse und historischer Gapstow Bridge (59th St.) ein beliebtes Fotomotiv. Nur ein paar Schritte entfernt herrscht im Winter auf der Eisbahn Wollman Rink lebhaftes Treiben. Eine weitere Familienattraktion ist gleich nebenan der Central Park Zoo & Wildlife Center mit einem Children's Zoo (mit Streichelzoo), neuem 4D-Theater und Abteilungen wie Tropic Zone oder Penguins & Seabirds. Westlich davon bietet der Heckscher Playground Sportfelder und Spielplätze für jedermann/-frau.

Konzerte und gutes Essen

Nördlich der 65th Street Transverse dient das Rumsey Playfield vor allem als Bühne für die kostenlosen Open-Air-Konzerte und anderen Events der Veranstaltungsreihe Central Park SummerStage, die seit 1986 im Sommer

Der 1873 eröffnete Central Park ist eine grüne Oase inmitten des Häusermeers von Manhattan, eine Sonnenbank und Liegewiese, ein Sport- und Picknickplatz. Im Park verteilt sind zahlreiche Skulpturen und Brunnen (unten).

Hochzeiten und Kutschfahrten – der Central Park ist vielseitig (unten). Auch die vierbeinigen New Yorker lieben den Central Park (rechte Seite).

stattfinden. Konzerte werden zudem in der westlich gelegenen Naumburg Bandshell aufgeführt. Sie wurde 1862 zum Zwecke der klassischen Unterhaltung eingerichtet und wird noch heute im Sommer für verschiedenste Veranstaltungen, vor allem für klassische Konzerte, genutzt.
Sheep Meadow diente von 1864 bis 1934 als Schafweide, 1934 wurden die zugehörigen viktorianischen Wirtschaftsgebäude zur berühmten »Tavern on the Green« umgewandelt. Zu dem ikonenhaften Lokal gehörte einst der viel gerühmte »Crystal Room«, der Ausblick auf die angrenzenden Gärten bot. Hier fanden große Tanzveranstaltungen statt und wurde Livemusik aufgeführt. Unter anderem trat hier Grace Kelly auf, feierten John Lennon und viele Broadway-Stars ausgiebig. Auch in zahlreichen Filmen, beispielsweise *Ghostbusters* und *It had to be You*, sind das Gebäude und die Räumlichkeiten zu sehen.
Nach einigen Jahren des Verfalls, der Ungewissheit und der Schließung wurde 2013 das berühmte Restaurant mit Sitzgelegenheiten im Freien und attraktiver Bar frisch renoviert und umgestaltet wiedereröffnet. Es ist im Übrigen zugleich Endpunkt des berühmten New York City Marathons, der ursprünglich ausschließlich im Park, in Runden, stattfand. Heute beginnt das Lauf-Event immer Anfang November an der Verrazano-Narrows Bridge auf Staten Island, führt durch alle fünf Boroughs und endet an der »Tavern on the Green« in Manhattan.

Erholung im Parkzentrum

The Mall, eine Baumallee mit dem angeblich größten Bestand an den selten gewordenen amerikanischen Ulmen, führt nordwärts zum Bethesda Fountain and Terrace. Dort erinnert die Statue »Angels of the Waters« an die erste Wasserleitung, die die New Yorker mit Frischwasser versorgte. Über die Bow Bridge, eine von ursprünglich sieben Gusseisenbrücken im Park, erreicht man einen der meistbesuchten Orte des Parks: Strawberry Fields. Die stets umlagerte Gedenkanlage erinnert an John Lennon, der im Dezember 1980 vor dem nahe gelegenen Dakota Building ermordet wurde.
Im Zentrum des Parks werden am The Lake im »Loeb Boathouse« Ruderboote verliehen und beginnen Gondelfahrten. Ursprünglich stand hier ein von Calvert Vaux entworfenes und 1873 eröffnetes Holzgebäude, 1954 ließ Carl M. Loeb das heutige Gebäude aus roten Ziegeln und Kalkstein erbauen und das »Boathouse Restaurant« neu einrichten.

Nördlich der 79th Street Transverse lockt der Turm des 1865 erbauten Belvedere Castle mit einer Informationsstelle der Naturschutzbehörde Central Park Conservancy und einer schönen Aussicht – der italienische Name wurde wegen des Panoramablicks gewählt. Heute fungiert der Turm als Wetterstation und ist Sitz des Henry Luce Nature Observatory mit Informationen über Flora und Fauna des Parks. Neben dem Schlösschen werden im Delacorte Theater seit 1962 – umgeben vom Shakespeare Garden – im Sommer vom Ensemble des Public Theater gratis Shakespeare-Stücke im Rahmen von »Shakespeare in the Park« aufgeführt. Ebenfalls künstlerisch genutzt wird das das westlich gelegene Swedish Cottage. Es stammt tatsächlich aus Schweden und wurde 1877 auf Wunsch von Frederick Law Olmsted im Park aufgestellt. Seitdem diente es verschiedensten Zwecken, als Sitz der Bürgerwehr, Werkzeugschuppen, Bibliothek und Labor. Heute ist es Sitz eines beliebten Marionettentheaters.

Jazz und Gospel im Norden

Weiter im Norden des Parks erstreckt sich westlich des Metropolitan Museum der Great Lawn. Auf der weitläufigen Rasenfläche wurde 1995 eine große Papstmesse zelebriert. Im Norden schließt sich das Jaqueline Kennedy Onassis Reservoir an. Das große Wasserbassin aus den 1860er-Jahren sicherte zeitweise den Wasservorrat für die Stadt New York. Ringsum führt ein knapp sechs Kilometer langer Joggingpfad. Das holländische Wort »Meer« bedeutet »See«, und so ist das Harlem Meer an der nordöstlichen Ecke des Parks ein weiterer See in der Anlage. Besonders für die Bewohner von Harlem ist er ein beliebtes Ausflugsziel. Hier ist »Catch & Release«-Angeln möglich und bietet das 1993 eröffnete Charles A. Dana Discovery Center nicht nur Informationen, sondern regelmäßig auch erlebenswerte Veranstaltungen. Charles A. Dana war der frühere Herausgeber der Tageszeitung New York Tribune und fungierte als Vermittler zwischen General Grant und Abraham Lincoln im Bürgerkrieg in den 1860er-Jahren. Abgesehen von Schul- und erzieherischen Programmen, finden im Sommer sonntagnachmittags im Rahmen des »Harlem Meer Performance Festival« exzellente Konzerte mit dem Schwerpunkt auf Jazz, Blues und Gospel statt.

SPIELWIESE UND FREILICHTBÜHNE

Die Central Park Summer Stage at the Rumsey Playfield (Zugang: East 69th Street/5th Avenue) bietet ein vielseitiges Sommerprogramm, zum Beispiel die »Summer Concerts« von »Good Morning America« (https://gma.yahoo.com/good-morning-america). Beim »Harlem Meer Performance Festival« (CentralPark Conservancy/Charles A. Dana Discovery) finden sonntags um 14_Uhr moderne Konzerte statt (www.centralparknyc.org/about/programs/harlem-meer-performance-festival.html). Auch die »Naumburg Orchestral Concerts« (www.naumburgconcerts.org) und »Shakespeare In The Park« im Delacorte Theater (www.shakespeareinthepark.org) sind populär.
Ein Höhepunkt im Sportkalender ist der New York Marathon (www.tcsnycmarathon.org), dessen Ziel im Central Park gelegen ist. Der Lauf findet seit 1970 immer am ersten Sonntag im November statt, führt durch alle fünf Boroughs und endet im Central Park, genauer gesagt an dessen Südwestecke auf Höhe der W 67th Street.

WEITERE INFORMATIONEN

Central Park: www.centralparknyc.org, www.centralpark.com
Tavern on the Green: http://tavernonthegreen.com

Auch im Winter tummeln sich die New Yorker gern im Central Park. Besonders Eislaufen auf dem Wollman Rink ist beliebt.

RUMP

Die Frick Collection ist mehr als eine Kunstsammlung (rechts oben), sie ist auch eine historische Stadtvilla (rechts unten) mit ausgedehntem Garten (oben) des Stahlmagnaten Henry Clay Frick.

56 Wohnpalast voller Kunstwerke – Frick Collection

Kunst in intimem Ambiente

Die Frick Collection ist ein sehenswertes Gesamtkunstwerk. Die hochkarätige Kunstsammlung des Stahlmagnaten Henry Clay Frick (1849–1919) ist im einstigen schmucken Wohnpalast des Industriellen ausgestellt und wird dort in ihrem ursprünglichen Kontext gezeigt, sei es im Esszimmer oder in der Bibliothek. Sie umfasst vor allem europäische Kunstwerke aus dem 14. bis 19. Jahrhundert.

Die Frick Collection vermittelt eine Vorstellung davon, wie der New Yorker Geldadel früher lebte, denn die Kunstsammlung des Kohle- und Stahlmagnaten Henry Clay Frick ist im ehemaligen Stadtpalais des aus Pittsburgh stammenden Industriellen ausgestellt. Die Kunstwerke – vor allem europäische Malereien, Zeichnungen, Drucke und Skulpturen ab der Renaissance beziehungsweise dem 16. bis zum späten 19. Jahrhundert – wurden großteils in ihrem authentischen Ambiente belassen und sind heute zum Beispiel im Speisezimmer oder in der Bibliothek zu bewundern. Die meist original möblierten Räume sind mit französischen, aber auch englischen und italienischen Möbeln, Limosiner Emailmalereien, chinesischem und französischem Porzellan, Uhren, Wandbehängen und Orientteppichen prächtig ausgestattet.

Kunstsammlung für die Öffentlichkeit

Henry Clay Frick hatte in seinem Testament bestimmt, dass sein Haus an der 1 East 70th Street inklusive der Kunstsammlung nach dem Tod seiner Ehefrau Adelaide der Öffentlichkeit zugänglich gemacht werden solle. Das Gebäude war

1913/14 von Carrère & Hastings geplant worden, einem um die Jahrhundertwende führenden New Yorker Architekturbüro, das auch den Bau der New York Public Library verantwortete. Als Adelaide Frick 1931 verstarb, wurde das Haus in der Folge von dem Architekten John Russell Pope (1874–1937) verändert und ausgebaut. 1935 wurde es samt der Sammlung, die seit Fricks Tod 1919 noch um mindestens ein Drittel angewachsen war, als öffentliches Museum eröffnet. Danach wurde das Gebäude noch weiter verändert und vergrößert. Zu dem Komplex gehört heute unter anderem auch die Forschungsbibliothek Frick Art Reference Library. Zusätzlich zur Dauerausstellung finden Wechselausstellungen und verschiedene Veranstaltungen statt.

Zu Gast bei den Fricks

Betritt man das Gebäude, fühlt man sich eher wie in einer privaten Wohnung als in einem normalen Museum. 16 mit Kunst prall gefüllte Galerien laden zum Herumschlendern ein. Gleich nach dem Eingang empfängt der Fragonard Room mit Wandbildern im Louis-XVI.-Stil, vielerlei Bronzeobjekten, Porzellan und sonstigem Dekor. Das Speisezimmer erinnert an ein vornehmes, elegantes englisches Esszimmer des 18. Jahrhunderts. Hier veranstaltete Mr. Frick seine formellen Empfänge, für die das Essen aus dem Untergeschoss per Speiseaufzug nach oben transportiert wurde. An den Wänden hängen britische Bilder aus dem 18. Jahrhundert. Auch die im englischen Landhausstil gehaltene Bibliothek mit Kamin schmücken viele Gemälde von englischen Künstlern, unter anderem von William Turner, John Constable und Thomas Gainsborough. Die Living Hall, der Salon, ist seit Fricks Zeiten unverändert geblieben und alten Meistern, wie Tizian, Holbein, El Greco und Goya gewidmet. Die Bilder und Skulpturen werden vor eichenholzvertäfelten Wänden präsentiert, ein hübsches Beiwerk bilden italienische Renaissance-Bronzefigürchen und chinesisches Porzellan.

Der Westflügel wurde ursprünglich als Ballsaal konzipiert, doch schon zu Fricks Zeiten wegen Platzmangels umfunktioniert. Er ist vor allem den Werken niederländischer Meister, wie Rembrandt, Johannes Vermeer und Frans Hals, vorbehalten. Durch den Oval Court gelangt man in die East Gallery, in der unter anderem Gemälde von Goya, Hogarth, Jacques L. David und Manet hängen.

Den Mittelpunkt des Gebäudes bildet der Garden Court. Den schönen überdachten Innenhof zieren Kolonnaden mit ionischen Säulen, Brunnen und Statuen. Er wurde von John Russell Pope entworfen und erinnert an den Innenhof der National Gallery of Art in Washington, die ebenfalls von Pope stammt. Weniger formell ist hingegen der offene Fifth Avenue Garden.

IM BUS DIE FIFTH AVENUE ENTLANG

Der öffentliche Nahverkehr ist in New York City hervorragend ausgebaut und preiswert. Obwohl man entlang der Museum Mile, der Fifth Avenue, leicht von Museum zu Museum bummeln kann, ist man manchmal dankbar für eine Fahrgelegenheit. Um jedoch zu einer Haltestelle der Subway zu gelangen, muss man drei Blocks nach Osten laufen, wo die Linien 4, 5 und 6 unter der Lexington Avenue verlaufen. Dafür fahren jedoch mehrere Busse auf der Fifth Avenue. Unter anderem verkehren hier die Buslinien 2, 3 und 4 in den Süden Manhattans bis ins Greenwich Village. Die Busse sind zwar verkehrsabhängig und kommen daher nicht unbedingt schnell voran, bieten aber eine Art kostenlose Sightseeing-Tour. Für Fahrten in Richtung Süden befinden sich die Bushaltestellen mit Fahrplänen in regelmäßigen Abständen auf der Seite des Central Park. Die MetroCard muss beim Einsteigen an einem Gerät beim Fahrer gescannt werden. Bar kann nur mit abgezählten Münzen bezahlt werden.

WEITERE INFORMATIONEN

The Frick Collection: 1 E. 70th St., www.frick.org, Di–Sa 10–18, So 11–17 Uhr, $ 20

57 Die größte Kunstsammlung der westlichen Welt – Metropolitan Museum of Art

Ein wahrer »Tempel der Kunst«

Der mächtige Bau des Metropolitan Museum of Art erinnert an einen antiken Tempel, und auch angesichts der Sammlung wird er dem anspruchsvollen Ruf als »Tempel der Kunst« gerecht. Hinter mächtigen Mauern, verteilt auf verschiedene Gebäudeteile und mehrere Ebenen, befindet sich die wohl größte Kunstsammlung der westlichen Welt. Sie wird jährlich von annähernd fünf Millionen Besuchern bestaunt.

Der einzigartige Museumskomplex erstreckt sich am Rand des Central Park entlang der Fifth Avenue zwischen 80th und 84th Street und ist ein Ort der Superlative. Er ist so groß, dass darin ein kompletter ägyptischer Tempel Platz findet, und so vielseitig, dass man als Besucher leicht Orientierung und Zeitgefühl verliert. Man muss eine Auswahl treffen, was man in der ständigen Ausstellung und den vielen Wechselausstellungen, die zeitgleich stattfinden, sehen möchte.

Bau in Etappen

1870 hatte eine Gruppe amerikanischer Geschäftsleute und Intellektueller die Sammlung aus der Taufe gehoben, und mit Unterstützung der Stadt wurde schon zwei Jahre später an der Fifth Avenue das erste öffentlich zugängliche Museum eröffnet. Als Übergangslösung zog die Sammlung 1873 erneut um, dann wurden Calvert Vaux, der zusammen mit Frederich Law Olmsted den Central Park gestaltet hatte, und sein Assistent Jacob Wrey Mould

Der mehrteilige Komplex des »Met« erstreckt sich am Rand des Central Park entlang der Fifth Avenue zwischen 80th und 84th Street.

Im Metropolitan Museum of Art sind sogar komplette Bauten, wie ein ägyptischer Tempel, aufgestellt, dazu zeigt es Gemälde und Skulpturen quer durch die Epochen und Regionen (unten). Auf der Dachterrasse (rechte Seite oben) finden Sonderausstellungen statt.

beauftragt, für ein erworbenes Grundstück an der Ostseite des Central Parks ein Gebäude zu entwerfen.

Das neue Gebäude wurde im verspielten viktorianischen Stil errichtet und stieß bei seiner Fertigstellung 1880 auf wenig Begeisterung, eher im Gegenteil. Deshalb kam auch schon ein paar Jahre später der angesehene Architekt Richard Morris Hunt (1827–1895) zum Zuge. Er nutzte den bestehenden Bau lediglich als Kernstück, versah ihn mit einer Eingangshalle und einer repräsentativen, symmetrischen Beaux-Arts-Fassade aus hellbeigem Kalkstein aus Indiana. Erst 1926 war der mehrteilige Gesamtkomplex vollendet – das einzige Bauwerk innerhalb der Parkgrenzen und die größte Kunstsammlung der westlichen Welt.

Prall gefüllt mit Schätzen

Im Lauf der Zeit wurde das Museum mehrfach um- und angebaut und renoviert, unter anderem wurde es 1975 erweitert. Fünf Jahre danach gestaltete das renommierte Architekturbüro Roche Dinkeloo & Associates den sogenannten amerikanischen Flügel neu. Von 2002 bis 2007 erfolgten eine umfassende Fassadenrenovierung sowie eine Umgestaltung und Neukonzeption vieler Säle und Sammlungen. Seither besitzt das »Met« eine rund 185 000 Quadratmeter große Ausstellungsfläche auf drei Etagen, 19 Abteilungen für Dauerausstelllungen plus eigene Galerien für Sonderausstellungen.

Die 19th Century European Paintings and Sculpture Galleries und die Galleries for Oceanic Art and Art of North America sind sehenswert, für europäische Besucher lohnt jedoch der »American Wing« besonders. Hier gibt es nämlich in mehreren Räumen chronologisch angeordnet Meisterwerke amerikanischer Kunst zu entdecken. Einerseits handelt es sich um dekorative Kunst (American Decorative Arts), andererseits um Malerei und Skulptur – über 1000 Gemälde, 600 Skulpturen und an die 2600 Zeichnungen. Darunter befindet sich das berühmte Porträt George Washingtons von Gilbert Stuart oder Emanuel Leutzes' Bild *Washington Crossing the Delaware*. Andere berühmte amerikanische Maler, zum Beispiel Winslow Homer, John Singer Sargent oder James McNeill Whistler, sind ebenfalls vertreten.

Riesige Bandbreite

Im Zentralbereich befindet sich die beliebte Sammlung Arms & Armor mit etwa 15 000 Waffen und Rüstungen von der Antike über das späte Mittelalter bis ins Japan des 19. Jahrhunderts. Auch die Mittelalter-Abteilung ist groß, obgleich ein großer Teil in The Cloister ausgelagert ist. Ebenfalls riesig ist die Sammlung zur Kunst Afrikas, Ozeaniens und Amerikas, doch sie wird noch übertroffen von der Asian Art Collection mit über 60 000 Exponaten.

Hochkarätig sind auch die Abteilungen zum antiken Nahen Osten, zu Ägypten und zur griechischen und römischen Antike. Neben Funden aus Nippur, Nimrud oder Hasanlu handelt es sich um fast 36 000 Artefakte aus Ägypten. Im Zentrum steht der Tempel von Dendur aus augusteischer Zeit, den die ägyptische Regierung 1965 den USA vermachte, nachdem man ihm vor der Flutung des Assuanstausees abgetragen hatte. Die Greek and Roman Galleries beherbergen etwa 35 000 griechische und römische

Kunstschätze, wobei nicht nur die Skulpturen, sondern auch die Vasensammlung einzigartig sind.

Europäisch und Modern

Schwerpunkt in der Abteilung für europäische Kunst sind rund 3000 Gemälde aus dem 19. Jahrhundert, über 5000 Skulpturen und dekorative Kunst. Die dem Museum vermachten Privatsammlungen wurden als eigene Komplexe integriert, so ist beispielsweise die Lehman Collection mit alten Meistern und französischen Gemälden aus dem 19. Jahrhundert in einer Glaspyramide untergebracht. Moderne Kunst fasziniert auf drei Ebenen im Lila Acheson Wallace Wing. Hier kann man Werke von Picasso, Kandinsky, Kiefer und anderen Künstlern des 20. Jahrhunderts bewundern sowie Arbeiten aus dem Expressionismus, dem Jugendstil und dem Art déco. Auf dem Cantor Roof Garden finden immer wieder aufsehenerregende Ausstellungen statt. Dort sind auch zeitgenössische Skulpturen und Installationen zu sehen und bietet ein kleines Café mit Bar eine phänomenale Aussicht. Zu den Beständen gehören jedoch nicht nur Gemälde und hohe Kunst, sondern auch Drucke, Fotografien, Musikinstrumente, Möbel, Kostüme und Kuriositäten, darunter mehr als 200 000 Baseball-Sammelkarten.

Kuriose Sammlungen und Wasserspiele

Im Herbst 2014 wurde vor dem Museum an der Fifth Avenue die David H. Koch Plaza eingeweiht. Der Bereich vor der vormals eher abschreckenden, riesigen Frontseite erhielt eine neue Bepflasterung, Brunnen und eine andere Beleuchtung, wurde teils begrünt und mit Sitzbereichen versehen. Auf diese Weise attraktiv umgestaltet, ist er zu einem neuen Treffpunkt geworden. Mehr als 100 Bäume wurden gepflanzt, die ebenso wie die installierten Sonnensegel Schatten spenden. Die Brunnen besitzen 48 Düsen für Wasserspiele. Natürlich verfügt das Museum auch über mehrere Lokale und einen riesigen Museumsladen mit breitem Angebotsspektrum.

Noch neuer ist das Met Breuer an der Madison Avenue/75th Street. Das Haus, das seit dem Umzug des Whitney Museum 2015 leer gestanden hatte, wird seit März 2016 vom Metropolitan Museum als Raum für moderne und zeitgenössische Kunst sowie für Veranstaltungen genutzt. Hier finden Ausstellungen, Performances, Installationen, Workshops und Ähnliches statt. Das Gebäude, dessen gestufte Fassade nach oben vorspringt, stammt von dem deutsch-amerikanischen Architekten Marcel Breuer (1902–1981) und sorgte bei seiner Eröffnung 1966 mit seiner revolutionären modernen Beton-Architektur für Aufsehen.

KUNST IST NICHT ALLES

Besucher haben im Metropolitan zudem die Wahl zwischen mehreren Restaurants und Cafés, Museumsläden, Touren, Konzerten, Lesungen, Filmvorführungen und anderen Veranstaltungen. Besonders einladend für ein Päuschen ist das »Roof Garden Café & Martini Bar« auf dem Cantor Roof Garden. Dort lässt sich inmitten von modernen Skulpturen der Ausblick auf Park und Skyline bei einem kühlen Drink genießen. Das Café ist nur von Mai bis Oktober bei entsprechendem Wetter geöffnet. Eine ganzjährige Ruheoase ist das Café im Charles Engelhard Court, dem überdachten Innenhof des American Wing. Aussicht auf den Central Park bietet zu Lunch und Afternoon Tea das »Petrie Court Café«.

Mit der MetApp (www.metmuseum.org/visit/met-app, gratis über Google play oder AppStore) kann man sich einen guten Überblick über das Angebot des Museums, über die Highlights, Ausstellungen und Abteilungen verschaffen.

WEITERE INFORMATIONEN:

Metropolitan Museum of Art: 1000 5th Ave./82nd St., www.metmuseum.org, tgl. 10–17.30, Fr/Sa bis 21 Uhr, $ 25; inkl. Met Breuer und Met Cloisters

Das architektonisch ungewöhnliche Guggenheim Museum wurde einem Schneckenhaus oder Zikkurat nachempfunden und erschließt sich von oben nach unten; ein Glasdach bildet den oberen Abschluss (oben). Frank Lloyd Wright, der Baumeister, erlebte die Eröffnung des Museums nicht mehr.

58 Frank Lloyd Wrights Meisterwerk – Guggenheim Museum

Architektur-Ikone und Kunsttempel

Als 1959 das Solomon R. Guggenheim Museum eröffnet wurde, staunte die Welt über dieses ungewöhnliche Bauwerk von Frank Lloyd Wright, der dafür bekannt war, die erste eigenständige amerikanische Architektur geschaffen zu haben. Die Architektur-Ikone des 20. Jahrhunderts wurde ab 1943 im Auftrag von Solomon R. Guggenheim entworfen und fällt durch die einmalige Harmonie von Bau und Kunst auf.

Seine beeindruckende Sammlung moderner und zeitgenössischer Kunst stellte der Industrielle und Philanthrop Solomon R. Guggenheim (1861–1949) zunächst in seinem privaten Apartment im Plaza Hotel aus. 1939 eröffnete dann das Museum of Non-Objective Painting in einem Autohaus an der East 54th Street, 1943 beauftragte der Sammler und Mäzen schließlich mit Frank Lloyd Wright (1867–1959), den damals bedeutendsten amerikanischen Architekten mit einem Neubau. Wright fertigte in 15 Jahren rund 700 Skizzen an, doch der Baubeginn verzögerte sich ständig, erst aus kriegsbeziehungsweise inflationsbedingten Gründen, dann wegen baubehördlicher Bedenken. Guggenheim starb 1949, und als der Bau fertig war, lag auch der Architekt bereits sechs Monate unter der Erde.

Ein architektonisches Meisterwerk

Als das Museum am 21. Oktober 1959 schließlich eröffnete, staunte die Öffentlichkeit nicht schlecht über dieses ungewöhnliche Gebäude: ein plastisch-organisches Gebilde in der Art ei-

nes Schneckenhauses, einem Zikkurat (babylonischen Tempelturm) nachempfunden. Besucher werden mit dem Aufzug nach oben befördert, damit sie auf dem Weg über die spiralförmige Rampe nach unten das ungewöhnliche Raumgefühl in der offenen Rotunde erleben und die segmentartig angeordneten Galerien erkunden können.
1992 wurde der Bau um einen achtstöckigen Annex von der Firma Gwathmey Siegel & Associates Architects, basierend auf Originalplänen von Wright, erweitert. Eine mit dem Hauptbau durch die Thannhauser Gallery verbundene kleine Rotunde schließt seither nach oben mit einer Sculpture Terrace ab, wo außer der Kunst auch der Ausblick auf den Central Park lohnt.

Museum der Privatsammlungen

Beim Solomon R. Guggenheim Museum handelt es sich streng genommen um ein Museum der Privatsammlungen. Der wohlhabende Industrielle hatte in den späten 1920er-Jahren unter Beratung der deutschen Künstlerin Baroness Hilla Rebay von Ehrenwiesen begonnen, abstrakte Malerei zu sammeln, darunter Werke von Künstlern wie Wassily Kandinsky, Robert Delaunay, Moholy-Nagy, Marc Chagall, Fernand Léger und Pablo Picasso. Dazu kamen weitere Sammlungen, wie 1948 die des Kunsthändlers Karl Nierendorf, vor allem expressionistische und surrealistische Werke, darunter viele von Paul Klee, und 1963 die Stiftung des Münchner Kunsthändlers Justin K. Thannhauser – schwerpunktmäßig Impressionisten, Post-Impressionisten und moderne Malerei, u. a. von Picasso. Seit 1991/92 beherbergt das Museum dazu die Sammlung des Grafen Giuseppe Panza di Biumo mit wegweisender zeitgenössischer Kunst, Werken europäischer und amerikanischer Minimalisten, Environmentalisten und Konzeptualisten. Der Nachlass der Robert Mapplethorpe Foundation legte den Grundstock für die Fotoabteilung des Museums.

Rotierende Bestände

Anders als üblich, sind im Guggenheim Kunstwerke nicht nach Genres oder Zeiten, sondern thematisch angeordnet. Das Museum besitzt über 7000 Kunstwerke, doch die Museumsbestände sind nie komplett zu sehen. Es gibt rotierende Präsentationen des eigenen Bestandes und außerdem regelmäßig spektakuläre Sonderausstellungen. Für Stärkung sorgt das zugehörige Lokal The Wright an der Ecke zur 88th Steet, das von der Einrichtung her sehenswert ist und wo David-Bouley-Schüler Rodolfo Contreras Spitzenküche bietet.
Die Guggenheim Foundation betreibt Filialen in Bilbao (in einem sehenswerten Bau von Frank Gehry), in Venedig (Peggy Guggenheim Collection), und seit Längerem geplant ist ein spektakulärer Museumskomplex, ebenfalls vom Reißbrett von Frank Gehry, in Abu Dhabi.

FRANK LLOYD WRIGHT IN NEW YORK

Max Hoffman war ein Autoimporteur aus Wien und hatte genügend Geld, um den damals schon berühmten Frank L. Wright dafür zu gewinnen, sein Haus in Upstate New York zu planen. Derselbe Hoffman gab kurz darauf, 1954, den Hoffman Auto Showroom bei Wright in Auftrag, ein Autohaus an der Park Avenue (Nr. 430) erst für seine Jaguars, dann für Mercedes Benz. Der Bau wurde 2013 abgerissen.
Über Wright als Universalgenie informiert eine Ausstellung im Metropolitan Museum. Hier wird deutlich, wie gut Wright auch als Innenarchitekt war. Das hier rekonstruierte Wohnzimmer aus dem Francis W. Little House, einem Sommerhaus in Minneapolis (1912–14) zeigt, was Wright unter organischer Architektur verstand und welchen Wert er auf die Harmonie zwischen Bau und Umgebung, Innen und Außen, Architektur und Ausstattung legte. Sehenswert in dem Raum sind die Eichenverkleidung, die Kamine, die Bleiverglasung und die Möbel.

WEITERE INFORMATIONEN

Guggenheim Museum: 1071 5th Ave./89th St., www.guggenheim.org, Fr–Mi 10–17.45, Sa bis 19.45 Uhr, $ 25

Eine Reihe weltberühmter Museen reiht sich an der Fifth Avenue aneinander, darunter das Designmuseum und das Guggenheim Museum (rechts) sowie die Neue Galerie (unten). Sie haben dem Abschnitt der Fifth Avenue zwischen der 79th Street und der 105th Street den Beinamen »Museum Mile« eingebracht.

59 Für jeden Kunstfreund ist etwas geboten – Museum Mile

Kulturelle Highlights an der Museumsmeile

Von den drei großen Museen – Metropolitan Museum, Frick Collection und Guggenheim Museum – war bereits die Rede. Diese sind jedoch nur die Highlights aus einer langen Liste an Kulturinstitutionen, die sich entlang der Fifth Avenue, zwischen 79th Street (Frick Collection) und 105th Street (Museo del Barrio) an der Ostgrenze des Central Park, aufreihen und die Museum Mile bilden.

Einige Schritte nördlich des Metropolitan Museum liegt ein besonders für deutsche Besucher interessantes Museum: die Neue Galerie. In einem denkmalsgeschützten Beaux-Arts-Gebäude von 1914 wird deutsche und österreichische Kunst aus der Zeit zwischen 1890 und 1940 präsentiert. 1994 war die Sammlung auf Initiative und ausgestattet mit Werken des in Wien geborenen Kunsthändlers Serge Sabarsky und des Unternehmers Ronald S. Lauder eröffnet worden.

Deutsche und österreichische Kunst

Das Erdgeschoss widmet sich dem Wiener Kunstschaffen um 1900 – mit Werken von Malern wie Gustav Klimt, Egon Schiele, Oskar Kokoschka oder Alfred Kubin – sowie angewandter Kunst. Vertreten sind außerdem die Wiener Werkstätten mit Josef Hoffmann und Koloman Moser sowie Architekten wie Otto Wagner oder Adolf Loos. Im Obergeschoss geht es um die deutsche Moderne mit Strömungen wie dem Blauen Reiter, der Brücke, dem Bauhaus und der Neuen Sachlichkeit.

Rockefeller Bedroom im Museum of the City of New York (oben), die Neue Galerie (unten), Blick ins Museum of Jewish Heritage (rechts oben) und ins Metropolitan Museum (rechts unten).

Zugehörig sind zwei Lokale, die von dem aus Österreich stammenden Chefkoch Kurt Gutenbrunner betreut werden: das Café Sabarsky im gemütlichen Stil eines Wiener Kaffeehauses und das Café Fledermaus mit Josef-Hoffmann-Mobiliar. In beiden stehen Köstlichkeiten wie Palatschinken, Wiener Melange Wiener Schnitzel, Gulasch, Käsekrainer oder Sachertorte und Apfelstrudel auf der Karte.

Design der Extraklasse und Jüdisches aller Art

Im Nordteil der Museum Mile wird es ruhiger und die Museen spezialisierter. Beispielsweise widmet sich das Cooper Hewitt, Smithsonian Design Museum dem Kunsthandwerk und Design quer durch die Zeiten. Es wurde 1897 auf Initiative der drei Hewitt-Schwestern ins Leben gerufen und war Teil der Cooper Union, einer 1859 gegründeten Kunsthochschule. 210 000 Objekte grafischen und industriellen Designs, Zeugnisse der Designgeschichte und der Architektur – Drucke, Zeichnungen, Gebrauchsobjekte und Möbel, Textilien und Tapeten – sind in der Andrew Carnegie Mansion, der 1902 auf damals modernstem Stand der Technik errichteten 64-Zimmer-Villa des Stahlmagnaten und großen Mäzens Andrew Carnegie (1835–1919) zu sehen.

Carnegie und seine Frau Louise Whitfield Carnegie hatten ihren Wohnpalast auf einem großzügigen Gartengrundstück am Nordrand des damals besiedelten Stadtgebiets erbauen lassen. Es galt zu seiner Entstehungszeit als spektakulär: mit Aufzug, Zentralheizung und Klimaanlage. Frau Carnegie lebte hier bis 1946, 30 Jahre später zog das Cooper Hewitt Museum in den aus Haupthaus und zwei angrenzende Town Houses bestehenden Komplex ein; heute gehört zusätzlich eine Design Library dazu.

2015 eröffnete das Museum nach umfassender Renovierung wieder. Neuartige Medien finden nun in historischem Villenambiente Anwendung, beispielsweise ein interaktiver Stift, der beim Durchgang durch die Galerien das Sammeln und Abspeichern von Informationen und das Abrufen zu Hause am eigenen Computer erlaubt. Außerdem stehen Touchscreen Tables zur Verfügung und kann jeder unter dem Motto »Play Designer« selbst aktiv werden und z. B. Tapeten entwerfen.

Judaica aus über 4000 Jahren beherbergt das Jewish Museum, und das ebenfalls in historischem Ambiente: in der Warburg Mansion von 1907. Mit rund 26 000 Kunstwerken zu jüdi-

schem Alltagsleben, Kunst und Kultur zählt es zu den maßgeblichen jüdischen Museen in den USA und beherbergt die weltgrößte Sammlung von Judaica außerhalb Israels. Die Wurzeln reichen ins Jahr 1904 zurück. Die Exponate umfassen rituelle und sakrale Objekte, wie Thora-Kronen, Leuchter, Teller oder Zeremoniensilber, aber auch profane Kunstwerke, archäologische Fundstücke, Fotos und Dokumente aller Art.

Museum für die Stadtgeschichte

Das Museum of the City of New York bietet einen spannenden Rundgang durch fast vier Jahrhunderte Stadtgeschichte. Es ergänzt perfekt den Besuch in der New-York Historical Society auf der West Side. Schriftstücke, Gemälde, Fotos, Kostüme, Spielzeug und Bücher, Möbel und Kunsthandwerk gehören zur Dauerausstellung, die 1923 ins Leben gerufen wurde. Sehenswert sind neben den Wechselausstellungen über die Stadtgeschichte die zeitgenössisch (1690–1906) ausgestatteten Rockefeller Rooms.

Weitere Säle des Museum of the City of New York beinhalten die Painting & Sculpture Collection sowie Porträts von berühmten New Yorkern, außerdem gibt es hier Fotografien, Zeichnungen, Drucke und Lithografien, dekorative Kunst, Möbeln, Schiffsmodelle und Handelsware zu sehen. Interessant sind die Ausstellung über die Mode vom 17. Jahrhundert bis heute in der »Costume Collection« sowie die Spielzeugsammlung mit sehenswerten Puppenhäusern. Die Broadway-Abteilung stellt eine der weltweit größten Sammlungen zur Theatergeschichte dar, mit Kostümen, Requisiten, Fotoaufnahmen, Zeichnungen und anderen Memorabilien. »Timescapes« ist der Titel eines Films, der einen guten historischen Überblick über die Stadt von den Anfängen bis heute gibt.

Lateinamerikanische Kunst und Kultur

Den Endpunkt der Museumsmeile bildet das Museo del Barrio, El Museo (1230 5th Ave.), das sich der lateinamerikanischen und karibischen Kunst und Kultur mit Schwerpunkt Puerto Rico widmet und passenderweise an der Südwest-Ecke von East Harlem, einem Hispano-Viertel, liegt. 1969 gegründet, wurde es 2008/09 renoviert und mit einer neuen Glasfassade und Lobby mit Shop und Café sowie neuen Veranstaltungsflächen attraktiver gemacht.

An den Wänden der luftigen Galerien hängen Bilder von Frida Kahlo, Diego Rivera und Karikaturen von Miguel Covarrubias. Zu sehen gibt es Beispiele der lateinamerikanischen, puertorikanischen und karibischen Kunst und Kultur, wobei den Puertorikanern als größter Gruppe unter den spanischsprachigen Immigranten in New York besondere Bedeutung zukommt. Objekte aus der präkolumbischen Frühzeit sind ebenso zu sehen wie moderne Kunstwerke, weltliche wie religiöse. Außergewöhnlich ist die Sammlung von aus Holz geschnitzten Heiligenfiguren für den Hausaltar, rund 360 »Santos de Palo« aus Puerto Rico, »Sculpture between Heaven and Earth« genannt.

MUSEUMS-HOPPING MIT NEW-YORK-CITY-PÄSSEN

Mit dem City Pass New York (http://de.citypass.com/new-york) erhält man neun Tage lang freien Zutritt zu sechs Attraktionen: Empire State Building Experience, American Museum of Natural History, The Metropolitan Museum of Art, »Top of the Rock« oder Guggenheim Museum, Liberty/Ellis Island oder Bootsrundfahrt, 9/11 Memorial & Museum oder Intrepid Museum. Der Pass kostet $ 116, für 6–17-Jährige $ 92 (Stand Mai 2016) und beinhaltet bevorzugte Behandlung am Einlass.

Mit dem New York City Explorer Pass (www.smartdestinations.com/new-york-attractions-and-tours) gibt es kostenlosen Eintritt in drei, fünf, sieben oder zehn beliebig wählbare Attraktionen aus einer langen Liste. Er gilt ab erster Nutzung 30 Tage lang.

Ähnlich ist das Angebot des New York Pass (www.newyorkpass.com): Kostenloser Eintritt in über 80 Attraktionen/Museen für einen bis siwbwn Tage, außerdem Gratistouren, Preisnachlässe in Restaurants, Shops und auf Tickets.

WEITERE INFORMATIONEN

Neue Galerie: www.neuegalerie.org
Cooper Hewitt: www.cooperhewitt.org
Jewish Museum: http://thejewishmuseum.org
Museum of the City of New York: www.mcny.org
El Museo del Barrio: www.elmuseo.org
Museums Mile Festival: Anfang Juni (1. So.), Gratiseintritt in die Museen sowie Party mit Bands und Ständen (http://museummilefestival.org)

Wie die Upper West Side ist auch die Upper East Side ein Wohnviertel der Betuchten. Als Ruheoase beliebt nach dem Trubel um die First Avenue (rechts unten) ist der Carl Schurz Park (oben) am East River. Kunst auf der Madison Avenue (rechts oben).

60 Wo die Reichen residieren – Upper East Side

Wohnviertel der High Society

Die Upper East Side (UES) erstreckt sich zwischen der 59th und 110th Street. Sie stößt im Süden an Midtown und im Norden an East Harlem, die Westgrenze bildet der Central Park, die Ostgrenze der East River. Eine Hauptachse des Viertels ist die Madison Avenue, der Inbegriff einer exquisiten Shoppingmeile. In ihrem Umkreis stehen auch die noblen Wohnhochhäuser der High Society.

Die Upper East Side ist schon seit der Jahrhundertwende das Viertel der High Society, und speziell die Wohnungen in den Häusern zwischen 5th und Park Avenue, idealerweise mit Blick auf den Central Park, waren und sind begehrt. Wo einst die Marx Brothers (179 E 93rd St.) residierten, leben noch heute Leute mit dicken Brieftaschen – »old money and old fogies« (altes Geld und komische Käuze) lautet hier die Devise. Dank der berühmten Museumsmeile entlang der 5th Avenue und des Shoppingangebots im Umkreis der Madison Avenue ist für Besucher einiges geboten. In der alleeartigen Park Avenue ist der Luxus weniger offensichtlich und versteckt sich hinter eher unscheinbaren Fassaden. Auf Höhe der 70er-Straßen bilden die 2nd und 3rd Avenue eine Gourmetmeile mit Lokalen, Cafés und Feinkostläden. Zum Bummeln oder Essengehen bietet sich das Viertel Yorkville an, in dem früher bevorzugt deutsche, ungarische und tschechische Einwanderer lebten.

Gentrifizierung und Wandel

Allerdings haben sich das soziale Gefüge und die Beliebtheit der Upper East Side gewandelt. Früher waren die großen Apartmentblöcke aus der Nachkriegszeit mit ihren Türstehern, besonders östlich der Lexington, auf Höhe der

70er- bis 90er-Straßen, eine beliebte Geldanlage von Eltern mit studierendem Nachwuchs. Und auch in den 1970er- und 1980er-Jahren war es noch cool, in der Upper East Side zu leben. Heute dominieren zwar immer noch Familien das Viertel, sieht man viele Nannys mit Kinderwagen und Hundeausführer, doch hat die Upper East Side infolge der Gentrifizierung in East Village, Lower East Side, ABC Town und Brooklyn für junge Leute mittlerweile an Attraktivität verloren. Das Unterhaltungs- und das kulinarische Angebot lassen noch zu wünschen übrig, ein Subway-Anschluss fehlt, und das Leben spielt sich derzeit eher im Süden ab.

Bummel auf der Madison Avenue

Die Madison Avenue ist eine piekfeine Einkaufsstraße, die allerdings selbst viele East Sider meiden, da zu »snobbish« und teuer. Sie wurde nach dem vierten US-Präsidenten, James Madison, benannt und 1836 zwischen Park Avenue und Fifth Avenue angelegt. Bekanntheit erlangte sie in den 1920-er Jahren durch die Werbeindustrie und heute als Kulisse für die TV-Serie *Mad Men*.

An der Madison Avenue reihen sich zwischen der 58th und 71st Street vor allem Designerboutiquen, Juweliere und Schuhgeschäfte von Namen wie Alexander McQueen, Hermès, Céline, Valentino, Emporio Armani, Prada, Chloé, Davidoff, Dolce & Gabbana, Gucci, Calvin Klein, Cartier, Jimmy Choo, Giorgio Armani und Vera Wang, im nördlichen Teil zwischen der 75th und 82nd Street dominieren Kunstgalerien und Antiquitätenläden.

Französisches Schloss und Bauhausarchitektur

Das sehenswerte Rhinelander Building (867 Madison Ave./72nd St.) wurde 1898 im Stil der französischen Neorenaissance erbaut und gleicht einem Loire-Schlösschen. Seine Bauherrin Gertrude Rhinelander Waldo stattete es mit Möbeln, Kunstwerken und Deko-Objekten/Kunsthandwerk ((!)) aus, die sie aus Europa mitgebracht hatte, wohnte jedoch nie in dem Gebäude. Nach ihrem Tod 1914 stand das Rhinelander Building bis 1921 leer und wurde anschließend unterschiedlich genutzt. In den 1980er-Jahren zog schließlich Ralph Lauren ein und richtete darin seinen Flagship Store ein, der hier noch heute residiert.

Auch das Gebäude 945 Madison Avenue hat eine besondere Geschichte: Es war von 1966 bis 2015 Sitz des Whitney Museum of American Art. Nach Plänen von Marcel Breuer und Hamilton Smith in der Form einer auf dem Kopf stehenden Pyramide mit überhängender Fassade erbaut, ging es in die Architekturgeschichte ein. Seit 2016 wird »Met Breuer« vom Metropolitan Museum als Raum für zeitgenössische und moderne Kunst, Events und Ausstellungen genutzt.

MET BREUER

Das Met Breuer ist der jüngste Neuzugang des Metropolitan Museum of Art und zugleich eine Art weitere Filiale neben dem Cloister im Norden Manhattans. Der denkmalgeschützte ikonenhafte Bau von Marcel Breuer wurde von 1963 bis 1966 an der Ecke Madison Avenus und 75th Street errichtet und war bis 2015 Sitz des Whitney Museum. Als das Whitney in einen Neubau an der High Line umzog, stand das Gebäude leer, bis am 18. März 2016 das Metropolitan Museum einzog – genauer gesagt dessen modernes und zeitgenössisches Kunstprogramm mit Ausstellungen, Aufführungen, Artists-in-Residence, Performances, Workshops und anderen Veranstaltungen. Der Bau mit der abgestuften Granitfassade, den asymmetrischen Fenstern und der äußerst flexiblen Raumgestaltung im Inneren ist hierfür perfekt geeignet. Neben Wechselausstellungen werden thematische Ausstellungen mit Werken aus eigenen Beständen gezeigt, die jeweils mehrere Monate laufen.

WEITERE INFORMATIONEN

Madison Avenue:
http://madisonavenuebid.org
MetBreuer:
www.metmuseum.org/visit/the-met-breuer

61 Hier sprach man Deutsch – Yorkville

Auf Spurensuche in »Kleindeutschland«

Dass in der Upper East Side einst mehr Deutsch als Englisch gesprochen wurde, es Biergärten, Brauereien und Gesangsvereine gab, vermag man sich heute kaum mehr vorzustellen. Doch in dem Gebiet zwischen East 79th und 96th Street, East River und Lexington Avenue lag früher Little Germany. Obwohl von »Kleindeutschland« nur wenige Überreste verblieben sind, lohnt ein Rundgang.

Einst war Yorkville in der Upper East Side das Siedlungsareal deutscher Zuwanderer. Heute erinnern nur mehr wenige Läden wie die Bäckerei Glaser's (unten) oder Lokale wie »Heidelberg« (rechts oben) oder die Steuben Parade (rechts unten) an die Vergangenheit.

Die Hauptachse von »Kleindeutschland« war die 86th Street. Sie hieß einmal »German Broadway«, denn hier lebten fast ausschließlich deutschstämmige Zuwanderer, darunter auch der Schriftsteller Oskar Maria Graf. Noch heute finden sich in Yorkville deutsche Relikte, wie das Restaurant Heidelberg (1648 2nd Ave.) – mit deutschem Bier und Spezialitäten wie Blut- und Leberwurst, Schnitzel oder Kässpätzle, – die Bäckerei Glaser's oder die Metzgerei Schaller & Weber von 1937 (1654 2nd Ave.), die sich noch immer in Familienbesitz befindet.

Der Traditionsladen verkauft jedoch nicht nur deutsche Wurst, sondern auch Produkte deutscher Lebensmittelmarken, wie Jacobs Kaffee, Maggi, Haribo oder Löwensenf. In der dazugehörigen »Schaller's Stube« werden Leberkäse, Wiener, Curry- und Bratwürste und dazu Sauerkraut und Kartoffelsalat serviert. Vor der 1902 gegründeten deutschen Bäckerei Glaser's (87thSt./ 1st Ave.) stehen an Wochenenden lange Schlangen für Buttercremetorte, Butterkuchen und Windbeutel an, und in der St. Joseph's Roman Catholic Church (East 87th Street) findet einmal im Monat ein deutscher Gottesdienst statt.

Geschichte der Deutschen in New York

Seit dem 17. Jahrhundert sind rund sieben Millionen Deutsche in die USA ausgewandert, die meisten zwischen etwa 1815 und 1860 und in den 1880er-Jahren. Nach 1850 bildeten die Deutschen die größte Einwanderergruppe in New York, etwa zur selben Zeit erblühte »Kleindeutschland« in der Lower East Side als erstes deutsches Siedlungszentrum. Die deutschen Einwanderer lebten in ärmlichen Verhältnissen in riesigen Tenement Buildings – Mietskasernen – und arbeiteten hart bis zur Ausbeutung. Die schlechten Lebensbedingungen und die stets wachsende Zahl der Zuwanderer in der zweiten Hälfte des 19. Jahrhunderts führten dazu, dass viele Deutschstämmige die LES allmählich Richtung Norden verließen.

Der Trend verstärkte sich, als mit der Fertigstellung der Hochbahn um 1880 der Norden von Manhattan leichter und schneller zugänglich wurde. Bereits Ende des 19. Jahrhunderts hatte sich die Upper East Side zum neuen deutschen Zentrum entwickelt. Institutionen wie die oben erwähnten, das Restaurant Ideal, die Zion St. Mark's Church (Deutsche Evangelische Kirche) und das German Hospital sowie Vereine, Biergärten und Brauereien sorgten für das Wohl der Deutschen. Um 1890 sollen rund 80 000 deutschstämmige Einwohner in dem Gebiet rund um die 2nd Avenue und 86th Street – den »German Broadway« – gelebt haben. Die deutschen Immigranten hatten nicht nur wesentlichen Einfluss auf die Expansion und den wirtschaftlichen Aufschwung der Stadt, sie prägten auch ihre Fest- und Feierkultur, allgemein ihr Kulturleben und ihre Musik sowie ihr Brauereiwesen. Durch die beiden Weltkriege wurden die deutschstämmigen Einwanderer jedoch aus dem kollektiven Gedächtnis verbannt, eine gewisse Rückbesinnung lässt sich erst in den letzten Jahren feststellen. Heute findet man wieder mehr deutsche Namen, Biergärten und Brauereien.

Historisches in Yorkville

Von der Subway-Station 86th Street führt der Weg Richtung East River zum Henderson Place Historic District (E. 86th St.). Dessen 24 Reihenhäuschen aus Backstein ließ der Hutmacher John C. Henderson im späten 19. Jahrhundert erbauen. Von der breiten Promenade über dem East River Drive fällt der Blick auf die Queensboro Bridge, Roosevelt und Ward's Island sowie auf Hell Gate, die Verbindung zwischen East River und Long Island Sound.

Der nahe gelegene Carl Schurz Park war 1891 auf Betreiben des deutschen Immigranten Carl Schurz angelegt worden, der von 1869 bis 1875 amerikanischer Innenminister war. Den Mittelpunkt der Grünanlage bildet die elegante Gracie Mansion von 1799. Das Federal-Style-Landhaus des Kaufmanns Gracie diente zeitweise als Museum of the City of New York, seit 1942 ist es offizieller Wohn- und Amtssitz des New Yorker Bürgermeisters.

DIE STEUBEN-PARADE

Die zweistündige »German-American Steuben Parade« findet alljährlich am dritten Wochenende im September auf der 5th Avenue statt. Sie ist der Umzug der Deutschamerikaner, immerhin verweist rund ein Fünftel der New Yorker Bevölkerung stolz auf seine deutschen Wurzeln. An der Parade nehmen Organisationen und Clubs, Vereine und Gruppen aus ganz New York State teil: American Steuben Associations, Militärbands, Polizei- und Feuerwehrgruppen, Sprachschulen, »turner vereins«, Schuetzen Associations, Karnevalsgruppen, Paradewagen von Brauereien, Marchingbands, Tanzgruppen und viele mehr. Hinzu kommen eingeladene deutsche Ehrengäste, Musikgruppen, Trachtenvereine und Militär-Blaskapellen. Die erste Parade fand 1957 statt, seither trifft man sich regelmäßig, um Baron von Steuben (1730–1794) zu ehren. Der preußische General war ein großer Held im Amerikanischen Unabhängigkeitskrieg und bildete 1778 in Washingtons Militärlager Valley Forge das amerikanische Heer vor allem in Taktik, Disziplin und durch Drills aus.

WEITERE INFORMATIONEN

Steuben Parade:
www.germanparadenyc.org
Yorkville/Little Germany:
http://lostnewyorkcity.blogspot.de/2011/06/yesteryears-yorkville.html und
www.germanyinnyc.org
Gracie Mansion: East End Ave./88th St., www1.nyc.gov/office-ofthe-mayor/gracie-mansion.page

Ein ungewöhnlicher Blick auf Upper Manhattan von der Promenade auf Roosevelt Island aus (oben). Eine Seilbahn (rechts) verbindet, abgesehen von der Subway, die Insel mit Manhattan.

62 Die »hübsche Insel« mausert sich – Roosevelt Island

Zu Besuch auf »Manhattan's Other Island«

Zu Füßen der Queensborough Bridge liegt an der Ecke 60th Street und 2nd Avenue die Endstation der Roosevelt Island Aerial Tram. Die Seilbahn, sicher eines der ungewöhnlichsten Nahverkehrsmittel der Stadt, fährt zum gut drei Kilometer langen, aber nur rund 250 Meter breiten Roosevelt Island. Die mitten im East River gelegene Insel blickt auf eine bewegte Geschichte zurück.

Die Indianer nannten Roosevelt Island »Minnahanonck«, »hübsche Insel«. 1633 kaufte der holländische Gouverneur den ansässigen Canarsie das Eiland ab, auf dem fortan Schweine gezüchtet wurden. Nach der Machtübernahme durch die Briten in den 1660er-Jahren übertrug König James II die »Schweineinsel« Captain John Manning, auf diesen Weg kam sie letztendlich in Besitz der Familie Blackwell. 1796 baute Mannings Enkel, James Blackwell, ein Häuschen auf der Insel – das Blackwell House steht dort noch heute.

Kranke, Gefangene und Studenten

1823 begann die Stadt New York, die Inseln rings um Manhattan aufzukaufen, um dort Krankeneinrichtungen und Verwahrungsanstalten einzurichten. 1828 wechselte auch Blackwell's Island den Besitzer. 1832 entstand als Erstes ein Gefängnis auf der Insel, 1841 folgte eine psychiatrische Anstalt, deren achteckiger Turm noch heute erhalten ist. Zwei Hospitäler kamen 1849 und 1857 dazu, außerdem Altenheime für Mittellose und die Chapel of the Good Shepherd. 1856 entstand hier das erste Krankenhaus für Pockenkranke in den USA.

Die »hübsche Insel« mausert sich – Roosevelt Island

In den 1960er-Jahren waren die meisten Einrichtungen aufgelassen und der Niedergang von »Welfare Island« nicht mehr aufzuhalten. Als die Insel 1969 für 99 Jahre in den Besitz des Bundesstaats New York überging, erstellten Philip Johnson und John Burgee (AT&T Building) einen ersten Bebauungsplan. 1973 wurde das Eiland in einem feierlichen Akt von Gouverneur Rockefeller und Bürgermeister Lindsay nach Präsident Franklin D. Roosevelt umbenannt und Architekt Louis Kahn legte Pläne für einen Memorial Park am Südzipfel der Insel vor.
1975 wurde Island House als erster Wohnkomplex auf der Insel eingeweiht, anschließend die drei WIRE Buildings mit zusammen über 2000 Wohnungen. Ein Jahr später gab die Tramway ihr Debüt und 1990 kam eine Subway-Station dazu. Weitere Wohnbauten entstanden – zum Beispiel 1989 Manhattan Park –, und die Bevölkerung wuchs. Heute leben rund 12 000 bis 14 000 Menschen auf der Insel. 2011 eröffnete der Southpoint Park und 2013 der Roosevelt Park. Im Süden der Insel entsteht derzeit ein neuer Universitätscampus von Cornell Tech am einstigen Standort des City Hospital. Der erste Teilbereich soll 2017 eröffnet werden.

Insel-Sehenswürdigkeiten

Nördlich der Brücke steht das Haus der Gründerfamilie Blackwell. 1796 erbaut, gehört es zu den ältesten erhaltenen Wohnhäusern in New York State. Sehenswert sind auch die Main Street mit Läden, Restaurants und Versorgungseinrichtungen sowie der Octagon Tower von 1839. Er war Teil der berüchtigten psychiatrischen Anstalt, über die schon Charles Dickens kritisch schrieb. Sie war jedoch insofern wegweisend gewesen, als dass Geisteskranke dort erstmals medizinisch betreut wurden.
Rund um die Insel führt eine Promenade, und von ihrer Südspitze bietet sich ein grandioser Ausblick auf Manhattan. Hier bietet der Southpoint Park nicht nur Sport- und Spielanlagen, sondern auch ein Amphitheater, Bootshaus, Bootsanleger und Naturflächen. Der Franklin D. Roosevelt Four Freedoms Park im äußersten Süden der Anlage heißt nach einer legendären Rede, die Präsident Franklin D. Roosevelt am 6. Januar 1941 über die »vier Freiheiten« hielt. Ein Relikt der Vergangenheit sind im Southpoint Park die Renwick Ruins, die Ruinen des einstigen Smallpox Hospital – ein mit Efeu überwachsener, mittelalterlich anmutender Bau von 1856. Erst als Ende des 19. Jahrhunderts ein Pockenimpfstoff entwickelt worden war, wurde das Pocken-Krankenhaus geschlossen. Das denkmalgeschützte renovierte Strecker Laboratory von 1892 war ein Teil des City Hospital. Es wird von den öffentlichen Verkehrsbetrieben MTA (Metropolitan Transportation Authority) als Verteilerwerk genutzt.

DIE ROOSEVELT ISLAND AERIAL TRAMWAY

Der Roosevelt Island Aerial Tramway galt bei ihrer Eröffnung 1976 als revolutionär. Dabei stellte die Seilbahn eigentlich nur eine Übergangslösung dar, da die Subway nicht rechtzeitig fertig geworden war. Unterirdisch kann die Insel erst seit 1990 erreicht werden. Erbaut wurde die Tram 1976 von dem Schweizer Unternehmen Von Roll als Pendelbahn. 2010 wurden ihre drei Seilbahnstützen, Kabel und Kabinen gründlich renoviert und durch ein vollständig neues Seilbahnsystem ersetzt. Die Zugangsstation befindet sich an der 2nd Avenue zwischen der 59th und 60th Street. Mit der rund 950 Meter langen, bis zu 27 Stundenkilometer schnellen Seilbahn überquert man den East River in 70 Meter Höhe in weniger als drei Minuten. In den Kabinen können jeweils 109 Passagiere mitfahren.

WEITERE INFORMATIONEN

Roosevelt Island:
www.rioc.com
Roosevelt Freedom Park:
www.fdrfourfreedomspark.org
Roosevelt Island Tram:
www.rioc.com/transportation.htm, außerdem Haltestelle der Subway Line F »Roosevelt Island«.

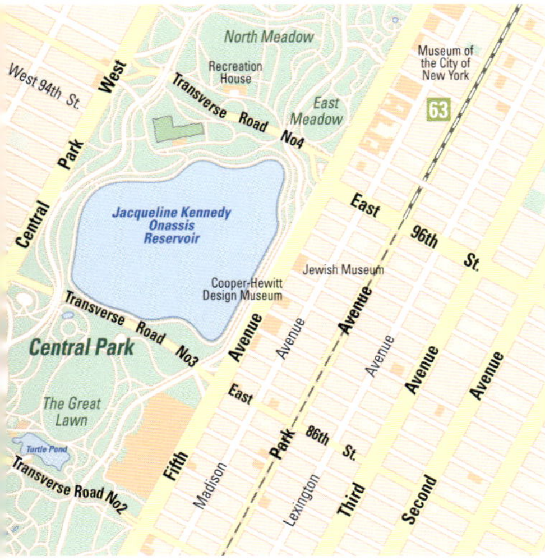

63 Ungewöhnliches Wahrzeichen einer Weltstadt – New York Subway

Take the A Train – New Yorks U-Bahn

Take the A Train wurde 1941 für Duke Ellington und sein Orchester zur Erkennungsmelodie und zum Inbegriff des Swing. Der von Billy Strayhorn getextete Song handelt von der Subway-Linie A, die von Brooklyn nach Manhattan und weiter nach Harlem fuhr. An der dortigen 125th Street trat einst nicht nur Duke Ellington gerne im legendären Apollo Theater auf.

Viele der historischen Subway-Stationen (rechts oben) sind restauriert worden und sehenswert, andere, wie die neue Station der Linie 7, Hudson Yards, sind futuristisch-modern (unten).

»*Take the A Train*« beherrschte sieben Wochen lang die Hitparade, doch Ellington nahm das Stück immer wieder neu in verschiedenen Versionen auf, unter anderem mit Ella Fitzgerald und Dizzy Gillespie sowie mit John Coltrane. Als Ellingtons Hit berühmt wurde, war der Nordteil von Upper Manhattan noch kaum besiedeltes Farmland und das Viertel Washington Heights vor allem als Endstation des A-Train bekannt. Ellington beschreibt in seinem Song jedoch auch Harlems Hauptachse: Die 125th Street stand für Erotik, Sex, Spiel, Alkohol, Musik und allerhand Vergnügungen. Hier steht noch heute das berühmte Apollo Theater, in dem Louis Armstrong, Count Basie, Duke Ellington, Josephine Baker und Billie Holiday auftraten.

Von Nord-Manhattan nach Queens

»A Train« ist die Abkürzung für »A Eighth Avenue Express« – die U-Bahn-Linie pendelt von der 207th Street in Inwood, an der Nordspitze Manhattans, bis hinaus nach Far Rockaway, das in Queens nahe dem Flughafen liegt. Mit

»The A« bekommt man viel für sein Fahrgeld: Rund 50 Kilometer beziehungsweise eineinhalb Stunden Fahrzeit liegen die Endstationen voneinander entfernt.
Die Linien A und AA waren 1932 als die ersten beiden Subway-Routen eröffnet worden. Anfangs verkehrte die Bahn nur bis zur Chambers Street in Tribeca, doch immerhin war das schwarze Harlem damit erstmals an den Rest der Stadt angebunden. Der Ausbau Richtung Brooklyn erfolgte noch in den 1930er-Jahren, nach den 1950er-Jahren erfolgte die Verlängerung bis Far Rockaway beziehungsweise Rockaway Park in Queens. Passend zum Song verband die A Line somit die beiden ursprünglich größten »schwarzen Viertel« miteinander: Harlem und Bedford-Stuyvesant in Brooklyn.

New Yorks Nahverkehr

Für den Betrieb von U-Bahnen und Bussen sind heute die New Yorker Nahverkehrsbetriebe MTA (Metropolitan Transit Authority) zuständig. Die Subway, von den New Yorkern stets nur »Train« genannt, verfügt mit mehr als 6300 Wagen über die größte U-Bahn-Flotte der Welt. Werktags transportieren ihre 24 U-Bahn-Linien über 5,5 Millionen Fahrgäste sowohl unter- als auch oberirdisch auf mehr als 1000 Kilometern Schienenstrecke mit 469 Stationen. Darüber hinaus fahren mehr als 5700 Busse der MTA – die mehr als 300 Linien bedienen in den fünf Stadtteilen auf dem etwa 3000 Kilometer langen Streckennetz über 15 000 Haltestellen.
Das öffentliche Verkehrssystem begann in der ersten Hälfte des 19. Jahrhunderts mit »Omnibus« genannten Kutschen. Doch bereits 1855 gab es in Manhattan 27 Strecken auf der 3rd, 4th, 6th und 8th Avenue, auf denen von Pferden gezogene Schienenfahrzeuge fuhren. Die Hochbahnen für Passagiere starteten 1870 mit der »El« an der Greenwich Street und 9th Avenue. Das erste offizielle Subway-System eröffnete jedoch erst im Oktober 1904: Damals betrieb die Interborough Rapid Transit Company eine knapp 15 Kilometer lange Linie mit 28 Stationen zwischen City Hall und 145th Street/Broadway. Ab 1915 pendelte eine U-Bahn zwischen Brooklyn und Manhattan. Ab 1940 schlossen sich die verschiedenen Gesellschaften zusammen, und die Stadt betrieb fortan alle Bahnen. 1953 entstand die NYC Transit Authority, die 1968 in die heutige MTA überging.
Die Subway ist ein Wahrzeichen der Stadt. Sie wird von jedermann/-frau genutzt und ist angesichts der langen Strecken preiswert. Obwohl technische Pannen und Bauarbeiten auf der Tagesordnung stehen, sind die Bahnen doch relativ schnell und zuverlässig. »Riding the train« bedeutet auch für Besucher ein besonderes Erlebnis, wird man doch mit unzähligen Kulturen, Hautfarben, Sprachen, Geräuschen und Gerüchen konfrontiert. Musiker und Poeten bieten Unterhaltung.

SUBWAY-GESCHICHTEN – KURIOS UND NEU

In der Subway-Station 14th Street/8th Avenue bringen witzige kleine Bronzefiguren die Passanten zum Schmunzeln. Sie stammen von dem Künstler Tom Otterness, der in Gowanus/Brooklyn lebt (www.tomostudio.com). Die Figürchen enthalten politische Anspielungen (thematisieren beispielsweise Geldgier) oder persiflieren das New Yorker Alltagsleben.
2004 wurde auf Coney Island der wegweisende Stillwell Avenue Terminal eröffnet, 2014 folgte der neue Fulton-Center-Bahnhof nahe der World Trade Center Site und 2015 die 34 Street-Hudson Yards Subway-Station am Ende des High Line Park als Endstation der Line 7. Diese fährt von dort über den Times Square und Grand Central Terminal nach Queens (Flushing). Wer mehr über den Nahverkehr erfahren möchte, sollte das New York Transit Museum in Brooklyn nicht versäumen – oder zumindest die kleine Filiale im Grand Central Terminal, den New York Transit Museum Gallery Annex, besuchen.

WEITERE INFORMATIONEN

www.mta.info – mit Routenplänen, Routenplaner, Fahrplänen und aktuellen Fahrpreisen. Am günstigsten ist meist die sieben Tage gültige Unlimited Ride MetroCard (derzeit $ 31).

Die Fahrt mit der Subway – »Riding the Train« sagen die Einheimischen – bietet oft ungewöhnliche Blicke auf die Stadt.

Zwei Gesichter Harlems: ML King jr. berühmter Spruch angepasst an den nicht enden wollenden Rassimus (oben) und eine erfolgreiche Geschäftsfrau in ihrem Modeladen (rechts).

64 Ein Viertel im steten Wandel – Harlem

Die »schwarze Hauptstadt«

Es war nicht allein die Basketball-Showtruppe der Harlem Globetrotters – die übrigens in Chicago gegründet wurde –, die Harlem weltberühmt machte. Und es war auch nicht allein die Musik in der einstigen »schwarzen Hauptstadt« der USA. Das Viertel, das sich nördlich der 110th Street erstreckt und dessen Herz um die 7th Ave./125th Street schlägt, ist vielseitig und hat eine Menge zu bieten.

Am Nordrand des Central Park macht sich ein gewisser Bruch bemerkbar – ethnisch, kulturell und wirtschaftlich. Selbst die Straßennamen verändern sich hier im Norden Manhattans: Harlems Hauptachse, die 125th Street, wird zum Martin Luther King Jr. Boulevard, die 6th Avenue zum Malcolm X Boulevard, die 7th Avenue heißt nach Adam Clayton Powell jr. und die 8th Avenue nach Frederick Douglas. Greater Harlem erstreckt sich vom Hudson zum East River, sein Herzstück ist der »Central Harlem« genannte Korridor, der sich nördlich der 110th Street von der 5th Avenue bis zur St. Nicholas Avenue zieht. East Harlem (El Barrio oder Spanish Harlem) liegt zwischen Harlem River und Randall's Island, West Harlem umfasst Morningside Heights – die Heimat von Columbia University und der Cathedral of St. John the Divine –, Manhattanville und Hamilton Heights/Sugar Hill.

Vom beschaulichen Dorf zum »Black Capital«

Die Ortschaft Harlem wurde um 1658 von Holländern gegründet und blieb lange ein ländliches Idyll, das von den New Yorkern als grünes Ausflugsziel und besonders wegen seiner deutschen Biergärten geschätzt wurde. Der Versuch, Harlem um 1900 zum Nobelvorort New Yorks zu machen, scheiterte, da es zu weit vom

Kirchen gehören zum Straßenbild von Harlem, man findet sie an jeder Ecke, und die Gospelmessen sind bei den Besuchern beliebt.

Zentrum entfernt gelegen war. Deshalb waren die Spekulanten froh, als sie die Immobilien an afroamerikanische Zuwanderer vermieten konnten, die in den 1920er-Jahren massenhaft aus den wirtschaftlich darniederliegenden Südstaaten herbeiströmten. Um 1930 wohnte bereits eine Viertelmillion Menschen in Harlem.
Harlems große Zeit begann in den 1920er-Jahren, als die Harlem Renaissance für Furore sorgte und die Afroamerikaner ein neues Selbstbewusstsein entwickelten. An dieser Bewegung waren die unterschiedlichsten Genres der Kulturszene beteiligt: Literatur, Dichtung, bildende Kunst, Tanz und Musik. In jener Zeit entstanden in dem Viertel zahlreiche Theaterbühnen, Treffs, Klubs und Kneipen, und Harlem entwickelte sich zur »Black Capital of the Western World«.

Roaring Twenties und Harlem Renaissance

In den »Roaring Twenties« waren Harlems Hauptachsen die 7th Avenue und die 125th Street, wo das Amüsiergewerbe – Wetten, Glücksspiel und Prostitution – ebenso wie der Jazz Hochkonjunktur hatten. Hier steht auch bis heute das berühmte Apollo Theater, in dem Louis Armstrong, Count Basie, Duke Ellington, Josephine Baker und Billie Holiday auftraten, und befindet sich der Cotton Club, der damals bezeichnenderweise schwarzen Zuschauern den Zutritt verweigerte.
Um bei der Musik zu bleiben: Während des Zweiten Weltkriegs kam der Bebop auf, und in den 1950er-Jahren feierten Musiker wie Dizzie Gillespie, Charlie Parker, Miles Davis, Ella Fitzgerald und Thelonious Monk unter anderem in Minton's Playhouse Erfolge. In den 1960er-Jahren waren es Namen wie Ray Charles, James Brown, Aretha Franklin und Sam Cooke, die die Szene beherrschten; sie entwickelten den altbekannten Blues weiter zum Soul. Anfang der 1980er-Jahre erlebten das Viertel und seine legendäre Musikszene einen Niedergang – bis Rap und Hip Hop die Lebensumstände und so-

zialen Ungerechtigkeiten im »Getto« zum Thema machten.

Zwischen Revival und Gentrifizierung

Jahrzehntelang Synonym für das afroamerikanische Amerika, ist Harlem nach neuesten Statistiken heute nicht mehr mehrheitlich »schwarz«. In den 1930er-Jahren lag der Anteil der afroamerikanischen Bevölkerung noch bei 70 Prozent, 1950 sogar bei 98 Prozent. Nach Jahrzehnten des Niedergangs erlebt Harlem seit den späten 1990er-Jahren eine neuerliche Renaissance, und der Anteil an Weißen und Latinos steigt.
Seitdem auch die Kriminalitätsraten drastisch gesunken sind, entwickelt sich Harlem für viele New Yorker zur neuen guten Adresse. Schicke Shops und noble Restaurants schießen aus dem Boden, was einerseits den Aufschwung und die Beliebtheit des Viertels fördert, andererseits die Immobilienpreise deutlich steigen lässt. Die wiederum bedeutet, dass die alteingesessenen, kleinen Gewerbe der Afroamerikaner verdrängt werden.
Luxussanierungen von alten Brownstone-Häusern, neue Filialen von Laden- und Lokalketten, ein riesiger Whole Foods und andere neue (Bio-) Supermärkte, schicke Boutique-Hotels – wie das Aloft Hotel –, Einkaufszentren, aber auch neue Apartment- und Büroblöcke verändern das soziale Gefüge des Viertels und sind Zeichen seiner Gentrifizierung. Viele der alten schwarzen Wohnungs- oder Ladenbesitzer können die Mieten nicht mehr aufbringen und immer häufiger ist vom Ausverkauf Harlems die Rede.
Tatsache ist, dass sich die Neighborhood in den letzten Jahren enorm verändert hat, zum Guten wie zum Schlechten. Besuchern präsentiert es sich heute enorm vielseitig, bunt und hoffnungsvoll. Ein Beispiel für das Harlems Revival sind die Community Gardens: Die Gärten werden von den Anwohnern auf brachliegenden Flächen angelegt, dienen als Treffpunkt, Informationsbörse und zum Anbau eigener Produkte. Ein ideales Beispiel ist der Joseph Daniel Wilson Memorial Gardens in der 122nd Street.

Martin Luther King Boulevard und Apollo Theater

So gilt zum Beispiel die 116th Street zwischen A. C. Powell Jr. und Malcolm X Boulevard als Harlems »Little Africa« mit afrikanischen Shops und Straßenständen, die Sheabutter, Parfüms, CDs, bunte Stoffe und Modeschmuck verkaufen. Harlem Hauptader ist seit jeher die 125th Street. Wie schon von Duke Ellington in

Berühmt ist Harlem auch für sein Kulturleben, sei es im legendären Apollo Theater (oben) oder auch in einem der zahlreichen Nightclubs (unten).

Viele der historischen Reihenhäuser in Harlem (rechts oben) wurden bzw. werden renoviert. Ihren wahren Charakter zeigen sie erst in ihrem Inneren (Mitte). Manchmal verbergen sich in den historischen Bauten auch Lokale (unten).

dem Jazz-Klassiker *Take the A-Train* besungen, war diese Straße einst gleichbedeutend mit Exotik, Erotik, Sex, Alkohol und Vergnügen. Heute mischen sich entlang der Hauptachse alte Läden und Imbissbuden, neue Boutiquen und die Filialen großer Fastfood-Ketten. Dazwischen steht eher unauffällig das unlängst renovierte Apollo Theater. Der äußerlich schlichte Theaterbau wurde 1914 eröffnet und entwickelte sich in den 1920er- und 1930er-Jahren zu Harlems beliebtester Showbühne, auf der legendäre schwarze Künstler wie Bessie Smith, Duke Ellington und Billy Holliday auftraten. Nach dem Zweiten Weltkrieg begannen Charlie Parker, Dizzy Gillespie und Aretha Franklin sowie James Brown und Gladys Knight ihre Karrieren im »Apollo«, viele von ihnen während der bis heute mittwochs stattfindenden »Amateur Night«.

Interessante Museen und Veranstaltungen

Über die Geschichte des Viertels und seine Bevölkerung informiert das Schomburg Center for Research in Black Culture (515 Malcolm X Boulevard). Es ging aus einer Stiftung von 1926 von Arthur(o) Alfonso Schomburg (1874–1938) an die Public Library hervor und umfasst mehrere Abteilungen, in denen die Bestände wechselweise gezeigt werden. Das größte Forschungszentrum für afroamerikanische und afrikanische Kultur in den USA war schon in den 1930er-Jahren Treffpunkt der Mitglieder der Harlem Renaissance. Einzigartig ist auch das Archiv mit mehreren Tausend raren Büchern, Dokumenten, Manuskripten, Fotos und Drucken, Tonbandaufnahmen und Videos. Dazu wird ein vielseitiges Programm an Ausstellungen, Konzerten, Vorträgen und Lesungen angeboten.

Das 1968 gegründete Studio Museum Harlem (144 West 125th Street) zeigt vor allem in Wechselausstellungen zeitgenössische afroamerikanische und afrikanische Kunst aus eigenen Beständen. Es beherbergt außerdem ein großes Fotoarchiv mit historischen Aufnahmen von Harlem. Die Einrichtung hat sich zum Ziel gesetzt, afroamerikanische Künstler und afrikanische Kunst und Kunsthandwerk bekannt zu machen und schwarzen Künstlern ein Forum zu geben.

Mit 19 Etagen Harlems höchster, aber nicht unbedingt schönster Bau ist das 1973 fertiggestellte Adam Clayton Powell Jr. State Office Building (163 West 125th St) an der Ecke zum gleichnamigen Boulevard. Der Verwaltungbau

heißt nach dem ersten Afroamerikaner, der in den Kongress gewählt wurde. Auf dem Vorplatz finden im Sommer im Rahmen der »Summer Stage in Harlem!« an Donnerstagabenden Livekonzerte und von Juni bis November ein Wochenmarkt statt. Noch mehr los ist in Harlem während der »Harlem Week«, die schon auf vier Wochen angewachsen ist und im Juli und August an verschiedenen Orten in Harlem ein breites Spektrum an Konzerten, Tanz, Theater, Verkaufsständen und Kinderevents bietet.

Harlems Historic Neighborhoods

Harlem hat einige denkmalgeschützte historische Viertel zu bieten, deren Bausubstanz besonders gut erhalten und sehenswert ist. Von der 125th Street lohnt ein Abstecher zum Mount Morris Historical District (West 119th–124th Street). Im Zentrum des kleinen Areals stehen großteils renovierte viktorianische Reihenhäuser aus dem späten 19. Jahrhundert, die einst von deutschen Juden bewohnt wurden. Fast jeder dieser Häuserblocks besitzt – für Harlem typisch – eine eigene Kirche oder einen Gemeindesaal. Der angrenzende Marcus Garvey Park (120–124th Street) ist nach einer der führenden Persönlichkeiten der Universal Negro Improvement Agency benannt. Dort steht der einzige erhaltene Feuerwachturm New Yorks von 1856, eine Stahlkonstruktion mit Wendeltreppe und Alarmglocke.

Ein weiteres denkmalgeschütztes Viertel ist der St. Nicholas Historic District, dessen Kerngebiet zwischen der West 138th/139th Street und 7th/8th Avenue liegt. Hier dominieren hübsche Muster-Reihenhäuschen von 1891. Die King Model Houses im Nordteil wurden im Italianate, die im Süden im Georgian Style erbaut. Wegen der hier wohnenden erfolgreichen Geschäftsleute nannte man das Viertel auch Strivers' Row (»Strebergässchen«). Fast noch schöner sind allerdings die Brownstone-Häuschen an der 137th Street.

Dort steht mit der neogotischen Abyssinian Baptist Church (132 W 138th Street) von 1908 auch die älteste »schwarze« Kirche New Yorks. Hier predigte Pastor Adam Clayton Powell jr. (1908–1972), der sich neben Martin Luther King in den 1960er-Jahren aktiv für die Gleichbehandlung Schwarzer eingesetzt hatte und als erster dunkelhäutiger Abgeordneter in den Kongress gewählt wurde. Ihm zu Ehren wurde die 7th Avenue umbenannt. Viele Besucher kommen nur wegen der berühmten Gospelmessen der Kirche nach Harlem – teilweise sind sie sogar Bestandteil organisierter Touren. Wer jedoch das ungeschminkte Harlem erleben möchte, sollte auf eigene Faust einen Sonntagsgottesdienst besuchen.

ÜBERNACHTEN IN HARLEM

Easyliving – Harlem (http://easyliving harlem.com) ist ein Guesthouse mit Familienanschluss und deutsch-afroamerikanischem Besitzerehepaar. Typischer könnte man in Harlem nicht wohnen: eine ruhige, baumbestandene Straße, ein historisches, renoviertes Brownstone-Haus, schmal mit vier Etagen und idyllischem Innenhof. Innen wurde es liebevoll restauriert, schön sind insbesondere die Holzschnitzereien und Vertäfelungen an Treppen, Türen und Kaminen. Vermietet werden vier große, helle und geschmackvoll modern eingerichtete Zimmer – zwei mit eigenem großem Bad, zwei teilen sich eines. Gäste können die große und gut ausgestattete Gemeinschaftsküche nutzen und selbst kochen. Am großen Tisch (oder im Garten) trifft man zusammen, um sich auszutauschen und von Heidi und Tom Tipps zu bekommen. Internet ist gratis und die nächste Subway-Station nicht einmal zehn Minuten entfernt.

WEITERE INFORMATIONEN

Apollo Theater: 253 W. 125th St., www.apollotheater.org
Schomberg Center for Research in Black Culture: www.nypl.org/locations/schomburg
Studio Museum: www.studiomuseum.org
Community Gardens: www.greenthumbnyc.org/gardensearch.html

Zwar begann man schon 1892 mit dem Bau der Cathedral of St. John the Divine, doch wie bei vielen alten gotischen Kirchenbauten ist das Vorhaben ein langwieriger Prozess. Dennoch werden im Inneren bereits Gottesdienste abgehalten (rechte Seite). An der Fassade und im Inneren kunstvolle Details (unten) und vor der Kirche der Peace Fountain (re. unten).

65 »House of Worship for all Peoples« – Cathedral of St. John the Divine

Eine Kathedrale für die Ewigkeit

Die Cathedral of St. John the Divine ist ein Kuriosum: ein Kirchenbau, für den bereits 1892 der Grundstein gelegt wurde und der bis heute nicht fertiggestellt ist. Ein Grund dafür, dass die Bauarbeiten so lange dauern, ist, dass die Kathedrale nur aus Spenden finanziert wird. Ein anderer, dass nur mittelalterliche Baumethoden zur Anwendung kommen.

Im Jahr 1828 hatte Bischof John Henry Hobart erstmals den Bürgermeister der Stadt, Philip Hone, angeregt, über den Bau einer Episcopal Cathedral in New York City nachzudenken. Doch erst 1892 war nach einem Architekturwettbewerb der Grundstein für diese Kathedrale gelegt worden – und seither wird am neuen Sitz des Erzbischofs, der Mutterkirche der Diözese, gebaut.

Das »House of Worship for all Peoples« – für alle Religionen – wurde im romanischen Stil geplant und begonnen, doch dann entschied man sich für einen Wechsel zur Gotik. Zwischen 1941 – nach Einweihung des Langschiffes – und 1978 mussten die Bauarbeiten wegen Geldmangels ruhen, denn bis heute finanziert sich der Bau ausschließlich aus privaten Spenden. Wenn alles gut geht, soll die Kirche in rund 50 Jahren fertig sein – vorausgesetzt, die Spendengelder fließen weiter.

Größte Kirche der Welt

Der Anspruch ist hoch: St. John soll einmal die größte Kathedrale der Welt werden – bei rund

200 Metern Länge und 42 Metern Innenhöhe würde selbst die Statue of Liberty in die Kirche hineinpassen. Schon jetzt, noch unvollendet, finden rund 10 000 Besucher zu Gottesdiensten Platz, zum Beispiel am 4. Oktober, dem St. Francis Day, wenn seit 1985 in der Kirche eine Tiermesse stattfindet, während der Hunde, Katzen und andere Haustiere gesegnet werden. Gottesdienste fanden von Anfang an statt, und auch bekannte Persönlichkeiten traten hier schon auf: 1983 Leonard Bernstein zum Neujahrskonzert, 1986 sprach Desmond Tutu, 1990 war Vaclav Havel bei einem Konzert dabei, 1997 hielt Nelson Mandela eine Rede, 2009 trat Sting zu einem Konzert auf, und 2010 war der Dalai Lama zu Gast. Für die extrem lange Bauzeit ist nicht allein der konstante Geldmangel, sondern auch die Technik verantwortlich: Man setzt auf mittelalterliche Konstruktionsmethoden. Fachleute aus verschiedenen Ländern, die über die alten Handwerkskünste noch Bescheid wissen beziehungsweise sie beherrschen, wurden und werden herangezogen.

Sehenswerte Details

Der Bau erfolgte in mehreren Bauphasen von Ost nach West. Heute fehlen an der Fassade noch Teile des Südturms und der Nordturm, der Vierungsturm und das Querschiff. Dennoch beeindrucken schon abgesehen von den Ausmaßen die grandiosen Kunstwerke und Architekturdetails.

Sehenswert ist beispielsweise die 1933 fertiggestellte Fensterrosette über dem Eingang oder die Nachbildungen mittelalterlicher Skulpturen am Westportal. Kurios muten moderne Einzelheiten wie die New Yorker Skyline an einem Kapitell im Mittelschiff an. Schön sind die St. Ambrose Chapel mit Renaissance-Schmiedearbeiten, die Replik des Bischofsstuhls aus der Westminster Abbey für Henry VII. im Chor, das gotische Taufbecken oder die acht monumentalen Granitsäulen um den Altar.

Die Chapels of Tongues erinnern an die New Yorker Immigrantengruppen sowie an fünf Jahrhunderte Architekturgeschichte. 150 Buntglasfenster handeln von der Schaffung des *David* durch Michelangelo bis hin zur Unterzeichnung der Unabhängigkeitserklärung ein breites Themenspektrum ab. Die mächtigen Bronzetüren am Eingang – das Portal of Paradise – stammt aus derselben Werkstatt wie die Statue of Liberty. Im Kirchenraum sind zahlreiche gespendete Kunstwerke aufgestellt beziehungsweise finden regelmäßig Kunstausstellungen (u. a. Events) statt. Zur Parkanlage gehört ein Skulpturengarten mit Friedensbrunnen und ein Bibelgarten für Kinder.

KONZERTE IN DER KATHEDRALE

»Great Music in a Great Space« heißt eine Konzertserie, die aus Orgel-, Chorkonzerten und Feiertagskonzerten besteht. Das Spektrum reicht dabei von spanischer Renaissancemusik über orthodoxe Gesänge bis zu zeitgenössischen Kompositionen, von Verdi über Gustav Mahler und Bach bis Tchaikovsky. Es gibt drei Chöre: den 15-köpfigen Cathedral Choir als Hauptchor, jeden Sonntag bei Gottesdiensten um 11 und 16 Uhr zu hören; den Cathedral Choral, ein Freiwilligen-Chor, und die Cathedral Choristers – 1901 gegründet – bestehend aus 26 Schülern der zugehörigen Cathedral School. Die Orgel in der Kathedrale gilt als eine der größten und besten amerikaweit. Sie war 1911 von Earnest M. Skinner erbaut und 1954 vergrößert und renoviert worden. Jeden Sonntag gibt es gratis Orgelkonzerte, ebenso montags um 13 Uhr. In der »The American Poets Corner« an der Nordseite des Hauptschiffs haben sich auf Steintafeln schon viele Dichter, Schriftsteller und Theaterleute verewigt.

WEITERE INFORMATIONEN

Cathedral of St. John the Divine: 1047 Amsterdam Ave./110–112th St., www.stjohndivine.org, mit Visitor Center und Shop sowie Führungen (auch Turmbesteigung)

Klassizistische Bauten, wie die berühmte Bibliothek, verteilen sich auf dem gesamten Campus der Columbia University (oben). Monumente und Statuen (rechts unten und links oben) schmücken das Grün.

66 Heimat einer angesehenen Hochschule – Morningside Heights

Besuch auf dem Campus der legendären Columbia University

Morningside Heights hieß in seiner Frühzeit nach dem holländischen Siedler Vandewater »Vandewater Heights«. Das Viertel wird von Riverside Park am Hudson River und dem Morningside Park eingefasst und reicht etwa von der West 110th bis zur 125th Street. Seine wichtigste Attraktion ist neben der gigantischen Cathedral of St. John the Devine der Campus der altehrwürdigen Columbia University.

Wo sich im Norden der Upper West Side das Viertel Morningside Heights erstreckt und die Columbia University steht, befanden sich bis zum 19. Jahrhundert viel Grün, vereinzelt Farmen und Landhäuser. Erst als 1870 der Riverside Drive entstand und erst der Riverside, dann der Morningside Park angelegt wurden, ging es aufwärts. Forciert wurde der Zuzug durch den Bau von Cathedral of St. John the Divine und Columbia University ab 1897.

Die Columbia University gehört als eine der ältesten und angesehensten Universitäten Amerikas zu den sogenannten Ivy League Universitys. 1754 wurde sie als King's College vom englischen König George II. in der Nähe des heutigen World Trade Center ins Leben gerufen. 1897 begannen die Bauarbeiten am heutigen Standort der Universität in Upper Manhattan unter Charles McKim vom Architekturbüro McKim, Mead, and White.

Die Hochschule besteht aus mehreren Fakultäten und bietet verschiedene Abschlüsse. Besonders angesehen sind die Business und Law School, das College of Physicians & Surgeons, die School of International & Public Affairs und die angesehene School of Journalism. Hier studierten Alexander Hamilton und Franklin D. Roosevelt, Isaac Asimov und J. D. Salinger, Warren Buffett und Barack Obama, Richard Rodgers und Oscar Hammerstein II. Über 100 Nobelpreisträger sind mit der Columbia University verbunden, und auch der Pulitzer-Preis wird hier vergeben.

Campus-Rundgang

Der Komplex besteht aus rund 60 Einzelbauten in bunt gemischten Stilen. In seinem Zentrum steht an der Nordseite des Hauptplatzes, des Central Quadrangle, die Low Library. Sie wurde 1895 bis 1897 im klassizistischen Stil mit tempelartiger Fassade und hoher Granitkuppel erbaut. An ihrer Freitreppe befindet sich eine Bronzesitzfigur der Alma Mater von 1903, unter deren Rock eine Eule hervorschaut. Heute fungiert die Bibliothek als Verwaltungszentrum und die große Rotunde – einst der Lesesaal – als Ausstellungsfläche. Gegenüber erhebt sich die Butler Library, mit über 6,6 Millionen Bänden eine der größten Bibliotheken der USA.
1912 war an der Nordwestecke des Platzes die School of Journalism entstanden, die von Joseph Pulitzer ins Leben gerufen wurde. Der in Ungarn geborene Journalist und Zeitungsverleger war 1864 in die USA gekommen und leitete knapp 20 Jahre lang die *New York World*, eine Zeitung fürs Volk, die enorme Auflagen erreichte und zu spektakulären Spendenaktionen aufrief. Er hatte bei seinem Tod 1911 der Universität nicht nur Geld hinterlassen, sondern auch den begehrten Pulitzer-Preis für Journalisten und Autoren aus der Taufe gehoben, der 1917 erstmals vergeben wurde.

Historisches und Modernes

Eher bescheiden nimmt sich an der Nordostecke des Platzes die St. Paul's Chapel aus. Sie war Anfang des 20. Jahrhunderts in einem Mischstil aus Neorenaissance und Neogotik mit byzantinischen Elementen erbaut worden. Im Inneren fallen schöne Schnitz- und Glasarbeiten sowie ein Friedensaltar von George Nakashima auf, und das Backsteingewölbe ist für seine gute Akustik bekannt.
90 Prozent der Studenten, die pro Studienjahr rund 50 000 Dollar aufbringen müssen, leben auf oder um den Campus; das Studentenviertel ist schick geworden. Allerdings platzt die Universität aus allen Nähten, und eine Erweiterung in West Harlem, zwischen Broadway und 12th Avenue beziehungsweise von der 125th bis zur 133rd Street, ist im Gange. Zum neuen »Manhattanville« gehören umweltschutztechnisch und architektonisch wegweisende Bauten, wie das Jerome L. Greene Science Center und das Lenfest Center for the Arts, die alle von berühmten Architekten geplant wurden und teilweise kurz vor Fertigstellung stehen.

AUF DEM UNICAMPUS

Erster Anlaufpunkt für Besucher sollte die Low Memorial Library (2960 Broadway) sein. Im dortigen Besucherzentrum erhält man Informationen über Führungen und andere öffentlich zugängliche Sehenswürdigkeiten. Dazu gehören auch die beiden Kunstgalerien auf dem Campus, die LeRoy Neiman Gallery (310 Dodge Hall) und Macy Art Gallery. Darüber hinaus finden auf den sogenannten Columbia Stages (www.columbiastages.org) regelmäßig Theatervorstellungen und andere Aufführungen statt. Dafür zuständig ist das Oscar Hammerstein II Center for Theatre Studies der Columbia University School of the Arts. An dieser Fakultät werden zukünftige Produzenten, Direktoren, Schauspieler und Dramaturgen ausgebildet. Aufführungen finden zudem im Riverside Theatre (91 Claremont Ave., 120th–122nd St.), im Horace Mann und im Schapiro Theatre (605 W. 115th St.) statt.

WEITERE INFORMATIONEN

Columbia University: W 116th St., www. columbia.edu
Visitor Center: Low Memorial Library
Morningside Heights: www.morningside-heights.net

67 Ein nicht alltägliches Mausoleum – General Grant National Memorial

Ungewöhnliche Erinnerung an einen großen General

Im Norden des lang gestreckten Riverside Park steht direkt am Hudson River das General Grant National Monument. Das kurz »Grant's Tomb« genannte Marmor-Mausoleum wurde nach antiken Vorbildern gestaltet. Es erinnert an den Bürgerkriegsgeneral Ulysses S. Grant (1822–1885), der als 18. Präsident die USA regierte.

Als Ulysses S. Grant am 23. Juli 1885 im Alter von 63 Jahren an Kehlkopfkrebs verstarb, sollen an den offiziellen Trauerfeierlichkeiten eine Million New Yorker teilgenommen haben, darunter auch US-Präsident Grover Cleveland und der gesamte Senat. Grant war nicht nur Oberbefehlshaber der Unionsstreitkräfte im Amerikanischen Bürgerkrieg gewesen, er fungierte zwischen 1869 und 1877 auch als 18. Präsident der USA.

Drei Jahre nach Grants Tod wurde ein Architekturwettbewerb für ein Grabmal abgehalten, für das die beachtliche Summe von einer halben bis einer Million Dollar zur Verfügung gestellt wurde. 1890 machte schließlich der Entwurf von John Hemenway Duncan das Rennen. Er orientierte sich an antiken Vorbildern, wie dem Mausolos-Grabmal im türkischen Halikarnassos oder der Engelsburg in Rom, der Grabstätte des römischen Kaisers Hadrian. Doch zunächst hielten noch die Diskussionen über den Aufstellungsort – Washington oder New York – an. Erst nachdem 1891 die Entscheidung gefallen war, konnte der Bau beginnen.

Zwölf Jahre nach Grants Tod wurde an seinem 75. Geburtstag am 27. April 1897 das Monu-

Wie ein antikes Mausoleum präsentiert sich das General Grant National Memorial. Hier fand der berühmte Bürgerkriegsgeneral und US-Präsident mit seiner Frau seine letzte Ruhestätte (unten). Nahebei: die Riverside Church (rechts unten).

ment – das größte in Nordamerika – mit einer siebenstündigen Parade eröffnet. Grants sterbliche Überreste waren zuvor in einen roten Granitsarkophag umgelagert worden, der im Mausoleum aufgestellt wurde. Als Julia Dent Grant, Grants Ehefrau, 1902 starb, wurde sie in einem passenden Steinsarg neben ihrem Mann bestattet. In den Bögen des überkuppelten Hauptsaals befinden sich Mosaiken, die wichtigen Szenen aus Grants Militärkarriere zeigen.

Bewegte Geschichte

1935 war die erste Restaurierung fällig, die durch die Works Progress Administration (WPA) notdürftig ausgeführt wurde. Gleichzeitig wurden zwei Adlerfiguren von der abgerissenen alten New York City Post Office an der Front aufgestellt. Ende der 1930er-Jahre wurden die Wände der beiden angrenzenden, mit Flaggen ausgestatteten Reliquienräume neu mit Wandbildern über Grants Taten ausgemalt. 1958 übernahm der National Park Service die Aufsicht, doch geschah bis in die 1970er-Jahre wenig, sodass das Denkmal herunterkam. Erst auf Eigeninitiative eines Columbia-Studenten 1991 und dank des bewundernswerten Engagements von Bürgern konnten 1,8 Millionen Dollar für die Restaurierung gesammelt werden. Diese wurde zum 100. Jahrestag des Baus und damit zugleich zu Grants 175. Geburtstag 1997 abgeschlossen.

In der Krypta des Denkmals, in der die Särge des Ehepaars stehen, befinden sich seit 1938 auch Bronzebüsten von Grants besten Offizieren. Eine Ausstellung informiert über Grant, seine Schlachten und Taten, ein Film im Media Room über den Bau des Mausoleums. Rings um den eher schlicht und steril wirkenden Granitbau verläuft eine Bank mit farbenfrohen Mosaiken, die an den katalanischen Künstler Gaudí erinnern. Die »Rolling Bench« wurde in den frühen 1970er-Jahren von dem chilenischen Künstler Pedro Silva und dem Architekten Phillip Danzig entworfen und mit der Hilfe von Kindern aus der Nachbarschaft über drei Jahre lang gebaut.

Im Riverside Park

Das Grabmal steht im Riverside Park, der 1885 vom Landschaftsarchitekten des Central Park, Frederick Law Olmsted, angelegt wurde. Er zieht sich von der 72nd bis zur 158th Street am Hudson River entlang und erstreckt sich vom Riverside Drive in großen Terrassen zur Uferpromenade. Ähnlich wie im Central Park wurde auch hier die Landschaft mit Felsen, Baumgruppen und Rasenflächen gestaltet. Der Park bietet ein breites Spektrum an Sport- und Spielplätzen, einen Skaterpark, Bootsanleger und wird vom Radweg Manhattan Waterfront Greenway durchlaufen.

DIE RIVERSIDE CHURCH

Die Riverside Church (www.trcnyc.org) steht nahe Grant's Tomb am Rand des Riverside Park und ist eine Stiftung von John D. Rockefeller. Die neogotische Fassade der 1927 erbauten Kirche erinnert an die Kathedrale von Chartres. Sehenswert sind auch die Glasfenster sowie mehrere Statuen und Tafelbilder zu Ehren von Sokrates, Michelangelo, Florence Nightingale und Booker T. Washington. Die Hauptattraktion ist jedoch das riesige Glockenspiel aus 74 unterschiedlich großen Bronzeglocken, das Rockefeller zu Ehren seiner Mutter einbauen ließ. Das technische Meisterwerk wird vor und nach den sonntäglichen Gottesdiensten und zu besonderen Anlässen gespielt, ansonsten erklingt ein Ausschnitt aus Richard Wagners *Parsifal* automatisch vom Band. Bekannt sind auch der Riverside Chor sowie die Konzerte, die hier regelmäßig im Rahmen von Music at Riverside stattfinden.

WEITERE INFORMATIONEN

General Grant National Monument:
W 122nd St./Riverside Dr.,
www.nps.gov/gegr
Riverside Park:
https://riversideparknyc.org

Hamilton Heights ist ein historisches Viertel in Upper Manhattan (rechts oben). Hier befindet sich auch der Campus des City College of New York (oben). Blick über den Harlem River Drive (rechts unten).

68 Historisches Wohnviertel auf dem »Sugar Hill« – Hamilton Heights

Süßes Leben auf dem »Zuckerhügel«

Hamilton Heights – insbesondere sein als »Sugar Hill« bekannter Teil – ist ein historisches Viertel im nordwestlichen Harlem. Das Gebiet zieht sich etwa von der West 135th bis zur 155th Street beziehungsweise von der St. Nicholas Avenue bis zum Hudson River und hat viel historische Bausubstanz zu bieten. Im Süden bildet das City College of New York die Grenze, am Fluss der neue Riverside Park.

Wegen des hohen Anteils an Immigranten- und Arbeiterkindern nennt man das City College of New York auch »Harvard of the Proletariat« oder »The poor man's Harvard«; dabei gewannen bis dato schon 13 CCNY-Absolventen Nobelpreise. Der Campus erstreckt sich östlich der Amsterdam Avenue zwischen der 133rd und der 140th Street und wird durch die St. Nicholas Terrace und den St. Nicholas Park im Osten begrenzt.

Das City College wurde 1847 als Free Academy of the City of New York gegründet und zwei Jahre später als Institution eröffnet, die Jugendlichen aller Schichten eine Ausbildung ermöglichen sollte. Seit 1907 befindet sich das City College im Herz von Harlem. Seine fünf markanten Originalgebäude wurden von George Browne Post, dem Architekten der New Yorker Stock Exchange, im neogotischen Stil entworfen und stehen heute unter Denkmalschutz. 1930 wurden erstmals Frauen an City College zugelassen. Im Unterschied zu den privaten, vorwiegend protestantischen Hochschulen kam hier von Anfang an ein bunter Mix an Religionen und Nationalitäten zusammen.

BUMP

Amsterdam Ave
W 179 St

Ein Teil von Hamilton Heights ist »Sugar Hill«, wo in den 1920er-Jahren die afroamerikanische Kunstszene zu Hause war. Doch auch heute finden sich hier noch angesagte Jazzkneipen (unten) und Bars (rechts).

The Grange

Das Hamilton Grange National Memorial an der Nordostecke des Campus ist das ehemalige Wohnhaus von Alexander Hamilton (1755–1804). Hamilton wurde auf den Westindischen Inseln geboren, verwaiste früh und kam 1772 nach New York. Der begabte Junge begann im Alter von 17 Jahren am King's College – der heutigen Columbia University – zu studieren und sich für Politik zu interessieren. Er diente im Amerikanischen Unabhängigkeitskrieg und stieg dort zum persönlichen Assistenten von General George Washington auf. Nach dem Krieg war er maßgeblich an der Formulierung der amerikanischen Verfassung beteiligt und hielt als erster Secretary of the Treasury (1789–1795) eine wichtige Position als Finanzminister in Washingtons Kabinett inne.

Sein Haus ließ Hamilton auf einem großen Answesen in Upper Manhattan von dem Architekt John McComb jr. im Federal Style erbauen. The Grange, wie Hamilton es nach dem Anwesen seines Vaters in Schottland nannte, wurde 1802 fertiggestellt, von ihm jedoch nur zwei Jahre lang bewohnt: Im Juli 1804 wurde er bei einem Duell tödlich verletzt. 1833 wurde das Haus von Hamiltons Witwe verkauft, dann ausgeräumt und umgesetzt. 1962 wurde es dem National Park Service unterstellt und zum Memorial erklärt. 2008 wurde der Bau erneut umgesetzt (West 141 Street) und renoviert. Hinzu kamen eine zeitgenössische Ausstattung, vor allem Mobiliar, und dazu einige Originalstücke der Familie, wie das Piano der Tochter.

Süßes Leben auf dem Sugar Hill

Das Gebiet, das sich in nordöstlicher Richtung an die Universität anschließt, hieß ursprünglich Harlem Heights. Es wurde später nach Hamilton benannt und als Hamilton Heights/Sugar Hill Historic Districts unter Denkmalschutz gestellt. Das Land war 1639 erstmals von einem Dänen besiedelt worden, im 18. Jahrhundert kamen wohlhabende Händler hinzu. Als Hamilton Anfang des 19. Jahrhunderts sein Haus baute, lag ringsum jedoch noch viel Farmland. Erst nachdem das Gebiet in den späten 1870er-Jahren an die Hochbahn angeschlossen worden war, entstanden mehr Wohngebäude und siedelten sich Immigranten – Deutsche, Iren, Italiener, später auch Osteuropäer – an.

Als Harlem sich in den 1920er-Jahren zu einem Zentrum afroamerikanischer Kultur entwickelte, zogen vor allem bessergestellte afroamerikani-

sche Familien in das Viertel. Als zu jener Zeit die »Harlem Renaissance« in aller Munde war und die Kultur- Kunst-, Musik- und Literaturszene erblühten, kam der Name Sugar Hill auf, ein Hinweis auf das – bei Weitem nicht immer und überall – »süße Leben« in Harlem. Die Stadthäuser wurden zu bevorzugten Adressen bessergestellter Afroamerikaner. Hier ließen sich auch Bürgerrechtskämpfer und Politiker, wie W.E.B. DuBois oder Adam Clayton Powell jr. nieder, sowie Duke Ellington und viele andere Künstler. In der Edgecombe Avenue wohnten der Sänger Julius Bledsoe (bekannt aus *Showboat*), der Schriftsteller William Braithwaite, der Maler Aaron Douglas und der Jazzpianist Count Basie. Der Illustrator und Maler Norman Rockwell verbrachte seine Kindheit in der St. Nicholas Avenue, in der auch Oscar Hammerstein und George Gershwin lebten.

Sugar Hill wurde zum Markenzeichen, das im Jazzstandard *Take the A Train* ebenso vorkommt wie später in einem Song des Rappers AZ. Im Namen der Hip-Hopper The Sugarhill Gang oder der Plattenfirma Sugar Hill Records wurde das historische Viertel ebenso verewigt wie im Thriller *Sugar Hill* mit Wesley Snipes aus dem Jahr 1994.

Sehenswerte Architektur

Ein Rundgang durch Hamilton Heights/Sugar Hill Historic Districts lohnt heute vor allem wegen der Architektur: Hier stehen an die 200 Reihenhäuschen und Apartmentgebäude sowie mehrere Kirchen, die alle zwischen 1886 und 1931 in verschiedenen Neo-Stilen – Beaux-Arts, Queen Anne oder Romanesque Revival – erbaut wurden. Gehäuft finden sich schöne Häuser auf Hamilton Terrace, in der Convent und Nicholas Avenue. Auf dem Trinity Church Cemetery (1843) auf der Audubon Terrace liegt der große Ornithologe und Zeichner Audubon begraben, außerdem Ex-Bürgermeister Edward I. Koch, John Jacob Astor und der Sohn des Schriftstellers Charles Dickens.

Am nordöstlichen Rand des Viertels entstand 2015 im Rahmen des Sugar Hill Project ein auffälliger moderner Neubau für das Sugar Hill Children's Museum of Art & Storytelling (898 St Nicholas Avenue/155th Street). Es stammt von dem britisch-tansanischen Architekten David Adjaye, dessen Entwürfe von dem Prinzip geleitet werden, dass sozialer Zweck und Design Hand in Hand gehen müssen. Das interaktive Museum regt zu kreativem Schaffen an, wobei Storytelling, das Geschichtenerzählen, eine große Rolle im Museumsprogramm spielt. Es will Kindern von etwa drei bis acht Jahren – und ihren Familien – einen Zugang zu verschiedenen Kunstrichtungen, Künstlern und Genres bieten und kreatives Denken und Handeln ebenso wie das Bewusstsein für die Kultur des Viertels und insbesondere der afroamerikanischen Kultur fördern.

GEBURTSSTÄTTE DES BASKETBALLS

Ein Stückchen ostwärts, schon am Harlem River, liegt das legendäre Basketballfeld Rucker Park (http://ebcruckerpark.com). Hier begannen Basketballprofis wie Earl »The Pearl« Monroe, Wilt Chamberlain, Kareem Abdul-Jabbar, Julius Erving, Kobe Bryant und Kevin Durant ihre Karrieren. Bis heute ist das Areal eine beliebte Kulisse für Film- und Musikvideoproduktionen von Hip-Hop-Künstlern. Der Platz heißt nach dem New Yorker Lehrer Holcombe L. Rucker, der hier 1947 erstmals ein Basketballturnier veranstaltete. Basketball sollte als erzieherisches Mittel dienen, um Jugendliche sinnvoll zu beschäftigen. Rucker verhalf rund 700 Jugendlichen zu einem Basketball-Stipendium und damit zum College-Studium. Im Süden führt die Macombs Dam Bridge über den Harlem River in die Bronx, zu einem weiteren legendären Sportplatz der Stadt: dem Yankee Stadium.

WEITERE INFORMATIONEN

City College of New York:
www.ccny.cuny.edu
Hamilton Heights:
www.nyc.gov/html/lpc/downloads/pdf/reports/HAMILTON_HEIGHTS_HISTORIC_DISTRICT.pdf
The Grange:
www.nps.gov/hagr/index.htm
Sugar Hill Children's Museum:
www.sugarhillmuseum.org

An der Nordspitze Manhattans fühlt man sich in ein südeuropäisches Kloster versetzt, hier der Säulenumgang (unten). Auch von außen gleicht das Cloisters eher einem Kloster (rechte Seite oben); tatsächlich wurden bei dieser Zweigstelle des Metropolitan Museum originäre mittelalterliche Bauteile aus Spanien oder Südfrankreich zusammengetragen.

69 Mittelalterflair mit Ausblick – The Cloisters

Ein Museumskloster am Hudson River

Das Met Cloisters wirkt wie ein mittelalterliches Kloster irgendwo in Frankreich. Der von viel Grün umgebene Gebäudekomplex im Norden Manhattans wurde mit Hilfe von Spenden John D. Rockefellers realisiert. Er besteht aus mittelalterlichen Originalteilen und Rekonstruktionen und ist mit Schätzen aus dem Metropolitan Museum gefüllt.

Der Blick von der Terrasse von The Cloisters – einer Zweigstelle des Metropolitan Museum of Art – auf den Hudson River und auf die 1931 eröffnete George Washington Bridge ist einzigartig, doch das Museum selbst ist es noch mehr. Hier fühlt man sich in ein altes Kloster irgendwo in Südeuropa versetzt, und tatsächlich wurde der Gebäudekomplex in den 1930er-Jahren aus verschiedenen Originalteilen mittelalterlicher Bauwerke, vor allem französischer Klöster, errichtet, die man äußerst geschickt mit Rekonstruktionen kombinierte. Um das Gebäude wurden passenderweise drei Klostergärten angelegt.

Rockefellers großzügige Spende

The Cloisters befindet sich am Nordende des Fort Tryon Park, der sich von der West 192nd Street nordwärts am Hudson River ausdehnt. 1935 wurde der Park von Frederick Law Olmsted jr., dem Sohn des Architekten des Central Park, auf einem Grundstück angelegt, das John D. Rockefeller jr. (1874–1960) 1917 der Stadt New York gespendet hatte. Das Parkareal war ursprünglich ein Siedlungsgebiet der Lenape-Indianer. Die Holländer, die im späten 17. Jahrhundert hier ansässig waren, nannten es »Lange Bergh«. Im Amerikanischen Unabhängigkeitskrieg war es Schauplatz der Schlacht

von Fort Washington, danach entstanden hier an der Wende zum 20. Jahrhundert große Landsitze.
Auf Rockefellers Land ließ das Metropolitan Museum 1934 bis 1939 den einzigartigen Komplex als Filiale für mittelalterliche Kunst errichten. Die Sammlung, die hier untergebracht wurde, stammte indirekt ebenfalls von Rockefeller. Die Stücke gehen in erster Linie auf den berühmten amerikanischen Bildhauer und Sammler George Grey Barnard (1863–1938) zurück. Der großzügige John D. Rockefeller hatte die Sammlung dem Metropolitan Museum vermittelt und gab Land und Geld für das neue Gebäude dazu. Der Mäzen ergänzte den Bestand durch eigene Stücke, und ihm ist es auch geschuldet, dass der Blick auf die Küstenlandschaft der New Jersey Palisades frei blieb. Wie schon J. Pierpont Morgan vor ihm kaufte er dort Land auf, um es vor Bebauung und Zerstörung zu bewahren.

Schätze mittelalterlicher Kunst

The Cloisters präsentiert in verschiedenen Räumen, Sälen und Kapellen in chronologischer Ordnung mehrere Tausend Exponate aus romanischer und gotischer Zeit. Sie wurden aus europäischen Sakral- und Profanbauten, vor allem in Spanien und Frankreich, zusammengetragen. Zu sehen sind unter anderem Kirchenfenster aus dem rheinischen Boppard und aus Österreich, Fresken, Triptychen, Figuren und architektonische Details verschiedener Kirchen- oder Klosterbauten, Handschriften und Metallarbeiten.
Zu den hier gezeigten Schätzen zählen Gobelins aus Brüssel, darunter die viel gerühmte Serie *Jagd nach dem Einhorn* (um 1500), ein geschnitztes Elfenbeinkreuz aus dem 12. Jahrhundert aus einem englischen Kloster und eine Steinmadonna aus dem mittleren 14. Jahrhundert aus der Kathedrale von Straßburg. In der Schatzkammer sind gotische Stundenbücher, liturgische Gerätschaften und Devotionalien ausgestellt. Das Museum besitzt unter anderem aber auch eine Sammlung von Spielkarten aus dem 15./16. Jahrhundert, die wie andere Teile der riesigen Bestände wechselweise präsentiert werden.
Die beiden Innenhöfe und der Blumen- und Kräutergarten sind grüne Oasen der Ruhe und Meditation. Von der West Terrace an der Nordostecke bietet sich ein guter Blick über den Hudson River, die Felsformation der Palisades am New-Jersey-Ufer und die George Washington Bridge. Bei genauem Hinsehen entdeckt man unter der Brücke das malerische Little Red Lighthouse.

MEDIEVAL FESTIVAL IM FORT TRYON PARK

Alljährlich findet an einem Sonntag Mitte September im Fort Tryon Park (www.whidc.org/festival) ein Mittelalterspektakel mit Veranstaltungen auf mehreren Bühnen statt. Unterhaltung bietet hier ein bunter Jahrmarkt mit Kunsthandwerks- und Imbissständen, Konzerten, Straßenkünstlern, Spielen und Tänzen – alles natürlich möglichst authentisch in mittelalterlichen Kostümen, mit Pferden, Rüstungen und Waffen. Das Gratis-Event wird von der Washington Heights & Inwood Development Corporation – Washington Heights und Inwood sind die beiden angrenzenden Wohnviertel – veranstaltet.
Auch in The Cloisters selbst finden regelmäßig Veranstaltungen statt, beispielsweise Konzerte im Rahmen von »MetLiveArts« (www.metmuseum.org/events/programs). Empfehlenswert sind die ständig angebotenen Führungen »Highlights of the Cloisters Collection«.

WEITERE INFORMATIONEN

Met Cloisters: 99 Margaret Corbin Dr., Fort Tryon Park, Subway: 190th St. oder Bus M4, www.metmuseum.org/visit/visit-the-cloisters

Die Holzhäuser der Sylvan Terrace sind Teil des Jumel Terrace Historic District in Washington Heights (oben). Unter der mächtigen Washington Bridge duckt sich das Little Red Lighthouse (rechts unten). Blick auf die Morris-Jumel Mansion (rechts oben).

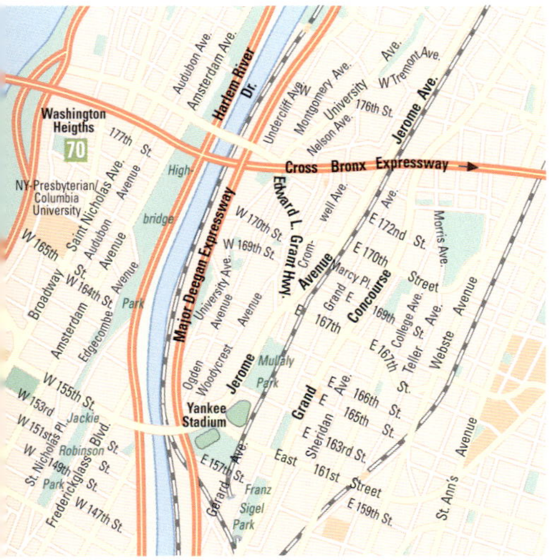

70 Hoch im Norden Manhattans – Washington Heights

Kleiner roter Leuchtturm und große graue Brücke

Ein Leuchtturm in New York, noch dazu hoch oben im Norden Manhattans? Kaum einer würde das für möglich halten. Zu Füßen der mächtigen George Washington Bridge steht jedoch im Fort Washington Park ein kleiner malerischer Leuchtturm, den noch dazu fast jedes New Yorker Kind aus einem bekannten Buch kennt: *The Little Red Lighthouse*.

Den Norden Manhattans dominiert die mächtige George Washington Bridge, die schon der einflussreiche Architekt Le Corbusier (1887–1965) für ihre Ästhetik lobte. Bis heute gilt die 2,6 Kilometer lange Brücke über den Hudson River mit ihren 14 Fahrspuren auf zwei Ebenen als technisches Meisterwerk. Die Pläne dafür stammten von Othmar Ammann und Cass Gilbert, der beispielsweise auch das Woolworth Building entwarf.
Die kurz GWB genannte George Washington Bridge verbindet Upper Manhattan mit New Jersey. Bei ihrer Eröffnung 1931 war sie mit einer Spannweite von 1067 Metern zwischen den Pfeilern die längste Hängebrücke der Welt, erst 1964 wurde sie in dieser Hinsicht von der Verrazano Narrows Bridge übertroffen. Da über die George Washington Bridge die vielfrequentierte überregionale Autobahn I-95 führt, ist sie eine der wichtigsten Verbindungsstrecken der Stadt.

Ein kleiner roter Leuchtturm

Ein ungewöhnliches Fotomotiv steht unter der Brücke direkt am Brückenpfeiler: das Little Red Lighthouse. Der offiziell »Jeffrey's Hook Light-

house« genannte Leuchtturm wurde 1921 hier aufgestellt, und dank des berühmten Kinderbuchs *The Little Red Lighthouse and the Great Gray Bridge* von Hildegarde H. Swift aus dem Jahr 1942 kennt jeder New Yorker diesen letzten Leuchtturm von Manhattan.
Die Landspitze Jeffrey's Hook war schon immer eine gefährliche Stelle für den Schiffsverkehr gewesen. Um Unfälle zu verhindern, wurde hier deshalb schon früh eine rote Stange installiert, die über das Wasser ragte und Ende des 19. Jahrhunderts mit einem Licht versehen wurde. Der Leuchtturm stand ursprünglich auf Sandy Hook in New Jersey und war dort bis 1917 in Betrieb. 1921 wurde er an seinen heutigen Standort versetzt und besser ausgestattet; unter anderem bekam er einen Leuchtturmwächter. Mit Fertigstellung der Brücke wurde der Bau allmählich obsolet und der Abriss drohte. Dank seiner Bekanntheit durch das Kinderbuch konnte er jedoch gerettet und sogar als »Jeffrey's Hook Lighthouse« unter Denkmalschutz gestellt werden.

In deutscher Hand: Washington Heights

Der Nordteil von Upper Manhattan – die Viertel Washington Heights, Fort George und Inwood – war lange dünn besiedeltes Farmland. Bekannt wurde Washington Heights als Endstation des von Duke Ellington besungenen A-Train und in den 1940er-Jahren als Wohnort deutscher, meist jüdischer, Exilanten, die vor dem Nationalsozialismus geflohen waren. Zu den Immigranten, die sich angesiedelt hatten, gehörten auch die Schriftsteller Oskar Maria Graf, Carl Zuckmayer und Bert Brecht. Man nannte das Viertel deshalb auch scherzhaft das »Vierte Reich«.
Gegenüber der Sylvan Terrace, einer Reihe von Holzhäusern von 1882/83, lohnt ein Besuch der Morris-Jumel Mansion von 1765. Dieses Herrenhaus, das auch in den Südstaaten stehen könnte, war von Obstbäumen, Schafs- und Kuhweiden umgeben und wurde von Colonel Roger Morris und seiner Frau Mary als Sommerresidenz genutzt. Da es sich um einen der höchsten Punkte in Manhattan handelte, wurde das Anwesen »Mount Morris« genannt. Als Tories musste die Familie während der Amerikanischen Revolution ihr Haus aufgeben. 1776 diente es George Washington zeitweilig als Hauptquartier.
1810 erwarb der Händler Stephen Jumel das Haus und bewohnte es mit seiner Frau Eliza Bowen. Sie heiratete nach Jumels Tod 1832 Aaron Burr, der als Präsidentschaftskandidat gegen Jefferson verlor und 1804 Alexander Hamilton im Duell tötete. Eliza lebte bis 1865 in dem Haus, das 1904 in den Besitz der Stadt gelangte und heute als ältestes Haus in Manhattan zur Besichtigung offensteht.

LITTLE RED LIGHTHOUSE FESTIVAL

Das »Little Red Lighthouse Festival« wird alljährlich Ende September an einem Samstagnachmittag veranstaltet. Zu dieser Gelegenheit führen NYC Urban Park Rangers durch Manhattans einzigen erhaltenen Leuchtturm, werden Lesungen aus dem berühmten Kinderbuch, Livemusik, Essensstände, Unterricht zum Fischen und Programme für die ganze Familie organisiert. Das Festival ist Teil der Veranstaltungsreihe »Summer on the Hudson« im Riverside Park. Dort finden zwischen der 59th und 153rd Street die verschiedensten Konzerte, Tanzvorführungen, Performances, Open-Air-Kino, DJ-Party, Kinderevents und andere Aktivitäten statt.
Infos gibt es unter:
www.nycgovparks.org/events/summer_on_the_hudson und
https://riversideparknyc.org

WEITERE INFORMATIONEN

Little Red Lighthouse: Infos zu Touren u. a. unter:
http://historichousetrust.org/house/little-red-lighthouse
Morris-Jumel Mansion: 1765 Jumel Terrace (W 160th–W 162nd St.), www.morrisjumel.org, Touren

Brooklyn

New Yorks hippster Stadtbezirk

Brooklyn ist der derzeit angesagte Stadtbezirk New Yorks. Das zeigt sich an der sich verändernden Skyline (links) ebenso wie an der regen Musik- (rechts oben) und der alternativen Kunstszene (rechts unten).

Blick vom Brooklyn Bridge Park auf Downtown Manhattan (oben). Die Brooklyn Bridge gilt als Meisterleistung des deutschen Ingenieurs Johann August Röbling; im Hintergrund: Manhattan Bridge und Williamsburg Bridges (rechte Seite).

71 Mächtige Zeichen der Vereinigung – New Yorks Brücken

Drei Brücken schweißen zusammen

1898 war ein einschneidendes Jahr für New York City: Damals erfolgte die Eingemeindung der Bronx, Queens, Brooklyn und Richmond – Letzteres wurde 1975 in Staten Island umbenannt – in die vormals nur aus der Insel Manhattan bestehende Stadt. Quasi über Nacht war New York City mit damals rund 3,5 Millionen Einwohnern zur größten Stadt der Welt geworden.

Was vielen Besuchern nicht klar ist: Der größte Teil New Yorks liegt auf Inseln und war somit immer flächenmäßig begrenzt. Einzige Ausnahme ist die Bronx, die sich auf dem Festland befindet. Östlich von Manhattan, das einem ausgestreckten Finger gleich von Hudson und East River umflossen wird, liegt Long Island – The Island – eine rund 190 Kilometer lange Atlantikinsel, deren westlichen Teil die beiden New Yorker Stadtteile Queens und Brooklyn ausmachen. Brooklyn selbst zählte schon beim Zusammenschluss Ende des 19. Jahrhunderts zu den größten Städten der USA und liegt gegenwärtig mit gut 2,6 Millionen an vierter Stelle nach New York, Los Angeles und Chicago.

Medizin für die Seele: Spaziergang über die Brooklyn Bridge

Zu den unvergesslichen Erlebnissen eines New-York-Besuchs gehört ein Spaziergang über die Brooklyn Bridge. Von dieser ältesten New Yorker Brücke eröffnen sich spektakuläre Ausblicke auf die Südspitze Manhattans. Man sagt ihr sogar heilsame Wirkung nach: Der Dichter Walt Whitman (1819–1892) aus Brooklyn schwärmte ein-

NY WATERWAY

Die Brooklyn Bridge führt hinüber in das neu erblühte Brooklyn mit dem historischen Viertel Brooklyn Heights (oben). Die Manhattan Bridge folgt als nächste Brücke (rechts unten). Hektischer geht es auf der 14-spurigen George-Washington-Bridge zu, die über den Hudson führt und Manhattan mit New Jersey verbindet (unten).

mal von einem solchen Spaziergang als »beste und wirkungsvollste Medizin, die meine Seele bisher genossen hat«.
Als die Brooklyn Bridge 1883 als erste und längste Hängebrücke aus Stahl eröffnet wurde, lobten Ingenieure, Künstler und Fotografen das »technische Wunderwerk« in höchsten Tönen. Viele Menschen hatten jedoch Angst, über die 40 Meter hohe Brücke zu gehen. Bei den Eröffnungsfeierlichkeiten brach eine Panik aus, als eine Frau stolperte, und 34 Menschen kamen dabei ums Leben.
Dennoch, die Brooklyn Bridge stellte erstmals eine sichere Verbindung zwischen den damals noch unabhängigen Städten Manhattan und Brooklyn her. Vorher war man für die Überquerung des East River auf wetterabhängige Fähren angewiesen gewesen. 1875 war der Brooklyn Tower fertig, ein Jahr später folgte der New York Tower, und am 24. Mai 1883, nach insgesamt 14 Jahren Bauzeit, war es dann so weit: Am Eröffnungstag ratterten 1800 Fahrzeuge über die Brücke, und über 150 000 Passanten gingen zu Fuß darüber.

Deutsche Präzisionsarbeit

Die Pläne für die Brooklyn Bridge stammten von dem Thüringer Ingenieur und Erfinder des Drahtseils, Johann August Röbling (Roebling), und seinem Sohn Washington. Roebling hatte 1876 den Auftrag erhalten, das Bauwerk zu konstruieren, und sollte 8000 Dollar dafür erhalten. 1869 begannen die Bauarbeiten, die am Ende 18 Millionen Dollar verschlungen hatten. Der Planer selbst erlebte die Vollendung seines Werkes nicht, er war drei Wochen nach Baubeginn an Wundstarrkrampf gestorben. Er war eines von 27 Opfern, die der Bau der Brücke, an dem rund 600 Arbeiter beteiligt waren, forderte.
Röblings Sohn Washington übernahm die Leitung der Bauarbeiten, doch er erkrankte bei der Besichtigung der Pfeilerfundamente 1872 im Senkkasten an der sogenannten Taucherkrankheit und saß seither im Rollstuhl. Seine Frau Emily übernahm, und sie war es auch, die bei der Eröffnung als Erste die Brücke überquerte. Zu den revolutionären technischen Neuerungen gehörten Senkkästen und Tragseile, die das Ausheben der Pfeilerfundamente im Trockenen erlaubten. In den beiden 84 Meter hohen Granithauptpfeilern, die mit ihren gotischen Doppelbögen Stadttoren gleichen, befinden sich je vier gusseiserne Ankerplatten für vier Stahlseile. Diese bestehen aus je 19 ummantelten Strängen von insgesamt 5657

Kilometer zinkgalvanisierten Drahts. Zur Verstrebung dienen weitere diagonale und vertikale Seile, die oben am Hauptseil und unten an den Stahl-Bodenträgern befestigt wurden.

»B M W« – drei Brücken als Wahrzeichen

Nach der Brooklyn Bridge wurde zwischen 1896 und 1903 mit der Williamsburg Bridge weiter nördlich gleich eine weitere Verbindung zwischen Brooklyn und Manhattan geschaffen. Und als dritte Brücke über den East River wurde schließlich 1909 die Manhattan Bridge eröffnet. Damit verbanden drei Brücken die beiden wichtigsten New Yorker Stadtbezirke, Manhattan und Brooklyn.
»B M W« – Brooklyn, Manhattan und Williamsburg Bridges – nennen die New Yorker heute die drei markanten Brücken zwischen Manhattan und Brooklyn über den East River. Mit einer Spannweite von 488 Metern und einer Länge von 2227 Metern war die Williamsburg Bridge bis 1924 die Hängebrücke mit der größten Spannweite. Über sie verläuft, wie auch über die Manhattan Bridge, eine U-Bahn-Trasse. Gerade diese Bahnlinien trugen dazu bei, dass Williamsburg zum lebhaften Wohnareal, zu »Brooklyn's East Village« wurde und ein buntes, multiethnisches Viertel rund um die Bedford Avenue entstand. Auch zahlreiche jüdische Familien zogen damals aus den beengten Verhältnissen in der Lower East Side hierher und verhalfen der Brücke zum Beinamen »Jewish Highway«.

Andere New Yorker Brücken

1909 entstand die erste Brücke zwischen Manhattan und Queens: Die Queensboro Bridge, auch als »59th Street Bridge« oder, offiziell, als »Ed Koch Queensboro Bridge« bekannt, war die erste feste Verbindung in den zweiten Stadtbezirk auf Long Island. Die mächtige Auslegerbrücke ist fast 2500 Meter lang und 106 Meter hoch. Über den Harlem River, in die Bronx, war schon 1848 eine erste Brücke, die High Bridge, erbaut worden, sie ist heute die älteste, erhaltene Brücke der Stadt. 1888 folgte die Washington Bridge, heute überqueren den Harlem River insgesamt 15 Brücken!
Eine der beiden modernen Brücken New Yorks ist die George Washington Bridge zwischen Upper Manhattan und New Jersey. Sie wurde 1931 eröffnet und überspannt auf 1451 Metern den Hudson River. Bei Eröffnung mit einer Spannweite von 1067 Meter zwischen den Pfeilern galt sie als weltlängste Hängebrücke. Übertroffen wurde sie längenmäßig von der 1964 eröffneten Verrazano Narrows Bridge, wo alljährlich der berühmte New York Marathon startet. Diese Hängebrücke mit 1298 Metern Spannweite zwischen den Pfeilern hielt bis 1981 den Rekord. Insgesamt führt sie auf vier Kilometern über The Narrows, die Mündung des Hudson River in den Atlantik, und verbindet Brooklyn mit Staten Island.

DER »GOETHE AMERIKAS«

Einer der größten Dichter Amerikas schwärmte nach der Eröffnung von der Brooklyn Bridge. Für Walt Whitman (1819–1892) kam die neue Brücke einer Medizin für die Seele gleich. Geboren in einem Dorf auf Long Island, war Whitman im boomenden Brooklyn aufgewachsen, arbeitet als Handwerker, Drucker und Journalist sowie während des Bürgerkriegs als Krankenpfleger. Mit seinem 1855 erschienen Gedichtband *Leaves of Grass* (Grashalme) wurde er zwar nicht reich, galt jedoch seither in der Literaturkritik als »Goethe Amerikas«. Bis zu seinem Tod arbeitete er an dem Gedichtband, erweiterte und ergänzte ihn mit jeder Neuauflage – die zehnte und letzte erschien 1897, fünf Jahre nach seinem Tod. Bis heute strahlen seine Gedichte eine ungeheure Kraft aus, feiern die Demokratie und die Schönheit Nordamerikas.
Lesetipp: Walt Whitman, *Grashalme* (detebe, Diogenes-Verlag 1985)

WEITERE INFORMATIONEN

New Yorker Brücken: http://nyc-architecture.com/TEN/TEN-Bridges.htm

Einen Eindruck alten Brooklyn vermittelt das Viertel Brooklyn Heights (unten und rechts oben), dessen Wurzeln im frühen 19. Jahrhundert liegen. Unter Denkmalschutz stehend, wurden die Häuser liebevoll renoviert.

72 New Yorks erster Historic District – Brooklyn Heights

Von wegen »Last Exit to Brooklyn« – eine Stadt erfindet sich neu

1964 machte der Roman *Last Exit to Brooklyn* den Schriftsteller Hubert Selby weltberühmt – und katapultierte Brooklyn aus New Yorks Schatten heraus, obwohl es in dem Bestseller keineswegs schmeichelhaft als »Schlund von New York« geschildert wird. Wer heute Brooklyn besucht, wird allerdings nicht verstehen, wie der Stadtteil zu diesem schlechten Ruf kam.

Ältere New Yorker mögen Brooklyn noch als den »Hinterhof New Yorks« kennen, doch kein anderer Stadtbezirk hat in den letzten Jahrzehnten einen ähnlichen Wandel erlebt. In den späten 1990er-Jahren wurde Brooklyn von einer bis heute ungebremsten Aufbruchsstimmung erfasst, die den Stadtteil zur angesagten, trendigen Adresse machte und den »Brooklynites« zu neuem Selbstbewusstsein verhalf: »Brooklyn's back. It's hip. It's hot.«
Das Viertel Brooklyn Heights war nach der Einrichtung der Fährverbindung mit Manhattan im Jahr 1814 entstanden. Südlich des Brückenkopfs der Brooklyn Bridge, oberhalb der Lagerhallen an den Piers, wurden die Vorgärten zu den Villen der reichen Unternehmer angelegt. In den Straßen dahinter standen die Brownstone-Reihenhäuschen aus lokalem Sandstein. Der eigentlich rosafarbene Stein wird »Brownstone« genannt, weil er sich im Lauf der Zeit braun verfärbt.
Das viele Jahrzehnte lang vernachlässigte einstige Nobelviertel wurde 1965 zum ersten Historic District New Yorks erklärt und lebt seither

auf. Ein Besuchermagnet ist hier auch die Brooklyn Heights Promenade am Ufer des East River. Dort bietet sich speziell bei Sonnenuntergang ein höchst fotogener Ausblick auf die Hochhauskulisse Lower Manhattans und den darunter gelegene Brooklyn Bridge Park.

Der »Big Mistake«

1646 gründeten Niederländer gegenüber Nieuw Amsterdam, dem heutigen Manhattan, auf Long Island die Siedlung Breukelen, das heutige Brooklyn. Aus dem Dorf entwickelte sich rasch ein Industriestandort. Dieser erlebte nach dem Zweiten Weltkrieg einen starken Zustrom von Immigranten, verfiel aber gleichzeitig wirtschaftlich und sozial. Den Zusammenschluss mit New York betrachtet man in Brooklyn dennoch bis heute als »Big Mistake« (Großen Fehler), ging doch damit viel von Brooklyns eigenständigem Charakter verloren.

Längst sind nicht nur die hübschen Brownstone-Häuschen in Brooklyn Heights ein Eyecatcher, auch andere Viertel erfreuen sich regen Zuspruchs: Williamsburg und Greenpoint sowie DUMBO – »Down Under the Manhattan Bridge Overpass« – mauserten sich zu neuen Bohème-Vierteln, und die Wohnviertel Cobble Hill, Boerum Hill und Carroll Gardens in South Brooklyn sind »in« geworden. Schick ist mittlerweise auch das einstige Hafenviertel Red Hook, und im Brooklyn Navy Yard am East River tragen kleine Unternehmen wie auch die Steiner Studios zum Aufschwung bei.

»Borough of Neighborhoods«

Brooklyn war schon immer und ist auch noch heute ein Sammelbecken verschiedener Kulturen, Ethnien und Gesellschaftsgruppen. Wenn man von einer Vielvölkerstadt spricht, haben die meisten diesen New Yorker Stadtbezirk im Hinterkopf. Hier leben Menschen aus aller Herren Länder weniger zusammen als vielmehr friedlich nebeneinander.

In Brooklyn wurde auch der berühmte, in den ganzen USA bekannte New Yorker Dialekt geprägt. Zudem war und ist dieser Stadtbezirk die Heimat bekannter Literaten und Persönlichkeiten. Angefangen beim ersten »Nationaldichter« Walt Whitman (1819–1892) lebten und leben hier Persönlichkeiten wie Truman Capote, Woody Allen, Norman Mailer, George Gershwin, Henry Miller, Barbra Streisand, Spike Lee und Paul Auster.

Viele der über 80 Stadtviertel Brooklyns gehen auf Dörfer unterschiedlicher Zuwanderergruppen aus dem 19. Jahrhundert zurück und haben trotz um sich greifender Gentrifizierung ihren eigenen Charakter bewahrt. Deshalb nennt man Brooklyn auch »Borough of Neighborhoods« – Bezirk der Stadtviertel.

EIN FEST FÜR BÜCHER

Alljährlich Mitte September stehen Bücher und Kleinverlage aus New York im Mittelpunkt des Brooklyn Book Festival. Ein Wochenende lang tummeln sich Leseratten auf der Cadman Plaza vor der Brooklyn Borough Hall. Unzählige Stände präsentieren Literatur aus und über New York, Verlage stellen ihr Programm vor, Diskussionsrunden und Workshops, eine Opening Night Party und ein Children's Day finden statt. Autoren lesen aus ihren Werken, diskutieren mit dem Publikum und signieren Bücher. Zu ihnen gehören stets auch berühmte Schriftsteller, beispielsweise Paul Auster, der in Brooklyn zu Hause ist, oder Jonathan Lethem.

Infos: www.brooklynbookfestival.org

WEITERE INFORMATIONEN

http://explorebk.com bzw. Brooklyn Visitors Center, 209 Joralemon St., in der Brooklyn Borough Hall.

Souvenirs aus Brooklyn: By Brooklyn, 261 Smith St., Carroll Gardens/Brooklyn, http://shop.bybrooklyn.com

Wie Manhattan hat sich auch Brooklyn wieder dem Wasser zugewendet. Der Brooklyn Bridge Park entstand auf den alten Hafenpiers an der Brooklyn Bridge (oben und rechts oben). Das Jane's Carousel von 1922 im Brooklyn Bridge Park (rechts unten).

73 Schmucke Promenade am East River – Brooklyn Bridge Park

Brooklyns neues Antlitz am East River

Längst hat Brooklyns Revival auch auf die alte Hafenfront am East River übergegriffen. Die alten Piers um Brooklyn und Manhattan Bridge wurden beziehungsweise werden derzeit zu Parks, Veranstaltungsflächen, Sportanlagen und Naturarealen umgestaltet. Sie sind durch eine Flaniermeile miteinander verbunden, die grandiose Ausblicke auf den East River, die Brücken und die Südspitze Manhattans bietet.

Wenn der Brooklyn Bridge Park komplett fertig sein wird, wird das gut zwei Kilometer lange Areal zwischen Manhattan Bridge und Atlantic Avenue mit Grünanlagen und Fahrradwegen, Bühnen, Spiel- und Sportplätzen, aber auch mit Swimmingpools, renaturiertem Marschland, Angelpiers, Picknickplätzen und Veranstaltungsflächen ausgestattet sein. Der Streifen ist schon jetzt durch den Fußgänger- und Fahrradweg Greenway erschlossen, der bei Einheimischen und Besuchern gleichermaßen beliebt ist.

Fähren und ein historisches Karussell

Vor dem Bau der drei berühmten »BMW«-Brücken – Brooklyn, Manhattan und Williamsburg Bridge – waren die Fähren das wichtigste Verkehrsmittel zwischen Manhattan und Brooklyn gewesen. Seit der Neuanlage des Brooklyn Bridge Park erleben die Schiffsverbindungen eine Renaissance: Direkt südlich wurde an Pier 1 zu Füßen der Brooklyn Bridge die Fulton Ferry Landing (Brooklyn Bridge Park/DUMBO) wieder in Betrieb genommen. Hier sowie in Greenpoint, North Williamsburg (N. 6th St.)

und South Willliamsburg (Schaefer Landing) legen die Fähren von East River Ferry an. Auch die New York Watertaxis steuern Brooklyn Bridge Park und Red Hook Dock an.
Pier 1 wurde als erster Teil des Brooklyn Bridge Park fertiggestellt. Hier kann man seit dem Frühjahr 2010 einen Postkartenblick auf Manhattan bewundern. Nördlich der Brooklyn Bridge wurde der Empire Fulton Ferry Park in das Gesamtkonzept einbezogen. Ein ungewöhnliches Juwel ist dort das Jane's Carousel. Das historische Karussell stammt aus dem Jahr 1922 und stand früher in Philadelphia.

Unter der Manhattan Bridge

Seit einigen Jahren lockt nördlich der Brooklyn Bridge das ehemalige Hafenviertel DUMBO – »Down Under the Manhattan Bridge Overpass« – mit einer ausgefallenen Szene. Aus dem ehemaligen Hafenviertel um die Manhattan Bridge ist inzwischen eine Topadresse für Künstler und Handwerker aller Genres, für ausgefallene Shops, Boutiquen und Galerien und für ungewöhnliche Lokale, Cafés und Bars geworden.
In den alten Lagerhallen zwischen Front Street, Pearl Street und Brooklyn Bridge Park wurden Ateliers und teure Lofts eingerichtet, auch die Neugestaltung der Uferpromenade schließt DUMBO mit ein: Um die Manhattan Bridge sind mit dem »Main Street Park« und dem »John Street Park« zwei neue Grünanlagen entstanden. Im ersten Park befindet sich neben dem Environmental Education Center der Strandabschnitt Pebble Beach, der mit seinen großen Felsen ideal zum Ausruhen ist oder um den Ausblick zu genießen.

Sport, Spiel und Erholung

Zu Pier 1 gehört nicht nur die Fähranlegestelle, sondern auch die größte Anlage im Brooklyn Bridge Park. Sie ist mit renaturierten Landschaften, Hügeln und Rasenflächen gestaltet. Landeinwärts führt die Fußgängerbrücke Squibb Bridge über die Stadtautobahn »BQE« oder Brooklyn-Queen Expressway, die seit den 1960er-Jahren die Stadt durchschneidet. Auf der gegenüberliegenden Seite erreicht man den Squibb Park, von dort geht es hinauf nach Brooklyn Heights.
Der folgende Pier 2 ist ganz dem Freizeitsport gewidmet. Hier kann man vor Manhattans malerischer Skyline auf einem Skating Rink Runden drehen oder sich auf den Basketballfeldern austoben. Pier 3 mit der Greenway Terrace und der kleine Pier 4 mit Strand dienen besonders im Sommer der Erholung, während Pier 5 neben einem großen Picknickbereich auch ein Fußballfeld bietet. Pier 6 unterhalb der Atlantic Avenue ist der letzte Teil des Brooklyn Bridge Park. Hier finden sich ein Fähranleger (Governors Island Ferry), Beachvolleyballfelder, Spielplätze und ein Lokal.

SCHMACKHAFTES ZWISCHEN DEN BRÜCKEN

Quasi unter dem Pylon der Brooklyn Bridge bietet das »River Café« bei Sonnenuntergang das wohl romantischste Erlebnis, das man in New York haben kann: Im Terrace Room kann man an der Bar einen Cocktail schlürfen und dabei den Ausblick auf Fluss und Skyline genießen. Im Restaurant werden am Abend hervorragende Gourmetmenüs serviert (Reservierung empfohlen!). Für erstklassige Pizza ist gegenüber »Grimaldi's« (1 Front Street) bekannt und die »Brooklyn Ice Cream Factory« für Eiscreme zum Nachtisch. Im nahen DUMBO befindet sich ein Paradies für Schokoladenfans: das Hauptgeschäft von Jacques Torres Chocolate. Nicht weit entfernt betreibt jenseits der Manhattan Bridge die Brooklyn Roasting Co. ein gemütliches Café mit Laden.

WEITERE INFORMATIONEN

Brooklyn Bridge Park: www.brooklynbridgepark.org, auch Infos zu Veranstaltungen
River Café: 1 Water St., www.rivercafe.com
Jacques Torres Chocolate: 66 Water St., www.mrchocolate.com
Brooklyn Roasting Co.: 25 Jay St., www.brooklynroasting.com

74 Das Herz schlägt wieder kräftig – Downtown Brooklyn

Brooklyns Zentrum zwischen Vergangenheit und Zukunft

Auch die lange etwas vernachlässigte Downtown Brooklyn erlebt derzeit ein Revival. Das liegt zum einen an Kulturinstitutionen wie dem BAM und Veranstaltungen wie dem »Brooklyn Book Festival«, zum anderen an attraktiven Einkaufsstraßen wie der Fulton Street oder der Atlantic Avenue – und nicht zuletzt an der modernen Architektur, die hier in den letzten Jahren entstand.

Es ist nur ein kurzer Spaziergang über die Montague Street, die Haupteinkaufsstraße in Brooklyn Heights, oder aber die Cadman Plaza am Ende der Brooklyn Bridge nach Downtown Brooklyn. Die Cadman Plaza ist eine Grünanlage, die für einen regelmäßigen Bauernmarkt und andere Veranstaltungen, wie das »Brooklyn Book Festival«, genutzt wird. An ihrem Südende steht unübersehbar die zwischen 1835 und 1849 erbaute Borough Hall. Brooklyns einstiges Rathaus ist seit der Eingemeindung des Stadtteils Sitz der Bezirksverwaltung und des Bezirksbürgermeisters. Die Hauptachsen von Downtown Brooklyn sind die Fulton Street (Mall) und die dazu parallel verlaufende Atlantic Avenue.

Zwischen Rathaus und »Brooklyn's Orient«

Als 1929 der Williamsburgh Savings Bank Tower entstand, gab es für ihn kaum eine architektonische Konkurrenz. Mit 156 Metern Höhe war er lange Zeit der höchste Bau Brooklyns. In den letzten Jahren entstanden Schlag auf Schlag neue Türme. Mit dem MetroTech

Downtown Brooklyn boomt, auch dank der neuen Sport- und Konzerthalle (rechts oben). Zwischen dem historischen Rathaus (unten) und der Atlantic Avenue lohnt ein Spaziergang.

Center (2005), The Brooklyner (2009, 157 m), dem 182 Meter hohen AVA DoBro (100 Willoughby) von 2016 und The Hub (333 Schermerhorn Street, 2016, 190 m) hat Brooklyn längst eine eigene, imposante Skyline und sehenswerte moderne Architektur erhalten.
Nur wenige Schritte südlich der Borough Hall befindet sich das New York Transit Museum in einer aufgelassenen Subway-Station aus den 1930er-Jahren. Hier taucht man in den Untergrund ab, um Wissenswertes über die Geschichte und den Betrieb der New Yorker Subway zu erfahren. Am Rathaus beginnt die Fulton Street Mall, eine Fußgängerzone mit Lokalen und Läden, parallel dazu verläuft die breite Atlantic Avenue, »Brooklyn's Orient«. Das vormals rein orientalisch geprägte Viertel hat sich inzwischen zum multi-ethnischen Einkaufs- und Restaurantviertel von Downtown Brooklyn entwickelt.

Sport wieder erstklassig

Als 1957 die heiß geliebte Baseballmannschaft Dodgers nach Los Angeles umzog, versetzte dies den Brooklynites einen schweren Schlag. Seit ein paar Jahren gibt es in Brooklyn jedoch wieder erstklassigen Sport, und das mit den Brooklyn Nets (NBA, Basketball) und New York Islanders (NHL, Eishockey) sogar gleich zweimal. Beide Teams treten im neuen Barclays Center an, das neben der zentralen U/S-Bahn-Station an der Kreuzung Flatbush/Atlantic Avenue mitten in der Downtown gelegen ist. Die 1967 gegründeten Nets haben im Herbst 2012 nach Jahren der Wanderschaft zwischen New York und New Jersey somit im basketballverrückten Brooklyn eine Heimat gefunden. Auch die 1972 gegründeten Islanders, die zwischen 1980 und 1984 gleich viermal die NHL-Eishockeymeisterschaft holten, sind in den Borough umgezogen. Sie bauen sich hier gerade eine neue Fangemeinde auf.

Das kulturelle Herz von Brooklyn

Direkt an Downtown Brooklyn schließt sich Fort Greene an. Wo sich in dem Viertel Fulton Street und Flatbush Avenue kreuzen, finden sich zahlreiche Designerboutiquen von überwiegend afroamerikanischen Modeschöpfern, afrikanische Restaurants und Szenetreffs. Zudem lädt hier die weit über die Stadtgrenzen hinaus bekannte Brooklyn Academy of Music ein. Die »BAM« ist unter anderem Sitz des 1858 gegründeten Brooklyn Philharmonic Orchestra, aber auch bekannt für innovative zeitgenössische Musik und Theateraufführungen. Im nahe gelegenen historischen Strand Theatre (647 Fulton St.) ist das BRIC House Sitz von über 40 Kunst- und Kulturorganisationen mit Bühne, Galerien, Studios und Ateliers. Wie das 651 Arts, das Mark Morris Dance Center und das Theatre for a New Audience trägt es dazu bei, dass das ganze Areal Brooklyn Cultural District genannt wird.

NEW YORKS ERSTER ASIATISCHER DACH-BIERGARTEN

Von der Dachterrasse im 24. Stock des ALoft-Hotels hat man einen grandiosen Blick auf Downtown Brooklyn. Hier oben befindet sich das schick minimalistisch eingerichtete Restaurant »Kimoto« – mit Freiterrasse, weshalb es sich auch »New York City's erster asiatischer Dach-Biergarten« nennt. Chefkoch Brian Tsao hat sich auf kreative asiatische Abwandlungen amerikanischer Klassiker spezialisiert. In seiner Küche fließen amerikanische, chinesische, koreanische, japanische und andere asiatische Einflüsse höchst einfallsreich zusammen: Peanutbutter-Jelly-Sandwiches, Hot Dogs oder Tacos werden hier zu ganz neuen Geschmackserlebnissen. Bei »Kimoto« sucht man vergeblich nach einer Weinkarte, hier spielt – asiatisches und einheimisches – Bier die Hauptrolle.
Kimoto Rooftop Beer Garden, 216 Duffield St. (Downtown Brooklyn), Tel. (718) 858-8940, www.kimotorooftop.com

WEITERE INFOEMATIONEN

New York Transit Museum:
http://web.mta.info/mta/museum
Brooklyn Academy of Music:
www.bam.org
Brooklyn Nets: www.nba.com/nets
New York Islanders:
http://islanders.nhl.com
Barclays Center: www.barclayscenter.com

WATCHTOWER
JW.ORG

Blick auf Downtown Brooklyn mit seiner Skyline und den neuen Brooklyn Bridge Park am East River.

Das einst von jüdischen Zuwanderern geprägte Williamsburg ist mittlerweile beliebt bei jungen New Yorkern. Sie genießen die Lage am East River (oben) ebenso wie das Angebot: hier auf dem Smorgasburg Flea Market (rechts).

75 Musterbeispiel des neuen Brooklyn – Williamsburg

Das jüdische Brooklyn – Heimat der Hipster

Williamsburg steht stellvertretend für das neue Brooklyn. Das angesagte und hippe Stadtviertel ist beispielhaft für den Wandel des lange vernachlässigten New Yorker Stadtbezirks zu einer populären Adresse. Allerdings ist Williamsburg mehr als nur die Heimat der Hipster, der Künstler, Musiker und Intellektuellen: Viele Ecken des Viertels haben sich ihren ursprünglichen Charakter bewahrt.

Vor den Hipsters waren es jedoch die Juden, die in Williamsburg lebten. Das Viertel hatte sich nach der Eröffnung der Williamsburg Bridge im Jahr 1903 zu einem jüdischen Zentrum entwickelt. Wer es sich leisten konnte, entfloh den beengten und miserablen Wohnverhältnissen in der Lower East Side und begann auf der östlichen Seite des East River in Brookyln ein neues Leben. Aufgrund dieser Auswanderungswelle wurde die Williamsburg Bridge auch »Jewish Highway« genannt. In den letzten Jahren erlebt Williamsburg eine ähnliche Zuwanderung. Dieses Mal sind es allerdings Künstler und Aussteiger, denen das Leben in Manhattan zu teuer wurde. Das einst wenig attraktive Brooklyn's East Village rund um die Bedford Avenue wurde durch sie ein buntes, multi-ethnisches Viertel. Wie schon in SoHo und anderen Vierteln in Manhattan folgten den Aussteigern finanzkräftigere, junge New Yorker, die inzwischen Williamsburg als angesagte Adresse entdeckt haben und dafür jeden Preis zahlen. In der Folge wurden viele in (noch) günstigere Viertel wie Greenpoint oder Bushwick verdrängt.

GIANT PHOTO CARDS
FRESH and CRISP
MICHELIN

Mit kreativen Wandgemälden verpasst man alten Bauten einen neuen Anstrich (oben und rechts unten).

New Yorks In-Viertel

Genau genommen besteht Williamsburg aus verschiedenen Neighborhoods: Da wären zunächst die North und die South Side, getrennt durch die Grand Street. Der Südteil ist weniger hip, sondern von einer orthodox jüdischen und zunehmend lateinamerikanischen Bevölkerung geprägt. Östlich von North und South Side liegt jenseits der Union Avenue mit East Williamsburg ein noch stärker streng jüdisch-orthodox geprägtes Viertel.

Besonders North Williamsburg hat sich zum In-Viertel mit neuen Apartmentbauten gemausert. Das Zentrum der North Side bildet die Bedford Avenue (Subway: Bedford Ave.), in deren Umkreis die einst vorherrschenden polnischen und osteuropäischen Läden und Restaurants durch schicke Cafés, Bars und angesagte Lokale, hippe Boutiquen, Feinkostshops und Boutique-Hotels ersetzt wurden.

Zunehmender Beliebtheit erfreut sich auch das nur wenige Schritte entfernte Ufer des East River. Tatsächlich ist dieser Teil von Williamsburg die derzeit angesagteste Ecke in New York: Hier hat man einen fantastischen Blick auf Manhattans Skyline, bietet der attraktive Smorgasburg Market zwischen April und Oktober im East River State Park regionale Spezialitäten sowie einen Flohmarkt, liegt eine Anlegestelle des East River Ferry und entstanden neue Wohngebäude und Lofts in umgebauten Lagerhäusern, zum Beispiel in der alten Zuckerfabrik Domino's.

New Yorker Bier ist zurück

Es waren gerade die deutschen Einwanderer, die neben vielen Traditionen auch ihre Vorliebe für Bier mit nach New York brachten. Um 1880 gab es 50 Brauereien allein in Brooklyn, um die 70 waren es in ganz New York City. Zu Beginn des 20. Jahrhunderts sorgte jedoch die Prohibition für den Niedergang des Brauwesens. 1976 schließlich schloss mit Schaefer die letzte Brauerei der Stadt.

In der 11th Street hält seit 1988 die Brooklyn Brewery wieder die Fahne des einstigen Bierzentrums Brooklyn hoch und hat zugleich ein Revival ausgelöst. Mittlerweile sind überall in der Stadt wieder kleine Brauereien entstanden. Die mehrfach ausgezeichnete Brooklyn Brewery befindet sich an der alten »Brewer's Row«, an der einst zwölf Brauereien ansässig waren. Seit ihrer Gründung sorgt Garrett Oliver als Braumeister dafür, dass die ausgezeichneten Biere der Brauerei nicht nur weit über New York City hinaus bekannt wurden, sondern dank einer Filiale in Schweden inzwischen auch weltweit erhältlich sind.

Musterbeispiel des neuen Brooklyn – Williamsburg

Das jüdische New York

In eine komplett andere, völlig fremde Welt taucht man in South oder East Brooklyn und, beinahe noch mehr, im benachbarten Viertel Crown Heights ein. Hier leben vor allem orthodoxe Lubawitscher Juden, deren männliche Gemeindemitglieder lange Mäntel, hohe, fellumrandete Hüte, lange Bärte und Schläfenlocken tragen.

Die Glaubensgemeinschaft war im 18. Jahrhundert in Osteuropa unter Rabbi Schneor Salman von Ljadi (1745–1812) als Ableger des orthodoxen Chassidismus entstanden. Das westrussische Lubawitsch entwickelte sich zu einem Zentrum der Bewegung, ehe Immigranten ihren Glauben mit nach New York brachten. Außerhalb Israels hat New York inzwischen den größten jüdischen Bevölkerungsanteil weltweit, wobei sich dieser in Williamsburg und Crown Heights konzentriert.

»Alte-Welt-Charme« in Brooklyn

Das nördlich von Williamsburg gelegene Greenpoint ist der nördlichste Zipfel Brooklyns und vom benachbarten Queens nur durch den Bach Newtown Creek getrennt. Die Hauptachse des Viertels ist die Manhattan Avenue. Die hippe Atmosphäre von North Williamsburg ist noch kaum hierher übergeschwappt. Greenpoint zeichnet sich im Gegenteil eher durch seinen ursprünglichen polnischen »Alte-Welt-Charme« aus. Dank der hier lebenden polnischstämmigen New Yorker finden sich hier im ehemaligen »Klein-Polen« noch immer viele authentische Läden und Lokale, manchmal Wand an Wand mit modernen Cafés und Restaurants. Ein Unikum ist nahe dem Wasser die Eagle Street Rooftop Farm auf dem Dach einer Filmproduktionsfirma. Dort wird seit 2009 Gemüse angebaut und findet während der Saison sonntags ein kleiner Markt statt.

Neue Heimat der Bohème

Brooklyns aktueller Trendsetter ist das östlich von Williamsburg gelegene Bushwick. Um die Hauptachsen des Viertels, Bushwick Avenue und Broadway, sowie um die Myrtle Avenue entstanden zahlreiche neue Studios, Galerien und Boutiquen.

In dem Mitte des 17. Jahrhunderts von niederländischen Siedlern als Boswijk – Dorf im Wald – gegründeten Viertel prägen noch heute baumbestandene Straßen, die für New York typischen Rowhouses und historische Apartmenthäuser das Bild. Dank der zugezogenen jungen Künstler gilt Bushwick als Zentrum der Street Art und der Graffiti-Künstler. Die New Yorker und viele Besucher kommen aber auch mehr und mehr wegen der Bars und Lokale, wie das »Syndicated« (siehe unten) oder »Roberta's« (261 Moore St.), wo es die beste Pizza der Stadt geben soll. Rund um die beiden U-Bahn-Stationen Morgan Avenue und Jefferson Street befinden sich mit »Morgantown« und »Jefftown« ebenfalls Szene-Hotspots.

SYNDICATED

»Zu einem zusammengefasst« könnte man den Namen treffend übersetzen: Das im Januar 2016 in Bushwick eröffnete »Syndicated« ist zugleich Bar, Kino und Restaurant. Ungewöhnlicherweise kann man hier im Kino direkt an seinem Platz essen und trinken – und zwar nicht nur Popcorn und Cola, sondern auch komplette Gerichte, Cocktails und Bier. Chefkoch Bret Macris passt das Theater-Menü dem Programm ebenso an wie der Saison. Auf der Leinwand werden Hollywood-Klassiker gezeigt, aber auch Independent-Filme sowie Double Features zum Schnäppchenpreis! Doch auch ohne Film lohnt sich ein Besuch, die Speisekarte ist abwechslungsreich und reicht von kleinen Snacks über Salate, Burger und Sandwiches bis zu Fleisch-, Seafood- und Pastagerichten. An der Bar schmecken Cocktails und lokale Biere, beispielsweise das 1875 Pale Ale von Rockaway (Queens) oder das Weizen von Flagship (Staten Island).

WEITERE INFORMATIONEN

Syndicated: 40 Bogart St., Bushwick (Brooklyn), Mo–Do 17–24, Fr 17–2, Sa 11–2, So 11–24 Uhr, Happy Hour und Wochenend-Brunch, http://syndicatedbk.com

Brooklyn Brewery: www.brooklynbrewery. com

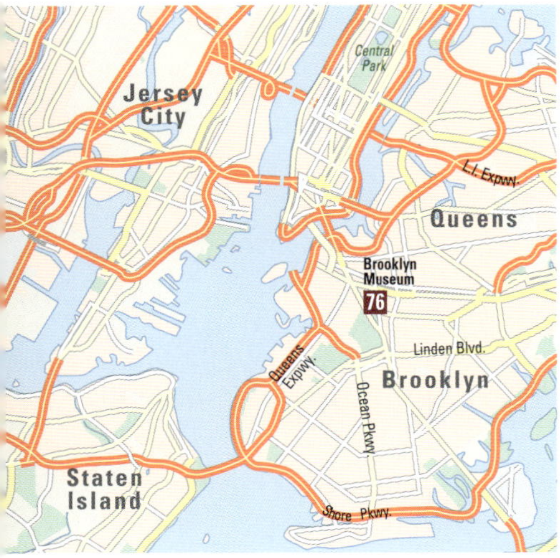

76 Ein wenig bekanntes Juwel für Kunstfreunde – Brooklyn Museum

Der zweitgrößte Kunsttempel New Yorks

Nach dem weltberühmten Metropolitan Museum ist das Brooklyn Museum das zweitgrößte Kunstmuseum von New York City. Allerdings hat sich das noch nicht so ganz herumgesprochen. Dabei präsentiert dieses Museum in Brooklyn ein breites Spektrum an Kunst, von antiken ägyptischen bis hin zu zeitgenössischen Werken reichend. Es liegt dazu am Rand des Prospect Park, der zweitwichtigsten Grünanlage der Stadt.

Das Brooklyn Museum zählt zu den ältesten und größten Kunstmuseen in den USA und geht auf das Jahr 1823 und die Brooklyn Apprentices' Library zurück. 1890 begannen die Planungen für ein neues Gebäude am heutigen Ort, und 1893 legten die Architekten McKim, Mead & White einen Plan für das Brooklyn Institute of Arts and Sciences vor, das als Teil eines Kulturbezirks mit Botanischem Garten, Zoo und Bibliothek konzipiert war. Wie bei der von dem Architekturbüro entworfenen Penn Station fällt auch hier die mächtige, tempelartige Eingangsfront auf. Der Zentralbereich erinnert an das römische Pantheon, die beiden ebenfalls imposanten Seitentrakte wurden 1926 zugefügt.

Breites Spektrum geboten

Das Brooklyn Museum of Art und der Brooklyn Botantic Garden liegen – eine Parallele zum Metropolitan Museum – am Rande in der »guten Stube« Brooklyns, dem Prospect Park.

Das berühmte Metropolitan Museum in Manhattan kennt jeder New-York-Besucher, das Brooklyn Museum ist hingegen ein wenig bekanntes Juwel. Dabei bietet es ebenfalls ein breites Spektrum an Ausstellungsstücken.

Ebenfalls vergleichbar mit dem Metropolitan bietet auch das Brooklyn Museum ein ungewöhnlich breites Spektrum von antiker bis zu zeitgenössischer Kunst, aber auch ethnologische, naturkundliche und wissenschaftliche Abteilungen. Es gibt Abteilungen über die First Nations sowie über Afrika, ein anderer Schwerpunkt ist der asiatischen Kulturraum, aber auch die Antike von Ägypten über Griechenland bis Rom kommt nicht zu kurz. Darüber hinaus geht es um amerikanische Kunst: Möbel, Kunsthandwerk, Gemälde und Skulpturen. Das Museum ist ein work in progress und wurde und wird ständig erweitert, modernisiert und umstrukturiert. 1991 kam beispielsweise das Iris and B. Gerald Cantor Auditorium, eine Veranstaltungshalle dazu, 1993 wurde der Morris A. and Meyer Schapiro Wing auf der dritten Ebene neu eröffnet.

Diverse Baumaßnahmen

Eine Baumaßnahme, die im April 2004 fertiggestellt wurde, sorgte jedoch für weit mehr Diskussionen: der neue gläserne zweistöckige Zugangspavillon an der Front. Dabei integriert dieser Martha A. and Robert S. Rubin Pavilion das historische Gebäude und die Umgebung gut. Die Lobby wurde neu gestaltet, ein Visitor Center und ein Shop kamen dazu. Gleichzeitig entstand ein neuer Vorplatz an der Nordseite des Gebäudes, mit Wasserspielen, Veranstaltungsfläche, Bänken und Bepflanzung.
Eine ungewöhnliche Abteilung im Brooklyn Museum of Art ist das 2004 neu eröffnete Luce Center for American Art. Dabei handelt es sich einerseits um das Museumsmagazin, andererseits um das Forschungszentrum für amerikanische Kunst. Die sonst meist verborgenen Lagerbestände sind hier auf höchst attraktive Weise der Öffentlichkeit zugänglich gemacht worden. 2007 eröffnete das Elizabeth A. Sackler Center for Feminist Art. Diese Abteilung widmet sich ganz der Kunst von Frauen. Die Ausstellung American Identities auf der fünften Ebene des Museums gewährt dagegen einen einerseits unterhaltsamen, aber andererseits auch schnellen Überblick über die amerikanische Kunstgeschichte.

Grünes Kontrastprogramm

Als Kontrastprogramm oder aber nur als idealer Ort für eine Pause im Grünen bietet sich der an das Museum grenzende Brooklyn Botanic Garden an, nicht nur während der Kirschblüte im Frühjahr. Wie der Central Park und der Prospect Park wurde der botanische Garten von den Olmsted-Brüdern angelegt. 1910 eröffnet, kam vor Kurzem ein neues Besucherzentrum dazu.
Die Vielfalt an verschiedenen Gartenteilen – beispielsweise Rosen-, Stein-, Flieder-, Japanischer oder Shakespeare-Garten – lassen das Herz eines jeden Hobbygärtners oder Botanikers höherschlagen. Sehenswert ist auch das Steinhardt Conservatory, ein tropisches Gewächshaus, und beliebt ist der Celebrity Path, auf dem zahlreiche Persönlichkeiten Brooklyns verewigt wurden.

VIELSEITIGES ANGEBOT IM BOTANISCHEN GARTEN

Im Botanischen Garten kann man sich gut im Café, der Yellow Magnolia Canteen mit Freiplätzen, erholen. Dort stehen hausgemachte Backwaren, Sandwiches, Suppen und Salate auf der Karte. Der Brooklyn Botanic Garden's Garden Shop im Visitor Center bietet eine grandiose Auswahl an Pflanzen, Samen und Zwiebeln; es gibt Gartenwerkzeug, -accessoires und Bücher, Geschenkartikel und Schmuck.
Jedes Jahr an einem Wochenende Ende April/Anfang Mai findet das Cherry Blossom Festival Sakura Matsuri statt. Da insgesamt fast 30 verschiedene Kirschbaumarten im Garten, speziell entlang der Cherry Esplanade, wachsen, blüht eigentlich zwischen April und Mai ständig etwas. An diesem einen Wochenende jedoch gibt es über 60 verschiedene Events rund um die japanische Kultur, z. B. Taiko-Trommler, Martial-Arts-Vorführungen, eine Modenschau, Origami-Demonstrationen, eine Teezeremonie, Manga-Zeichnen und Ramen-Kochen.

WEITERE INFORMATIONEN

Brooklyn Museum of Art: 200 Eastern Parkway, www.brooklynmuseum.org
Brooklyn Botanic Garden: 990 Washington Ave., www.bbg.org

Was der Central Park für Manhattan ist, das ist der Prospect Park für Brooklyn, eine »grüne Stube« für die Bewohner (rechts unten). Das in Parknähe liegende Viertel Park Slope (oben) gehört zu den beliebten Wohnarealen Brooklyns.

77 Brooklyns »Hauspark« mit vielseitigem Angebot – Prospect Park

Ein Besuch in Brooklyns guter Stube

Nicht nur der weltberühmte Central Park geht auf einen Entwurf von Frederick Law Olmsted und Calvert Vaux zurück, auch der Prospect Park von 1910 ist diesen beiden Planern zu verdanken. Die etwa 2,4 Quadratkilometer große »gute Stube« und grüne Lunge von Brooklyn wird wie der Central Park an Wochenenden lebhaft genutzt und gilt als Hauspark der Brooklynites.

Die große Grünfläche des Prospect Park erstreckt sich auf historischem Boden: Hier fand Ende August 1776 eine der ersten großen Schlachten im Amerikanischen Unabhängigkeitskrieg statt. Die zahlenmäßig unterlegenen Truppen der Aufständischen unter General George Washington konnten in der Schlacht von Long Island nicht den Vormarsch der überlegenen britischen Truppen stoppen, die danach New York besetzten. Um den Prospect Park gruppieren sich mehrere Viertel von Brooklyn: Park Slope, Prospect Heights sowie Prospect Park South oder Lefferts Garden. Als Hauptzugang zum Park dient an der Nordseite die große, ovale Grand Army Plaza. Dort stehen der mächtige »Soldiers' and Sailors' Arch« aus dem Jahr 1870, moderne Skulpturen sowie eine Büste John F. Kennedys und findet ganzjährig samstags ein beliebter Wochenmarkt statt.

Hauspark mit Unterhaltungsprogramm

Zu Beginn des 20. Jahrhunderts galt der Park nicht nur als wegweisender Stadtpark, sondern wegen seiner Gestaltung und Bepflanzung auch als botanisches und landschaftsgestalterisches Kunstwerk. Neben der riesigen, etwa

Brooklyns »Hauspark« mit vielseitigem Angebot – Prospect Park

35 Hektar großen Wiese Long Meadow ist Brooklyns einziger, immerhin 24 Hektar großer, See eines der prägenden Elemente des Parks. Auf den Rasenflächen toben sich Mensch und Tier aus – es gibt nicht nur einen Hundespielplatz, sondern sogar einen eigenen Hunde-Pool. Und wie im Central Park gibt es mit dem Prospect Park Zoo auch einen Tiergarten.
Aktiven Besuchern stehen zahlreiche Baseball- und Basketballfelder, Tennisplätze und sonstige Sportanlagen zur Verfügung. In der Konzertmuschel, der Prospect Park Bandshell, finden den ganzen Sommer über zahlreiche Konzerte und andere Veranstaltungen statt. Besonders beliebt ist die Veranstaltungsreihe »Celebrate Brooklyn!«.
Mit dem »Boathouse Café«, einem Karussell, dem historischen Farmhaus Lefferts Homestead, dem Wollman Center mit Bootsverleih und Eislaufbahn, dem LeFrak Center at Lakeside mit Eishalle, Aussichtsterrasse und Café, Naturprogrammen und Vogeltouren des Audubon Center findet sich im Park – besonders an den Wochenenden – ein breites Unterhaltungsangebot.

Bummeln, Schlemmen und ein Friedhof

Das nordwestlich gelegene Park Slope ist eines der Viertel, die den Park umgeben. Seine Hauptlebensadern sind die 5th Avenue mit ausgefallenen Läden und Lokalen mit Latino-Prägung sowie die hippere 7th Avenue mit kreativen Boutiquen und Lokalen aller Art.
Das direkt angrenzende Prospect Heights jenseits der Flatbush Avenue entwickelt sich dagegen mehr und mehr zu einem beliebten Wohnviertel.
Im Südwesten des Parks erstreckt sich der riesige, parkähnliche Green-Wood Cemetery. Das auffällige Wahrzeichen des 1838 gegründeten Friedhofs ist die drei Meter hohe, bronzene Minerva-Statue auf dem Battle Hill. Sie steht quasi Auge in Auge mit der Statue of Liberty und hebt die linke Hand Richtung Hafen zum Gruß.
Der 1920 geweihte »Altar to Liberty on Battle Hill« erinnert an den Amerikanischen Unabhängigkeitskrieg und die Schlacht von Long Island im August 1776. Auf dem weitläufigen Friedhof liegen viele berühmte New Yorker begraben, darunter Louis Comfort Tiffany, Leonard Bernstein, George Catlin und Horace Greeley, aber auch die Tänzerin und Geliebte von König Ludwig I. von Bayern, Lola Montez, und viele andere bekannte Persönlichkeiten – Generäle und Sportler, Politiker, Künstler, Entertainer und Erfinder.

REVITALISIERUNG EINES INDUSTRIEVIERTELS

Nur wenige Schritte vom Greenwood Cemetery entfernt, erstrecken sich Teile des ehemaligen Hafengeländes von Brooklyn. Dazu gehört ein Areal mit 16 riesigen Lagerhallen, der ehemalige Bush Terminal, heute bekannt als »Industry City«. Der Verfall der 100 Jahre alten Lagerbauten konnte aufgehalten werden, als Künstler, kleine Firmen und Eventveranstalter das Gebiet entdeckten. Inzwischen gilt Industry City bereits als New Yorks neues SoHo. Verstärkt werden könnte die Revitalisierung der Region durch die Brooklyn Nets: Das beliebte Basketballteam plant, in einer der Lagerhallen ihr neues Trainingsgelände einzurichten. Der weit über Brooklyn hinaus bekannte Floh- und Delikatessenmarkt Smorgasburg findet bereits jetzt in den Wintermonaten in einer der Hallen statt und lockt zahlreiche Besucher an.

WEITERE INFORMATIONEN

Prospect Park: www.prospectpark.org, http://prospectparkzoo.com
Green-Wood Cemetery: www.green-wood.com
Industry City: http://industrycity.com
Smorgasburg – Brooklyn Flea & Food Market: www.smorgasburg.com

Blick von der Brooklyn Bridge auf den East River, den Brooklyn Bridge Park (rechts), die Manhattan Bridge und DUMBO

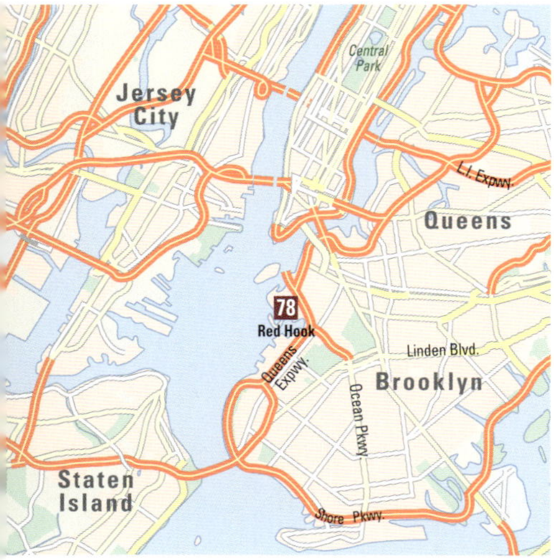

Viele Jahrzehnte lag das alte Hafenviertel Red Hook im Dornröschenschlaf. Inzwischen werden die Hafenpiers wiederentdeckt (rechts oben), und in die alten Bauten und Lagerhäuser sind Kleinunternehmen, Läden (unten) und Lokale eingezogen.

78 Historische Hafenviertel im Wandel – Red Hook und Brooklyn Navy Yard

Eine alte Schiffswerft, Ozeanriesen und ein schwedisches Möbelhaus

In Brooklyn befand sich einst New Yorks Hafen. Durch das Aufkommen der Containerschiffe und den neuen Hafen in New Jersey gerieten die alten Anlagen, mit Ausnahme einer Anlegestelle für Passagierschiffe in Red Hook, jedoch in Vergessenheit. Erst seit Kurzem erlebt das Hafenviertel ein Revival. Gleiches gilt für den Brooklyn Navy Yard, wo einst die Marine Schiffe baute und reparierte.

In der ersten Hälfte des 20. Jahrhunderts war der Hafen in Brooklyn einmal einer der geschäftigsten Frachthäfen der Welt. Er verlor jedoch rapide an Bedeutung, als Containerschiffe in den 1960er-Jahren den Transport übernahmen und in der Folge ein neuer Containerhafen in New Jersey gebaut wurde.

Ein Möbelhaus als Retter

Red Hook verbinden heutzutage selbst viele Brooklynites mit einem schwedischen Möbelhaus. Als 2008 auf dem alten Hafengelände eine IKEA-Filiale eröffnete, begann das Revival des lange verwahrlosten Viertels. Das Unternehmen richtete zugleich eine Fährverbindung mit Manhattan ein und schloss damit die Neighborhood an die große Stadt an.
Die Subway macht nämlich einen großen Bogen um Red Hook. Dies liegt auch in der Geografie begründet: Red Hook ist eine Halbinsel südlich von Downtown und BoCoCa, zwischen East River – »Buttermilk Channel« nennt man die Enge zwischen Brooklyn und Governors Island –, Gowanus Bay und Gowanus Canal. Der

einstige Hafenkanal, früher als stinkende Kloake verrufen, wird derzeit gesäubert, um das Viertel Gowanus attraktiver zu machen. 2006 bereits war in Red Hook eine neue Anlegestelle für Kreuzfahrtschiffe eröffnet worden – der Brooklyn Cruise Terminal führt Brooklyns Tradition als Hafenstadt weiter.

Work in Progress

Für das bis in die 1990er-Jahre als »Crack Capital« der USA verrufene Red Hook war die IKEA-Filiale ein Segen. Die riesigen hässlichen grauen Wohnblöcke sind dennoch nicht zu übersehen: Hier steht eine der größten Sozialsiedlungen New Yorks. Red Hook ist heute ein typisches Brooklyner Viertel, ein work in progress. Viele mutige Leute haben hier Werkstätten, Weingüter, innovative Läden und Lokale eröffnet. Künstler, Intellektuelle und Aussteiger sind hergezogen. Sie haben sich in historischen Lagerhäusern, wie dem Liberty Warehouse an Pier 41 – mit grandiosem Ausblick auf die New Yorker Bucht und die Freiheitsstatue –, niedergelassen oder in historischen kleinen Reihenhäusern an und um die Hauptachse des Viertels, die Van Brunt Street. Selbst die Verwüstungen von Hurrikan Sandy 2012 haben den Aufschwung nur kurzzeitig gebremst.

Bummel durch BoCoCa

Zwischen Red Hook, Gowanus und Downtown Brooklyn liegt ein Paradies für Bummler, Shopper und Feinschmecker: BoCoCa. Hinter diesem Kürzel verbergen sich die Viertel Boerum Hill, Cobble Hill und Carroll Gardens. Das an die U-Bahn bestens angeschlossene Areal – die F und G Lines verlaufen entlang der Smith Street – ist ideal zum Bummeln. An und neben den Hauptachsen Union Street und 4th Avenue befinden sich kleine Läden und einige der besten Lokale Brooklyns. Die Smith Street mit Shops und Cafés und Kneipen ist eine weitere Lebensader des Viertels, desgleichen die parallel verlaufende Court Street.

Start-up in alter Schiffswerft

Zwischen 1806 und 1966 wurden auf dem Brooklyn Navy Yard von der »USS Maine« bis zur »USS Missouri« Amerikas wichtige Schlachtschiffe gebaut. Die Werft im Norden von Downtown Brooklyn spielte besonders im Zweiten Weltkrieg eine wichtige Rolle. Damals arbeiteten 70 000 Menschen auf der Werft und machten sie zur »The Can-Do Yard«.

Heute ist das Gebiet ein Musterbeispiel für einen umweltbewussten, städtischen Industriepark mit über 330 Produktionsstätten und Büros unterschiedlichster Größe und Ausrichtung sowie den berühmten Steiner Filmstudios. Grüne Initiativen, Recycling, alternative Energien, grüne Infrastruktur, ressourcensparende Maßnahmen und ähnliche Faktoren spielen hier die dominante Rolle.

BROOKLYN NAVY YARD MUSEUM UND TURNSTILE TOURS

Anlaufpunkt für interessierte Besucher des einstigen Marineareals ist das Building 92: In dem umweltfreundlichen, energiesparenden Gebäude befindet sich ein sehenswertes (und dazu kostenloses) Museum zur Geschichte des Hafens. Hier startet zudem regelmäßig am Samstag- und Sonntagnachmittag die Brooklyn Navy Yard »Past, Present & Future Tour« von Turnstile Tours. Per Kleinbus und zu Fuß werden die Teilnehmer in ein wenig bekanntes Stück New York eingeführt, das sonst nicht einfach zugänglich ist. Um grüne Initiativen, Recycling, alternative Energien, ressourcensparende Maßnahmen und ähnliche Entwicklungen geht es auch in weiteren Spezialtouren, wie die »Sustainable Architecture & Industry Tour«, die »Urban Ecology Tour« oder die »Navy Yard Inside Industry Tour«, bei der man auch eine Kaffeerösterei, die neue Niederlassung der Brooklyn Brewery oder eine Whiskey-Destillerie besucht.

WEITERE INFORMATIONEN

Brooklyn Navy Yard Center at Bldg. 92: 63 Flushing Ave., Mi–So 12–18 Uhr, http://bldg92.org
Turnstile Tours: Tel. (347) 903-8687, http://turnstiletours.com

Brooklyn ist mehr als ein New Yorker Stadtbezirk. Zahlreiche Viertel sind leicht mit der Subway zu erreichen und lohnen einen Abstecher, z. B. das alte Industrieviertel Gowanus (oben) oder das zentrale Prospect Heights (rechts unten).

79 Der »Borough of Neighborhoods« – Central Brooklyn

Bunte Vielfalt in Brooklyn

Williamsburg, Coney Island, Downtown – einige Viertel von Brooklyn sind inzwischen weit über die Stadtgrenzen hinaus bekannt. Da der Stadtbezirk jedoch gigantische Ausmaße hat – für sich genommen, würde Brooklyn zu den größten Metropolen Nordamerikas zählen – und einem ethnischen Flickenteppich gleicht, gibt es weit mehr Neighborhoods zu entdecken.

Unterwegs mit der Subway, die in weiten Teilen Brooklyns oberirdisch oder als Hochbahn verkehrt, kann es passieren, dass man Kilometer für Kilometer durch scheinbar eintönige Wohnviertel fährt. Wenn man jedoch in Central Brooklyn zwischen Downtown und Coney Island unterwegs ist, zeigt sich ein anderes Bild: Dort lädt an beinahe jeder Ecke ein anders geprägtes Stadtviertel zum Kennenlernen ein und bestätigt sich Brooklyns Ruf als Vielvölkerstadt und ethnischer Flickenteppich. Bensonhurst, im Süden von Brooklyn, gilt als das alte, ursprüngliche Italienerviertel in New York. Das spürt und hört man auch heute noch, besonders an und um die Hauptachse, die 18th Avenue. Dort reihen sich zahlreiche italienische Alimentari, Pasticcerie und Ristoranti, zum Beispiel Il Colosseo (7704 18th Ave.), die Bäckerei Il Fornaretto (7616 17th Ave.), die Konditorei Villabate Alba (7001 18th Ave.) oder Pastosa Ravioli (7425 New Utrecht Ave.) aneinander. Das westlich davon gelegene Bay Ridge – ein Wohnviertel direkt an der New Yorker Bucht – kennt man aus dem Fernsehen: Hier befindet sich die Verrazano Narrows Bridge, auf der alljährlich der berühmte New York Marathon startet. Das Areal gilt ethnisch als besonders bunt gemischt: Hier leben unter anderem Nachfahren von Einwanderern aus Italien, Norwegen, Irland und Griechenland sowie neuerdings auch ein großer Anteil arabisch sprechender Immigranten sowie viele Asiaten.

Ein weihnachtlicher Besuchermagnet

Festlich beleuchtete Wohnhäuser und Kaufhäuser gehören zur Vorweihnachtszeit, hierzulande wie in den USA. Wer jedoch glaubt, die ungewöhnlichsten Lichterketten und die verrücktesten Dekorationen zu kennen, der war noch nicht in Dyker Heights! Angesichts der leuchtenden Farbenpracht und Kreativität des Weihnachtsschmucks wundert es nicht, dass mittlerweile ganze Busladungen von Besuchern kommen, um sich das Viertel anzusehen.
Dyker Heights zwängt sich zwischen Bay Ridge und Bensonhurst. Wer die teils prächtigen Mansions und deren Weihnachtsbeleuchtung sehen will: Das Zentrum liegt zwischen der 83rd und 86th Street zwischen 11th und 13th Avenue. Das Gebiet war einst Teil der niederländischen Siedlung New Utrecht von 1657 und ländlich geprägt, erst in der ersten Hälfte des 19. Jahrhunderts begann seine eigentliche Besiedelung. In der Mitte des 20. Jahrhunderts wurde es zum Zentrum der wohlhabenden italienischstämmigen New Yorker – und ist es bis heute geblieben.

Ein Hauch New England und »Kosher Yuppieland«

Das südlich des Prospect Park gelegene Flatbush wurde zwischen 1898 und 1910 angelegt und war von Anfang an als Wohnviertel für besser verdienende, zumeist jüdische New Yorker konzipiert worden. Deshalb findet man hier auch ein parkartiges Ambiente und für New York untypische große Villen in ruhigen Alleen. Sie wurden großteils um 1900 in den damals beliebten viktorianischen Architekturstilen mit umlaufenden Veranden und Gärten erbaut.
Südlich der Foster Avenue (Subway: Newkirk Ave.) glaubt man sich in Midwood angesichts der prächtigen, meist großen Wohnhäuser aus den 1920er-Jahren, der grünen Alleen und Gärten eher in ein Dorf in New England versetzt. Dieser südliche Teil von Flatbush wurde zum Historic District erklärt und unter Denkmalschutz gestellt. Midwood gilt als »Kosher Yuppieland« – als Heimat vieler junger, vermögenden, jüdischen Familien. Besonders deutlich wird das an der J und M Avenue, die viele koschere Shops und Restaurants säumen.

BROOKLYN ZU FUSS ENTDECKEN

»Made in Brooklyn« heißen die rund zweistündigen, interessanten Stadtführungen zu Fuß, die Dom Gervasi regelmäßig für kleine Gruppen anbietet. Dom, ein typischer Brooklynite italienischer Abstammung, gibt Einblick in verschiedene Viertel seiner Stadt: Williamsburg, DUMBO, Red Hook, Gowanus oder eben Bensonhurst. Die Touren sind auch individuell als »Brooklyn by Design« buchbar. Unterwegs lernt man junge Unternehmen und Initiativen kennen, die in Brooklyn Waren produzieren oder besondere Leistungen anbieten – zum Beispiel Wein, Kaffee, Schokolade, Käse oder andere Lebensmittel, aber auch Kosmetik oder Taschen, Kleidung, Keramik oder Fahrradreparaturen.
Der Treffpunkt ist von Manhattan aus günstig mit dem öffentlichen Nahverkehr erreichbar. Dom ist auch Herausgeber der *Maker Maps*, eines Faltblatts mit Shops, Unternehmen und Organisationen mit dem Gütesiegel »Made in Brooklyn«. Es ist als Printversion mit QR-Codes und als Download unter www.madeinbrooklyntours.com/makermaps erhältlich.

WEITERE INFORMATIONEN

Made in Brooklyn Tours: Tel. 1-800-8383006, www.madeinbrooklyntours.com

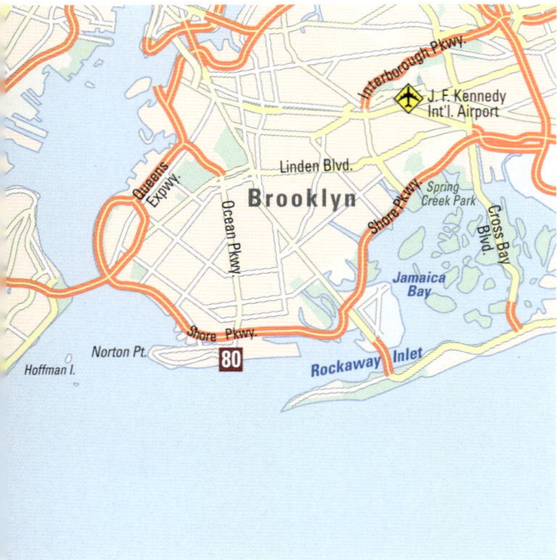

80 Die Sommerfrische der New Yorker – Coney Island und Brighton Beach

»Sodom by the Sea«

Auf den Karten der ersten Siedler aus Holland tauchte die Halbinsel am Südzipfel Brooklyns noch unter dem Namen »Koenen Eyland«, »rundes Stück Land«, auf. Der heutige Name soll sich auf die einst zahlreich hier lebenden Kaninchen, *Lepus cunicula*, beziehen. Verkürzt wurde daraus »cunny«, dann »cony« und schließlich »coney«. Coney Island blühte erst auf, als im Jahr 1920 die Subway New York mit dem Strand verband.

Als es die Subway in den 1920er-Jahren erstmals allen New Yorkern ermöglichte, zur Erholung hinaus an den Atlantik zu fahren, entwickelte sich Coney Island zum großen Freizeitpark mit Vergnügungen aller Art, mit beispielsweise Luna Park, Dreamland oder dem Steeplechase Park. Dreamland galt wegen seiner 1:1-Modelle des Canal Grande und von Pompeji als sensationell und war quasi eine Art Vorläufer von Disney World. Daneben gab es Astronautenshows, eine Ministadt mit 300 kleinwüchsigen Einwohnern, den »Tunnel of Love« und riesige Fantasiebauten wie den Beacon Tower.

Coney Island galt als »Sodom by the Sea«, und am Wochenende erloschen die Lichter die ganze Nacht über nicht. Ganz New York pilgerte mit der Subway hierher. Mehrere Roller Coaster (Achterbahnen) – wie der Cyclone –, Deno's Wonder Wheel Amusement Park, Astroland und Kinderkarussells lockten Vergnügungssüchtige an.

Coney Island – das steht seit den 1920er-Jahren synonym zu Vergnügen am Atlantik für Groß und Klein (unten). Einige der legendären, historischen Fahrbetriebe, wie das Wonder Wheel (rechts), sind noch erhalten.

WONDER WHEEL
WONDER WHEEL
MORE
RIDES
FUN
THIS WAY
ATM
ATM
ISLAND
CONEY

Jubel und Trubel (rechts oben) auf dem berühmten Boardwalk auf Coney Island, z. B. während einer Hochzeit (Mitte) oder bei der Mermaid Parade (rechts unten). Kein Besuch dort wäre vollständig ohne einen Hot Dog von Nathan's (unten).

Revival auf Coney Island

Doch dann gingen in der zweiten Hälfte des 20. Jahrhunderts allmählich die Lichter aus, und der Verfall des Vergnügungsortes mit Badestrand setzte ein. Das legendäre »Sodom by the Sea« war vom Untergang bedroht – und sollte zum Hightech-Park umgestaltet und modernisiert werden. Dank des Widerstands vieler Bürger wurden derartige Pläne nie realisiert, im Gegenteil: Viele der alten Attraktionen wurden und werden reaktiviert, neue kamen und kommen dazu, und Coney Island hat trotz aller Skeptiker die unruhigen Zeiten überstanden. Immer noch da ist beispielsweise die spektakuläre Holzachterbahn von 1927, der Cyclone aus dem nicht mehr existenten Astroland Amusement Park. Deno's Wonder Wheel Amusement Park mit dem Riesenrad ist ebenfalls ein Relikt alter Zeiten, und der Fallschirmturm der Weltausstellung von 1940, der 81 Meter hohe Parachute Jump, ist zum Wahrzeichen von Coney Island geworden. Hinzu gekommen ist 2010 ein neuer Luna Park mit um die 30 Fahrgeschäften, darunter zwei Achterbahnen, ein Flugsimulator, »Air Race« und »Wild River«, die »Scream Zone« und einem neuen Roller Coaster. Der originale Luna Park war 1944 abgebrannt.

Ein »grüner« Bahnhof, Baseball und Hotdogs

In den letzten Jahren erlebt New Yorks Sommerfrische Coney Island ein Revival, und es ist wieder in geworden, seine Wochenenden auf Coney Island und am Strand zu verbringen. Auch für Besucher ist Coney Island eine traumhaft gelegene und leicht erreichbare Ruheoase mit Vergnügungsangebot. Was Coney ausmacht, ist aber vor allem der legendäre Boardwalk, die hölzerne Promenade am Strand, auf der man an Buden und Verkaufsständen entlangflaniert. Oder man nutzt den langen vorgelagerten Sandstrand, um sich zu sonnen, zu baden oder zu posieren. Das moderne Gebäude der Subway-Endstation an der Stillwell Avenue hat bei Eröffnung 2004 für einiges Aufsehen gesorgt. Es handelt sich angeblich um die flächenmäßig größte U-Bahn-Station der Welt, dazu um einen »grünen« Bahnhof, (umweltschutz- und energie-)technisch auf höchstem Stand. Ebenfalls relativ neu ist der MCU Park ganz in der Nähe. In dem schmucken kleinen Stadion spielen die Brooklyn Cyclones, das Baseball-Nachwuchsteam der Profis New York Mets, und locken im Sommer die nach Baseball verrückten Brooklynites in Scharen an.

Ein weiteres Relikt alter Zeiten ist Nathan's: Hier wurde angeblich der Hotdog – das amerikanische Nationalgericht – erfunden. Nathan Handwerker soll der Erste gewesen sein, der 1916 »grilled franks on a split roll« angeboten hat. Wie dem auch sei: Seither ist das heiße Würstchen fester Bestandteil der amerikanischen Kultur. »Nathan's Dogs« werden noch heute geschätzt, und das traditionelle Hotdog-Wettessen am 4. Juli, bei dem innerhalb von zehn Minuten über 60 Hotdogs verzehrt werden, ist ein besonderer Termin.

»Little Odessa By The Sea«

Entlang der Strandpromenade, vorbei an Imbiss- und Souvenirbuden, Fahrgeschäften und Spielearkaden, geht es zur einzigen größeren Attraktion von Coney Island, dem New York Aquarium, das in den 1950er-Jahren hierher zog und nach Sturmschäden durch Hurrikan Sandy, 2012, renoviert und um eine neue Hai-Abteilung erweitert wurde.
Vom Aquarium ist es ein Katzensprung nach Brighton Beach, am östlichen Strandende. »Little Odessa By The Sea« symbolisiert erneut eine völlig andere Welt: laut, dicht bevölkert, etwas chaotisch und bunt und oft schwer verständlich: Schilder und Zeitungen in kyrillischer Schrift, osteuropäische Musik und ukrainische und russische Spezialitäten finden sich hier.
Als sich in den 1970er-Jahren rund 10 000 russische, vor allem ukrainische Einwanderer zu den alteingesessenen jüdischen Bewohnern gesellten, entstand in Strandnähe eine ukrainische Enklave mit eigenem Flair, viel Kaviar und Wodka. Entlang der Hauptachse des Viertels, der Brighton Beach Avenue, über der die Subway auf einer Hochbahntrasse rattert, reihen sich Shops aller Art bunt nebeneinander: russische und ukrainische Lebensmittel-, Obst-Gemüse-Läden, Bäckereien und Imbissbuden, in denen vielfach kein Englisch gesprochen wird.

Ein Stück altes New York

Noch ein Stück weiter im Osten stößt man auf die Sheepheads Bay, ein Stück altes New York. Das Viertel erinnert an jenes Fischerdorf, in dem die New Yorker früher frischen Fisch kauften; heute genießen sie ihn dagegen eher – importiert – in schicken Seafood-Restaurants, die sich geballt entlang der Emmons Avenue aufreihen. Im kleinen, fotogenen Hafen liegen heute mehr Ausflugsboote und private Segelboote als Fischerboote.
Westlich an die Sheepshead Bay und nördlich von Coney Island schließt sich mit Gravesend eines der ältesten Viertel Brooklyns an. Als die Briten die Region übernahmen, wurde aus dem niederländischen Dorf der erste britische Ort des neuen Kings County, »Shire Town« genannt. Berühmt war der Ort auch, da hier mit Lady Deborah Moody erstmals eine Frau das erste Landrecht erhielt. Seit 1894 ist der Ort Teil von Brooklyn und ist heute ein Musterbeispiel des multiethnischen Charakters der Stadt: Iren, Italiener, Juden, Russen, Ukrainer, Chinesen, Puertorikaner und Mexikaner leben hier zusammen.

PIZZA UND HOT DOGS

Tony Muia gibt bei seinen A Slice of Brooklyn Bus Tours im Bus und zu Fuß in rund viereinhalb Stunden einen unterhaltsamen Überblick über Brooklyn inklusive Coney Island. Auf Monitoren im Bus werden Filmausschnitte passend zu den Originalkulissen gezeigt, z. B. *Saturday Night Fever*, *The French Connection* oder *Annie Hall*. An zwei Pizzerien wird ein Stopp zum Probieren eingelegt. Es gibt überdies Neighborhood Tours und Christmas Lights Tours in der Weihnachtszeit.
Auf Coney Island selbst ist im Sommer viel geboten, z. B. Mitte Juni die Mermaid Parade, am 4. Juli Nathan's Hot Dog Eating Contest oder Anfang Juli bis Ende August die Seaside Summer Concerts. Diese Gratiskonzerte verschiedenster Musikrichtungen finden an Donnerstagabenden im MCU Park statt. Nett ist auch das kleine Coney Island Museum in der 1208 Surf Ave., das den Sommer über von Mittwoch bis Sonntag nachmittags geöffnet hat.

WEITERE INFORMATIONEN

Coney Island: www.coneyisland.com
A Slice of Brooklyn Bus Tours: www.asliceofbrooklyn.com
Nathan's Hot Dogs: www.nathansfamous.com

Queens

Ein Stadtbezirk der vielen Gesichter

Eine ideale Möglichkeit, die unterschiedlichen Gesichter von Queens (oben und Mitte) zu erkunden, ist die Subway. Besonders berühmt ist der 7 Train (links), der von Manhattan quer durch den Stadtbezirk fährt.

Asiatische Viertel aller Art gibt es in Queens viele (oben), aber auch Lateinamerika, Indien, Mexiko und andere Länder können auf der Fahrt mit der Subway (rechts unten) erkundet werden.

81 Musterbeispiel für multikulturelles Zusammenleben – »Weltreise« Queens

Der International Express

Wie Brooklyn wurde auch Queens erst durch den Bau der Brücke und der Subway infrastrukturell erschlossen. Der Zusammenschluss der vormaligen Städte rings um Manhattan zu Greater New York im Jahr 1898 brachte auch für Queens Vorteile: 1909 eröffnete die zweistöckige Queensboro Bridge, eine 106 Meter hohe Auslegerbrücke mit fast 2,5 Kilometer Länge, wenige Jahre später folgte die U-Bahn.

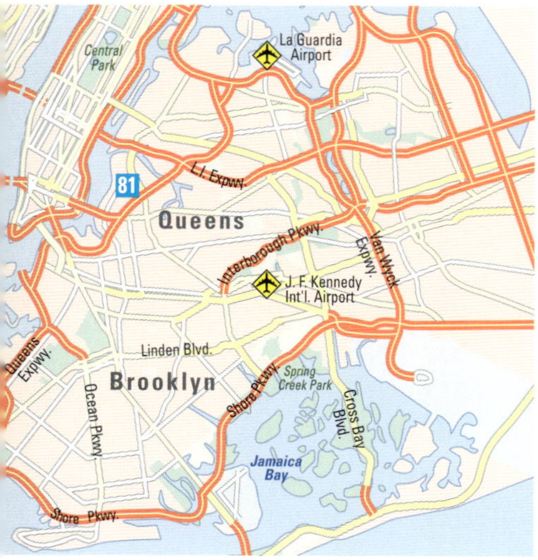

Die neue Brücke und Bahnverbindung lösten einen Zustrom von Menschen aus. Einerseits kamen besser situierte New Yorker, darunter viele Afroamerikaner und Jazzgrößen, wie Louis Armstrong, Count Basie oder Ella Fitzgerald, andererseits Immigranten. Tatsächlich trug die Bahn auch dazu bei, das Problem der Überbevölkerung in Manhattan zu lösen: Aus Vierteln mit horrenden Wohnbedingungen, wie der Lower East Side, zogen die Menschen nach Queens, um dort ein neues Leben zu beginnen. Heute gilt Queens für New Yorker vor allem als das »Schlafzimmer Manhattans«. Besucher kennen den Stadtteil, der wie Brooklyn auf der Atlantikinsel Long Island liegt, meist durch den hier befindlichen JFK Airport oder, sofern Tennisfans, durch die US Open. Dabei ist der flächenmäßig größte der fünf New Yorker Boroughs zugleich der ethnisch vielfältigste Stadtteil und mit seinen über zwei Millionen Einwohnern ein Musterbeispiel für multikulturelles Zusammenleben.

Auf »Weltreise« mit der Bahn

Die Vielseitigkeit kann man leicht während einer Fahrt mit der 1915 eingeweihten U-Bahn-Linie 7

entdecken, deren Name sich auf die insgesamt sieben Meilen lange Strecke bezieht. Die Fahrt ist umso lohnender, da die Züge als Hochbahn durch Queens pendeln und somit Aussicht gewähren. Auf der »Weltreise« mit dem 7 Train, der auch »International Express« genannt wird, bieten sich mehrere Stopps zwischen der 33rd Street und dem Endpunkt in Flushing (Main St.) an, die Einblicke in ganz unterschiedliche ethnische Enklaven geben.
46th St./Queens Blvd. – Sunnyside – ist vielseitig: Neben lateinamerikanischen Shops und peruanischen, kolumbianischen, puertorikanischen Kneipen gibt es Orientalisches aller Art. 52nd St./Roosevelt Ave. und Woodside/61st St. sind hingegen vor allem lateinamerikanische Enklaven. Als »South Asian Strip« gilt die 74th Street zwischen Roosevelt und 37th Avenue (74th St./Broadway); sie wird geprägt von Indern, Pakistanern und Bangladeschern. Dieses »Little India« wird bereits zu Jackson Heights gerechnet und hat in Sachen Stoffen und Saris, Schmuck und Bollywood-Filmen, Duftwässern und Open-Air-Märkten, aber auch kulinarisch, mit Curry-Lokalen, frischem Fisch, Chutneys und Süßigkeitenläden, viel zu bieten.

Musik und Sport

Um den Stopp 82nd St./Jackson Heights liegt auch »Little Columbia« und entlang der Roosevelt Avenue tönen Salsa und Cumbia-Musik oder auch Fußballübertragungen aus den Lokalen. Mexikanische, ecuadorianische und kolumbianische Bevölkerung und Küche herrschen hier vor. An der Haltestelle 90th St./Elmhurst Ave. wird es wieder bunt gemischt, denn das südlich gelegene Viertel Elmhurst ist ein Musterbeispiel für Multikulti. Im Bereich um den Broadway, etwa zwischen 81st Street und Cornish Avenue, hat sich überdies eine weitere Chinatown – zu der älteren in Flushing – entwickelt.
Nahe 103rd St./Corona Plaza – wieder eher lateinamerikanisch geprägt – befindet sich das Louis Armstrong House. Deutlich italienisches Flair, vor allem rund um den »Spaghetti Park« (Moore Park) bietet ein Spaziergang um den Stopp 111st St./Roosevelt Ave. An der Haltestelle Mets-Willets Point befindet sich das Weltausstellungsgelände Corona Park von 1939 und 1964 mit der Unisphere. Hier lohnen auch die New York Hall of Science, das Queens Museum of Art, das Citi Field – Heimat der Mets, des zweiten New Yorker Baseballteams – sowie das USTA Billie Jean King National Tennis Center (US Open). Die Endstation Flushing-Main Street gilt als »Ferner Osten« mit authentischer Chinatown, indischem und koreanischem Gepräge sowie dem Queens Botanic Garden.

BESUCH BEI SATCHMO

Nur zehn Gehminuten nördlich der Subwaystation 103 Street/Corona Plaza entfernt steht in Corona das Haus der 1901 in New Orleans geborenen Jazzlegende Louis Armstrong. Anfänglich war »Satchmo« wenig angetan von dem Haus, das seine (vierte) Frau Lucille Wilson 1943 in Corona ausgewählt hatte: An »ein Bordell an einem Weihnachtsmorgen« erinnerte ihn die kitschige Ausstattung in Gold und Silber, mit Spiegeln und Blumen. 1971, kurz vor seinem 70. Geburtstag, starb Armstrong hier in Queens und wurde im Flushing Cemetery bestattet. Seine Frau Lucille hatte das äußerlich schlichte Haus noch zu Lebzeiten der Stadt vermacht, und bis zu seiner Wiedereröffnung 2003 wurden nur wenige Veränderungen vorgenommen. Bei einer Besichtigung kommt man in den Genuss von Hörproben, Musik und Gesprächen sowie Trompetenproben. Sehenswert ist auch der japanische Garten.

WEITERE INFORMATIONEN

Louis Armstrong House Museum:
34–56 107th St.,
www.louisarmstronghouse.org.
Weitere Armstrong-Memorabilien werden in der Rosenthal Library des Queens College (www.qc.cuny.edu) aufbewahrt.

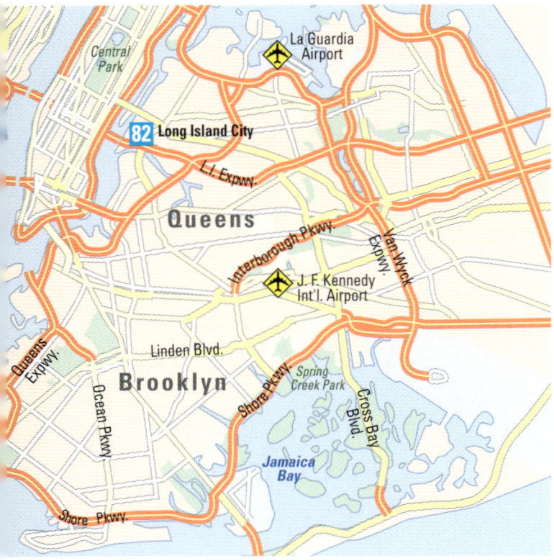

82 Zeitgenössische Kunst und Panoramablick – Long Island City

»Queens is the Future« – Queens gehört die Zukunft

Queens ist auf dem besten Weg, sich zum neuen Brooklyn zu entwickeln: Apartmenthäuser schießen vor allem entlang dem East River aus dem Boden, die kulinarische und die Nightlife-Szene werden immer attraktiver. Für Besucher lohnen in LIC, das von Manhattan aus leicht per Subway erreichbar ist, vor allem zwei Sehenswürdigkeiten: der Gantry Plaza State Park und das MoMA-PS1-Museum.

Long Island City, kurz LIC, liegt nur eine Subway-Station mit dem International Express – der U-Bahn-Linie 7 – von Manhattan entfernt. »Queens is the Future« heißt das neue Motto im Borough, und tatsächlich scheint die Gentrifizierungswelle verstärkt von Brooklyn nach Queens und dort speziell nach Long Island City überzuschwappen. LIC ist »up and coming«, auch was die Bauaktivitäten am East River betrifft.

Die Restaurant- und Nightlife-Szene hat ebenfalls aufgeholt, und unter den Lokalen, Läden, Klubs und Bars am Vernon Boulevard und an der Jackson Avenue finden sich etliche angesagte Adressen, zum Beispiel die Rockaway Brewing Company (46–01 5th Street) oder The Standing Room (4738 Vernon Blvd.) – Cocktailbar und Comedy Club in einem. Ebenfalls noch nicht allzu lange gibt es die Burger Garage (25–36 Jackson Ave.), Casa Enrique (5–48 49th Ave.), Dutch Kills Bar (27–24 Jackson Ave.) – ein Saloon im Stil der 1890er-Jahre mit guter Cocktailkarte und Live-Jazz – oder Brooks 1890 Restaurant (2428 Jackson Ave.).

Besonders in dem Stadtteil Long Island City ist der Wandel von Queens (unten) zu einem attraktiven, beliebten Wohnviertel offensichtlich. Legendär ist hier das 18 m hohe und 37 m lange Pepsi-Cola-Werbeschild von 1936 (rechts oben).

Grünes Idyll mit Panoramablick

Von der Subway-Haltestelle Vernon Blvd-Jackson Av. erreicht man nach rund zehn Gehminuten Richtung Westen den East River und den Gantry Plaza State Park (47th Road). Wegen der Postkartenkulisse wird Hunter's Point mit seiner Promenade gerne und häufig für Fotoshootings und Filmdrehs genutzt. Der Blick reicht von hier hinüber nach Manhattan, wobei aus dieser Perspektive das UNO-Gebäude und das Empire State Building dominieren. Etwas weiter im Norden sieht man Roosevelt Island, das seit 1909 durch die Queensboro Bridge mit Manhattan und Queens verbunden ist.

Seit der Gantry Plaza State Park 2009 vergrößert und neu gestaltet wurde, gibt es hier Sitzgelegenheiten, Sport- und Spielplätze, Bepflanzungen und im Sommer Veranstaltungen wie die Konzerte im Rahmen von »Live at the Gantries«. Im Südteil bezeugen vier Piers, dass sich hier einmal die Hafendocks befanden. 1925 installierte man hier Brückenkräne auf Schienen, die zum Beladen und Entladen von Eisenbahnwaggons der Long Island Railroad und Lastkähnen genutzt wurden. Sie sind heute als Industriedenkmäler am Pier restauriert.

Pepsi und moderne Kunst

Im Norden steht ein 37 Meter langes und 18 Meter hohes Pepsi-Cola-Logo von 1936. Der rote Neonschriftzug wurde vom führenden Hersteller, Artkraft Strauss in Manhattan, angefertigt und ist eines der wenigen erhaltenen Exemplare dieser historischen Leuchtreklamen. Er gehörte zu einer Pepsi-Abfüllanlage, die hier früher stand, aber mittlerweile abgerissen wurde.

Auf vielen älteren Fotos sieht man das Pepsi-Cola-Logo noch ohne Hochhauskulisse im Hintergrund. In den letzten Jahren sind hier jedoch Apartmenttürme wie Pilze aus dem Boden geschossen, beispielsweise 27 on 27th oder Gantry Park Landing. Südlich des Parks befindet sich eine Anlegestelle der East River Ferry (Hunters Point S).

Das MoMA PS 1 (22–25 Jackson Ave.) wurde im Jahr 2000 in einem alten Schulhaus von 1894 eröffnet. Dieses Museum für zeitgenössische Kunst ist dem MoMA angeschlossen und ein »Think Tank« – ein »Experimentierfeld« – der aktuellen Kunstszene und Bühne für die verschiedensten modernen Genres. Das PS 1 zählt hinsichtlich Ambiente und Programm zu den hippsten Museen der Welt. Gezeigt werden wechselnde Ausstellungen zur zeitgenössischen Kunst, dazu finden Happenings, Performances und andere Events, an Wochenenden im Innenhof auch mit Livemusik und Drinks, statt. Auch die beiden Shops und das nette Café lohnen einen Besuch.

NOCH MEHR KUNSTGENUSS IN LIC

Nicht weit vom PS 1entfernt befindet sich eine weitere ungewöhnliche Kunstinstitution: Im Sculpture Center (44–19 Purves St., www.sculpture-center.org) dreht sich ebenfalls alles um unkonventionelle, zeitgenössische Kunst, diesmal allerdings um Skulpturen verschiedenster Art. Die Organisation ist seit 1928 in der New Yorker Kulturszene aktiv, erst in Manhattan, seit 2001 in einer vormaligen Trolley-Reparaturwerkstatt in Long Island City. Die Architektin Maya Lin gestaltete den Bau um, und 2014 erfolgte eine Vergrößerung und Renovierung durch Andrew Berman Architects, die auch am Gebäude des PS 1mitbeteiligt waren. Das 2005 von Künstlern für Künstler ins Leben gerufene The Chocolate Factory Theater (5–49 49th Ave., www.chocolatefactorytheater.org) ist eine weitere innovative Einrichtung. Hier finden Aufführungen aus den verschiedensten Bereichen – Tanz, Theater, Performance und Multimedia – statt.

WEITERE INFORMATIONEN

Gantry Plaza State Park:
www.gantrypark.com/default.aspx und
http://nysparks.com/parks/149/details.aspx
MoMA PS 1: 22–25 Jackson Ave.,
http://momaps1.org

Astoria ist eines der am dichtesten besiedelten Viertel von Queens. Nur wenn man die Cafés (oben) und kleinen Läden (rechts) genauer betrachtet, merkt man noch, dass Astoria einst griechisch geprägt war.

83 »Little Athens«, Pianos und Hollywood des Ostens – Astoria

Filmgeschichte und Klaviere, Griechen und Bier

Astoria ist ein großes Viertel mit gut einer Viertelmillion Bewohner. Es schließt nördlich an Long Island City an und reicht im Westen zum East River, im Norden an die Bowery Bay. Hier machte Steinway mit Pianos Karriere, gab es Biergärten und Griechen und wurde ein Kapitel Filmgeschichte geschrieben. Dazu bietet sich vom Astoria Park am East River ein guter Blick auf Manhattan und Randall's Island Park.

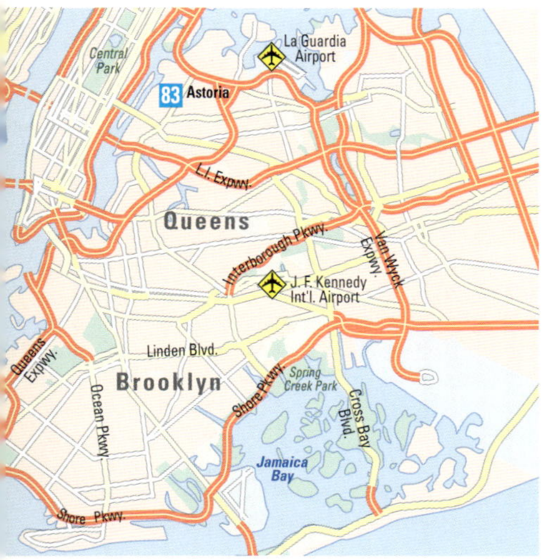

Nach Astoria pilgerten einst an Wochenenden die New Yorker in die unzähligen Biergärten – beispielsweise die »Bohemian Hall« –, später siedelten sich hier gehäuft Griechen an. Von der alten Greektown findet man noch einige authentische Überreste an Steinway Street und 30th Avenue. Die Griechen waren vor allem nach dem Zweiten Weltkrieg zugezogen und hatten zwischen Ditmars Boulevard im Norden, Steinway Street im Osten, 36th Avenue im Süden und East River im Westen ihre eigene Enklave gegründet. Inzwischen haben sich Zuwanderer unter anderem aus Bangladesch, von den Philippinen, aus Irland, Kolumbien, Indien, China, der Dominikanischen Republik, Pakistan und Ägypten dazugesellt und Astoria in ein multikulturelles Viertel verwandelt.

»Little Athens« und tschechische Braukunst

Heute findet man die meisten griechischen Lokale und Shops im Umkreis des Broadway, zwischen 30th und 35th Street. Dort gibt es immer noch griechische Zeitungen, Lebensmittelläden und Bäckereien, wie den Parnasso Food Market oder den Dodekanisos

RUBY'S
BEER
CIGARETTES
Parties
ROSES
1 DZ. $9.99

Pastry Shop, und Restaurants wie »Roumeli Taverna«, »Vlahos Restaurant«, »Karyatis«, »Zenon Taverna« oder das »Omonia Cafe«. Letzteres wurde als Drehort des Films *My Big Fat Greek Wedding* (2002) berühmt.
Auch die deutsch-tschechische Vergangenheit ist weitgehend in Vergessenheit geraten, sieht man von der »Bohemian Hall & Beer Garden« ab.

Dabei waren um die Wende vom 19. zum 20. Jahrhundert zahlreiche Deutsche und Osteuropäer aus der Bowery und der Lower East Side ins preiswertere Queens umgezogen.

Großfabrikant und Sozialreformer

Die Subway-Station Steinway Street, der Steinway Place (38th Street) und der Steinway Playground erhielten ihre Namen nach dem berühmten Klavierhersteller, der 1870 in Long Island City eine Fabrik gründete, in der bis heute jährlich Tausende Pianos produziert werden. Henry E. Steinway war 1797 als Heinrich Engelhard Steinweg in Wolfshagen im Harz geboren worden und hatte als Zwanzigjähriger schon die ersten Saiteninstrumente gebaut, ehe er 1836 seinen ersten Flügel vollendete.
Steinweg wanderte 1850 in die USA aus und gründete 1853 an der Varick Street in Manhattan die Firma Steinway & Sons, die rasch auf Weltausstellungen und mit Show Rooms bekannt wurde. In den 1860er-Jahren war Steinway der größte Arbeitgeber in New York, weshalb der Gründersohn William 1870 in Nord-Astoria Land kaufte, um die Firma dorthin umzusiedeln und zu vergrößern. Auf dem Gelände stand sogar ein eigenes Sägewerk, und für die Angestellten entstanden Wohnungen in hübschen Häuschen im viktorianischen Stil – das Steinway Village. Zu diesem gehörten Kirche und Bibliothek, Schule, Feuerwehr und Postamt.
Zur Unterhaltung ließ Steinway zusammen mit dem berühmten Spielzeugfabrikanten F A O Schwarz und einigen anderen Geschäftsleuten aus Astoria im Norden einen Vergnügungspark mit Fahrgeschäften, Buden und vielen Biergärten anlegen. Wo sich heute der La Guardia Airport befindet, nahm er bereits in den 1880er-Jahren den Vergnügungspark auf Coney Island vorweg. Zusätzlich setzte sich Steinway für eine Verbesserung der Infrastruktur ein; er soll sogar den Tunnelbau für die Subway unter dem East River aktiv gefördert haben. Die Familie selbst wohnte in der Steinway Mansion, einem 25-Zimmer-Palast an der 18–33 41st Street.

Straßenzug in Astoria (Mitte); beliebte Ruheoase in Astoria ist der Socrates Sculpture Park (unten und rechts oben). Die Hauptattraktion des Viertels, auch bekannt als »Hollywood des Osten«, ist das Museum of Moving Image (rechts unten).

»Little Athens«, Pianos und Hollywood des Ostens – Astoria

Das Hollywood des Ostens

Nahe der Subway Station Steinway Street an der 34th Avenue befinden sich die Kaufman Astoria Studios und das sehenswerte Museum of the Moving Image. Das moderne Museum mit Ausstellungsräumen, Lobby, Theater und Filmvorführraum ist nicht nur für Filmfans ein Muss. Zu sehen sind auf zwei Etagen Dauer- und Wechselausstellungen wie »Behind the Screen« sowie eine Multimedia-Ausstellung über verschiedene Aspekte von Film und TV – Ton und Bild, Animation, Schnitt und Technik, Kameras und Geräte, Kostüme, Masken und Stars. Zudem gehören Filmvorführungen und andere Veranstaltungen zum Programm.

Nebenan eröffneten bereits 1920 die Kaufman Astoria Studios von Adolph Zukor, dem Gründer von Paramount Pictures. Die Studios machten Astoria erst mit Stumm-, dann mit Tonfilmen zum »Hollywood of the East Coast«. Zu Beginn des Zweiten Weltkriegs wurden die Studios zum »Army Picturial Center« umfunktioniert, das Lehrfilme für das Militär produzierte. Danach verfiel der Bau, bis hier 1977 *The Wiz* (basierend auf dem Buch »Der Zauberer von Oz«) gedreht wurde und wieder neues Leben einkehrte.

1980 kaufte der Bühnen- und Drehbuchautor George S. Kaufman (1889–1961) das Areal und wandelte es in einen vielseitigen Studiokomplex mit mehreren Bühnen und Kulissen für verschiedenste Produktionen um. In den »KAS« werden heute vor allem Serien, aber auch Independent-Filme, TV-Shows und Werbefilme gedreht.

Japanisches und Großformatiges

Das Isamu Noguchi Museum ist dem japanischen Bildhauer Isamu Noguchi (1904–1988) gewidmet. Noguchi, der von Brancusi stark beeinflusst war, studierte in New York und besaß ein Atelier in Greenwich Village. 1960 zog er nach Queens, wo er 1974 gegenüber seinem Atelier eine Industriehalle erwarb, die er gut zehn Jahre später als Museum der Öffentlichkeit zugänglich machte. Dort werden in mehreren Sälen und im Freien über 250 Skulpturen, aber auch Keramiken, Architekturzeichnungen, Möbel und Leuchten von Noguchi gezeigt. Obwohl der Bildhauer ursprünglich vor allem mit Stein arbeitete, reichte das Spektrum der von ihm verwendeten Materialien später von Stahl und Marmor über Schmiedeeisen und Holz bis zu Bronze und Aluminium. Darüber hinaus schuf er auch Theaterkulissen.

Gegenüber bietet der Rainey Park einen Blick auf Manhattan, ein Block nördlich liegt der Socrates Sculpture Park. Die 1986 eröffnete Anlage bietet Künstlern Gelegenheit, ihre großformatigen Kunstwerke und Installationen im Freien auszustellen. Der LIC Art Bus pendelt von Mai bis September an Wochenenden von 13 bis 18 Uhr zwischen Socrates Sculpture Park, Noguchi Museum, Sculpture Center und MoMA PS1 und kann von Besuchern gratis benutzt werden.

BELIEBTER BIERGARTEN

Die legendäre Bohemian Hall (29–19 24th Ave., www.bohemianhall.com) im Stadtteil Astoria hält als letzter Biergarten der Stadt die tschechische Tradition hoch und lockt mit einer gut sortierten Bar und deftigen Spezialitäten in uriger Atmosphäre. Gerichte wie Gulasch, Haxen, Piroggen, Kartoffelpuffer, Knödel und Kraut stehen auf der Speisekarte, dazu werden – auch tschechische – Biere vom Fass ausgeschenkt. Die 1910 erbaute Bohemian Hall war das Vereinshaus der Bohemian Citizens' Benevolent Society of Astoria, die 1892 zur Unterstützung tschechischer und slowakischer Immigranten und zum Erhalt deren Kultur gegründet worden war.

WEITERE INFORMATIONEN

Steinway Factory: www.steinway.com;
Touren: www.factorytoursusa.com/state/new-york/steinway-sons;
Mansion: http://steinwaymansion.org/faq
Museum of the Moving Image: 36–01 35th Ave., www.movingimage.us, mit Restaurant The Astor Room, www.astorroom.com
Kaufman Astoria Studio: 34–12 36th St., www.kaufmanastoria.com
Isamu Noguchi Museum: 9–01 33rd Rd./Vernon Blvd., www.noguchi.org

1909 wurde die zweistöckige, 106 Meter hohe und fast 2,5 km lange Queensboro Bridge als Verbindung zwischen Manhattan und Queens eröffnet.

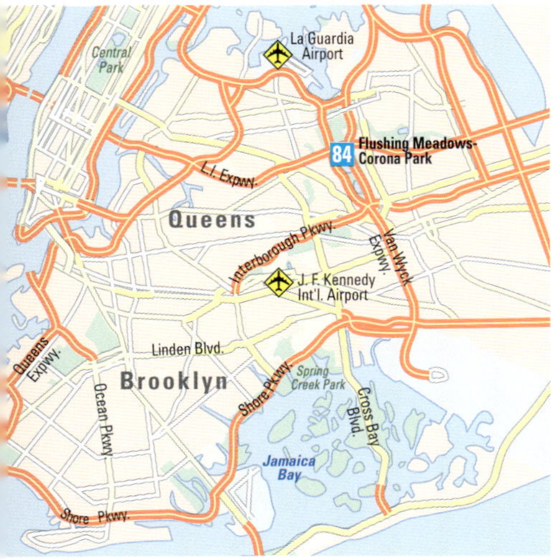

Der Erdball (rechts unten) erinnert an die Weltausstellungen, die den Flushing Meadows Corona Park (rechts oben) erst ermöglicht haben.Für Tennisfans aus aller Welt stehen die Grand-Slam-Matches im Fokus (unten).

84 Baseball, Tennis und Picknick – Flushing Meadows Corona Park

Queens im Grünen

Wie der Name »Flushing Meadows« (»Überflutete Wiesen«) schon sagt, war das Gelände, auf dem 1939 und 1964 Weltausstellungen stattfanden, ursprünglich Sumpfland. Ein markantes Überbleibsel der letzten Ausstellung ist die »Unisphere«. Die hohle Stahlkugel, die den Erdball darstellt, steht in einem Park mit zwei Seen, die durch einen Bach namens Flushing miteinander verbunden sind.

Flushing Meadows ist die »grüne Stube« von Queens, das »andere Queens«. Bekannt sind der Park und das Viertel aber auch wegen der US Open, dem nach Wimbledon berühmtesten Tennisturnier der Welt. Sportbegeisterte Insider kennen Queens möglicherweise als Heimat der zweiten New Yorker Baseballmannschaft neben den Yankees: den Mets. Entstanden ist der Flushing Meadows–Corona Park als Standort der New York World's Fair 1939/40, und auch die Weltausstellung 1964/65 fand hier statt. In dem vielseitigen Park reicht das Spektrum der Angebote von Sportfeldern (Fußball, Baseball, Cricket, Tennis), Bootsfahrten auf dem Meadow Lake, Fahrradwegen und Spielplätzen über Museen und einen Zoo bis zu einem Baseballstadion und einem Theaterkomplex.

Baseballstadion mit Geschichte

Der markanteste Bau im Flushing Meadows–Corona Park ist das im April 2009 eröffnete Citi Field. Das Baseballstadion der Mets fasst rund 42 000 Zuschauer und ist als Nachfolger

des abgerissenen Shea Stadium formal eine Reminiszenz an das legendäre Ebbets Field in Brooklyn. In diesem Stadion traten zwischen 1913 und 1957 die Dodgers an, bis sie 1958 nach Los Angeles umzogen.
Das Citi Field wurde im Retro-Stil erbaut und ruft mit seiner Fassade aus Ziegeln, großen Bogenöffnungen und dunklem Stahlgerüst Erinnerungen an historische Baseballstadien wach. Wie das ebenfalls 2009 neu eröffnete Yankee Stadium in der Bronx wurde es vom Architekturbüro HOK aus Kansas City entworfen.
Vor dem Haupteingang ist der Fanwalk mit Ziegeln gepflastert, auf denen die Namen der Sponsoren stehen. Daneben gibt es ein Fan Fest Family Entertainment Area, ein Restaurant, Souvenirläden und Imbissbuden. Die große Eingangshalle, die Jackie Robinson Rotunda, erinnert an den berühmten schwarzen Baseballspieler Jackie Robinson (1919–1972). Er wurde 1947 als erster afroamerikanischer Profi-Baseballspieler von den Dodgers verpflichtet und hatte maßgeblichen Anteil an deren Erfolg.

Tennis, Wissenschaft und Kultur

Nicht weit entfernt wird Tennis gespielt: im USTA Billie Jean King National Tennis Center. Highlight im Jahreskalender ist das seit 1978 ausgetragene US Open Grand Slam Tennis Tournament im August und September. Das Hauptstadion ist das Arthur Ashe Stadium mit über 23 200 Plätzen.

Das Tenniszentrum befindet sich am Nordende des Flushing Meadows–Corona Park. In rund zehn Minuten gelangt man von dort zum Queens Museum und zur Unisphere.
Im Westen, jenseits des vielbefahrenen Grand Central Parkway, steht neben dem Queens Zoo ein Betonplattenbau, der anlässlich der letzten Weltausstellung entstanden ist. In ihm befindet sich seit 1964 die New York Hall of Science. Nach mehrmaligen Umbauten und Modernisierungen ist es heute ein attraktives, interaktives Museum für Kinder und Erwachsene mit Cyberspace-Abteilung, Minigolf und Spielplatz.
Die Anfänge des »Queens Theatre in the Park« gehen auf das Theaterama zurück, das Philip Johnson zur Weltausstellung 1964 für den Pavillon von New York State entwarf. Dazu gehörten Aussichtstürme und ein Aussichtsrestaurant sowie der Freiluft-Pavillon Tent of Tomorrow. Im Theaterama wurde ein Film über den Bundesstaat New York im 360-Grad-Panoramaformat gezeigt, seine Außenwände schmückten großformatige Bilder unter anderem von Andy Warhol, Roy Lichtenstein und Robert Rauschenberg. 1993 eröffnete das Queens Theatre in seiner heutigen Form mit drei Bühnen für Theater- Musik und Tanzaufführungen, deren Aufführungen kulturelle Vielfalt und Weltklasse beanspruchen.

BASEBALL BEI DEN METS

Die New York Yankees sind weltberühmt, doch auch die zweite Mannschaft in New York hat eine treue und große Anhängerschaft: die New York Mets. Sie nahmen 1962 den Spielbetrieb auf, gewannen sensationell die Meisterschaft 1969 und noch einmal 1986. Ihr letzter Erfolg war die Vizemeisterschaft 2015. Unvergesslich sind die sogenannten Subway Series im Jahr 2000, als sich die Lokalrivalen im Meisterschaftsfinale gegenüberstanden. Damals zogen, wie so häufig, die Mets gegen die Yankees aus der Bronx den Kürzeren. Dennoch stehen die Fans der Mets, die vor allem aus Brooklyn und Queens kommen, stets hinter ihrer Mannschaft.
New York Mets: Touren, Infos und Tickets unter http://newyork.mets.mlb.com

WEITERE INFORMATIONEN

Flushing Meadows Corona Park: www.nycgovparks.org/parks/flushing-meadows-corona-park, Subway Line 7: Mets-Willets Point Station.
New York Hall of Science: 46th Ave./111th St., www.nysci.org
Queens Theatre in the Park: 14 United Nations Ave. S, http://queenstheatre.org

Im Queens Museum (oben) verbirgt sich neben anderen Ausstellungen (rechts unten) ein ganz besonderer Schatz, das Panorama of the City of New York, das größte Architekturmodell der Stadt, das die Stadt auf 867 m² im Maßstab 1:1200 darstellt.

85 Das größte Architekturmodell der Welt – Queens Museum

New York im Kleinformat

Erst fällt die große filigrane Erdkugel ins Auge, dann dahinter der lang gestreckte Museumsbau. Die Unisphere wurde zur Weltausstellung 1964/65 als Widmung an »Man's Achievements on a Shrinking Globe in an Expanding Universe« aufgestellt. Auch das Museum wartet mit einer Besonderheit auf: einem Modell der Stadt im Kleinformat.

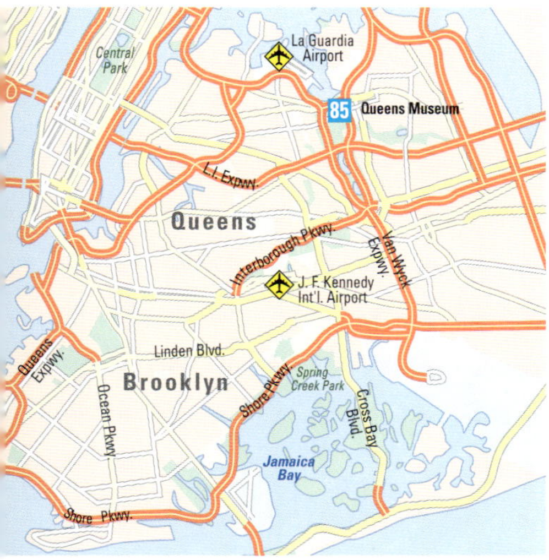

Die Unisphere ist rund 43 Meter hoch, misst 37 Meter im Durchmesser und ist über 300 Tonnen schwer – eine kleinere Kopie ist übrigens auf dem Columbus Square zu sehen. Sie steht auf einem Podest in einem Wasserbecken und ist von 96 Wasserdüsen umringt. Die Ringe, die rund um die Edelstahlkugel verlaufen, stellen drei große Orbits, Satelliten-Umlaufbahnen, dar. Sie erinnern an Juri Gagarin, den ersten Menschen im Weltraum, an John Glen, der als Erster die Erde umrundete, und an den ersten Satelliten, Telstar.

Museum mit bewegter Baugeschichte …

The New York City Building wurde in den 1930er-Jahren von Aymar Embury III. im klassizistischen Stil mit lang gestreckter Fassade, Kolonnaden und Säulen für die Weltausstellung 1939 als Pavillon der Stadt erbaut. Nach der Ausstellung wurde das Gebäude zum Recreation Center mit Rollerskate- und Eisbahn umfunktioniert. Von 1946 bis 1950 diente es als Sitz der Generalversammlung der neu gegründeten Vereinten Nationen. Für die Weltausstellung 1964 wurde es erneut renoviert und um das »Panorama of the City of New York« ergänzt.

Das größte Architekturmodell der Welt – Queens Museum

Der nördliche Teil des Gebäudes gelangte 1972 in den Besitz des Queens Museum und wurde 1994 nach Plänen Rafael Viñolys erstmals renoviert. Bahnbrechend war jedoch erst die Umgestaltung und Vergrößerung des Museums 2013 durch Grimshaw Architects. Im Zuge dessen wurde nicht nur die Ausstellungsfläche verdoppelt, sondern vor allem das Museum weitaus attraktiver: offen und lichtdurchflutet, mit großem Atrium und flexibel nutzbaren Ausstellungsräumen, Shop und Café sowie neuer Westfassade zum Grand Central Parkway. Neu hinzu kamen auch die »World's Fair Visible Storage and Gallery« – begehbare Archive mit einer Memorabilien-Sammlung zu beiden Weltausstellungen – und ein Flügel mit Künstlerateliers.

... und ungewöhnlichem Inhalt

Abgesehen von Dauerausstellungen werden regelmäßig Wechselausstellungen gezeigt. Das Highlight des Museums ist das »Panorama of the City of New York«. Dieses größte Architekturmodell der Welt geht auf eine Idee von Robert Moss, dem Präsidenten der Weltausstellung 1964, zurück und zeigt die Stadt so, wie man sie bei einem neunminütigen Hubschrauberflug aus gut sechs Kilometern Höhe sehen würde. Der Eintritt kostete damals zehn Cent.
Über hundert Leute arbeiteten unter Leitung von Raymond Lester & Associates an dem Modell. Mithilfe von Luftbildern, Feuerversicherungsplänen und anderen städtischen Dokumenten und Karten entstand, akribisch bis ins kleinste Detail, das »world's largest scale model« – ein über 867 Quadratmeter großes Modell von New York im Maßstab 1:1200. Das aus 273 Teilstücken erbaute Modell umfasst 895 000 Gebäude und wird durch Effekte, wie Lichtwechsel und landende Flugzeuge, belebt. Es wurde im Lauf der Jahre mehrmals ergänzt und 1992 im Zuge der Gebäuderenovierung mithilfe neuer Pläne und Karten, 3D-Druckern und Acrylmodellen überarbeitet. Seither können Besucher die Stadt von Glasstegen, die über die Anlage führen, wieder von oben betrachten.

Wasser und Glas

Ebenfalls großformatig und spannend ist die Ausstellung »From Watersheds to Faucets: The Marvel of New York City's Water Supply System«. Hier beschäftigt man sich mithilfe einer hochinteressanten Reliefkarte und Ausstellungen mit der New Yorker Wasserversorgung. Das Modell wurde ab 1938 im Auftrag des Department of Water Supply, Gas, and Electricity angefertigt und 2008 wiederentdeckt, konserviert und aktualisiert. Für Tiffany-Fans gibt es schließlich die Neustadt Collection of Tiffany Glass mit Tiffany-Lampen und anderen Stücke aus den Tiffany Studios, die von 1893 bis in die späten 1930er-Jahre in Corona Queens ansässig waren.

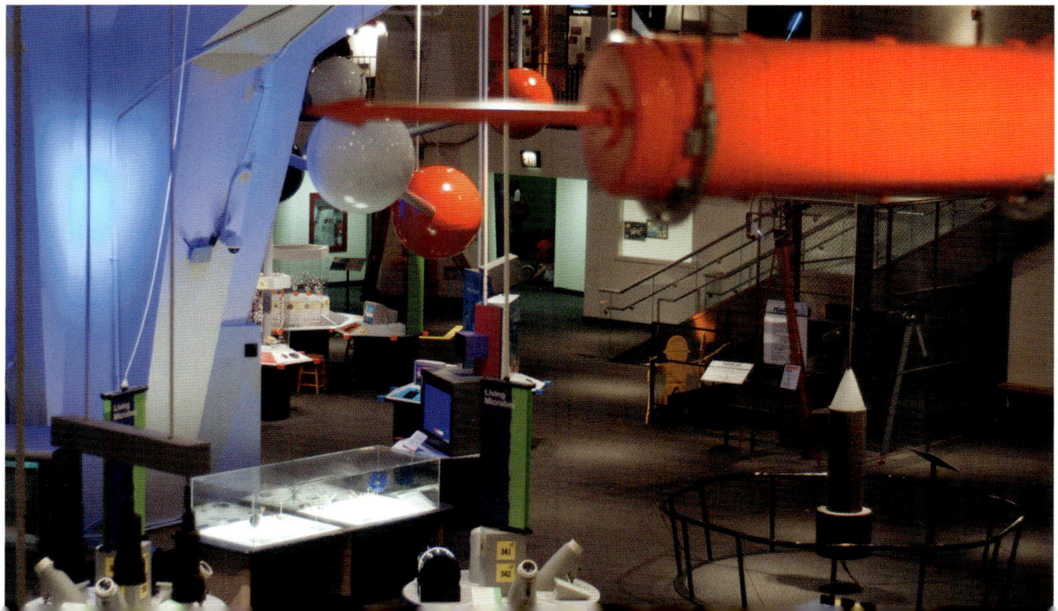

BESUCH IM QUEENS ZOO

Wer im Flushing Meadows Park mit Kindern unterwegs ist, könnte den relativ überschaubaren, netten Zoo mitnehmen. Er ist Mitglied der Wildlife Conservation Society (WCS), der auch der Bronx Zoo, der Central Park, der Prospect Park Zoo und das NY Aquarium angehören. Der Queens Zoo geht auf die New Yorker Weltausstellung von 1964 zurück und war 1968 als erster Zoo ohne Käfige eröffnet worden. Sein Schwerpunkt sind Tiere, die auf dem amerikanischen Kontinent heimisch sind, rund 75 verschiedene Gattungen. Zu sehen sind unter anderem seltene Andenbären, Pumas, Seelöwen, Schneeeulen, Papageien und Alligatoren, Bisons und Wapitis, riesige Kanadakraniche, Trompeterschwäne, Gabelböcke und Weißkopfseeadler, Kojoten und Chaco-Pekaris (Nabelschweine).

WEITERE INFORMATIONEN

Queens Museum: 111th St./47th Ave., www.queensmuseum.org., Führungen, Lesungen, Vorträge, Events sowie schönes Café
Queens Zoo: 53–51 111th St., http://queenszoo.com

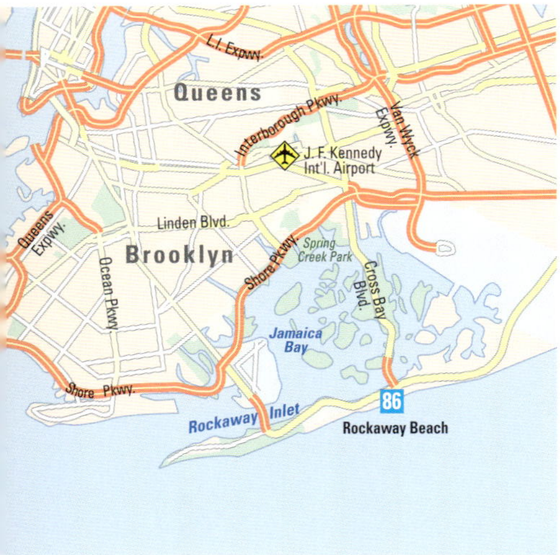

86 Urlaubsstimmung am Stadtrand – Rockaway Beach und Jamaica Bay

Strandvergnügen und Naturidyll

Im Süden von Queens ragt die Rockaway Peninsula Richtung Westen in den Atlantik hinaus. Sozusagen in Sichtweite der schmalen Halbinsel liegt nordöstlich von »The Rockaways« der geschäftige John F. Kennedy International Airport. Zwischen dem Festland und der Rockaway Peninsula liegt mit dem Jamaica Bay Wildlife Refuge ein ganz besonderes Naturschutzgebiet.

Wie Brooklyn hat auch Queens einen Uferstreifen direkt am Atlantik. Die Rockaway Peninsula ist einerseits Naturschutzgebiet (unten und rechts unten), andererseits aber auch beliebtes Naherholungsgebiet (rechts oben).

Die Rockaway Peninsula war einst die Heimat der Lenape-Indianer. Schon ab den 1830er-Jahren entwickelte sich die abgelegene Region zu einem beliebten Sommer-Naherholungsziel der New Yorker. Rockaway Beach ist der bekannteste Teil der Halbinsel. Der Traumstrand mit strahlend weißem Sand ist per Subway erreichbar und könnte fast schon als Stadtstrand von Queens bezeichnet werden.
Die ganze Region wurde von Hurrikan Sandy im Herbst 2012 schwer in Mitleidenschaft gezogen, und es dauerte einige Zeit, bis die Strände, Boardwalks und Badehäuser wieder instand gesetzt worden waren. Heute kann man wieder auf der Strandpromenade flanieren, surfen, schwimmen oder in der Sonne liegen. Im Südwesten schließen sich weitere Strände beim Jacob Riis Park und bei Fort Tilden an. Am Strand vor dem Fort kann man im Sommer baden, doch locken hier auch Naturpfade und die militärhistorisch interessanten Überreste der Befestigungsanlagen, die 1917 zum Schutz des New Yorker Hafens erbaut wurden.

Beliebtes Vogelrefugium

Die Halbinsel ist mit dem Festland über den Cross Bay Boulevard verbunden. Er führt in der Jamaica Bay, die teils zu Queens, teils zu Brooklyn gehört, unter anderem über eine Insel, auf der das Naturschutzgebiet Jamaica Bay Wildlife Refuge liegt. Es ist seit 1972 das einzige Wildtierschutzgebiet im National Park System und wird als Teil des Gateway National Recreation Area vom National Park Service verwaltet.

In den letzten 25 Jahren wurden hier über 330 Vogelarten gesichtet, fast die Hälfte der Vogelarten, die im gesamten Nordosten heimisch sind. Darüber hinaus kann man eine Vielzahl an Reptilien, Amphibien, kleinen Säugern, Schmetterlingen und Krabben beobachten. In dem Schutzgebiet machen regelmäßig große Schwärme von Monarchfaltern Station und begeistert eine Vielzahl von Libellen.

Das Jamaica Bay Wildlife Refuge ist ein knapp 52 Quadratkilometer großes, in Ozeannähe gelegenes Stück Natur mit Salzmarschen, Watten, Feldern, Wald, dem Big John's Pond und anderen flachen Teichen. Die beiden Süßwasserseen East und West Pond wurden 1951 unter Park Commissioner Robert Moses angelegt. Das Gebiet ist ein Refugium für Vögel und ein Mekka für Ornithologen. Hier überwintern Schneegänse und andere Wasservögel, sieht man verschiedenste Entenarten sowie Adler, Falken und andere Greifvögel. Im Frühjahr überwiegen die Watvögel, im Herbst die Strandläufer. Fast das ganze Jahr über lebt hier eine bunte Vielfalt an Singvögeln. Rund 70 Vogelarten nisten regelmäßig auf dem Gelände, darunter diverse Reiherarten.

Flora und Fauna erkunden

Besonders im Frühjahr und Herbst, wenn Zugvögel im Jamaica Bay Wildlife Refuge Station machen, strömen Vogelforscher aus dem ganzen Nordosten herbei. Dann ist viel geboten, beispielsweise Führungen mit Park Rangers, Vorträge oder Kinderveranstaltungen. Ein Besuch lohnt aber auch zu anderen Zeiten. Vom Visitor Center, das Parkplätze und Informationen über Flora und Fauna anbietet, führt ein rund zweieinhalb Kilometer langer Pfad um den West Pond.

Am äußersten westlichen Ende lohnt ein kurzer Umweg auf den Terrapin Trail – allerdings nur, wenn die namensgebenden Wasserschildkröten hier nicht gerade ihre Eier abgelegt haben. Hat man den Ausblick genossen, geht es durch das bewaldete Areal von North und South Garden zurück zum Besucherzentrum. Andere Trails führen zum Big John's Pond und zum East Pond. Im Sommer wird dort regelmäßig der Wasserstand gesenkt, um für die durchziehenden Watvögel Wattflächen zu schaffen.

EIN »PLAYLAND« FÜR ERWACHSENE

Man glaubt sich eher in einen Beach Club in New England versetzt als nach Queens, nur einen Block von einer U-Bahn-Station entfernt. Das 2013 eröffnete Playland ist ein komplett verrücktes, einzigartiges Hotel für Kunst- und Musikliebhaber. Seine zwölf Gästezimmer wurden individuell von verschiedenen Künstlern gestaltet, eigene Bäder oder Fernseher gibt es nicht, dafür schläft man mal im Tipi, mal in der Hängematte. An Wochenenden legt die Brooklyn D.J. Crew »No Ordinary Monkey« im zugehörigen Playland Grill auf. Auch das Essen von Chefkoch Daniel Ciprani wird außerordentlich gelobt, und die Margaritas passen bestens dazu.

Playland Motel & Grill, 97–20 Rockaway Beach Blvd., Rockaway Beach, www.playlandmotel.com, Mai–Oktober, Subway »Rockaway Park-Beach 98th Street«.

WEITERE INFORMATIONEN

Jamaica Bay Wildlife Refuge:
www.nps.gov/gate/index.htm, www.nyharborparks.org, www.nycaudubon.org/queens-birding/jamaica-bay-wildlife-refuge; mit Visitor Center. Subway-Station Rockaway Park-Beach 116th Street (Lines S, A) bzw. zum Wildlife Refuge Broad Channel (Line A)

The Bronx

Auferstanden aus Ruinen

Der Bronx Zoo entstand bereits 1899 und gilt als einer der weltweit größten Zoos. Er ist ebenso eine Hauptattraktion wie das Italienerviertel um die Arthur Ave. (rechts oben). Die Linie 1 bringt Besucher von der Südspitze Manhattans in die Bronx.

Der Grand Concourse – hier mit dem Bronx Museum (oben) – durchquert als Hauptachse den Süden der Bronx. Die Allee war zu Beginn des 20. Jahrhunderts im Stil der Pariser Champs-Élysées als Maßnahme zur Verschönerung der Stadt erbaut worden.

87 Eine verschönernde Allee – Grand Concourse

Bummel über die »Champs-Élysées New Yorks«

Das New Yorker Stadtgebiet erstreckt sich größtenteils auf Inseln, nur die Bronx liegt auf dem Festland. 1639 nahm der skandinavische Seefahrer Jonas Bronck, der unter niederländischer Flagge segelte, die Region für die Dutch West India Company in Besitz und ließ sich dort auf »Bronck's Land« nieder. Wie die anderen Boroughs wurde auch die Bronx 1898 Teil von New York City.

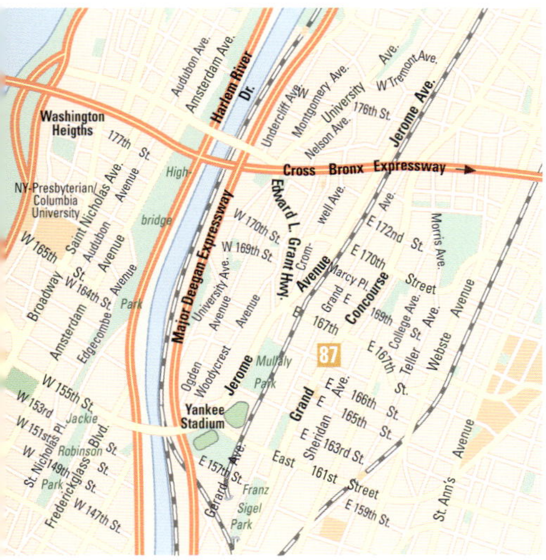

Der Grand Boulevard and Concourse durchquert als Hauptachse den südlichen Abschnitt der Bronx. 1909 war die Allee im Stil der Pariser Champs-Élysées als Teil des »City Beautiful Movement« – einer Maßnahme zur Verschönerung der Stadt – eröffnet worden. Die 55 Meter breite und von Bäumen gesäumte Straße führte ursprünglich von der Bronx Borough Hall (161st St.) Richtung Norden bis zum sechs Kilometer entfernten Van Cortland Park. 1927 wurde sie südwärts bis zur 138th Street verlängert. Im Jahr 2011 wurde der Abschnitt zwischen 153rd und 167th Street wegen seiner einzigartigen Architektur zum »Historic District« erklärt.

Am Grand Concourse steht unter anderem das 1971 gegründete Bronx Museum of the Arts. In einer ehemaligen Synagoge, die 2006 durch einen Anbau erweitert wurde, zeigt es zeitgenössische Kunst aus Afrika, Asien, Lateinamerika und aus der Bronx. Schräg gegenüber belegen einige Wandbilder die Qualität moderner Straßenkünstler. Historische Murals von Ben Shahn aus dem Jahr 1937 finden sich auch im Bronx Post Office (560 Grand Concourse).

Leben am Grand Boulevard

Den ersten Bauboom erlebte der Stadtteil zwischen 1922 und 1931, damals entstand auch das

Bronx County Courthouse. Als 1918 die Jerome Avenue Subway (Line 4) die Verbindung nach Manhattan herstellte, zogen in der Folge Menschen verschiedenster Ethnien – Iren, Deutsche, Juden, Polen und Italiener – in die fünf- bis sechsstöckigen Ziegel-Apartmenthäuser ein. Diese waren in Neo-Stilen, wie Tudor, Renaissance oder Colonial Revival, und häufig als Garden Apartments mit (Innen-)Höfen erbaut worden.
Eine zweite Zuwanderungswelle folgte 1933 mit Eröffnung einer weiteren U-Bahn-Linie, gleichzeitig entstanden neue Bauten im damals modernen Art-déco- und Streamline-Stil. Zu dieser Zeit waren die Wohnungen am Grand Concourse höchst begehrt. Nach dem Zweiten Weltkrieg wohnten vor allem ethnische Minderheiten in den uniformen Wohnblöcken der Bronx, und in den späten 1950er- und frühen 1960er-Jahren wandelte sich das Ansehen des Stadtteils. Wirtschaftliche Probleme hatten Verfall und wachsende Kriminalität, Unruhen und soziale Spannungen nach sich gezogen. Darüber hinaus brachten Immobilienspekulationen und bewusst gelegte Brände die Bronx in den 1970er-Jahren in Verruf.

Kreatives Potenzial stoppt Verfall

Gleichzeitig zeigte sich jedoch in den 1970er-Jahren ein ungeahntes kreatives Potenzial: Hip-Hop und Breakdance kamen als künstlerische Sprachrohre der afroamerikanischen Bevölkerung auf. DJs legten in Häuserruinen auf und Namen wie DJ Kool Herc, a.k.a. Clive Campbell – er brachte die Technik der Breakbeats auf –, DJ Afrika Bambaattaa, mit Salsa und karibischer Musik, wurden zu Stars im Viertel. Grand Wizzard Theodore, a.k.a. Theodore Livingston, erfand das »Scratching«, Grandmaster Flash das »Cutting« und »Back Spinning« – die Basics des heutigen Hip-Hop. Dieser wiederum zog das »B-boying«, bekannter als Breakdancing, nach sich, und Streetart und Graffiti blühten auf.
Ende der 1980er-Jahre machte sich erneut ein Wandel bemerkbar, und Ende des 20. Jahrhunderts war in die solide gebauten, teilweise renovierten Häuser wieder ein Mix aus Arbeiter- und Mittelklasse mit Immigranten aus Mittel- und Südamerika, der Karibik und Afrika zu finden. Mittlerweile haben sich die sozialen Brennpunkte entschärft, und Teile der Bronx sind dabei, zur beliebten, da noch erschwingliche Adresse, zu werden. Gerade die South Bronx, »SoBro«, erlebt gegenwärtig eine Revival: Ein neuer Waterfront-Park, eine Esplanade am Harlem River sowie die Renovierung des Bronx Terminal Market sind geplant.

TOUR DE BRONX UND RESTAURANT WEEK

Das Fahrradrennen »Tour de Bronx« zählt zu den größten Fahrradevents im ganzen Staat, noch dazu ist die Teilnahme kostenlos. Es findet seit 1994 regelmäßig an einem Sonntag Ende Oktober unter Beteiligung des derzeitigen Borough-Präsidenten, Ruben Diaz jr., statt. Die 25-Meilen-Route führt quer durch die Bronx – vorbei an Pelham Bay Park, Woodlawn, Riverdale, dem New York Botanical Garden – und ist für Menschen jeden Alters und jeder Leistungsstufe geeignet. Über 7000 Teilnehmer sind regelmäßig mit von der Partie.
Die Bronx hat außerdem ihre eigene Restaurant Week. Zwei Wochen Anfang November bieten im Rahmen von »Savor the Bronx« – »Genieße die Bronx« – die teilnehmenden Lokale Lunch und Dinner zu Schnäppchenpreisen an.

WEITERE INFORMATIONEN

The Bronx Tourism Council: 851 Grand Concourse, Infostelle im Bronx County Courthouse, u. a. First Wednesdays: Arts & Culture Tour per Trolley; weitere Touren siehe: www.ilovethebronx.com/index.php/tours
Bronx Museum: 1040 Grand Concourse, www.bronxmuseum.org

88 Das berühmteste Baseballstadion der Welt – Yankee Stadium

»The House that Ruth Built«

Weltweit bekannt ist die Bronx als Heimat der New York Yankees, der berühmtesten, erfolgreichsten und traditionsreichsten Baseballmannschaft der Welt. Das alte Yankee Stadium, in dem die Yankees von 1923 bis 2008 ihre Heimspiele austrugen, stand im Süden der Bronx. Es wurde mittlerweile durch ein neues modernes Stadion ersetzt.

Früh schon wurden die »Bronx Bombers« – so benannt nach dem gleichnamigen Hollywood-Stück – berühmt, in New York ebenso verehrt wie andernorts gehasst. Speziell seit den legendären 1950er-Jahren, in denen sich die 1901 gegründeten Yankees mit den New York Giants und den Brooklyn Dodgers – die beide 1957 ins sonnige Kalifornien umzogen – heiße Lokalderbys lieferten, war das Team in aller Munde.

Zu den berühmtesten Spielern, die die »Pinstripes«, das weiße Trikot mit den schwarzen Längsstreifen, trugen, gehörten Lou Gehrig, Joe DiMaggio, Mickey Mantle, Yogi Berra und Babe Ruth. Auf Letzteren bezieht sich auch der Spitzname des Stadions: »The House that Ruth Built«. Das Land für das Stadion konnte man nämlich schon 1921, ein Jahr, nachdem Ruth von den Boston Red Sox abgeworben worden war, dank der gesteigerten Einnahmen kaufen; »The Cathedral« wurde 1923 eröffnet und bot 74 200 Fans Platz. Von 1956 bis 1973 wurde in dem Stadion sogar Football gespielt: damals trat das NFL-Team der New York Giants hier an.

Das neue Yankee Stadium ist ein prächtiger Ersatz für den traditionsreichen alten Baseballpark (rechts oben). Rund 53 000 Zuschauer finden im neuen Stadion Platz; ein Highlight ist ein Spiel des New Yorker Traditionsklubs Yankees (unten). Die Hymne steht am Beginn eines jeden Baseballspiels (unten rechts).

Touren durch das Retro-Stadion

Gegenüber dem (zwischenzeitlich abgerissenen) alten Stadion eröffnete im Frühjahr 2009 das neue Yankee Stadium. Wie das Citi Field der Lokalrivalen, der Mets in Queens, präsentiert sich der »Ballpark« architektonisch im postmodernen Retro-Stil, wobei Ausrichtung und Ausmaße sowie die Fassade an das alte Yankee Stadium erinnern. Über 52 000 Fans passen in das Stadion, das von dem Architektenbüro HOK Sport aus Kansas City geplant wurde. Hinter der Außenwand aus hellem Kalkstein und Granit verteilt sich das Publikum zu seinen Plätzen über die Great Hall, in der die Fotos bedeutender Spieler hängen.

Das Yankee Museum widmet sich großen Augenblicken in der Vereinsgeschichte und berühmten Spielern des Traditionsvereins, der seit 1903 in New York ansässig ist. Die »Ball Wall« präsentiert Hunderte von signierten Basebällen, im Mittelpunkt stehen jedoch eine Szene aus den World Series 1956 und die lebensgroßen Figuren der Stars Don Larsen und Yogi Berra. Zu sehen sind zudem Umkleideräume und Plates (Base-Markierungen) aus dem alten Stadion sowie World-Series-Ringe, und eine weitere Abteilung würdigt den Teambesitzer George Steinbrenner. Im Monument Park – einer Ausstellung unter dem Center Field – werden mit Plaketten, Trikots und Monumenten große Yankee-Mitglieder geehrt.

Stolze 27 Meisterschaften

1845 wurde der Knickerbocker Club of New York als nachweislich erster Baseballclub gegründet. Der US-Bürgerkrieg in den 1860er-Jahren spielte für den Baseballsport eine entscheidende Rolle: In den Militärlagern lenkten sich die Soldaten mit diesem Spiel ab, und nach Kriegsende war das ganze Land mit dem »Baseballvirus« infiziert. Aus einem ehemaligen High-Society-Vergnügen war ein Volkssport geworden, und man sprach schon bald vom »National Game«. 1876 wurde die National League (NL) gegründet. Sie bildet heute zusammen mit der 1900 ins Leben gerufenen American League (AL) die übergeordnete Profiorganisation Major League Baseball (MLB).

Die Yankees – zur AL (American League East Division) gehörig – erblickten 1901 als »Baltimore Orioles« das Licht der Welt, traten ab 1903 als »New York Highlanders« und schließlich ab 1913 als »Yankees« an, ab 1962 bekamen sie mit den Mets einen Lokalrivalen. Unvergessen sind sowohl die Subway Series im Herbst 2000 als auch die bis dato 27 World Series Championships der Yankees.

Der letzte Titelgewinn gelang im Jahr des Umzugs, 2009. Das Franchising der Yankees zählt zu den finanzkräftigsten weltweit, und auch die Fangemeinde ist riesig.

THE NATIONAL GAME – KURZE REGELKUNDE

Baseball hält zwischen April und Oktober ganz Amerika in Atem und gilt als schwer verständlich. Dabei ist es ganz einfach: Ein Werfer (pitcher) wirft aus 17 Meter Entfernung einen kleinen harten Lederball zum Schlagmann (batter). Dieser versucht, mit einem keulenartigen Schläger den Ball ins Feld zurück- oder darüber hinaus zu schlagen (home run). Auf dem Spielfeld, das einen Viertelkreis umschließt, stehen acht Teamkollegen des Pitchers, die den Ball möglichst aus der Luft fangen – der Batter wäre dann aus – oder schnellstmöglich nach vorn spielen, sodass der Schlagmann möglichst wenig Strecke – sprich Kissen (bases) – absolviert. Einen Punkt kann nur das Team erzielen, das zum Schlagen an der Reihe ist (at bat). Ein Punkt (run) wird erzielt, wenn ein Batter die vier Kissen (bases) umrundet hat, die das quadratische Innenfeld markieren. Im Normalfall geht ein Spiel über neun Durchgänge, Innings, wobei jedes Team je einmal schlägt und einmal verteidigt. Sind drei Batter eines Teams ausgeschieden, wechselt das Angriffsrecht.

WEITERE INFORMATIONEN

Yankee Stadium: East 161st St./River Ave., www.yankees.com, mit Infos zu Führungen und großem Teamshop

Auch in der Bronx gibt es einen großen Park. Hier befinden sich der berühmte Botanical Garden (oben) und der Bronx Zoo (rechts unten). Die Edgar Allan Poe Cottage war die bescheidene Bleibe des großen Dichters (rechts oben).

89 Flora und Fauna üppig – Bronx Park Zoo und Botanical Garden

Wilde Tiere und exotische Pflanzen

Im Nordwesten der Bronx bietet der Bronx Park ein knapp drei Quadratkilometer großes Erholungsgebiet mit dem altehrwürdige Bronx Zoo im Süden und dem attraktiven Botanical Garden im Norden. Auf dem Areal, das vom Bronx River durchflossen wird, gedeiht eine vielseitige Flora und Fauna. Im Westen grenzt der Campus der Fordham University an, deren Wurzeln ins frühe 19. Jahrhundert zurückreichen.

Der 1899 gegründete Zoo beherbergt rund 4000 Tiere aus 650 verschiedenen Arten und ist einer der größten Tiergärten der Welt, die innerhalb eines Stadtgebiets gelegen sind. Wie der Central Park Zoo und das New York Aquarium untersteht er der Wildlife Conservation Society.

Von Asien nach Madagaskar

Das über 100 Hektar große Gelände gehörte ursprünglich der Fordham University. Sie verkaufte das Land an die Stadt, die jedoch Auflagen bezüglich der Nutzung einhalten musste und dort 1899 den Bronx Zoological Park mit 843 Tieren eröffnete. Die Pavillons im Beaux-Arts-Stil, die um ein rundes Seelöwenbecken gruppiert waren, stammten von dem angesehenen Architekturbüro Heins & LaFarge. Die Rainey Memorial Gates, das monumentale Zugangstor, wurde 1934 angebracht, den Rockefeller Fountain aus dem italienischen Como erwarb William Rockefeller 1902.

Erstmals in die Schlagzeilen geriet der Zoo 1906 durch Ota Benga. Der Mbuti-Pygmäe

wurde im Zoo »ausgestellt«, schloss Freundschaft mit einem Orang-Utan und wohnte im Affenhaus. Heute verfügt der Bronx Zoo über moderne Habitate mit Krokodilen, Tigern und Gorillas, wie Congo Gorilla Forest, Wild Asia Monorail, Tiger Mountain oder Madagascar!.

Im Freien und unter Glas

Der New York Botanical Garden liegt am nördlichen Parkrand. Die grüne Oase mitten in der Metropole wird jährlich von fast einer Million Menschen besucht. Er ist sogar noch ein bisschen älter als der Zoo und zählt zu den ältesten und größten botanischen Gärten der USA. 1888 kam der Botaniker Nathaniel Lord Britton von der Columbia University nach einem Besuch der westlich von London gelegenen Kew Royal Botanic Gardens auf die Idee, auch in New York einen botanischen Garten zu gründen. Als Standort war das Areal in der Bronx mit seinem alteingewachsenen Baumbestand und dem Bronx River prädestiniert. Calvert Vaux, der auch an der Planung des Central Park beteiligt war, entwarf für das Gelände einen botanischen Garten, der 1891 eröffnet wurde. Fels- und Rosengärten, Kräuter- und Duftgärten, Wüsten- und Tropenpflanzen, seltene Bäume und Orchideen – auf dem weitläufigen Gelände findet man 50 Einzelgärten beziehungsweise Pflanzensammlungen im Freien und in Gewächshäusern. Dazu sind historische Gebäude zu sehen, darunter eine alte Mühle und das Stone Cottage von 1840. Im Home Gardening Center können Besucher lernen, wie man Pflanzen auswählt, kombiniert und pflegt. Eine Besonderheit ist das Enid A. Haupt Conservatory. Dieses größte viktorianische Glashaus Amerikas mit der 30 Meter hohen Kuppel eröffnete 1902 und wurde 1973 unter Denkmalschutz gestellt. In der Ausstellung »A World of Plants« ist ein Rundgang durch die Flora der ganzen Welt möglich, kann man tropischen Regenwald, Wüsten- und Wasserpflanzen sowie die weltgrößte Sammlung von Palmen im Glashaus sehen. Außerdem finden hier Ausstellungen wie die »Orchid Show« oder die »Holiday Train Show« statt.

Idyllisch im Grünen studieren

Quer durch den Bronx Park führt die East Fordham Road nach Nordwesten bis zum grünen Campus der Fordham University. Diese private katholische (Jesuiten-)Universität wurde 1841 als »St. John's College« mit sechs Studenten gegründet und 1846 vom leitenden Bischof Hughes an den Jesuitenorden verkauft. Das kleine (Männer-)College mit geisteswissenschaftlicher Ausrichtung wurde ab Anfang des 20. Jahrhunderts zur Fordham University mit heute zehn Fakultäten und mehr als 15 000 Studenten ausgebaut. Neben dem Rose Hill Campus in der Bronx gehören auch der Campus am Lincoln Center in Manhattan und in West Harrison im Bundesstaat New York dazu.

EDGAR ALLAN POE COTTAGE

Man verbindet Poe eigentlich mit Boston, dabei verbrachte der große Schriftsteller (1809–1849) ab Sommer 1846 seine letzten Lebensjahre in der Bronx. Dort wohnte er mit seiner Frau Virginia, die 1847 verstarb, nicht weit vom Grand Concourse entfernt in einem bescheidenen Holzhaus von 1812. Als Poe in der Cottage lebte, reichte der grandiose Ausblick über die Bronx-Hügel bis hin zur Küste von Long Island; es muss ein idyllischer Ort gewesen sein! Poe verfasste hier einige seiner dichterisch nachhaltigsten Werke, unter anderem *Annabel Lee*, *The Bells* und *The Cask of Amontillado*. Poe verstarb im Oktober 1849 auf einer Reise in Baltimore. Sein Haus im Poe Park in Fordham steht heute unter Denkmalschutz und kann besichtigt werden.

WEITERE INFORMATIONEN

Bronx Zoo: 2300 Southern Blvd., www.bronxzoo.com
New York Botanical Garden: 2900 Southern Blvd., www.nybg.org
Fordham University: 441 E. Fordham Rd., www.fordham.edu/site/index.php
Edgar Allen Poe Cottage: 2640 Grand Concourse, http://bronxhistoricalsociety.org/poe-cottage

Wave Hill ist ein verstecktes Juwel: In dem noblen Bronx-Wohnviertel verbergen sich am Hochufer des Hudson River ein grandioser botanischer Garten und ein Kulturzentrum.

Die Arthur Avenue in der Bronx ist bis heute ein authentisches italienische Viertel geblieben, mit italienischen Läden (rechts oben) und einer eigenen Markthalle, dem Arthur Avenue Retail Market (unten).

90 New Yorks wahres italienisches Viertel – Arthur Avenue

Little Italy in the Bronx

An der Fordham Road beginnt auf Höhe der Fordham University die Arthur Avenue. Sie ist die Hauptachse von »Little Italy in the Bronx«. Anders als in Lower Manhattan, wo das italienische Viertel bereits in großen Teilen von Chinatown geschluckt wurde und nur mehr wenige typische Läden und Lokale übrig sind, gilt das Belmont-Viertel, wie es offiziell heißt, noch als authentisch italienisch.

Obwohl auch Belmont heute nicht mehr ausschließlich italienisch ist und man auch hier häufig Spanisch, Kosovarisch oder Albanisch hört, macht sich dennoch eine starke italienische Präsenz bemerkbar. Das »Real Little Italy of New York« ist selbst unter New Yorkern ein gut gehütetes Geheimnis und eine kleine Welt für sich. Aus dieser Neighborhood stammen der Schauspieler und Drehbuchautor Chazz Palminteri – er schrieb das Buch für *In den Straßen der Bronx*, einem Film mit Robert De Niro von 1993 –, aber auch der Schriftsteller Don DeLillo sowie viele italienische Familien, die seit Generationen dieselben Läden oder Restaurants betreiben.

Um die Wende vom 19. zum 20. Jahrhundert war eine Welle italienischer Familien von Lower Manhattan in die Bronx geströmt und hatte ihr eigenes kleines Dorf geschaffen. Italienische Cafés, Konditoreien, Lebensmittelgeschäfte, Bäckereien und Restaurants prägten und prägen noch heute an der und um die Arthur Avenue das Bild. Im Mittelpunkt steht der Ar-

thur Avenue Market mit italienischen Spezialitäten- und Marktständen.

Delikatessen in Hülle und Fülle

Der Duft von Schinken und Salami, Pizza und Tomatensauce, Käse und Kaffee sowie von frischen Backwaren schwebt über der Straße. Brot, Biscotti, Cannoli und andere Spezialitäten gibt es bei »Artuso Pastry«, einer in den 1940er-Jahren von der Familie Artuso aus Reggio di Calabria eröffneten Bäckerei. Ebenso empfehlenswert ist auf Nr. 2348 die Madonia Brothers Bakery.
Teitel Brothers an der Nordostecke 186th Street/Arthur Avenue wurde 1915 gegründet und führt italienische Lebensmittel aller Art. Handgemachten Mozzarella und Burrata kauft man in der Casa Della Mozzarella, frische Pasta bei Borgatti's Ravioli & Egg Noodles. Biancardi's Meats existiert seit den 1930er-Jahren und lädt ebenso wie der Calabria Pork Store zum Einkauf für ein Picknick im Freien ein. Zu Cosenza's Fish Market gehen viele, allein um die preiswerten Austern roh zu schlürfen.
»Dominick's« (2335 Arthur Ave.) ist eine weitere Institution: Hier verlässt man sich auf die Tagesempfehlung des Kellners und zahlt in bar. Ähnlich verhält es sich mit »Emilia's«, wo Chef Nunzios günstige Lunch Specials besonders begehrt sind. »Zero Otto Nove« (2357 Arthur Ave.) ist bekannt für seine Holzofenpizza, wohingegen in »Pasquale's Rigoletto« (2311 Arthur Ave.) seit über 30 Jahren gehobene italienische Küche in familiärer Atmosphäre serviert wird.

Italienischer Basar

Bürgermeister Fiorello LaGuardia hob 1940 den Arthur Avenue Retail Market – das Herz des Viertels – als eine Art Arbeitsbeschaffungsprogramm während der Wirtschaftskrise aus der Taufe, vergleichbar mit dem Essex Street Market in der Lower East Side. Die große Markthalle ist täglich außer sonntags geöffnet und bietet eine Vielfalt an Produkten: Back- und Wurstwaren, Käse und Wein, Kaffee und Olivenöl, aber auch Souvenirs und Haushaltwaren.
Lokale wie das »Café Al Mercato« und »Mike's Deli« gehören dazu, außerdem »La Casa Grande Cigars« – ein Stand, an dem Zigarren handgerollt werden – und die 2013 eröffnete »Bronx Beer Hall«. Sie wurde von Anthony und Paul Ramirez und John Martin gegründet und entpuppte sich als voller Erfolg. Hier lockt ein Angebot an Bieren kleiner lokaler Brauereien, wie Jonas Bronck's (City Island) oder Gun Hill Brewery, und aus New York State, kann man gemütlich sitzen und kleine Gerichte genießen, zum Beispiel Panini von »Mike's« oder Pizza vom »Café al Mercato«.

IM VAN CORTLANDT PARK

Nördlich des Bronx Park mit Zoo und Botanischem Garten erstreckt sich der Van Cortlandt Park (www.nycgovparks.org/parks/VanCortlandtPark), der noch naturbelassener ist als der Central Park. Hier befindet sich zugleich der älteste öffentliche Golfplatz der USA, der Van Cortlandt Golf Club von 1895. Der US-Geschichte vor der Revolution und Frederick Van Cortlandt, dem Erbauer des Van Cortlandt House (www.vchm.org), ist das gleichnamige Museum gewidmet. Das Haus wurde 1748 im georgianischen Kolonialstil errichtet und ist mit Möbeln aus dem 18. und 19. Jahrhundert ausgestattet.
Im idyllischen Woodlawn Cemetery (www.thewoodlawncemetery.org) am Ostrand des Parks befinden sich seit 1863 Grabmäler prominenter New Yorker, so das Mausoleum von F. W. Woolworth, die Grablegen des Schriftstellers Herman Melville, der Jazzmusiker Duke Ellington und Lionel Hampton, des Ex-Bürgermeisters La Guardia und des Kaufhausbegründers Macy.

WEITERE INFORMATIONEN

Little Italy in the Bronx: Arthur Ave., E. 181st–188th St., Subway B, D Fordham Road, www.bronxlittleitaly.com und www.arthuravenuebronx.com.
Markthalle: 2344 Arthur Ave.

Im äußersten Norden der Bronx liegt hoch über dem Hudson River Wave Hill, ein historischer Komplex aus Landhäusern mit großem Park (rechts unten). Im Zentrum steht das im 19. Jh. erbaute Landgut eines wohlhabenden Rechtsanwalts (oben), das als Kulturzentrum dient.

91 Kultur, Botanik und grandioser Ausblick – Wave Hill

Ausflug in eine andere Welt

Wave Hill war schon immer eine gute Wohnlage: Zwischen sanft geschwungenen grünen Hügeln erstrecken sich die Estates der Reichen, stehen prächtige Herrenhäuser wie das Wave Hill House. Dieses ist als Kulturzentrum mit Botanischem Garten ein wenig bekanntes Idyll mit grandiosem Ausblick. In Wave Hill fühlt man sich Lichtjahre entfernt von den Mietskasernen der South Bronx.

Zwischen Van Courtland Park und Hudson River breitet sich Riverdale aus. Zu diesem guten Stadtviertel der Bronx gehört auch Wave Hill. »Welliges Hügelland« ist eine treffliche Beschreibung für das Gebiet, das nach und nach in großzügig bemessene Grundstücke aufgeteilt wurde. Schon im 19. Jahrhundert siedelten sich viele Reiche aus Manhattan in Riverdale an und erbauten Landsitze auf den sanft geschwungenen Hügeln – mit viel Grün, wenig Verkehr und Ausblick auf den Hudson River und die Palisades-Klippen am gegenüberliegenden New-Jersey-Ufer. Einige der prächtigen Häuser kann man im Riverdale Historic District an der Sycamore Avenue bewundern.

Sammler von Häusern und Pflanzen

Allein die prächtigen Gartenanlagen lohnen den Besuch von Wave Hill. Das Landgut war 1843/44 von dem Rechtsanwalt William Lewis Morris in Auftrag gegeben worden. 1866 ging es in den Besitz des Publizisten William Henry Appleton über, der es als Sommersitz nutzte und verpachtete: zum Beispiel 1870/71 an den New Yorker Banker Theodore Roosevelt sr. Die Familie des späteren US-Präsidenten Theodore

Roosevelt soll beide Sommer hier verbracht haben. Auch der Schriftsteller Mark Twain genoss zwischen 1901 und 1903 die Ruhe, in einem Baumhaus in einer alten Kastanie.
1903 erwarb George W. Perkins das Wave Hill House, er hatte bereits mehrere Grundstücke am Fluss gekauft. Die Perkins' selbst wohnten im benachbarten Glyndor House, das 1927 im Greek-Revival-Stil mit einer Art Aussichtsplattform auf dem Dach erbaut worden war. Perkins ließ Gärten anlegen, Gewächshäuser bauen, seltene Bäume und Pflanzen herbeischaffen, Rasenflächen ansäen, einen Pool bauen, Terrassen gestalten und außerdem ein neues »Recreation Building« errichten, das mit Billardtisch, Kegelbahn und Sqash Court ausgestattet und durch einen Tunnel mit dem Haupthaus verbunden war. Heute wird es als »Ecology Building« genutzt.
Perkins verpachtete das Wave Hill House von 1909 bis 1928 an Bashford Dean, der mit Begeisterung mittelalterliche Rüstungen sammelte. Mit Genehmigung des Hauseigentümers baute er für seine Sammlung die Armor Hall an, die heute als Konzert- und Veranstaltungssaal genutzt wird. Dean wurde der erste Kurator für Waffen und Rüstungen am Metropolitan Museum of Art, in das seine Sammlung später auch wanderte. 1933 renovierten die Freemans, die Familie der Perkins-Tochter, das Haus und verpachteten es 1942 bis 1945 an den Dirigenten Arturo Toscanini.

Kultur und Botanik harmonisch vereint

1960 gelangte Wave Hill in den Besitz der City of New York. In der Folge entstand aus dem Ensemble aus mehreren Gebäuden und Gartenanlagen eine einzigartige Kulturinstitution, in der Ausstellungen, Workshops, Vorträge und Führungen, Konzerte, aber auch Koch- und Gartenkurse stattfinden. Umweltschutz und Gartenbau gehen Hand in Hand mit Kunst, Musik und Tanz. Es findet eine Vielzahl an Konzerten statt, im Sommer im Freien, sonst in der Armor Hall. Im Süden des Geländes steht das Glyndor House mit einer Kunstgalerie, in dessen Nähe das Ecology Building mit dem Ecliptical Garden. Der Pergola Overlook bietet die beste Aussicht, besonders bei Sonnenuntergang. Ein Stückchen weiter im Norden steht das Wave Hill House mit Café (beliebt zum Afternoon Tea!) und besagte Armor Hall für Konzerte und andere Veranstaltungen. Östlich davon breitet sich vor dem Perkins Visitor Center mit Shop der Botanische Garten mit Gewächshäusern und Themengärten aus: Wasser- und Blumengärten, Kräuter und Wildpflanzen, Alpinhaus und Schattengarten, Woodlands und Koniferenhang.

ÜBERNACHTEN IN DER BRONX

Das Andrew Freedman Home wurde auf Initiative von Herrn Freedman – selbst Millionär – 1924 für vormals reiche Leute, die ihr Geld verloren hatten, eröffnet. Das vierstöckige Ziegelgebäude war von Gärten umgeben, die Gemeinschaftsräume mit Kaminen und Orientteppichen, jedes Zimmer mit Marmorbad ausgestattet. Die maximal 130 Bewohner trugen zu den Mahlzeiten formelle Kleidung, und 50 Diener standen zur Verfügung. Vor einigen Jahren wurde das historische Gebäude umfunktioniert und mit zehn gut ausgestatteten, gemütlichen Gästezimmern versehen. Ein Großteil des Baus wird vielfältig genutzt, unter anderem vom AFC Cultural Arts & Media Center.
Das Opera House Hotel ist ebenfalls eine historische Institution in der South Bronx. In dem einstigen Theater traten schon der Zauberer Harry Houdini, die Marx Brothers, John und Lionel Barrymore und Eddie Cantor auf. Nach Umbauten eröffnete es im Sommer 2013 als Boutique-Hotel mit geräumigen Zimmern.

WEITERE INFORMATIONEN

Wave Hill: 675 W 252nd St., www.wavehill.org (mit Anfahrtsbeschreibung)
Andrew Freedman Home: 1125 Grand Concourse, www.andrewfreedmancomplex.com
Opera House Hotel: 436 E 149th St., www.operahousehotel.com

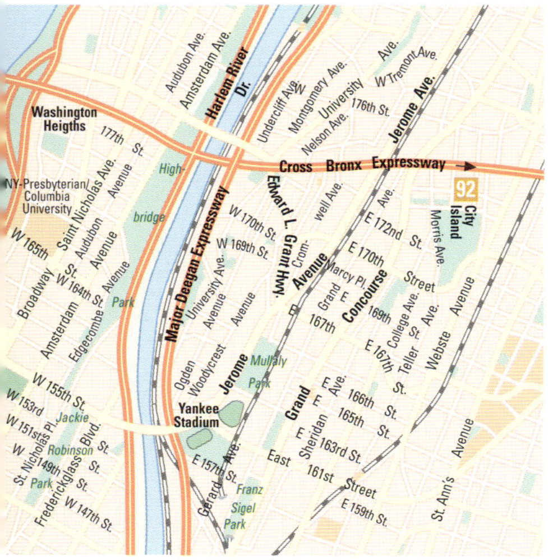

92 Mit der Atmosphäre eines Fischerdorfs – City Island

New-England-Idyll am Rande der Großstadt

Die Insel gleicht einem New-England-Idyll fernab jeder Hektik. Einst befand sich City Island in Privatbesitz, heute handelt es sich um eine bunt gemischte Gemeinde. Früher lebte man hier von der Schifffahrt, dem Schiffsbau und der Austernzucht, heute ist der Tagestourismus bestimmend. Wer im Sommer einmal einen Tag dem Trubel der Stadt entfliehen und Fisch essen möchte, ist hier gut aufgehoben.

Auf der rund zweieinhalb Kilometer langen und einen Kilometer breiten City Island in der westlichen Ecke des Long Island Sound wohnen nicht viel mehr als 4000 Menschen. Hier herrscht die Atmosphäre eines neuenglischen Fischerdorfs – inklusive der typischen kleinen weißen Kirche –, weshalb man auch von den »Hamptons of The Bronx« spricht. In der Tat hat man hier das Gefühl, die Zeit sei stehen geblieben: Die Luft riecht nach Salz, Möwen kreisen, und Fischlokale reihen sich an der Hauptstraße, der City Island Avenue aneinander. Es gibt keine öffentlichen Strände und keine Hotels, dafür bestimmen kleine Läden, Galerien, Segelboote und Kajaks das Bild.

»Clamdiggers« und »Musselsuckers«

Die Insulaner werden in zwei Gruppen eingeteilt: in die »clamdiggers«, die Muschelsucher – Nachfahren der ersten auf der Insel siedelnden Familien, vielfach irische Schiffsbauer – und die »musselsuckers«, die Zugereisten. Beide zusammen bilden einen Mix aus Intellektuellen und Alt-Hippies, Künst-

Zu den ungewöhnlichsten Zielen im Großraum New York gehört City Island. Von der kleinen Insel, die einem Fischerdorf (unten) gleicht, bieten sich ungewöhnliche Ausblicke auf die Metropole (rechts oben).

lern und Lehrern, Old-Money-Folks und Hipsters.
Früher sorgten Bootsbau und Fischfang für gutes Auskommen, heute sind es Fischlokale, Kneipen, Bootsverleihe, Shops und Galerien. Die Restaurants sind an Wochenenden mit Ausflüglern gut gefüllt. Es fehlt jedoch eine echte touristische Infrastruktur, und es ist auch nicht ganz leicht, mit dem öffentlichen Nahverkehr auf die Insel zu gelangen.

Dem Meer verbunden

Die Insel war ursprünglich Indianerland, hier lebten die zu den Lenape gehörenden Siwanoy. Später erhielt der der Engländer Thomas Pell von der Krone die Insel, auf der bereits 1685 Briten siedelten, später ging sie in den Besitz von Benjamin Palmer über. Im 18. Jahrhundert bestand die Inselbevölkerung vor allem aus Austernfischern und Lotsen. Letztere lenkten die Schiffe, die vom Long Island Sound kamen, durch die gefährliche Engstelle Hell Gate im East River – die seit 1918 von der Hell Gate Bridge überbrückt wird – in den New York Harbor.
Im 19. und 20. Jahrhundert gewannen der Schiffsbau und die Reparatur von Schiffen Bedeutung, entstanden 17 Schiffswerften und etliche Segelhäfen. Während der beiden Weltkriege baute man anstelle von Yachten U-Boot-Jäger, Schlepper, Torpedoboote, Flugzeugträger und Minenräumboote, und die Werften boomten.

Nach dem Krieg hatte der Schiffsbau Probleme, nur der Bau von Segelschiffen florierte: So wurden zum Beispiel in der Minneford Yacht Yard jene großen, erfolgreichen Boote gebaut, die im America's Cup antraten.
Das City Island Historical Society Nautical Museum legt Zeugnis von der reichen Seefahrtsgeschichte der Insel ab, und Segelclubs, Bootsschulen und Bootsausstatter, wie Jack's Bait and Tackle oder The Boat Livery prägen noch heute das Bild.

Fisch und Meeresfrüchte in Hülle und Fülle

City Island entwickelte sich zum Ausflugsziel mit Fischlokalen, wobei die Schalentiere aus den Gewässern um die Insel nicht gefangen beziehungsweise wegen der Schadstoffe nicht gegessen werden dürfen. Fischgerichte aller Art gibt es an der City Island Avenue bei »Crab Shanty« (Nr. 361), in der »Lobster Box« (Nr. 34) oder bei »Sammy's Fish Box« (Nr. 41). Auch das »Sea Shore Restaurant« (Nr. 591), nahe der Inselzufahrt an einem kleinem Yachthafen gelegen, ist für Fisch und Meeresfrüchte bekannt, während »Portofino's« (Nr. 555) und »Artie's Italian Seafood« (Nr. 394) dazu italienische Spezialitäten anbieten. Am Ende der City Island Avenue lohnen »Johnny's Reef« (Nr. 2) und »Tony's Pier Restaurant« (Nr. 1), und ein beliebter Treff der Insulaner ist das »Ale House on City Island« (Nr. 288), mit riesiger Bierauswahl und saftigen Burgern.

PELHAM BAY PARK UND ORCHARD BEACH

Im Osten der Bronx lohnt im Pelham Bay Park ein Besuch des Historic Bartow-Pell Mansion Museum mit historischer Ausstattung. Das Haus gehörte einst dem Arzt Thomas Pell (1608–1669), der 1654 ein großes Stück Land den Indianern abgekauft hatte. 1836 ließ Robert Bartow ein architektonisch wie ausstattungstechnisch prächtiges Haus im Greek-Revival-Stil erbauen. Seit 1946 sind Haus und Gärten öffentlich zugänglich und werden für Ausstellungen und Veranstaltungen genutzt.
Biegt man vor der Brücke, die zur Insel führt, nach links ab, gelangt man zum Orchard Beach. Was Coney Island für Brooklyn ist, ist Orchard Beach für die Bronx. Der von dem New Yorker Stadtplaner Robert Moses (1888–1981) geschaffene künstliche Sandstrand im Pelham Bay Park ist im Sommer ein beliebtes Ausflugsziel.

WEITERE INFORMATIONEN

City Island: www.cityislandchamber.org, Subway-Endstation Pelham Bay Park (Line 6), dann Bus Bx29, am 1. Freitag im Monat kostenlose »City Island Seaside Tour«
Pelham Bay Park:
http://pelhambaypark.org
Historic Bartow-Pell Mansion Museum:
www.bartowpellmansionmuseum.org

Staten Island

New Yorks unbekannter fünfter Stadtbezirk

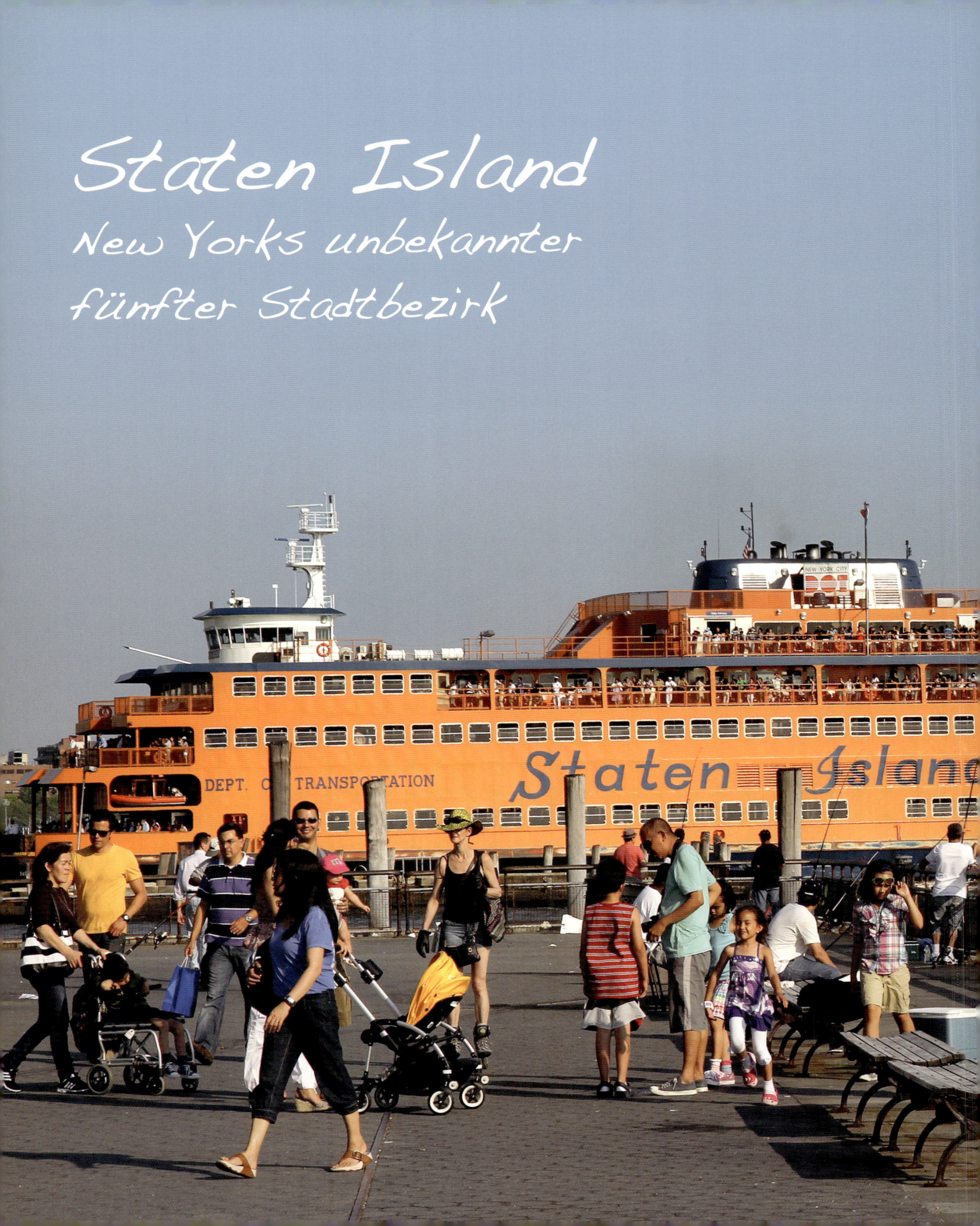

Vom futuristisch wirkenden Fährhafen an der Südspitze Manhattans (oben Mitte) pendeln rund um die Uhr die orangefarbenen Fähren der Staten Island Ferry (links) zwischen dem umtriebigen touristischen Zentrum und dem idyllischen fünften Stadtbezirk (oben).

Während der kostenlosen Schifffahrt mit der Staten Island Ferry (oben und rechts unten), bekommt man eine Sightseeing-Tour, Blick auf die Freiheitsstaue (oben) inklusive.

93 Schifffahrt der ganz besonderen Art – Staten Island Ferry

Kostenlose Schifffahrt mit Aussicht

Welche Emotionen die Auswanderer erfassten, wenn sie nach endlos langer, unbequemer Atlantiküberfahrt endlich die Freiheitsstatue erblickten, können Besucher während der Fahrt mit der Staten Island Ferry nur erahnen. Die zwischen Manhattan und Staten Island pendelnde Fähre bietet traumhafte Ausblicke auf die Skyline von Manhattan, die Statue of Liberty und Ellis Island.

Seit 1905 verbindet die Staten Island Ferry die Südspitze Manhattans mit der Insel Staten Island, die in der Mündung des Hudson River in den Atlantik gelegen ist. An die 66 000 Passagiere benutzen täglich die Schiffe, die zwischen dem Staten Island Ferry Terminal, dem sogenannten Whitehall Terminal auf Manhattan, und dem St. George Ferry Terminal auf Staten Island pendeln. Die gut acht Kilometer lange Überfahrt dauert etwa 25 Minuten, wobei die kostenlosen Fußgänger-Fähren rund um die Uhr mindestens halbstündlich abfahren.

New Yorks fünfter Stadtbezirk

Von Staten Island, dem fünften New Yorker Stadtbezirk, kennen die meisten Besucher nur den Fährhafen, viele kehren dort gleich wieder um Richtung Manhattan. Nur wenige erkunden den Rest der Insel, die immerhin etwa doppelt so groß ist wie Manhattan. Dabei vermittelt sie einen ganz anderen, ländlichen und idyllischeren Eindruck als ihre hektische Nachbarin: Malerisch grüne Landschaft, Hügel, Wiesen und Seen herrschen hier vor.
Der Name der Insel in der New Yorker Hafeneinfahrt, die seit 1898 zur Stadt gehört, geht

auf die niederländische Bezeichnung »Staaten Eylandt« zurück. Lange galt Staten Island als der »vergessene Borough«, und erst als 1964 die Verrazano-Narrows Bridge die Insel mit Brooklyn verband, entdeckten mehr und mehr New Yorker – vor allem aus der weißen Mittelschicht – den Reiz der Insel, die heute gerne wieder selbstständig wäre. Wer der Großstadt überdrüssig war beziehungsweise ist, kommt hierher, um das »Landleben« und die Natur zu genießen. Und dennoch: Auch wenn Staten Island mit etwa 150 Quadratkilometern der drittgrößte der fünf Stadtbezirke ist, ist die Insel mit kaum einer halben Million Einwohnern mit großem Abstand der bevölkerungsärmste Borough.

Spektakuläre Annäherung

Auf der Fahrt mit der Staten Island Ferry bieten sich spektakuläre Ausblicke auf die Skyline Manhattans, die Statue of Liberty und die gesamte »Upper New York Bay«. Wo bis zum 11. September 2001 am linken Rand der Skyline die Zwillingstürme des World Trade Centers aufragten, steht inzwischen der Neubau des One World Trade Center.
Unübersehbar an der Südspitze Manhattans ist die grüne Oase des Battery Park mit der Festung Castle Clinton und dahinter der ungewöhnliche vieleckige Bau des Holocaust Museums. Etwas im Hintergrund erkennt man das U.S. Customs House, ein Beaux-Arts-Bau von 1907, und 17 State Street, einen modernen, konvex gewölbten verspiegelten Wolkenkratzer. Den Abschluss am rechten Rand der Skyline bildet schließlich die mächtige Brooklyn Bridge.

Schippern durch die Upper New York Bay

Zielstrebig pflügt die Fähre durch das Wasser der sogenannten Upper New York Bay Richtung Staten Island. Die Upper Bay befindet sich am Zusammenfluss von Hudson und East River, wobei der Hudson weiter durch die Narrows, die Engstelle zwischen Staten Island und Brooklyn, fließt und in die Lower Bay mündet, die in den Atlantik übergeht.
Während Manhattan in die Ferne rückt, passiert die Fähre Ellis Island im Westen und Governors Island im Osten. Dann rückt die Statue of Liberty ins Blickfeld und wird von der Staten Island Ferry aus nächster Nähe passiert.
Schließlich schiebt sich neben den Hafenanlagen am fernen Horizont auf der einen und der Verrazano-Narrows Bridge auf der anderen Seite auch das grüne Staten Island in den Vordergrund. Und ehe man sich versieht, legt die Fähre an – ein Trost ist, dass man ja die Rückfahrt noch vor sich hat ...

AN STATEN ISLANDS STRÄNDEN

Bereits seit dem 19. Jahrhundert ist die Eastern Shore von Staten Island ein beliebtes Ausflugsziel. Am Franklin D. Roosevelt Boardwalk and Beach (»South Beach«) spaziert man vor der Kulisse der Verrazano-Narrows Bridge auf der gut zwei bis drei Kilometer langen Promenade entlang und passiert dabei Sportplätze, Brunnen, Kinderspielplätze und Sandstrände. Hier, an der »Riviera of New York City« mit South Beach und Midland Beach, kann man sogar baden. Der Ocean Breeze Fishing Pier zählt zu den längsten in New York City und ist nicht nur bei Anglern beliebt. Hier gibt es einen Schatten spendenden Pavillon, Imbissstände, ein Restaurant und einen fantastischen Ausblick. Im Juli finden im Rahmen von »Back to the Beach« kostenlose Konzerte, Veranstaltungen und ein Feuerwerk statt.

WEITERE INFORMATIONEN

Anfahrt und Nahverkehr: Staten Island Ferry, www.siferry.com, halbstündlich rund um die Uhr kostenlos vom Whitehall Terminal nach Staten Island. Neben Bussen verkehrt die Staten Island Railway zwischen dem Fährhafen und der Südspitze der Insel (Tottenville).
Staten Islands Beaches: www.visitstatenisland.com/parks/south-beach

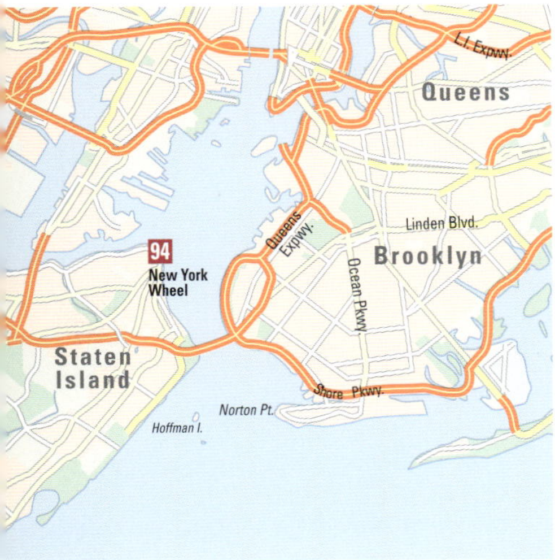

94 »Eine noch nie dagewesene Attraktion« – New York Wheel

Ein Riesenrad und anderes Sehenswertes

Mit Attraktionen ist New York City schon jetzt reich gesegnet, nun kommt mit einem Riesenrad, Teil eines Einkaufs- und Vergnügungszentrums auf Staten Island, noch eine weitere hinzu. Dieses spektakuläre »New York Wheel« könnte sich zum neuen Wahrzeichen der Metropole entwickeln und wird atemberaubende, bislang ungekannte Ausblicke auf Stadt und Bucht bieten.

Bis 2018 wird noch gebaut: Die neueste Attraktion von New York City wird ein gigantisches Riesenrad auf Staten Island (unten). Es ist Teil einer groß angelegten Neugestaltung der Uferpromenade nahe dem Fährhafen auf Staten Island (rechts oben).

Allein die Ausmaße dieses größten Riesenrads der Welt beeindrucken: Das neue New York Wheel ist mehr als 190 Meter hoch. Ein Vergleich veranschaulicht die Dimensionen: Die Statue of Liberty misst 93 Meter und Deno's Wonder Wheel auf Coney Island gerade einmal 45 Meter. Entwickelt wurde das Riesenrad von derselben Firma, die auch das 135 Meter hohe London Eye plante, die im Jahr 2000 am Ufer der Themse eröffnet wurde. Das New York Wheel besitzt 36 Passagiergondeln, in der jeweils 40 Besucher Platz haben. 1440 Menschen können damit gleichzeitig eine Runde drehen, die etwa 40 Minuten dauert.

Bummel mit Ausblick

»Das New York Wheel wird eine noch nie dagewesene Attraktion, nicht nur in New York City, sondern in der ganzen Welt«, schwärmte der damalige Bürgermeister Michael Bloomberg bei der Präsentation der Pläne und fügte hinzu: »Die Ausblicke werden atemberaubend und unvergleichlich sein.« Für das Frühjahr 2017 ist die Eröffnung projektiert, und es ist gut möglich, dass

sich das neue Vergnügungsareal zur neuen Topattraktion entwickelt. Schließlich sind es zwar knappe neun Kilometer von Manhattan, allerdings bietet die Staten Island Ferry rund um die Uhr schnelle und kostenlose Erreichbarkeit. Zudem wird hier nicht allein eine vertikale Rundfahrt mit Ausblick geboten werden, sondern werden in den neuen »Empire Outlets« auch bekannte Markenfirmen gute Schnäppchen im Fabrikverkauf versprechen.

Sport und Kunst

Doch bereits jetzt hat Staten Island viel zu bieten: Zwischen dem neu entstehenden Einkaufszentrum, dem Riesenrad und der Fähranlegestelle befindet sich am Ufer ein kleines Baseballstadion. Im Sommer locken in diesem Richmond County Bank Ballpark at St. George die Staten Island Yankees, eine Nachwuchsmannschaft der legendären New York Yankees, Sportfans an. Zum Baseball gibt es gratis einen malerischen Ausblick auf die New York Bay.
Ein paar Schritte vom Fährhafen entfernt liegt das 1928 eröffnete St. George Theatre (35 Hyatt Street). Das alte Theater steht neben der Borough Hall, dem »Rathaus« des Stadtbezirks, und erfreut sich ungebrochener Beliebtheit. Neben Konzerten und Theateraufführungen finden in dem renovierten Bau auch Vorführungen von Kinoklassikern statt.

Der St. George/New Brighton Historic District mit knapp 80 unter Denkmalschutz stehenden Gebäuden aus dem späten 19. Jahrhundert erstreckt sich ein Stück weiter nördlich. Er wird überragt von der zwischen 1900 und 1903 im neoromanischen Stil erbauten St. Peter's Roman Catholic Church (49 St. Mark's Place), zu deren Schätzen Glasfenster aus München gehören.

Sehenswertes Wohnhaus

Rund drei Kilometer südöstlich des Fährhafens steht das Alice Austen House (Haylan Blvd./Bay St.), eine 1710 erbaute viktorianische Landvilla, in einem großzügigen Park. Auch von hier bieten sich traumhafte Ausblicke auf die New York Bucht, die Verrazano-Narrows Bridge und die Skyline Brooklyns.
In den 1920er-Jahren wohnte in »Clear Comfort«, wie die Familie das Wohnhaus nannte, die Fotografin Alice Austen (1866–1952), die 1929 beim Börsenkrach alles verlor und in Armut lebte, bis sie und ihr Werk vom Magazin *Life* entdeckt wurden. Austen war eine der ersten Fotografinnen und schuf mehr als 8000 Fotografien, die in der Mehrheit in der New York Public Library aufbewahrt werden. Im Haus können Besucher in einer kleinen Ausstellung mehr über das Leben der Künstlerin erfahren und eine Auswahl ihrer Fotos bewundern.

NEUES EINKAUFSPARADIES

Bummeln und Einkaufen gehören nachgewiesenermaßen zu den Lieblingsbeschäftigungen der New-York-Besucher. Mit der für 2018 geplanten Eröffnung der Empire Outlets New York City (www.empireoutletsnyc.com) zu Füßen des New York Wheel wird ein neues Einkaufsparadies zur Verfügung stehen. Bislang gab es in New York City noch kein Outlet-Einkaufszentrum. In den Empire Outlets werden rund 100 Läden bekannter Firmen – wie Gap, H&M, Columbia oder Guess – Markenprodukte verbilligt anbieten. Darüber hinaus wird es eine »Food Hall« mit Imbiss-Lokalen und Restaurants geben und ein Hotel mit rund 190 Zimmern zu dem Komplex gehören.

WEITERE INFORMATIONEN

Staten Island: www.visitstatenisland.com
New York Wheel: http://newyorkwheel.com
Richmond County Bank Ballpark at St. George: www.siyanks.com
St. George Theatre: www.stgeorgetheatre.com
Alice Austen House Museum & Garden: www.aliceausten.org

Vom neuen Riesenrad auf Staten Island wird sich einmal ein atemberaubender Blick auf den Hafen und die Skyline New Yorks bieten. Dazu kommt Empire Outlets, ein Einkaufszentrum (rechts unten).

Snug Harbor ist einst als Altersruhesitz für Seeleute (oben) mit ausgedehnten Parkanlagen (rechts unten) entstanden. Heute ist es ein Kunst- und Kulturzentrum.

95 Die Heimat der Seeleute wird zum Kulturzentrum – Snug Harbor Cultural Center

Kunst, Blumen und der New Yorker Hafen

Das Kunst- und Kulturzentrum Snug Harbor Cultural Center and Botanical Garden, kurz »Snug Harbor«, geht auf das Vermächtnis eines wohlhabenden Kapitäns aus der Zeit des Unabhängigkeitskrieges zurück: Captain Robert Richard Randall (ca. 1750 – 1801) hatte seinen Besitz in Manhattan einer Stiftung mit der Auflage vermacht, daraus ein Altersheim für Seeleute zu machen.

Nach anfänglichen Problemen wurde 1833 an der Nordseite von Staten Island das »Sailor's Snug Harbor« direkt am Kill Van Kull eröffnet. Diese sechs Kilometer lange und 300 Meter breite Meerenge verbindet nicht nur die Upper New York Bay mit der Newark Bay, sondern trennt zugleich den Norden von Staten Island vom Festland auf New Jersey. Seit 1931 stellt die Bayonne Bridge eine Verbindung zwischen Insel und Festland her.

Nur etwa drei Kilometer sind es vom Fährhafen nach Snug Harbor, allerdings könnte der Szenenwechsel nicht gravierender sein. Prächtige Bauten im Greek-Revival-Stil versetzen den Besucher quasi in die Südstaaten der USA: Alles ist grün und idyllisch. Die Bauten dienten in der ersten Hälfte des 19. Jahrhunderts als Unterkunft für pensionierte Seeleute, dazu gehörten Veranstaltungshallen und eine Kirche.

Einer der berühmten Verwalter des Altersheims für Seeleute war zwischen 1867 und 1884 Captain Thomas Melville. Er war der Bruder des berühmten Herman Melville, dessen *Moby Dick* als eines der besten Werke in der amerikanischen Literaturgeschichte gilt. Damals lebten bis zu 1000 pensionierte See-

Die Heimat der Seeleute wird zum Kulturzentrum – Snug Harbor Cultural Center

leute in Snug Harbor. Als die Erbschaft allmählich versiegte und ein Sozialversicherungssystem für Seeleute eingeführt wurde, verlor das Heim an Bedeutung. In den 1950er-Jahren waren nicht einmal mehr 200 Senioren hier zu Hause. In den 1970er-Jahren wurde das Land von der Stiftung verkauft und das Altersheim für Seeleute nach North Carolina verlegt.

Kunst und Kultur unter einem Dach

In der ersten Hälfte des 19. Jahrhunderts waren auf dem Gelände insgesamt 26 Bauten in bunt gemischten Stilen – Greek-Revival, Beaux-Arts, Italianate und Victorian – entstanden. Das Ensemble gilt als »Kronjuwel« der New Yorker Seefahrtsgeschichte und wurde 1965 unter Denkmalschutz gestellt. Seit 1976 steht es der Öffentlichkeit als Kultur- und Veranstaltungszentrum zur Verfügung.
Einige Bauten des Komplexes werden heute für Konzerte, Ausstellungen und Veranstaltungen genutzt, in anderen sind Kunst- und Kultur-Institutionen und Museen eingezogen. Für Besucher interessant sind das Visitor Center (Building C), das Newhouse Center for Contemporary Art (Building G), das Staten Island Children's Museum (Building M) und das Staten Island Museum (Building H). Ein kleines, aber sehenswertes 9/11 Tribute Center (Building N), eingerichtet von der lokalen Feuerwehr, und der Staten Island Botanical Garden gehören ebenfalls zum Komplex.

Ein Schiffsfriedhof und bunte Blumen

Ein Highlight unter den Museen ist die Noble Maritime Collection (Building D). Die umfangreiche Sammlung widmet sich mit Modellen und Kunstwerken der Schifffahrt im New Yorker Hafen und widmet darüber hinaus dem Maler John A. Noble (1913–1983) eine eigene Abteilung. Noble lebte zeitweise auf einem umgebauten Hafenschlepper, der nun im Mittelpunkt der Ausstellung steht. Der Maler hielt den Trubel im Hafen und den alten Schiffsfriedhof vor Staten Island – den größten Friedhof der Welt für Segelschiffe – auf zahllosen Bildern fest.
Einen großen Teil der Parkanlagen nimmt der Staten Island Botanical Garden ein. Einzigartig ist der 1998 angelegte New York Chinese Scholar's Garden, der den berühmten klassischen Gärten von Suzhou in China nachgestaltet wurde. Zum Park gehören auch der White Garden, der der Anlage im britischen Sissinghurst Castle nachgebildet ist, und der Connie Gretz's Secret Garden mit Schloss, Labyrinth und ummauerten Geheimgarten.

ERSTE AFROAMERIKANISCHE SIEDLUNG

Zu den nicht alltäglichen Attraktionen auf Staten Island zählt das Sandy Ground Historical Society Museum. Es befindet sich in einem der wenigen erhaltenen historischen Häuser der ältesten kontinuierlich bewohnten afroamerikanischen Gemeinde New Yorks. 1828 hatten sich hier nach Abschaffung der Sklaverei in New York freie Schwarze niedergelassen. Das kleine sehenswerte Museum informiert über ihre Geschichte, ihre Bedeutung als Erdbeerfarmer und Austernfischer sowie über die »Underground Railroad«, ein Netzwerk von Fluchthelfern, das im frühen 19. Jahrhundert entflohenen Sklaven aus den Südstaaten auf geheimen Wegen in die Freiheit im Norden verhalf.
Georgia Trivizas, Gründerin von Carreta Tours, zeigt Besuchern gerne ihre geliebte Insel. Je nach Interesse und Zeit können verschiedene Sehenswürdigkeiten oder Themen auf dem Programm stehen.

WEITERE INFORMATIONEN

Snug Harbor Culture Center & Botanical Garden: http://snug-harbor.org
Sandy Ground Historical Society: http://sandygroundmuseum.org
Carreta Tours: Tel. (917) 699-7004, www.carretatours.com

96 Eine spektakuläre Hafeneinfahrt – Verrazano-Narrows Bridge

Ungewöhnliche Ansichten von New Yorks Hafen

Was die Golden Gate Bridge für San Francisco, ist die Verrazano-Narrows Bridge für New York: eine spektakuläre Hafeneinfahrt. Während die Golden Gate jedoch das unumstrittene Wahrzeichen San Franciscos ist, tut sich die Verrazano schwer, einen Spitzenplatz unter den Attraktionen New Yorks zu erringen. Schade eigentlich, gehört sie doch zu den Wahrzeichen der Stadt.

Seit 1964 verbindet die zweigeschossige Hängebrücke über vier Kilometer die beiden New Yorker Stadtbezirke Brooklyn und Staten Island miteinander. Sie überspannt die Meerenge The Narrows und die geschützte Upper New York Bay, in der der Hafen New Yorks liegt, mit der Lower New York Bay, die direkt in den Atlantik übergeht.
Die rund 4,5 Kilometer langen, zwischen 1,7 und 3,2 Kilometer breiten »Narrows« hatten schon immer eine strategisch wichtige Funktion, da die Meerenge die Zufahrt in den New Yorker Hafen gewährt. Deshalb wurden die Zufahrt an strategisch wichtiger Stelle einst von Fort Wadsworth – 1776 als Flagstaff Fort erbaut – auf Staten Island und auf Brooklyner Seite von Fort Hamilton (1825–1831) bewacht.

New Yorks Hafeneinfahrt

Die zwischen 1959 und 1964 erbaute Verrazano-Narrows Bridge war einst die längste Hängebrücke der Welt. Inzwischen ist sie noch die längste in den USA, wurde aber weltweit von mehreren anderen, vor allem chinesischen

Zu den modernen Wahrzeichen von New York City gehört die beeindruckende Verrazano-Narrows Bridge (rechts oben). Für die heutigen Schiffsreisenden ist sie das Tor in die Stadt (unten).

Brücken überholt. Die Spannweite von fast 1300 Metern zwischen den beiden 211 Meter hohen Pylonen übertrifft sogar die der Golden Gate Bridge in San Francisco. Die Brücke überspannt zwar nur zwei Kilometer Meerenge, misst jedoch insgesamt vier Kilometer, wenn man zur Spannweite die beiden Zufahrten von Brooklyn (ab 92nd Street) und Staten Island (ab Fingerboard Road) dazurechnet.
Die Brücke heißt nach dem legendären italienischen Seefahrer Giovanni da Verrazano, der im Dienst des französischen Königs 1524 als erster Europäer die Meerenge durchquerte und in die New York Bay und den Hudson River segelte. Längst ist die Verrazano eines der Wahrzeichen New Yorks. Seit 1976 steht sie alljährlich im November im Mittelpunkt des Interesses, wenn hier der Startschuss zum weltberühmten New York Marathon fällt.

Ausblick vom Militärposten

Wer ein ungewöhnliches Fotomotiv mit Brücke, New Yorks Skyline und Hafen sucht, sollte Fort Wadsworth unterhalb der Verrazano-Narrows Bridge besuchen. Die Anlage liegt nur zwei Busstationen südöstlich vom Austen House am Ende der Bay Street und ist leicht zu erreichen. Von der Aussichtsplattform, dem Scenic Overlook, genießt man einen grandiosen Blick auf die Brücke, die beiden historischen Forts, die Hafeneinfahrt und die Skyline in der Ferne. 1663 entstand hier ein kleiner Militärposten, der die Hafeneinfahrt schützen sollte, der 1776 durch einen Steinbau ersetzt wurde. Zum weitläufigen Gelände von Fort Wadsworth gehört Fort Tompkins, eine weitere, 1860 fertiggestellte Festung mit Geschützstellungen (Batteries). Das 1979 außer Dienst gestellte Militärgelände gelangte 1995 als Teil der Gateway National Recreation Area unter Denkmalschutz und Obhut des National Park Service.

Bummel am Strand

Südlich der Verrazano-Narrows Bridge und des Forts erstrecken sich die South und Midland Beaches und lockt ein lohnender Spaziergang auf dem Franklin D. Roosevelt Boardwalk. Im Sommer finden um die 1935 erbaute Holzpromenade und den Ocean Breeze Fishing Pier regelmäßig Veranstaltungen statt. Wer heute hierherkommt, merkt nicht mehr, dass die Region zu den vom Hurrikan Sandy 2012 am schwersten betroffenen Gebieten der Stadt gehörte. Inzwischen sind die Spuren der Verwüstung beseitigt, und der Alltag ist zurückgekehrt. Hauptachse des nördlichen Staten Island ist neben der Bay Street, die vom Ferry Terminal ostwärts verläuft, die Forest Avenue mit Läden und Lokalen, darunter der legendäre Gitarren-Shop der Mandolin Brothers.

SIE LAUFEN UND LAUFEN UND LAUFEN

Alljährlich blickt die Welt mit Erstaunen und Begeisterung nach New York City: Am ersten Sonntag im November strömen Tausende Läufer über die Verrazano-Narrows Bridge, um am legendären New York Marathon teilzunehmen. Stunden später erreichen die meisten von ihnen das Ziel im Central Park, nachdem sie alle fünf New Yorker Borough durchquert haben. Erstmals wurde der Marathon im Jahr 1970 abgehalten, inzwischen zählt er zu den bedeutendsten Langstreckenläufen der Welt. Es gibt wohl kaum einen Läufer, der nicht davon träumt, einmal die Strapazen auf sich zu nehmen, über die Verrazano-Narrows Bridge zu laufen und am Ende im Central Park von Tausenden Zuschauern bejubelt die Ziellinie zu überqueren.

WEITERE INFORMATIONEN

Gateway National Recreation Area:
www.nps.gov/gate/index.htm,
Bus S51 ab Ferry Terminal
Forest Avenue: Bus S48 ab Ferry Terminal;
Mandolin Brothers: 629 Forest Ave.,
www.mandoweb.com
New York Marathon:
www.tcsnycmarathon.org

New Yorks Vergangenheit wird noch heute in dem Museumsdorf »Historic Richmond Town« mit Kirche und Friedhof (oben) sowie zahlreichen Häusern aus verschiedenen Epochen (rechts) lebendig gemacht.

97 Zeitreise in New Yorks Vergangenheit – Historic Richmond Town

Ein Dorf aus einem anderen Jahrhundert

Zu den Hauptattraktionen auf Staten Island gehört die Historic Richmond Town. In diesem Museumsdorf, einem sogenannten Living History Museum, sind Originalgebäude aus dem späten 17. bis 19. Jahrhundert zu sehen. Sie wurden zum großen Teil von anderen Orten hierherversetzt und zu einem Dorfensemble vereint, das die Geschichte und Kultur der Region Revue passieren lässt.

Seit 1958 erinnert die Historic Richmond Town an die beschauliche Vergangenheit von Staten Island. Das Freiluftmuseum liegt etwa zwölf Kilometer südwestlich des Fährhafens mitten auf der Insel. In diesem »Living History Museum« wurde ein ganzes Dorf zu neuem Leben erweckt und werden Besucher mit Vorführungen und Ausstellungen in drei Jahrhunderte Geschichte und Kultur der Insel eingeführt.

Das historische Dorf entstand auf Initiative engagierter Bürger und wurde im Landkreis Richmondtown eingerichtet. Hier existierte schon im frühen 17. Jahrhundert Coccles Town, das 1728 in Richmondtown umbenannt wurde und als Verwaltungssitz des Richmond County diente. Bis 1975 hieß Staten Island noch offiziell »Borough of Richmond«.

Die Vergangenheit lebt auf

Mehr als 30 historische Häuser verschiedenster Funktion und Gestalt – Schule, Werkstätten, Läden, Wohnungen etc. – sind in Historic Richmond Town wiederaufgebaut worden und stehen zur Besichtigung offen. Das Museumsdorf breitet sich um die Kreuzung der Richmond

Road mit der Arthur Kill Road aus. Museumsmitarbeiter in historischen Kostümen üben sich in alten Handwerken und machen so die Zeitreise der Besucher in die Vergangenheit von Staten Island perfekt.

Zu den historischen Bauten des Freiluftmuseums gehört eine Farm, angeblich die älteste betriebene in New York, das Voorlezer House von 1696, der Stephens General Store, ein Wagenschuppen, ein Herrenhaus von 1837, eine Reihe von Bürgerhäusern, Läden, ein Saloon sowie die St. Andrew's Church aus dem Jahr 1708. In einem der Gebäude ist zudem das Historical Society Museum untergebracht, das detailliert über die Geschichte der Insel informiert.

Besuch vom Dalai Lama

Ebenfalls auf Staten Island ist die größte Sammlung tibetischer Kunst außerhalb Tibets im Jacques Marchais Center of Tibetan Art zu finden. Selbst der Dalai Lama kam 1991 hierher, um die von Jacques Marchais (1887–1948) zusammengetragenen Schätze zu sehen. Jacques war, anders als der Name vermuten lässt, eine Frau, die zudem privat und auf der Bühne als Schauspielerin ein bewegtes Leben führte. 1916 war sie nach New York City gekommen und hatte dort Bekanntschaft mit dem Buddhismus gemacht. Mit ihrem zweiten Ehemann, Harry Klauber aus Brooklyn, ließ sie sich 1921 auf den Lighthouse Hill auf Staten Island nieder. Dort begann sie als eine der Ersten in den USA, tibetische Kunst zu sammeln, und tauchte immer tiefer in Religion, Kultur und Kunst Tibets ein. 1938 eröffnete sie die Jacques Marchais Gallery mit Kunst aus Ostindien und Tibet, deren Bestände von Zeichnungen über Holzschnitzereien bis zu Möbeln und Alltagsgegenständen, Skulpturen und Musikinstrumenten reichte.

Im Lauf der Zeit kamen über 1000 Objekte aller Art aus Tibet, Nepal, Nordchina und der Mongolei sowie in kleinerem Umfang aus Südostasien zusammen. Ende 1947 schließlich eröffnete Marchais' Museum Shangri-La on Staten Island. Mit seinen Gebäuden aus lokalem Feldstein, die von einem italienischstämmigen Steinmetz geschaffen wurden, gleicht es einem Kloster im Himalaja mit Tempel und pagodenartigen roten Dächern. Dazu gehörten Gärten mit Goldfisch- und Seerosenteichen, die Marchais, die im Februar 1948 starb, allerdings kaum mehr genießen konnte. Heute fungiert der Komplex nicht nur als einzigartiges Museum für die Kunst Tibets und der Himalaja-Region, sondern auch als friedvoller Rückzugsort mit Meditationsgarten und Kursangebot in Tai Chi und Meditation, Lesungen und Vorträgen, Filmen und Konzerten.

DENKMAL DES UNABHÄNGIGKEITSKRIEGES

An der Südspitze von Staten Island befindet sich ein Bauwerk von besonderer historischer Bedeutung: das Conference House, auch als »Billopp House« bekannt. Das Gebäude wurde vor 1680 von dem britischen Marineoffizier Captain Christopher Billopp (ca. 1638–1726) erbaut und geriet im Amerikanischen Unabhängigkeitskrieg kurzfristig ins Rampenlicht der Weltgeschichte: Am 11. September 1776 fanden hier Friedensverhandlung zwischen dem britischen Lord Richard Howe und Benjamin Franklin, John Adams sowie Edward Rutledge als Vertreter der nach Unabhängigkeit strebenden Kolonien statt. Bekanntlich brachten die Gespräche kein Ergebnis, und der Unabhängigkeitskrieg ging weiter. Heute steht das einzig erhaltene New Yorker Haus aus der Zeit vor der Unabhängigkeit unter Denkmalschutz und dient als Museum.

WEITERE INFORMATIONEN

Historic Richmond Town:
www.historicrichmondtown.org
Jacques Marchais Center of Tibetan Art:
www.tibetanmuseum.org
Sandy Ground Historical Society Museum: http://sandygroundmuseum.org
Conference House:
www.conferencehouse.org

Out of Town
Blick über den Tellerrand

Lange Sandstrände am Atlantik (links) machen Long Island zum beliebten Naherholungsziel. An der Ostspitze der Insel steht das Montauk Point Lighthouse (rechts oben). Beschauliches Dorf im Hudson River Valley (rechts unten).

Eine Windmühle im ländlich geprägten Ostteil von Long Island (rechts) erinnern an die ersten Siedler aus den Niederlanden. Beschaulich geht es am Hafen auf Long Island (oben) zu.

98 Strände, Wein, beschauliche Dörfer – Long Island

»The Island«, New Yorks Sommerfrische

»The Island« nennen die New Yorker das der Küste vorgelagerte etwa 190 Kilometer lange Long Island. Die von Gutbetuchten als beschauliche Wohnadresse und von vielen Städtern als erholsame Sommerfrische vor der Haustür geschätzte Insel ist nur durch den East River – eigentlich gar kein Fluss, sondern eine Meerenge – von Manhattan getrennt und zugleich Sitz von zwei New Yorker Stadtbezirken.

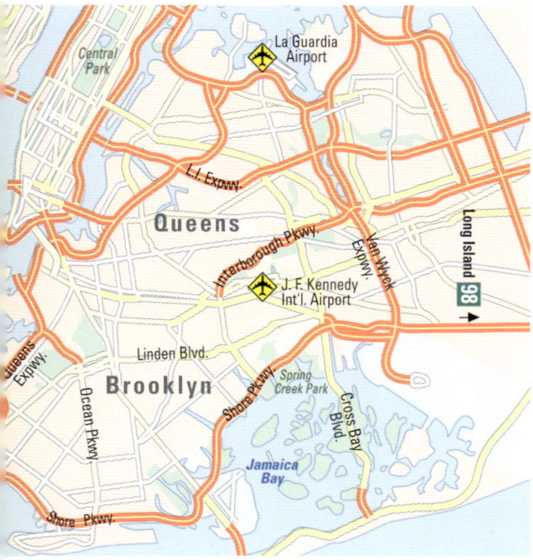

Long Island wird häufig nicht direkt mit New York City in Verbindung gebracht. Dabei liegen die beiden größten Stadtbezirke Brooklyn und Queens ebenso auf der Insel wie der den meisten Besuchern bekannte John F. Kennedy International Airport. Long Island erstreckt sich parallel zur Ostküste und kommt Manhattan im Westen so nahe, dass die Meerenge zwischen Manhattan und Long Island als Fluss, als East River, angesehen wird.
Etwa 190 Kilometer weit erstreckt sich Long Island von Manhattan ostwärts. Der Long Island Sound trennt die Insel von den beiden US-Bundesstaaten Connecticut und Rhode Island auf dem Festland. Die Breite Long Islands schwankt zwischen 20 und 32 Kilometern, die Größe kommt damit in etwa der von Mallorca gleich.

Die »Finger« von Long Island

Neben den beiden New Yorker Stadtbezirken Brooklyn und Queens existieren auf Long Island zwei weitere Landkreise: Nassau County im Zentrum zum einen und das die gesamte Osthälfte einnehmende Suffolk County zum anderen. Spricht man in New York City von

Zahlreiche betuchte New Yorker leben auf Long Island und besaßen dort luxuriöse Landsitze, hier das Hempstead House, das Anfang des 19. Jh. von Howard Gould im Stil eines irischen Schlosses erbaut wurde (oben). Im Sommer ist in den kleinen Ortschaften viel los (rechts unten).

»The Island«, denkt man an monotone Vororte und Schlafkommunen, vor allem aber an die Strände und an The Hamptons, die feinen Ortschaften im Osten von Long Island.
Ganz im Osten gabelt sich Long Island: Das »East End« besteht aus zwei »Fingern«, dem South und dem North Fork, die beide weit in den Atlantik hineinragen. Dieser östliche Abschnitt ist bekannt wegen der Agrarprodukte, die auch auf den »Greenmarkets« in New York City verkauft werden. Speziell die hier hergestellten Weine sorgen landesweit für Beachtung, weshalb Long Island inzwischen gerne als das »Napa Valley des Ostens« bezeichnet wird. Hinsichtlich der Traubenproduktion liegt New York State nach Kalifornien und Washington State an dritter Stelle. Die meisten der über 40 Weingüter Long Islands befinden sich auf dem North Fork, zwischen Riverhead und Greenport. Dort liegt auch die Hauptanbauregion (American Viticultural Area) The Hamptons, Long Island A.V.A.

Endlose Sandstrände

Waren einst bei Urlaubern der Norden und seine Buchten beliebt, zieht es inzwischen die meisten Erholungssuchenden an die Sandstrände und Dünenlandschaften am Atlantik, also an die Südküste. Die meisten Ortschaften an der Küste sind leicht per Bahn erreichbar, denn die Long Island Rail Road/LIRR verbindet New York City von der Penn Station auf Manhattan sowie vom Atlantic Avenue Terminal in Brooklyn mit den meisten Orten auf Long Island. Lediglich die vorgelagerten Barrier Islands, die großteils unter Naturschutz stehen, werden nur eingeschränkt von Fähren angesteuert.
Zu den beliebten Strandzielen gehört der Jones Beach State Park, das 1929 angelegte feinere Gegenstück zu Coney Island. Auf dem östlich anschließenden Fire Island liegt der Robert Moses State Park sowie die Fire Island National Seashore. Das Naturschutzgebiet umfasst fast die gesamte Long Island vorgelagerte schmale Inselkette.

Heimat der »Rich & Famous«

Als Rückzugort der »Rich and Famous« gilt das East End, vor allem die etwa 100 Kilometer östlich von Manhattan gelegenen Hamptons. Dies ist der Sammelbegriff für mehrere malerische, etwas verschlafen wirkende Orte auf der South Fork, wie Sag Harbor, East Hampton und Montauk, steht aber auch synonym für die exklusiven und abgeschotteten Wochenend- und Ferienhäuser der Prominenz. So mancher Sandstrand ist nicht öffentlich zugänglich.
Einer der Orte ist das für seine alljährliche Pferdeshow bekannte Bridgehampton, berühmter sind East Hampton und Southampton. Nach-

dem 1872 die Insel durch die Long Island Railroad erschlossen worden war, entstanden hier die Sommerfrischen der Schönen und Reichen, die von der Abgeschiedenheit und Idylle angezogen wurden. Auch viele Maler, darunter Thomas Moran und Willem de Kooning, oder Schriftsteller, wie Truman Capote und John Steinbeck, waren von der Landschaft am Atlantik fasziniert.

Die schönsten Dörfer Amerikas

Southampton ist der elitäre Wohnort der Reichen. Im dortigen Meadow Club sind mehr Rasen-Tennisplätze als in Wimbledon vereint. Die Hauptattraktion ist das Southampton Historical Museum, ein Freiluftmuseum mit mehreren vor dem Abbruch geretteten historischen Häusern der Region. Im Gebäude eines ehemaligen Walfänger-Kapitäns von 1843 wird die Geschichte lebendig. Wer nach dem historischen Ausflug Lust auf Profanes bekommen hat, dem sei ein Spaziergang über die Main Street mit ihren Läden und Cafés empfohlen. Das nahe gelegene East Hampton wird gern als »schönstes Dorf Amerikas« bezeichnet, und auch das benachbarte Amagansett, wo unter anderem Liedermacher Billy Joel residieren soll, hat seine Reize. Am östlichen Zipfel der Insel liegt Montauk, Ort der Fischer, Einsiedler und Dichter – von Max Frisch in seinem Werk *Montauk* treffend beschrieben. Beliebt ist das alte Hafenstädtchen nicht nur wegen der Strände, sondern auch besonders wegen des sehenswerten Montauk Point Lighthouse Museum. Dieser älteste erhaltene Leuchtturm von New York war 1796 von Präsident Washington in Auftrag gegeben worden.

Historisches Sag Harbor

Sag Harbor besitzt eine große und wohlhabende afroamerikanische Gemeinde und ist ein alter Walfang-Hafen sowie einer der ältesten Orte auf Long Island. Nach dem Niedergang des Walfangs wurde aus Sag Harbor wegen der hier befindlichen Konservenfabriken eine Arbeiterstadt, dann verschrieb sich der Ort ganz dem Tourismus. Die geschäftige Main Street mit ihren Shops, Restaurants und Cafés lädt zum Bummel ein; sehenswert ist vor allem die Architektur, denn 95 Prozent der Häuser stehen unter Denkmalschutz. Hauptattraktionen sind das Sag Harbor Whaling & Historical Museum, das historische Customs House sowie die Old Whalers Church. Nahe dem malerischen Yachthafen führt die Straße über eine Brücke hinüber zur Fähranlegestelle. Von dort pendeln zwei Autofähren über Shelter Island zur North Fork mit ihren zahllosen Weingütern, die Besucher zu Verkostungen einladen.

ANREISE-KNOW-HOW

Von der Penn Station (Manhattan) und dem Atlantic Avenue Terminal (Brooklyn) verkehren Nahverkehrszüge der Long Island Rail Road (www.mta.info/lirr). Drei Hauptlinien – nach Port Jefferson im Nordosten, nach Greenport an der Nordost-Spitze der North Fork sowie nach Montauk an der Ostspitze der South Fork – sowie eingeschränkt öffentliche Busse erlauben einen Ausflug ohne Mietwagen. Wer Long Island jedoch näher erkunden möchte, sollte sich ein Auto mieten.

Das Southampton Inn (www.southamptoninn.com) ist eines der vielen kleinen, aber feinen Hotels auf Long Island. Es liegt schön im Grünen, nahe Ortszentrum und Strand, und besitzt geschmackvoll ausgestattete Zimmer. Das Southampton Publick House (www.publick.com) wurde 1996 als erste Kleinbrauerei mit eigenem Lokal gegründet. Inzwischen werden die ausgezeichneten Biere nicht nur auf Long Island, sondern auch in New York City ausgeschenkt. Auch das Essen ist gut und preiswert.

WEITERE INFORMATIONEN

Wein auf Long Island: www.liwines.com
Fire Island National Seashore: www.nps.gov/fiis

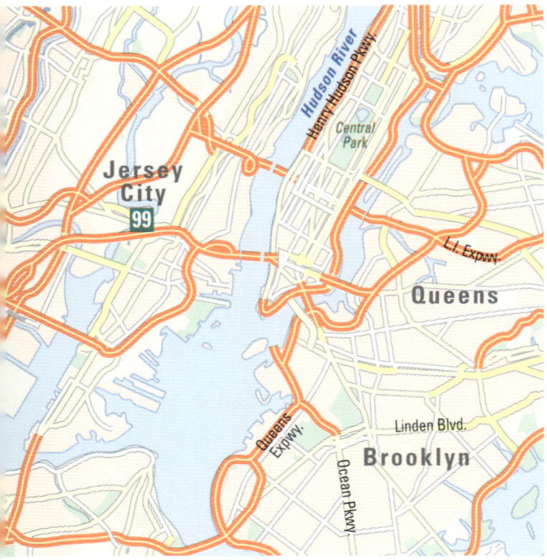

99 Der »Garden State« – New Jersey

Schlafzimmer und Spielplatz der New Yorker

New Jersey wird gerne links liegen gelassen, man verbindet es mit hässlichen Hafenanlagen, Lärm und Verkehr. Dabei ist New Jersey quasi dauernd im Blickfeld, denn New Yorks Nachbar liegt schließlich am Westufer des Hudson River, gegenüber Manhattan. Viele New Yorker betrachten »Jersey« als Provinz, obwohl mehr und mehr wegen der niedrigeren Immobilienpreise dorthin ziehen.

Ein Besuch New Yorks beginnt meist nicht in Manhattan, sondern außerhalb: entweder auf dem John F. Kennedy International Airport in Queens, auf Long Island oder aber auf dem Newark Liberty International Airport in New Jersey. Der zentrale Umsteigeflughafen von United Airlines ist nicht nur mit dem öffentlichen Nahverkehr hervorragend an New York City angebunden, sondern gilt auch als der erste kommerzielle Flughafen der USA.

»Bridge and Tunnel People«

Auf eine Person ist New Jersey besonders stolz: den Rockmusiker Bruce Springsteen. »The Boss« wurde in der kleinen Atlantik-Gemeinde Long Branch nahe der Einfahrt in die Lower New York Bay geboren, ist in New Jersey aufgewachsen und hat seine Heimat immer wieder in Liedern verewigt.

Ansonsten ist New Jersey für die New Yorker mehr als nur Provinz, auch wenn sie es ungern zugeben. Der Bundesstaat ist ruhiger und günstiger und dazu vielseitig: Naturschutzgebiete, wie das Marschland der Meadowlands mit etwa 34 Quadratkilometern, dichte Wälder im Hinterland und die endlosen Sandstrände an der Atlantikküste zwischen Long Branch, Ashbury Park und Atlan-

New Jersey trägt seinen Beinamen »Garden State« nicht zu Unrecht (unten): Grün so weit das Auge reicht. Atlantic City (rechts oben) gilt als Urlaubsort und als »Las Vegas der Ostküste«.

tic City rechtfertigen den Beinamen New Jerseys: »Garden State«.
Die »Bridge and Tunnel People« pendeln täglich über Brücken und durch Tunnel zwischen New Jersey und Manhattan – zur Arbeit oder an Wochenenden, um sich ins Stadt- und Nachtleben zu stürzen. Viele New Yorker fahren raus, um eines der beiden beliebten Profi-American-Football-Teams der Stadt anzufeuern. Sowohl die New York Giants als auch die New York Jets spielen im selben Stadion: dem MetLife Stadium in Meadowlands/New Jersey.

»Las Vegas der Ostküste«

Andererseits lockt Jerseys Küste Ausflügler an. Das etwa 200 Kilometer südlich gelegenen Atlantic City gilt als »Las Vegas der Ostküste« und ist bekannt für seine Casinos – seit 1976 ist hier das Glückspiel legal –, seine Freizeitparks und seinen Boardwalk zum Flanieren. Die 1870 konstruierte hölzerne Strandpromenade war im 20. Jahrhundert auf elf Kilometer Länge angewachsen. Durch verschiedene Stürme, zuletzt Hurrikan Sandy, immer wieder beschädigt, ist er heute etwa vier Kilometer lang. Sehenswert ist die sogenannte Boardwalk Hall von 1929, in der eine der größten Orgeln der Welt steht.

Revival der Städte

In New Jersey, das 1787 als dritter Bundesstaat den USA beitrat, leben heute etwa neun Millionen Menschen. Während die Hauptstadt Trenton im Südwesten nahe Philadelphia liegt, befinden sich die beiden größten Städte, Jersey City und Newark, im Großraum von New York. Jersey City liegt gegenüber von Lower Manhattan am Westufer des Hudson River und fällt wegen eines markanten Baus ins Auge: des Central Railroad of New Jersey Terminal von 1889. Von hier traten unzählige Immigranten aus Ellis Island ihre Zugreise in die neue Heimat an. Bis 1967 wurde der Bahnhof benutzt, diente als Fährhafen, wurde dann jedoch nach Hurrikan Sandy endgültig geschlossen.
Jersey City ist mit der U-Bahn (PATH) oder per Fähre schnell erreichbar und hat ethnische Viertel wie »Little Bombay« – eines der größten indischen Viertel der Welt – zu bieten. Newark dagegen liegt schon etwa 13 Kilometer westlich von Manhattan. Derzeit erlebt die Innenstadt um den Hauptbahnhof, eine zweite »Penn Station«, ein Revival. Abgesehen von PATH (U-Bahn Newark–Manhattan), halten hier Nahverkehrszüge (NJ Transit, u. a. Richtung Flughafen) und Fernzüge von Amtrak. Sogar Straßenbahnen gehören in Newark und in Jersey City wieder zum Straßenbild.

NEWARK

Newark ist die größte Stadt im Garden State New Jersey, ein Hauptanziehungspunkt ist The Mills at Jersey Gardens. Diese Mall ist bis zur Eröffnung der Empire Outlets auf Staten Island die New York nächstgelegene Outlet Mall. Ferner sehenswert ist das Newark Museum, das für seine Sammlung amerikanischer und tibetischer Kunst, den Skulpturengarten und die Ballantine Victorian Mansion berühmt ist. Große Aufführungen finden im New Jersey Performing Arts Center statt, und im Branch Brook Park blühen im Frühjahr nicht nur über 4000 Kirschbäume, sondern steht auch die fünftgrößte Kathedrale des Kontinents. Für Sportsfans gibt es im Prudential Center hochklassigen Eishockeysport (New Jersey Devils), außerdem Fußball (Soccer/MLS) in der Red Bull Arena.

WEITERE INFORMATIONEN

New Jersey: www.visitnj.org
Newark: www.newarkhappening.com
Anreise: PATH (www.panynj.gov/path) verbindet Manhattan (World Trade Center bzw. 33rd St.) mit verschiedenen Orten in New Jersey (Jersey City, Hoboken oder Newark), ebenso pendeln Züge von NJ Transit (www.njtransit.com) – auch zum Newark Liberty International Airport.

Berge, Wälder und Wasser (oben), aber auch beschauliche historische Ortschaften (rechts unten) prägen das Hudson Valley, das deshalb auch als »Rheintal Amerikas« bekannt ist. Wie am Rhein wird auch hier Wein produziert (rechts unten).

100 Ausflug ins Hinterland – Hudson Valley

Im beschaulichen »Rheintal Amerikas«

Eingeklemmt zwischen New Yorks Wolkenkratzerschluchten und Hafenanlagen mischt sich der Hudson River an der Spitze Manhattans mit dem Wasser des East River und des Atlantiks. Hier endet einer der Hauptwasserwege Amerikas. Wer in Manhattan in die bräunlich-trübe Brühe des Hudsons blickt, mag kaum glauben, dass der Fluss nur wenige Meilen nördlich durch idyllische Wald- und Berglandschaften fließt.

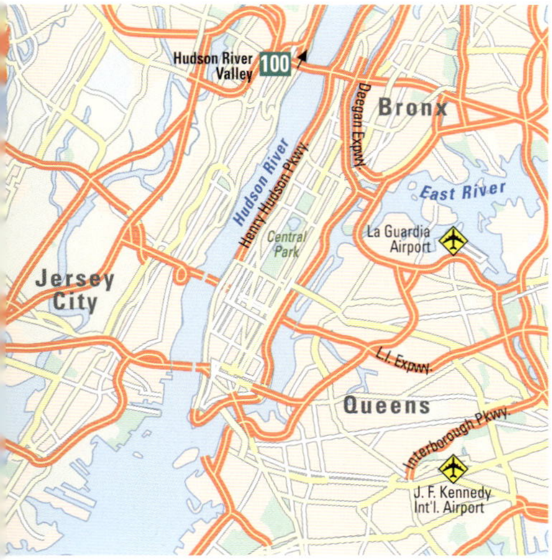

Der Hudson River gehört zu den mächtigen Flüssen an der Ostküste. Er entspringt etwa 500 Kilometer von New York City entfernt in den Adirondack Mountains im Nordosten von New York State und fließt von dort Richtung Süden durch den Bundesstaat. Im Unterlauf bildet der Hudson die Grenze zwischen New York State und New Jersey, strömt an der Westseite von Manhattan vorbei und bildet die New York Bay, die in den Atlantik mündet.
Der Hudson River wurde von den Indianern als wichtige Lebensader und Transportweg geschätzt. An seinem Unterlauf in der New York Bay tauchte 1542 Giovanni da Verrazzano als erster Europäer auf – mit wenig Folgen. Dies sollte sich mit dem Engländer Henry Hudson ändern, der für die niederländische Ostindien-Kompanie als Forschungsreisender unterwegs war und im September 1609 den Fluss hochsegelte. In seinen Fußstapfen folgten die ersten europäischen Siedler.

Herrenhäuser anstelle von Burgen

Der schiffbare Hudson River war für die Siedler eine wichtige Versorgungsachse ins Hinterland. Seine Bedeutung verstärkte sich noch, als der Erie-Kanal ab 1825 die Großen Seen mit Albany verband, der etwa 230 Kilometer im

Landesinneren liegenden Hauptstadt von New York State. Hat man den Großraum New York verlassen, verwandelt sich das Hudson River Valley in eine idyllische Landschaft, die europäische Siedler schon früh mit dem Rheintal verglichen. Doch während am Rhein Burgen die Landschaft prägen, sind es im Hudson River Valley prächtige Herrenhäuser inmitten großer Parkanlagen. Darüber hinaus hat der Hudson River amerikanische Ausmaße: Er ist breiter und wirkt mächtiger als der Rhein.

Training für Köche und Offiziere

Besonders der Unterlauf des Hudson River bis zur Hauptstadt Albany bietet sehenswerte Ausflugsziele. So dient der kleine Ort Catskill als Ausgangspunkt in die westlich gelegenen Catskill Mountains. Diese bewaldeten Berge nannten die Indianer einst »Land im Himmel«. Heute stehen große Teile der Catskill Mountains unter Naturschutz und dienen als wichtiges Trinkwasserreservoir und Naherholungsgebiet für New York City

Zwischen Poughkeepsie und Hyde Park stehen einige der prächtigsten Herrenhäuser, beispielsweise die Vanderbilt Mansion von 1898 oder das 1826 erbaute spätere Ferienhaus Franklin D. Roosevelts, dessen dortiges Arbeitszimmer seit seinem Tod 1945 weitgehend unverändert blieb. Auch das Culinary Institute of America in Hyde Park, das seit 1946 Küchenchefs ausbildet und mehrere Restaurants betreibt, lohnt einen Ausflug. Am Westufer des Hudson River befindet sich zudem in West Point Amerikas berühmte Militärakademie: An der United States Military Academy werden schon seit 1802 Offiziere der US Army gedrillt.

Der Traum vom Garten Eden

Noch heute kann man im Hudson River Valley etwas von der Weite, Schönheit und Unberührtheit der Natur spüren, die zu Anfang des 19. Jahrhunderts Künstler in ihren Bann zog. Aufgrund ihrer Leidenschaft für das Hudson River Valley benannte man diese Künstlergruppe »Hudson River School«. Dabei war es keine »Schule« im eigentlichen Sinn, sondern vielmehr ein loser Zusammenschluss von Malern, die von etwa 1825 bis 1875 aktiv waren.

Einer der bedeutenden Vertreter der Gruppe war der in England geborene Thomas Cole (1801–48), der ein völlig neues und selbstständiges amerikanisches Genre begründete: die Landschaftsmalerei. Auch der deutschstämmige Albert Bierstadt (1830–1902) malte die Natur, die für die Hudson River School vor allem aus endloser Wildnis und Weite bestand. Anders als bei europäischen Meistern jener Zeit spielen Zivilisation und Technik in den Werken der frühen amerikanischen Landschaftsmaler eine untergeordnete Rolle.

WEINE AUS DEM HUDSON VALLEY

Das Hudson Valley gilt als Amerikas älteste Weinregion. Schon 1677 wurden hier erste Reben gepflanzt und erste Weine gekeltert. Heute liegen in dem Gebiet zwischen Manhattan und der etwa 230 Kilometer entfernten Hauptstadt Albany idyllische Ortschaften zwischen Weingütern, findet man Destillerien, Brauereien und Cideries, die Apfelmost bzw. -saft produzieren. Konzentriert sind Weingüter im Orange und Ulster County, am Westufer des Hudson River, genauer um die Orte Pine Bush, Marlboro, New Paltz und Warwick zu finden.

Es ist keine einfache Region für Winzer, da das Wetter sehr wechselhaft ist, die Winter oft sehr kalt und die Sommer heiß sind. Viele kaufen daher Trauben aus Long Island oder der Finger-Lakes-Region hinzu und bauen die Weine hier nur aus. Zu den großen Weingütern gehören Millbrook Vineyards & Winery und die 1839 gegründete Brotherhood Winery. Sie ist Amerikas ältestes kontinuierlich betriebenes Weingut.

WEITERE INFORMATIONEN

Hudson Valley:
www.travelhudsonvalley.com
Weinregion/Weingüter:
www.hudsonvalleywinecountry.org

Register

Die vielen Facetten New Yorks: Times Square, Kunst am Bau, Staten Island Ferry, Verrazano-Narrows Bridge und eines der legendären gelben Taxis.

Skyline von Manhattan, gesehen von Brooklyn, mit dem neuen Wahrzeichen, dem One World Trade Center.

Menschen aus aller Herren Länder fühlen sich in der Weltmetropole New York City wohl.

New York als Leuchtpanorama: Blick von Queens über den East River auf Midtown mit dem alles überragenden Empire State Building.

Impressum

Die Autoren:
Margit Brinke und Peter Kränzle sind seit über 20 Jahren als freie Journalisten und Buchautoren tätig – die USA ist dabei ihr Spezial-Reisethema. Sie schreiben für verschiedene Magazine,Tageszeitungen und Webseiten und können auf über 90 Buchpublikationen verweisen. Mehrmals im Jahr sind sie in den USA unterwegs, dabei ist New York immer ein Lieblings-Stopp.

Der Fotograf
Der Schweizer Fotograf Christian Heeb gilt als einer der erfolgreichsten Reisefotografen weltweit. Er ist Bildautor von über 200 Bildbänden und unzähligen Kalendern. Seine Bilder werden weltweit durch über 30 Agenturen vertrieben und erscheinen in großen Magazinen und Bildbänden. Seit vielen Jahren lebt er in den USA, New York besucht er regelmäßig.

Verantwortlich: Dr. Birgit Kneip
Redaktion: Barbara Rusch
Layout: Mediaservice Rudi Stix
Korrektorat: SAW Communications Sabine Werner
Kartografie: Huber Kartografie, Heike Block
Umschlaggestaltung: Frank Duffek
Herstellung: Bettina Schippel
Repro: Repro Ludwig
Printed in Italy by Printer Trento

★★★★★

Sind Sie mit diesem Titel zufrieden?
Dann würden wir uns über Ihre Weiterempfehlung freuen.
Erzählen Sie es im Freundeskreis, berichten Sie Ihrem Buchhändler, oder bewerten Sie beim Onlinekauf.
Und wenn Sie Kritik, Korrekturen, Aktualisierungen haben, freuen wir uns über Ihre Nachricht an
Bruckmann Verlag, Postfach 40 02 09,
D-80702 München oder per E-Mail an
lektorat@verlagshaus.de.

Unser komplettes Programm finden Sie unter

www.bruckmann.de

Alle Angaben dieses Werkes wurden von den Autoren sorgfältig recherchiert und auf den neuesten Stand gebracht sowie vom Verlag geprüft. Für die Richtigkeit der Angaben kann jedoch keine Haftung übernommen werden.

Bildnachweis
Brinke, Margit: 24, 29 o., 38 o., 43 o., 52 l., 54 o. (2), 55 u., 61 o., 69 u., 94 u., 95 o., 97 u., 121 u., 122, 125 u., 133 u., 144 o., 145 (2), 158, 184, 189, 200, 207, 219 u., 226, 231 u., 234, 249 u., 251 o., 287 o., 295 u.; Bronx Tourism Council: 276; heycheyfromthebay.com: S. 167 o.; Easy Living-Harlem: 209 u. ; Fotolia: 164 (Carreon); Get it across, Köln: 55 o.; Haber, Graham: 110, 111 u.; Heritage Philadelphia Program: 53 u.; Horsten, Christina: 183 u.; Istockphoto.com: 5 u.l., 22 l., 23 o., 53 o., 88, 102 u., 106, 174, 206, 210, 228 o., 253, 281 u.; Kaelene, Jens: 142; Kim, Rob Landow: 154 u.; Look: 112 (age fotostock); Mauritius: 93 o. (Randy Duckaine), 157 (Philip Sayer), 168 (Alamy), 217 (Clarence Holmes Photography / Alamy), 268 (imageBROKER / Juergen Hasenkopf}, 271 u. (Sergi Reboredo), 277 (Richard Levine), 281 o. (Philip Scalia), 303 u. (Matthew Kiernan); Millian, C.: 52 r.; NYC & Company: 87 u., 111 o., 187 u., (PD); nyouguideme: 137 u.; Opera House Hotel: S. 287; Picture alliance: 54 o. (Schäffer), 57 u. (Zimmermann), 60 r., 189 u. (Kaltenbach), 75 o. (Raible), 89 o. (Roberts), 108 u., 109 o. (Clarke), 109 u. (Angelillo), 115 u. (Apesteguy), 116 o. (Arcaid), 117 (dpa), 119 o. (Foley), 135 u.l. (Jackson), 139 o. (Glenn), 159 o., 183 o., 188, 191 (akg-images), 235 (Richard Cavalleri), 278 (Szenes); S9 Architecture/Perkins Eastman: 294, 295 o, 296/297; Saideh Browne/Marty Dwyer: 165 u.; M. Savoia: 229 u.; shutterstock: 35 o. (f11photo), 37 o. (Darul Lang), 45 o. (Zack Frank), 47 o. (Roman Babakin), 48 o. (Anton Havelaar), 48 u., 49 o., 124 o., 212, 213 o., 216, 258, 265 o. (Lee Snider), 56 r., 58, 275 u. (Felix Lipov), 61 u., 222, 223 o. (Sean Pavone), 99 u., 130, 211 o. (2), 240, (Leonard Zhukovsky), 129 o. (Stuart Monk), 129 u. (Jorg Hackermann), 140 (Juan Aunion), 141 o. (DW Labs Incorporated), 172, 173 u., 185 (2), (Anton_Ivanov), 195 o. (gary yim), 195 u. (Andrew F. Kazmierski), 197 u. (a katz), 214 (sangaku), 223 u. (Gregory James Van Raalte), 225 u. (DrimaFilm), 229 o. (Everett Historical), 233 u., 274, 275 o., 285 o., 307, 308, 309 u. (littleny), 251 u. (Tupungato), 255 u., 256 (dibrova), 257 (2) (Anthony Correia), 261 u. (Osugi), 271 o. (Joshua Haviv), 272 (Dee Golden), 273 u. (Larsek), 273 o. (Elzbieta Sekowska), 279 o. (Kamira), 290 (Pete Spiro), 291 u. (pio3), 292 o. (zabelaAnna), 300 (Evan El-Amin), 301 o. (mandritoiu), 301 u. (a katz), 305 o. (Michael Rega), 311 o. (CPQ), 311 u. (Roman Babakin), 313 o. (Jonathan Vasata), 313 u. (Nancy Kennedy); Tulipan, Michael: s. 81 u., 83 o., 235 u., 241 o.; Willens, Kathy: 182; Wilson Diniz/Picasa: 169 u.

Alle anderen Bilder Stammen von Christian Heeb.

Bildinformationen:
Umschlag vorne, Mitte: Governors Island mit One World Trade Center und der Skyline von Manhattan; oben: Grand Central Station; unten: Radio City Music Hall.
Umschlag hinten, unten: Columbus Circle, Manhattan; obenv.l.n.r: an Halloween in Greeenwich Village, Subway Station Brooklyn, freundlicher Dooman in Easst Village;
Klappe, links: mit der Fähre nach Staten Island; rechts: Manhattan Bridge

Seite 1: Freiheitsstatue
S. 2/3: Blick auf Manhattan mit Brooklyn Bridge

Die Deutsche Nationalbibliothek verzeichnet diese Publikation in der Deutschen Nationalbibliografie; detaillierte bibliografische Daten sind im Internet unter http://dnb-nb.de abrufbar.

ISBN 978-3-7343-0797-3